Annette Treibel

Einführung in soziologische Theorien der Gegenwart

Einführungskurs Soziologie
Band 3

Herausgegeben von
Hermann Korte und Bernhard Schäfers

Die weiteren Bände:
Band 1: Hermann Korte · Bernhard Schäfers (Hrsg.)
        Einführung in Hauptbegriffe der Soziologie
Band 2: Hermann Korte · Einführung in die Geschichte der Soziologie

Annette Treibel

Einführung in soziologische Theorien der Gegenwart

7., aktualisierte Auflage

VS VERLAG FÜR SOZIALWISSENSCHAFTEN

Bibliografische Information Der Deutschen Nationalbibliothek
Die Deutsche Nationalbibliothek verzeichnet diese Publikation in der
Deutschen Nationalbibliografie; detaillierte bibliografische Daten sind im Internet über
<http://dnb.d-nb.de> abrufbar.

7., aktualisierte Auflage September 2006

Alle Rechte vorbehalten
© VS Verlag für Sozialwissenschaften | GWV Fachverlage GmbH, Wiesbaden 2006

Lektorat: Frank Engelhardt

Der VS Verlag für Sozialwissenschaften ist ein Unternehmen von Springer Science+Business Media.
www.vs-verlag.de

Umschlaggestaltung: KünkelLopka Medienentwicklung, Heidelberg
Druck und buchbinderische Verarbeitung: MercedesDruck, Berlin
Gedruckt auf säurefreiem und chlorfrei gebleichtem Papier
Printed in Germany

ISBN-10 3-531-15177-0
ISBN-13 978-3-531-15177-9

Editorial zum Einführungskurs Soziologie

Der Einführungskurs ist konzipiert für Studienanfänger an Universitäten und Fachhochschulen. Wer im Haupt- oder Nebenfach Soziologie studiert, kann mit dem **Einführungskurs Soziologie** im Grundstudium bzw. im ersten Studienabschnitt die erforderlichen Kenntnisse in soziologischer Begriffs- und Theoriebildung und in der Geschichte der Soziologie erwerben.

Der **Einführungskurs Soziologie** umfaßt drei Bände:

I.   Einführung in Hauptbegriffe der Soziologie
II. Einführung in die Geschichte der Soziologie
III. Einführung in gegenwärtige soziologische Theorien

Die Bände I und II erschienen im Herbst 1992, der Band III erstmals im Frühjahr 1993.

Den Autorinnen und Autoren der drei Bände waren von den Herausgebern unter anderem die folgenden Grundsätze als Orientierung bei der Texterstellung vorgegeben worden:

–   Jede Lektion soll nur den Stoff umfassen, der in etwa zwei Doppelstunden Vorlesung und Übung behandelt werden kann.
–   Jede Lektion soll in sich verständlich und abgeschlossen sein.
–   Die für das Weiterstudium wichtigsten Literaturangaben sind hervorzuheben.

Wir hoffen, mit dem **Einführungskurs Soziologie** einen angemessenen Weg gefunden zu haben, das soziologische Grundstudium in dem Maße zu standardisieren, wie es für jede wissenschaftliche Disziplin unabdingbar ist. Den Lehrenden und Lernenden bleibt die Aufgabe und die Möglichkeit, aus den verschiedenen Paradigmen der Begriffs- und Theoriebildung eine eigene Position zu entwickeln.

Wir bedanken uns bei Ulrike Aden, Heike Hammer und Paula Villa in Bochum für die umsichtige und ausdauernde Mitarbeit bei der Redaktion aller drei Bände und bei Wolfgang Benz in Karlsruhe für die Endredaktion von Band I.

Hermann Korte
Ruhr-Universität Bochum

Bernhard Schäfers
Universität Karlsruhe (TH)

Vorbemerkung

Im Jahr 2004 stellt sich *Gegenwart* anders dar als im Jahr 1993. Deshalb war, elf Jahre nach der ersten Auflage 1993 und vier Jahre nach der umfänglichen Aktualisierung 2000, mit der nun vorliegenden sechsten Auflage eine erheblich überarbeitete und erweiterte Neuausgabe dieses Lehrbuches geboten. Manche der in den bisherigen Auflagen behandelten Autoren und Autorinnen sind hier nicht mehr vertreten, da sie seit der siebten Auflage 2004 im Band „Geschichte der Soziologie" dargestellt werden, andere sind hinzugekommen, da sie für die gegenwärtige Diskussion in der Soziologie relevant sind. In gewisser Weise ist dadurch ein neues Buch entstanden.

Hervorzuheben sind die neu hinzugekommene Foucault-Lektion, die breite Darstellung des Ansatzes von Hartmut Esser, die grundlegende Aktualisierung und Erweiterung der Lektionen zur Geschlechterforschung um Hirschauer, Lindemann, Butler, Connell und die ‚neue Hochschild'. In gleicher Weise wurden die Habermas-Lektion um Honneth und Fraser und die Lektion zu Giddens und Beck um Castells und Hardt/Negri erweitert. Für die Erläuterung der konkreten Umstellungen und Ergänzungen sei auf die Einleitung, den neu hinzugefügten Schlusskommentar bzw. die einzelnen Lektionen hingewiesen.

An dieser Stelle möchte ich meinen Dank aussprechen:

- *Hermann Korte* und *Bernhard Schäfers* als Herausgebern des Einführungskurses für die produktiven Gespräche über gegenwärtige Entwicklungen der Soziologie und die Abstimmung dieses Bandes mit den anderen Bänden des Einführungskurses.
- Den Kolleginnen und Kollegen, die mit den bisherigen Ausgaben des Lehrbuchs gearbeitet und mir vielfältige Anregungen zur Überarbeitung gegeben haben.
- Besonders möchte ich *Ulrich Brieler* für seine Kommentare zur Foucault-Lektion und *Walter Müller-Jentsch* für seine Hinweise zur Habermas-Lektion danken. Als wichtige Gesprächspartnerin sei *Maria Funder* hervorgehoben, mit der sich die Trends und Debatten in unserem Fach vorzüglich erörtern lassen.
- Den Studierenden, die das Lehrbuch für die Erarbeitung der soziologischen Theorien der Gegenwart nutzen, für ihr Interesse und ihre weiterführenden Nachfragen.
- Meinen Mitarbeiterinnen *Astrid Gleichert* für die Erstellung von Dossiers zu den ‚alten' und ‚neuen' Autorinnen und Autoren sowie *Hannah Zeuner* für ihre Unterstützung bei bibliographischen und technischen Arbeiten.

- Für Hilfe bei übersetzungstechnischen Fragen *Stefanie Hortmann* und *Jan-Peter Kunze*.
- *Christian Illian*, meinem Mann, für die lebhaften Gespräche über Soziologie, die wir während der letzten drei Jahre anlässlich dieser Neuausgabe geführt haben.

Ich hoffe, dass dieses Buch beim Studium inspirierend und in der Lehre der Soziologie hilfreich sein möge und freue mich über Rückmeldungen und Kommentare.

Karlsruhe, im März 2004 *Annette Treibel*

Für die siebte Auflage wurden Fehler korrigiert und die Literaturangaben aktualisiert.

Karlsruhe, im Juli 2006 *Annette Treibel*

Verzeichnis der Lektionen

Lektion I
Einleitung: Von den Schwierigkeiten
der Soziologie, die Gegenwartsgesellschaften
zu untersuchen

Inhalt

1. Gegenwartssoziologie und Klassiker

2. Konzeption des Buches und Hinweise zur Neuauflage

3. Lektüreempfehlungen: Nachschlagewerke, Einführungen und Möglichkeiten, sich über soziologische Theorie auf dem Laufenden zu halten

1. Gegenwartssoziologie und Klassiker

Mögliche Aufgaben
der Soziologie

Soziologie ist die Wissenschaft von der Gesellschaft und den in ihr lebenden Menschen. Ihre Aufgabe ist es – oder könnte es sein:

- die Merkmale dieser Gesellschaften zu beschreiben;
- die Ursachen für sozialen Fortschritt oder soziale Stagnation herauszufinden;
- die Handlungen der Gesellschaftsmitglieder zu analysieren und
- diese Handlungen von Individuen und Gruppen mit den gesellschaftlichen Strukturen in Beziehung zu setzen.

Aufgabe der
soziologischen
Theorie

Das weitestgehende Interesse an einer solchen allgemeinen Analyse hat die **soziologische Theorie**. Ihr geht es um die Ausarbeitung möglichst genereller Aussagen zum Zustand und zur Entwicklung von Gesellschaften. Dazu gehört auch die Entwicklung eines arbeitsfähigen Begriffs-Instrumentariums. Der Anwendungs-Bezug, der bei vielen sog. speziellen Soziologien bzw. Praxisfeldern im Vordergrund steht, tritt in den Hintergrund. Soziologische Theorie ist grundlagenorientiert, jedoch immer auch an den historischen Zeitpunkt und den nationalen Kontext gebunden, in dem sie entsteht. Die Entwicklungen und die Probleme gegenwärtiger Gesellschaften erfordern, so sieht es zunächst aus, neue Begriffe, Instrumente und Theorien. Deshalb scheinen die Erkenntnisse der soziologischen Klassiker (siehe Bd. 2) für eine Analyse der Gegenwartsgesellschaften nur noch bedingt brauchbar.

Aktualität als
Anspruch an die
soziologische Theorie

Karl Marx stand unter dem Eindruck einer umwälzenden Industrialisierung des englischen Wirtschafts- und Sozialsystems und einer Pauperisierung der englischen Arbeiterschaft, als er in den 50er und 60er Jahren des 19. Jahrhunderts das ‚Kapital‘ schrieb. 140 Jahre später haben die westlichen Gesellschaften – und nicht nur sie – weitere technische, politische Revolutionen und Umwälzungen erlebt. Die Weltgesellschaft und die Gesellschaften der Welt haben sich weiter ausdifferenziert, ähneln sich jedoch auch untereinander.

Bedeutung der
Klassiker der
Soziologie

Gleichwohl kann und braucht man die **Aussagen der soziologischen Klassiker** nicht für die gegenwärtige Situation als unangemessen betrachten. Eine der wichtigsten Prinzipien von Wissenschaft bzw. wissenschaftlicher Produktion gilt speziell für die Soziologie: Soziologinnen und Soziologen fangen in ihrer Arbeit nie bei Null an, sondern stehen immer in einer Tradition – häufig bewusst, indem sie an die Klassiker anknüpfen, häufig aber auch unbewusst, weil bestimmte Argumentationsfiguren fast automatisch in ihr Denken eingegangen sind.

Dieser Band versteht sich als Fortsetzung des Bandes zur Geschichte der Soziologie. Er setzt dort ein, wo Band 2 endet, nämlich Ende der 1970er Jahre. Zwischen den beiden Bänden besteht jedoch ein gravierender Unterschied: Hermann Korte beschrieb die Geschichte der Soziologie als Prozess der Entstehung soziologischen Wissens von der Begründung der Soziologie als relativ autonomer Wissenschaft durch Auguste Comte (ca. 1830) bis zur Studentenbewegung und Frauenbewegung der 1960er und 1970er Jahre, also über einen Zeitraum von ungefähr 150 Jahren. Historisch gesehen, ist dieser Zeitraum recht kurz, aber aus der heutigen Perspektive liegt er immerhin lange genug zurück, um entscheiden zu können, welche Soziologen die Entwicklung des soziologischen Wissens so vorangetrieben und beeinflusst haben, dass sie als ‚Klassiker‘ gelten können. In der akademischen Disziplin Soziologie gibt es eine Art Konsens darüber, wer in der Geschichte der Soziologie ‚dazugehört', wessen Werke und Thesen man kennen muss.

Für die Neuauflage wurden einige, bislang in diesem Band präsentierte Inhalte in den Geschichtsband übernommen: Die bislang in den ‚Soziologischen Theorien der Gegenwart' behandelten Autoren Mead und Homans werden nun in ‚Geschichte der Soziologie' vorgestellt, desgleichen die Protagonistinnen der sozialwissenschaftlichen Frauenforschung der 1970er Jahre (insbesondere der sog. Bielefelder Ansatz).

Bezüglich der Soziologinnen und Soziologen, die in diesem Band behandelt werden, gibt es keinen Konsens über die einschlägigen Autoren und Werke. Hier geht es um einen **Zeitraum von knapp 30 Jahren** (1975 bis 2003), wobei allenfalls die 1970er Jahre heute schon ‚Geschichte' sind. Die 1990er Jahre und das begonnene 21. Jahrhundert sind Gegenwart, die wir als (noch) nicht abgeschlossen empfinden. Aus dieser **all-gegenwärtigen Gegenwart** ergeben sich mehrere **Probleme**:

- Gegenwärtige soziologische Theorien werden von Wissenschaftlerinnen und Wissenschaftlern verfasst, die mehrheitlich noch leben, laufend weiter publizieren, ihre Begriffe und Thesen selbst kommentieren und verändern. Als Autorin, die über diese Ansätze schreibt, habe ich deshalb den Nachteil, zumeist auf noch nicht abgeschlossene Werke zurückzugreifen. Es kann sein, dass ein Theoretiker oder eine Theoretikerin seine/ihre Orientierung im Lauf der nächsten Jahre verändert und meine Darstellung somit vorläufig ist. Auch in der Sekundärliteratur gibt es zu vielen Autorinnen und Autoren oft keine ‚gesicherten Erkenntnisse'. Autoren wie Michel Foucault (1926-1984), Niklas Luhmann (1927-1998) oder Pierre Bourdieu (1930-2002) sind ungeachtet ihres Todes noch sehr präsent: In ihrem Fall sorgen Publikationen aus dem Nachlass für immer neuen Gesprächsstoff, neue Rezensionen und Anknüpfungsmöglichkeiten in der Forschung.
- Die ‚gegenwärtige Soziologie' ist noch nicht kanonisierbar: Man kann teilweise nur spekulieren, wer einmal zu den Klassikern gehören wird. ‚Klassiker' der Gegenwartssoziologie lassen sich nur daran festmachen, wie prominent sie sind (auch in der außersoziologischen Welt), wie viele Bücher sie geschrieben haben, in wie vielen Büchern über Soziologie sie erwähnt werden und wie präsent sie in der Lehre sind. Letzteres hängt jedoch sehr stark von den Vorlieben und Spezialkenntnissen der Dozentinnen und Dozenten an einem Fachbereich ab. Allerdings zeichnet sich für etliche der in diesem Buch vorgestellten Autorinnen und Autoren bzw. eines oder einiger ihrer Werke durchaus schon ein Klassiker-Status ab – seien es „Die feinen Unterschiede" von Bourdieu, „Die Risikogesellschaft" von Beck oder „Das Unbehagen der Geschlechter" von Judith Butler.
- Eine rein chronologische Darstellung wie bei der Geschichte der Soziologie ist ebenfalls nicht möglich; stattdessen habe ich mich für eine bestimmte Systematik entschieden, um die vielfältige Landschaft der Gegenwartssoziologie zu ordnen. Diese Systematik besteht darin, zwischen drei soziologischen ‚Großrichtungen' zu unterscheiden: der makrotheoretischen, der mikrotheoretischen und denjenigen Ansätzen, die versuchen, den Dualismus von Mikro

und Makro in einer integrierten Perspektive zu überwinden. Ein solches Vorgehen wird vielen Kolleginnen und Kollegen nicht behagen, da es mit anderen Sortierungen arbeitet, als sie es gewohnt sind. Bei der Zuordnung verschiedener Theorien zu einer der drei Großrichtungen nehme ich Wertungen vor, setze ich Prioritäten, die ebenso wie die ‚Klassikerfrage‘ strittig sind. Diese Wertungen und Kriterien sollen im folgenden erläutert werden.

2. Konzeption des Buches und Hinweise zur Neuauflage

Kriterien für die Theorienauswahl

Mit **Soziologischen Theorien der Gegenwart** sind Theorien gemeint, die *in* der Gegenwart (d.h. während der letzten 30 Jahre) entstanden sind und die sich *mit* der Gegenwart, mit den gegenwärtigen Gesellschaften beschäftigen.

Nun sind aber auch die Aussagen, die in den soziologischen Theorien der **Vergangenheit** gemacht wurden, durchaus gegenwartsrelevant: vieles von dem, was heute als theoretisch neu formuliert wird, ist schon vor 100 Jahren oder mehr gedacht und geschrieben worden – sei es von Max Weber zur Bürokratisierung oder von Georg Simmel zur Individualisierung. Dies ist keineswegs nur kritisch gemeint. Vielmehr weist es auf die **Unverzichtbarkeit der Klassiker** hin – sowohl für die Autorinnen und Autoren, wie für die Leserinnen und Leser. Hier einige Beispiele:

– einen Jürgen Habermas der 1980er Jahre (siehe Lektion VII) kann man ohne grundlegende Kenntnisse über Marx, Weber, Durkheim und Parsons (siehe Bd. 2) nicht verstehen; gleichzeitig steht Habermas in der Tradition der klassischen Kritischen Theorie, ohne die sein Ansatz nicht denkbar ist;
– eine Regine Gildemeister (siehe Lektion V) rekurriert auf die Ansätze des Symbolischen Interaktionismus und der Ethnomethodologie, die man als ‚Klassiker der Gegenwart‘ bezeichnen könnte (siehe ebd.);
– ein Hartmut Esser der 1990er Jahre (siehe Lektion VI) bezieht nicht nur wichtige Impulse aus ökonomischen Erklärungsmodellen, sondern von nahezu allen Klassikern der Soziologie, allen voran Weber (siehe Bd. 2), Schütz und Berger/Luckmann (siehe Lektion IV).

Die Theoretikerinnen und Theoretiker der Gegenwartsgesellschaften sind immer im zeitgeschichtlichen, d.h. gegenwärtigen, aber auch im geschichtlichen, und d.h. vor allem wissenschaftsgeschichtlichen, Kontext zu betrachten. Soziologisches Denken ist ohne den Bezug auf die Klassiker und ohne Einbezug in eine – wenn auch national unterschiedliche – soziologische Fachgeschichte nicht möglich. Dieser Bezug ist nicht in allen gegenwärtigen Soziologien gleich ausgeprägt und gleich offensichtlich (manche betreiben nur Klassiker-Interpretation oder -Rekonstruktion, andere tun so, als hätten sie ihre Ideen im luftleeren Raum entwickelt), aber er ist stets vorhanden.

Zeitlicher Rahmen

Zeitlich ist das hier behandelte Theoriespektrum also auf die Theorien beschränkt, die seit Mitte der 1970er Jahre bis Anfang des 21. Jahrhunderts formuliert wurden oder die bereits früher entstanden sind, jedoch für die gegenwärtigen Theorien wichtig und im Rahmen dieses Einführungskurses noch nicht behandelt wurden (dies gilt z.B. für Alfred Schütz [1899-1959] oder Erving Goffman

14

[1922-1982]). Strukturierungsprinzip ist nicht der historische Ablauf, sondern die thematische und methodische Zusammengehörigkeit von soziologischen Theorien.

Regional richtet sich der Blick auf diejenigen Theorien, über die an deutschen Universitäten unterrichtet wird bzw. unterrichtet werden könnte. Dies sind ausschließlich Theorien, die in der **Bundesrepublik Deutschland, in England, Frankreich oder den USA** entstanden sind – und die ggf. in Übersetzungen vorliegen. So ist also mit „gegenwärtigen soziologischen Theorien" das mehr oder weniger etablierte Spektrum der westlichen Soziologie mit Schwerpunkt Bundesrepublik Deutschland gemeint. Andere Entwicklungen der westlichen Soziologie (z.B. Italien, Japan u.a.) oder die nicht-westliche Soziologie, wie sie in Marokko, Indien oder Kolumbien entwickelt und gelehrt wird, bleiben unberücksichtigt. In vielen Theorien wird seit den 1990er Jahren zwar verstärkt die ‚Weltgesellschaft' ins Spiel gebracht, aber von einer ‚Weltsoziologie' kann (noch) keine Rede sein.

Geographischer Rahmen

Inhaltlich wird versucht, ein möglichst breites Spektrum der Theorien, die unter den oben genannten Einschränkungen ‚heute diskutiert werden', abzubilden. Die verschiedenen Lektionen verstehen sich als Hin- und Einführung und Kommentierung, teilweise auch als ‚Übersetzung' schwer zugänglicher Theorien. Die angestrebte Repräsentativität und Sachlichkeit in der Darstellung wird allerdings relativiert durch die in letzter Konsequenz von mir zu verantwortenden **Schwerpunktsetzungen**. Diese gehen aus der Anordnung der Lektionen hervor: Die Ansätze, die sowohl mikro- wie makrotheoretisch weiterführen bzw. diese Trennung aufheben, werden besonders ausführlich und an exponierter Stelle im dritten Teil des Buches behandelt. Des weiteren versuche ich, ein Defizit anderer Einführungen, die meist völlige Auslassung feministischer und/oder geschlechtersoziologischer Theorien, auszugleichen.

Inhaltliche Kriterien

Es sei darauf hingewiesen, dass diese Einführung keine wissenschaftstheoretisch-methodologische **Prüfung** existierender Theorien vornehmen will. Ein Ansatz wird nicht ausgeschlossen, wenn er vielleicht nur eine neue, originelle Perspektive präsentiert, aber im engeren wissenschaftstheoretisch-methodologischen Sinne keine ‚Theorie' darstellt. Ich stelle diejenigen Ansätze vor, die in der Bundesrepublik mehr oder weniger etabliert sind und deren theoretischer Anspruch mir einleuchtet bzw. mit denen mir eine nähere Beschäftigung als lohnend erscheint. Dies gilt für die Theorien *aller* drei Teile dieses Buches.

Gliederung des Buches
1. Teil

Für **Makro-Ansätze** (Lektionen II und III) stehen größere soziale Gebilde oder kollektive Prozesse im Mittelpunkt. Ihr Gegenstand sind etwa die Struktur und/oder der Wandel staatlicher Organisationen, von Institutionen und sozialen Gruppen. Vorrangig sind hier die Versuche, grundlegende Funktionsprinzipien der Gesamtgesellschaft herauszuarbeiten und dabei von der konkreten einzelnen Gesellschaft zu abstrahieren. Gesellschaft gilt hier als eigene Realität, die aus individuellen Bezügen oder Elementen nicht ‚ableitbar' ist.

Mikro-Ansätze (Lektionen IV-VI) orientieren sich an Individuen und ihren Interaktionen untereinander. Die Abhängigkeit von den sozialen Strukturen, die diese Individuen umgeben, werden durchaus gesehen, stehen aber nicht im Mittelpunkt. Hier wird untersucht, wie Menschen unter bestimmten Bedingungen typischerweise – und vorsehbar – handeln, welches ihre Motive und Erwartungen sind, oder wie ihre Handlungen aufeinander bezogen sind.

2. Teil

Die Gegnerschaft zwischen Mikro- und Makroansätzen gehört zu den klassischen Debatten der Soziologie-Geschichte, und viele Gegenwartssoziologinnen und -soziologen fühlen sich nach wie vor ausschließlich dem einen oder dem anderen Lager zugehörig und halten die Abgrenzungen weiter aufrecht.

3. Teil Parallel zu dieser alten Dichotomie ist jedoch eine neue Entwicklung festzustellen: Immer mehr Soziologinnen und Soziologen sehen einzig und allein in einer **Verbindung von Mikro- und Makrotheorie** die Garantie für eine fruchtbare und anregende Weiterentwicklung der soziologischen Theorie. Einer dieser Soziologen ist Pierre Bourdieu, der der Frage nachgeht, wie sich die Individuen in Abhängigkeit von ihrer Klassen- oder Schichtzugehörigkeit präsentieren.

In den Ansätzen, die den **Dualismus von Mikro- und Makrotheorien überwinden** (Lektionen VII-XI), steht das Verhältnis von Individuum und Gesellschaft im Mittelpunkt. Als einen der zentralen Indikatoren für dieses Verhältnis betrachte ich die Beziehungen zwischen Frauen und Männern in Abhängigkeit von sozialstrukturellen, ökonomischen und kulturellen Entwicklungen, das **Geschlechterverhältnis**.

Den einzelnen Lektionen sind jeweils ausführliche Literaturverzeichnisse angefügt, wobei die zur eigenständigen Lektüre und zum besseren Verständnis der Lektion empfohlenen Texte fettgedruckt sind.

3. Lektüreempfehlungen: Nachschlagewerke, Einführungen und Möglichkeiten, sich über soziologische Theorie auf dem Laufenden zu halten

In diesem Abschnitt sollen Hilfestellungen zur Literatursuche gegeben werden. Die folgende kommentierte Bibliographie dient als Ergänzung, Vertiefung oder auch Alternative zu der in diesem Band gewählten Darstellungsform. Das Angebot an ‚Einführungen in die Soziologie‘ ist mittlerweile so groß, dass bewusst eine Auswahl betroffen wurde. Der abschließende Teil (‚Möglichkeiten, sich über soziologische Theorie auf dem Laufenden zu halten‘) richtet sich gezielt an Neulinge im Gebiet der soziologischen Theorie.

Nachschlagewerke

Als Nachschlagewerk, das in Kürze Definitionen, Angaben zu Autoren und soziologischen Ansätzen liefert, ist folgendes Wörterbuch unverzichtbar:
Hillmann, Karl-Heinz: Wörterbuch der Soziologie. Stuttgart 1994
Es liefert Begriffsdefinitionen, Angaben zu Autoren und soziologischen Ansätzen, jeweils mit bibliographischen Hinweisen – ein unverzichtbares Arbeitsmittel für die Soziologie.

Des weiteren sei auf das folgende Lexikon hingewiesen:

Endruweit, Günther/Gisela Trommsdorff (Hg.): Wörterbuch der Soziologie. Stuttgart 2002 (2., völlig neubearb. u. erw. Auflage)

Im Vergleich zur Erstausgabe hat dieser Band jetzt eher Handbuch-Charakter. Er gibt einen informativen Überblick über wichtige Forschungsgebiete, Begriffe und Theorieansätze der Soziologie und deren Entwicklung und berührt auch die angrenzenden Disziplinen, wie das Stichwort ‚Sozialethik' zeigt (jeweils mit weiterführenden Literaturangaben). Was die Geschlechterforschung angeht, wird hier ein eher traditioneller Ansatz verfolgt, denn in der jüngeren Forschung würde ein Eintrag dieser Diskussion unter dem Stichwort ‚Geschlechterrollen' kaum erwogen.

Die Funktion eines Handbuchs verfolgt auch diese Veröffentlichung:

Schäfers, Bernhard (Hg.): Grundbegriffe der Soziologie. Opladen 2003 (8., überarb. Auflage)

Hier werden soziologische Grundbegriffe wie Rolle, Schicht, Klasse, aber auch neuere Entwicklungen und Diskussionen aus den unterschiedlichsten soziologischen ‚Fachwelten' abgehandelt, z.B. ‚Informations-, Kommunikations-, Wissensgesellschaft', ‚Familie und familiale Lebensformen'. Einen ausgezeichneten Überblick gibt das gut strukturierte Stichwort über ‚Soziologische Theorien'.

Einführungen

In den letzten Jahren ist eine Vielzahl von Einführungen in gegenwärtige soziologische Theorien erschienen, von denen ich vor allem die folgende empfehlen möchte:

Mikl-Horke, Gertraude: Soziologie. Historischer Kontext und soziologische Theorie-Entwürfe. München; Wien 1997 (4. Auflage)

Dieses übersichtlich aufgebaute und verständlich geschriebene Buch umfasst die gesamte Soziologie-Geschichte (von Comte an) und Soziologie-Gegenwart (bis zur Diskussion über die Postmoderne). Die Autorin behandelt nicht nur die soziologische Entwicklung in der Bundesrepublik, sondern auch die in Frankreich, England und den USA und bettet diese jeweils in den zeitgeschichtlichen Kontext ein. Im Unterschied zu der hier vorgelegten Einführung geht Mikl-Horke überhaupt nicht auf die geschlechtersoziologische Diskussion ein.

Ein vergleichbares Spektrum umfasst ein informativer Sammelband, der in den letzten Jahren mehrfach erweitert wurde:

Morel, Julius u.a.: Soziologische Theorie. Abriss der Ansätze ihrer Hauptvertreter. München; Wien 1999 (6. Auflage)

In diesem Band stellen verschiedene Autorinnen und Autoren ausgewählte Repräsentanten und Richtungen der Soziologie insbesondere des 20. Jahrhunderts dar. Die Rahmenkapitel gehen auf die soziologische Theorieentwicklung und die Problematik des Theorienvergleichs im allgemeinen ein.

Ein Indikator für die zunehmende Etablierung von bereits noch lebenden Soziologen als ‚Klassiker' sind die folgenden Bände:

Kaesler, Dirk (Hg.): Klassiker der Soziologie. Bd. 1. Von Auguste Comte bis Norbert Elias. München 1999

Kaesler, Dirk (Hg.): Klassiker der Soziologie. Bd. 2. Von Talcott Parsons bis Pierre Bourdieu. München 1999

Kaesler, Dirk (Hg.): Aktuelle Theorien der Soziologie. Von Shmuel N. Eisenstadt bis zur Postmoderne. München 2005

Hier äußern sich einschlägig ausgewiesene Autorinnen und Autoren in komprimierter Form über ‚ihre' Soziologen. Verdienstvoll ist die Aufnahme weniger bekannter bzw. in Einführungen häufig unterschlagener Soziologen so unterschiedlicher Orientierung wie etwa Robert Ezra Park (USA), Hans Freyer (Deutschland) oder Raymond Aron (Frankreich).

Eine neue Art der Einführung in die Soziologie stellt der folgende Band dar, der in Grundstudiumsveranstaltungen an den Universitäten Marburg und Konstanz konzipiert bzw. erprobt wurde:

Ernst, Wiebke u.a.: Wissenschaftliches Arbeiten für Soziologen. München; Wien 2002

Die Autorin und Autoren erläutern nicht nur wissenschaftliche Arbeitstechniken, sondern geben auch instruktive und lebensnahe Hinweise auf die spezifischen Erfordernisse, mit den sich Soziologie-Studierende konfrontiert sehen (Abschnitt „Kommunikationsfeld Soziologie"). Hilfreich sind auch die dokumentierten Quellentexte samt Übungsaufgaben und das komprimierte Literaturverzeichnis.

Ansprechend ist seiner Systematik und Gestaltung in das folgende Bändchen:

Huinink, Johannes: BA-Studium Soziologie. Ein Lehrbuch. Reinbek bei Hamburg 2005 (*rowohlts enzyklopädie*)

Der Rostocker Bevölkerungs- und Familiensoziologe führt anhand einer Perspektive, die unter den Klassikern insbesondere Norbert Elias und Max Weber (deren Porträts finden sich auf dem Cover) verpflichtet ist, in die Fragestellungen, Theorien und Methoden der Soziologie ein. Hilfreich sind auch die Hinweise auf Forschungseinrichtungen der Soziologie.

Das folgende Lehrbuch deckt nicht unmittelbar die soziologischen Theorien ab, da es nach dem Vorbild des US-amerikanischen Buches von Craig Calhoun u.a. die verschiedenen *Gegenstandsbereiche* der Soziologie (Klassenstruktur, Kultur, Familie, Geschlecht, Wirtschaft u.v.a.) behandelt:

Joas, Hans (Hg.): Lehrbuch der Soziologie. Frankfurt/M.; New York 2001

Eine informative Darstellung dessen, was Soziologen und Soziologinnen tun und welche wichtigen theoretischen Entwicklungen das Fach geprägt haben und prägen, bietet gleichwohl das einleitende erste Kapitel des Herausgebers über „Die soziologische Perspektive" (S. 11-38).

Eine ähnliche Aufmachung hat das Lehrbuch von

Giddens, Anthony: Soziologie. Hg. von Christian Fleck und H.G. Zilian. Graz; Wien 1999 (engl. Original – 3. Aufl. – von 1997; 1. Aufl. von 1989)

Da Giddens (siehe Lektion X) hier alleiniger Autor ist, wirkt dieser Einführungstext zu Themenbereichen wie Schichtung und Klassenstruktur, Geschlecht und

18

Sexualität u.a. und ihrer soziologischen Erörterung ‚geschlossener‘ als die Sammelbände mit Beiträgen mehrerer Autorinnen und Autoren.

Abschließend sei auf Veröffentlichungen hingewiesen, die wegen ihrer unorthodoxen Zugänge zur Soziologie auffallen.

Vom exotisch klingenden Titel lasse man sich nicht abschrecken. Das Buch von **Fuchs, Peter: Das Weltbildhaus und die Siebensachen der Moderne. Sozialphilosophische Vorlesungen. Konstanz 2001** stellt eine aus drei Einführungsvorlesungen zusammengestellte Veröffentlichung von Fuchs dar, der an der *Fachhochschule für Sozialarbeit Neubrandenburg* Soziologie lehrt. Fuchs ist vor allem durch seine Publikationen zu Luhmann bekannt. Das hier empfohlene Buch ist aber mehr als eine Einführung in die Soziologie à la Luhmann: auf sehr humorvolle Weise dokumentieren diese Vorlesungen in ihrem diskursiven Stil (Fuchs geht regelmäßig auf mündlich bzw. schriftlich eingebrachte Fragen der Studierenden ein) eine Soziologie, die Alltagsgewissheiten in Frage stellt. Die Lektüre macht anhand vieler anschaulicher Beispiele deutlich, dass es sich lohnt, die Mühen soziologischer Begriffsbildung auf sich zu nehmen.

Zu den ‚unorthodoxen‘ Einführungen zählen ferner die folgenden beiden Bände: **Pongs, Armin: In welcher Gesellschaft leben wir eigentlich? Gesellschaftskonzepte im Vergleich. Bd. 1, München 1999; Bd. 2, München 2000** Der Titel lässt es nicht vermuten – aber im Gegensatz zu den meisten anderen Einführungen ist diese Veröffentlichung sehr personenorientiert. Der Verfasser hat einer ganzen Reihe von – allerdings primär männlichen – gegenwärtigen Soziologen Fragebögen zu persönlichen Vorlieben (‚Welchem Gesellschaftsspiel gehen Sie gerne nach?‘), soziologischen und politischen Einschätzungen (‚Wie sieht die Gesellschaft von morgen aus?‘) vorgelegt. Die Bände dokumentieren die Antworten auf diese Fragen sowie die geführten längeren Interviews. Auf diese Weise werden Soziologen wie Daniel Bell, Ralf Dahrendorf oder Ulrich Beck als Personen vorgestellt und ihre theoretischen Konzeptionen damit lebendiger und anschaulicher.

Einen Mangel der meisten Einführungen versucht der folgende Titel auszugleichen: **Brück, Brigitte u.a.: Feministische Soziologie. Eine Einführung. Frankfurt/M.; New York 1997 (Neuausgabe der 1. Auflage von 1992)** Dieses Buch gibt einen Überblick über die wichtigsten Gebiete, die in den vergangenen 20 Jahren in der bundesrepublikanischen Frauenforschung entwickelt und diskutiert wurden. Es ist nicht theorie-, sondern themenorientiert (Frauenarbeit, Familie, Sexualität, Hochschule u.a.) und bezieht Stellung im Sinne einer feministisch-emanzipatorischen Politik. Sehr informativ, auch im Hinblick auf die geschlechtersoziologische Diskussion, ist das Kapitel zur Sozialisation (‚Wie werden Frauen und Männer gemacht‘?). In den übrigen Kapiteln wird bewusst ein *Frauen*standpunkt und nicht die *Geschlechter*perspektive verfolgt.

Eine der wenigen Einführungen, in der der Geschlechterforschung eigener Raum eingeräumt wird, sind die drei Bände umfassenden sog. Münsteraner Einführungen, deren erster Band hier von Interesse ist:
Kneer, Georg/Klaus Kraemer/Armin Nassehi (Hg.): Soziologie. Zugänge zur Gesellschaft. Bd. 1. Geschichte, Theorien und Methoden. Münster 1994

Starkes Gewicht haben hier die Konflikttheorien, die Kritische Theorie, verschiedene Beiträge zur Zeitdiagnose und methodische Erörterungen.

Die Entwicklung der Soziologie in den USA und deren Einflüsse auf die deutsche und europäische Soziologie (und umgekehrt) sei hier nicht näher erörtert. Unabdingbar für die Theorie-Diskussion ist es jedoch, sich über die dortigen Diskussionen zu vergewissern. Hilfreich sind der folgende Reader und das bereits klassische Werk von Collins:

Bögenhold, Dieter (Hg.): Moderne amerikanische Soziologie. Stuttgart 2000
Collins, Randall: Four Sociological Traditions (revised and expanded edition of „Three Sociological Traditions"). New York; Oxford (UK) 1994

Als Informationsquelle für den philosophischen Hintergrund, der für viele der hier dargestellten Ansätze wichtig ist, sei folgendes Philosophie-Kompendium aus der Reihe ‚rowohlts enzyklopädie' empfohlen:

Anton Hügli/Poul Lübcke (Hg.): Philosophie im 20. Jahrhundert. 2 Bde.
Reinbek 1992, 1993 (dänisches Original von 1982)
Band 1 dieser schweizerisch-dänischen Koproduktion deckt die Phänomenologie, Hermeneutik, Existenzphilosophie und Kritische Theorie, Band 2 die Wissenschaftstheorie und Analytische Philosophie ab. Die ansprechende Aufmachung, gute Verständlichkeit und die sehr hilfreichen Details (wie das Namensregister mit Lebensdaten) motivieren auch und gerade Nicht-Philosophinnen und Nicht-Philosophen, sich näher mit einzelnen Richtungen der hier dargestellten zeitgenössischen Philosophie in Westeuropa und den USA zu beschäftigen.

Einen Überblick zur Entwicklung der Soziologie in Europa gibt der in englischer Sprache erschienene Band:

Nedelmann, Birgitta/Piotr Sztompka (eds.): Sociology in Europe. In Search of Identity. Berlin; New York 1993
Verschiedene Autorinnen und Autoren diskutieren die Frage, ob es so etwas wie eine ‚europäische Soziologie' gibt und stellen ausgewählte nationale Traditionen vor (Großbritannien, Österreich, skandinavische Länder, Ungarn, Polen). In einem dritten Teil geht es um das Verhältnis der europäischen zur japanischen bzw. zur nordamerikanischen Soziologie.

Eine Reihe besonderer Art stellen die
Grundlagentexte Soziologie
dar, die seit 1988 von dem Bielefelder Soziologen Klaus Hurrelmann im Juventa-Verlag herausgegeben werden. Inhaltlich werden hier verschiedene Aspekte der allgemeinen und speziellen Soziologie so präsentiert, dass sie nicht nur für Soziologinnen und Soziologen, sondern auch für die angrenzenden Disziplinen der Sozialwissenschaften und Erziehungswissenschaft mit Gewinn zu lesen sind. Ein weiterer Adressatenkreis ist ganz bewusst die gymnasiale Oberstufe. Zu den ‚allgemeinen' Bänden gehören diejenigen zur Kritischen Theorie, zur Makrosoziologie, Pädagogischen Soziologie oder zur Sozialpolitik, die ‚speziellen' Bänden decken gesellschaftliche Aspekte wie die Migration, die Bevölkerung, das Essen oder das Wohnen ab.

Als kurzer Überblick zur historischen und aktuellen Entwicklung der Soziologie, speziell für Nebenfach-Studierende, ist die folgende Einführung gut geeignet: **Korte, Hermann: Soziologie. Konstanz 2004 (UTB basics)** Korte gibt darin einen Überblick über die wichtigsten Soziologen und Soziologinnen und ihre Ansätze von den Anfängen des Faches bis in die Gegenwart. Hilfreich für die Erarbeitung und Lernkontrolle sind die kurzen begrifflichen Erläuterungen, Zusammenfassungen und Erschließungsfragen zum Ende jeden Kapitels.

Möglichkeiten, sich über soziologische Theorie auf dem Laufenden zu halten

Die Soziologie ist, wie auch aus diesem Band hervorgeht, kein einheitliches, übersichtliches Fachgebiet – nicht einmal dann, wenn man sich auf die Bundesrepublik Deutschland beschränkt. Außerdem spielen sich wichtige Entwicklungen in der Wissenschaft und damit auch in der Soziologie ‚hinter den Kulissen' ab, sind von der Kumulation von Beziehungen, Zufällen, Vorlieben einzelner Beteiligter und anderen Faktoren abhängig. So kann die Rezeption eines vielleicht auch theoretisch spektakulären Ansatzes dadurch ver- oder behindert werden, dass ein Buch nicht übersetzt wird, nur in einer teuren Ausgabe zugänglich ist oder als zu unkonventionell tabuisiert wird.

Ungeachtet der Abschottungs-Tendenzen, Lagerbildungen und Eigendynamik der Soziologie als ‚scientific community' ist es relativ einfach, sich über Neuentwicklungen (wichtige ‚neue Namen' und Ansätze) zu informieren (konzentriert auf die Bundesrepublik Deutschland):

An erster Stelle seien die umfangreichen Bände genannt, die jeweils zu den **Soziologentagen** erscheinen. Die Soziologentage (ab 1995 geschlechtsneutral ‚**Kongresse der Deutschen Gesellschaft für Soziologie**' genannt) finden in der Regel alle zwei Jahre statt und bieten ein Spektrum neuerer Forschungsansätze, das von der ‚großen Theorie' über politische Grundsatzdiskussionen bis zur kleinen Feldstudie reicht. In den sog. Verhandlungsbänden, die jeweils ein Jahr nach einem Soziologentag erscheinen, werden die sog. Hauptreferate abgedruckt. Im Nachhinein betrachtet, sind die Soziologentags-Bände auch immer eindrucksvolle Zeitdokumente – vergleicht man etwa den Band „Spätkapitalismus oder Industriegesellschaft?" (Soziologentag Frankfurt am Main 1968) mit dem Band „Die Modernisierung moderner Gesellschaften" (Soziologentag Frankfurt am Main 1990).

Als wichtigste **Fachzeitschriften**, die die theoretischen Diskussionen in der deutschen Soziologie sowohl begleiten als auch stimulieren, möchte ich folgende nennen (siehe auch Bd. 1, Lektion I):

– *Berliner Journal für Soziologie* (seit 1990)
– *Kölner Zeitschrift für Soziologie und Sozialpsychologie* (seit 1921, damals Kölner Vierteljahreshefte für Soziologie)
– *Soziale Welt* (seit 1949)
– *Zeitschrift für Soziologie* (seit 1972)

Sowohl die ‚Kölner Zeitschrift', wie sie meist genannt wird, als auch die ‚Soziale Welt' bringen Sonderhefte zu theoretisch-allgemeinen und anwendungsbezogenen-spezielleren Themen heraus, die jeweils Buchumfang haben.

Als weitere Zeitschrift ist darüber hinaus die

– *Soziologische Revue*

unverzichtbar: Sie enthält vor allem Buchbesprechungen, aber auch Essays zu einflussreichen Neuerscheinungen. Alle vier Jahre erscheinen *Sonderhefte der Soziologischen Revue*, zuletzt: Soziologie 2000. Kritische Bestandsaufnahmen zu einer Soziologie für das 21. Jahrhundert. Hg. v. Richard Münch u.a. (*Soziologische Revue*; Sonderheft 5). München 2000

Das einschlägige Medium für vielfältige Informationen soll nicht vergessen werden. Wer wissen will, was in der ‚Zunft' diskutiert wird, was also in der „Deutschen Gesellschaft für Soziologie" (DGS) und ihren einzelnen Sektionen gerade verhandelt wird, wie die Leitungsgremien der DGS zusammengesetzt sind, wer gerade in Soziologie habilitiert hat und wo möglicherweise die aktuellen Konfliktlinien laufen, kommt um die Zeitschrift

– *Soziologie. Forum der Deutschen Gesellschaft für Soziologie*

nicht herum. Sie erscheint vierteljährlich und wird von dem oder der jeweils amtierenden Vorsitzenden der DGS herausgegeben.

– *Information Philosophie*

Diese auch für soziologisch Interessierte einschlägige Zeitschrift berichtet über Alles, was in der Philosophie und ihren angrenzenden Bereichen diskutiert und veranstaltet wird: Neu-Editionen, Tagungen, Kontroversen, Unterrichtsmaterialien, Rezensionen u.v.a. (vgl. auch http://www.informationphilosophie.de)

Als Forum für die gesellschaftskritische und in einer breiteren Öffentlichkeit präsente Soziologie hat sich

– *Der Mittelweg 36. Zeitschrift des Hamburger Instituts für Sozialforschung*

einen Namen gemacht. Hier gibt es regelmäßig Schwerpunkthefte, Besprechungsessays und programmatische Aufsätze zu Themen wie Globalisierung, Elite, Inklusion und Exklusion.

Die entsprechenden britischen, US-amerikanischen und französischen Zeitschriften sind in der Regel in den sozialwissenschaftlichen Bibliotheken zugänglich:

– *Theory, Culture & Society*
– *The British Journal of Sociology*
– *American Journal of Sociology*
– *L'Année Sociologique*

Darüberhinaus ist das *European Journal of Social Theory* zu nennen, das seit 1998 mit vier Ausgaben pro Jahr erscheint.

Als wichtige feministisch-geschlechtersoziologische Zeitschriften seien genannt:

– *Beiträge zur feministischen Theorie und Praxis* (Deutschland)
– *Feministische Studien* (Deutschland)
– *Gender & Society* (USA)

Zwei **Buchreihen** seien erwähnt, die für die soziologisch-theoretische Diskussion in der Bundesrepublik einschlägig sind:

-   Die im Campus-Verlag erscheinende Reihe *Theorie und Gesellschaft*, die von Axel Honneth, Hans Joas und Claus Offe herausgegeben wird. Ihr Ziel ist es, renommierte Autorinnen und Autoren aus dem Ausland hierzulande bekannt zu machen. Außerdem erscheinen klassische und einführende Untersuchungen, auch deutscher Autorinnen und Autoren. Im vorliegenden Buch wurden aus dieser Reihe Band 1 (Giddens), Band 13 (Hochschild) und Band 27 (Alexander) berücksichtigt.
-   Ursprünglich beim Kore-Verlag (Freiburg) und mittlerweile beim Verlag Westfälisches Dampfboot (Münster) erscheint das *Forum Frauenforschung*, die *Schriftenreihe der Sektion* Frauenforschung (2003 nach einer Mitgliederbefragung umbenannt in *Frauen- und Geschlechterforschung in den Sozialwissenschaften*) in der *Deutschen Gesellschaft für Soziologie*. Die Bände dieser Reihe sind repräsentativ für die gegenwärtigen Diskussionen in der Geschlechtersoziologie und führen diese gleichzeitig weiter. Einige Bände, die für Furore gesorgt haben, seien hier erwähnt: 1992 erschien der Band „TraditionenBrüche“, herausgegeben von Gudrun-Axeli Knapp und Angelika Wetterer, 1994 „Die sichtbare Frau“, herausgegeben von Margrit Brückner und Birgit Meyer, ebenfalls 1994 „Erfahrung mit Methode“ und in jüngerer Zeit, wiederum von Knapp und Wetterer herausgegeben, zwei Bände zum Thema „Gesellschaftstheorie und feministische Kritik“ (2002; 2003).

Als direkte Lektüre-Ergänzung bezüglich der in diesem Buch behandelten Frauen- und Geschlechterforschung eignen sich die Bände der „Lehrbuchreihe zur sozialwissenschaftlichen Frauen- und Geschlechterforschung der Sektion Frauenforschung in der Deutschen Gesellschaft für Soziologie“ bei Leske + Budrich (Opladen). In diesen Readern findet sich eine beträchtliche Zahl der in den entsprechenden Lektionen zur Vertiefung empfohlenen Texte.

Als Informationsquelle für sozialwissenschaftliche Diskussionen in einer breiteren Öffentlichkeit ist noch http://www.perlentaucher.de zu nennen.

Für Recherchen ist die Fach-Bibliographie des Informationszentrums Sozialwissenschaften (Bonn) zur **Allgemeinen Soziologie** (www.bonn.iz-soz.de) einschlägig. Hier werden die unterschiedlichsten Veröffentlichungen (Bücher, Zeitschriftenaufsätze etc.) zur soziologischen Theorie erfasst und inhaltlich kommentiert. Die ‚Dachorganisation‘ für diesen Informationsdienst und andere wichtige sozialwissenschaftliche Einrichtungen ist die GESIS (Gesellschaft sozialwissenschaftlicher Infrastruktureinrichtungen e.V.), die sich im Netz unter www.social-science-gesis.de findet.

Als wichtige Informationsquelle bezüglich der soziologischen Fachdiskussion im Netz sei abschließend auf die Homepage der *Deutschen Gesellschaft für Soziologie* (DGS) und auf die dortigen links zu den verschiedenen Sektionen der DGS und zur internationalen Diskussion verwiesen: http://www.soziologie.de

Lektion II
Theorie sozialer Systeme (Luhmann, Münch, Alexander)

Inhalt

1. Niklas Luhmann: ein Vertreter der ‚skeptischen Generation'?

In dieser Lektion werden die zentralen Aussagen und Begriffe Niklas Luhmanns erläutert und die Entwicklung seiner Theorie skizziert. Angesichts der schier unglaublichen Menge seiner Publikationen werde ich versuchen, die exemplarische Darstellung ausgewählter Untersuchungen, die Erläuterung wichtiger Begriffe und die Zusammenfassung wichtiger Trends seiner Theorie-Entwicklung zu verbinden. Die von Luhmann entwickelte Systemtheorie gilt heute nicht nur als einer der wesentlichen makrotheoretischen Ansätze, sondern als zentraler soziologischer Ansatz überhaupt.

Niklas Luhmann
(1927-1998)

Niklas Luhmann wurde 1927 in Lüneburg geboren und studierte von 1946 bis 1949 Rechtswissenschaft in Freiburg. Nach dem zweiten Staatsexamen war er zunächst für ein Jahr am Oberverwaltungsgericht Lüneburg. 1956 bis 1962 arbeitete er in der Verwaltung, zuletzt als Oberregierungsrat und Landtagsreferent im niedersächsischen Kultusministerium in Hannover (1956-62). 1960/61 ließ er sich zum Studium an der nordamerikanischen Harvard-Universität beurlauben; dort lernte er Talcott Parsons, den Begründer des Strukturfunktionalismus, kennen. Nach Rückkehr in die Bundesrepublik absolvierte er den Aufbaustudiengang Verwaltungswissenschaft in Speyer. 1965 wurde er von Helmut Schelsky, dem Geschäftsführenden Direktor, als Abteilungsleiter an die Sozialforschungsstelle Dortmund berufen. 1966 wurde er an der Rechts- und Staatswissenschaftlichen Fakultät in Münster innerhalb eines Jahres promoviert und habilitiert. Im Zuge der Vertretung des Adorno-Lehrstuhls in Frankfurt am Main entsteht 1968 ein langjähriger Diskussionszusammenhang mit Jürgen Habermas (s. Lektion VII). Von 1968 bis Februar 1993 war Luhmann Inhaber des Lehrstuhls für Soziologie an der Universität Bielefeld. 1988 erhielt er den *Hegel-Preis* der Stadt Stuttgart; die Verleihung dieses, eines ‚Philosophen-Preises' (der 1973 an Habermas verliehen worden war) an Luhmann war zumindest überraschend. Niklas Luhmann starb am 6.11.1998 in Oerlinghausen bei Bielefeld.

In der 17.000-Einwohner-Stadt Oerlinghausen (Ostwestfalen-Lippe) wurde das Gymnasium mittlerweile in „Niklas-Luhmann-Gymnasium" umbenannt (vgl. www.zfl.uni-bielefeld/schulen/oerlinghausen v. 11.1.04). Die soziologische Traditionspflege in dieser Stadt, die auch Geburtsort von Marianne Weber (s. Bd. 2, Lektion VI) ist – Luhmann wohnte in der Marianne-Weber-Straße –, ist nach Luhmanns Tod Gegenstand zahlreicher Erörterungen im Spannungsfeld von Stadt, Familie und Universität Bielefeld (vgl. Seifert, 2001).

Luhmann hinterließ zahlreiche große Projekte, die nach und nach aus dem Nachlaß veröffentlicht werden; als erste Publikation aus dem Nachlaß erschien „Organisation und Entscheidung" (Luhmann, 2000) – weitere Titel sind im Informationsteil aufgeführt. Sein opus magnum, die 1164-seitige „Gesellschaft der Gesellschaft" (Luhmann 1997b) konnte er jedoch noch abschließen. Walter Reese-Schäfer nennt dieses Werk in seiner informativen und gut strukturierten Luhmann-Einführung den „Schlußstein der Theoriekathedrale" (Reese-Schäfer, 1999: 7). Zeitgleich erschienen Veröffentlichungen über Luhmann, die die „Gesellschaft der Gesellschaft" schon miteinbezogen haben (vgl. Baraldi u.a. 1997; Horster 1997). Neben dem Manuskript konnten die Autoren auf die italienische Kurzfassung zurückgreifen, die bereits 1992 erschienen war (Luhmann/De Giorgi 1992).

In der „Gesellschaft der Gesellschaft" (Luhmann, 1997b) findet sich komprimiert und konkretisiert zugleich das gesamte Themen- und Begriffsspektrum des späteren Luhmann. Selbstbewusst und (selbst-)ironisch nimmt Luhmann zu den verschiedenen Traditionen der Soziologie und zum eigenen Werk Stellung. Die Systematik des Buches, die Zusammenfassungen, die zahlreichen historischen Belege (etwa zur Geschichte des Buchdrucks) und die Beispiele machen die „Gesellschaft der Gesellschaft" zu einem unverzichtbaren und dabei nutzerfreundlichen Vermächtnis Luhmanns. Der zentrale Begriff ist „Kommunikation" (siehe Abschnitt 8).

Man könnte Luhmann als Angehörigen der ‚skeptischen Generation' bezeichnen. Dieser Begriff war Ende der 1950er und Anfang der 1960er Jahre in der wissenschaftlichen und öffentlichen Diskussion; er ging auf eine Veröffentlichung von Helmut Schelsky, der Luhmann sehr förderte, zurück. In seinem 1957 erschienenen Buch „Die skeptische Generation" hatte Schelsky die These aufgestellt, dass sich die Jugendlichen (eben die „skeptische Generation") vom Ende des zweiten Weltkrieges bis Ende der 50er Jahre fast so verhielten wie die Erwachsenen: sie vertraten eine unpolitische Zustimmung zur Demokratie, waren sehr an beruflichem Aufstieg und privatem Rückzug orientiert (siehe Bd. 2, Lektion XI) – anders als die ‚rebellische' Generation danach (der Ende der 1940er Jahre Geborenen).

Luhmann selbst äußerte sich zu seiner persönlichen Situation nach 1945 in einer vergleichbar skeptischen Weise:

> „Vor 1945 hatte man doch gehofft, daß nach dem Wegfall des Zwangsapparates alles von selbst in Ordnung sein würde. Das erste jedoch, was ich in der amerikanischen Gefangenschaft erlebte, war, daß man mir meine Uhr vom Arm nahm und daß ich geprügelt wurde. Es war also überhaupt nicht so, wie ich vorher gedacht hatte. Und man sah dann bald auch, daß der Vergleich von politischen Regimen nicht auf der Achse ‚gut/böse' verlaufen konnte, sondern daß man die Figuren in ihrer begrenzten Wirklichkeit beurteilen muß. Ich will damit natürlich nicht sagen, daß ich die Nazi-Epoche und die Zeit nach 1945 als gleichwertig betrachte. Aber ich war nach 1945 einfach enttäuscht" (Luhmann, 1987a: 129).

Aus dieser Haltung erscheint die Faszination einer juristischen, stark schematisierten und formalisierten Ausbildung und Perspektive nachvollziehbar:

> „Man hatte vorher seine Probleme mit dem Regime und hinterher war es nicht so, wie man es sich erwartet hatte. Und deshalb war wahrscheinlich auch das juristische Studium für meine Art des Denkens wichtig geworden" (Luhmann, 1987a: 128).

In einer seiner ersten Arbeiten – im Rückblick einer der eingängigsten und verständlichsten Texte Luhmanns – schlägt sich diese Art des Denkens nieder, wenn auch schon mit einer spezifischen, soziologischen Färbung. Die Arbeit „Legitimation durch Verfahren" vermittelt einen Eindruck der frühen Luhmannschen Gesellschaftstheorie. Aufgrund ihres Erscheinungstermins im Jahr 1964 ‚gehört' sie streng genommen in den Band 2 dieses Einführungskurses. Sie verbleibt jedoch an dieser Stelle, da viele der damals getroffenen Grundaussagen sich bis in das spätere Werk Luhmanns durchziehen.

2. Legitimation durch Verfahren

1964 erschien das Buch „Funktionen und Folgen formaler Organisation", das für Luhmanns Reputation in der Verwaltungs- und Rechtswissenschaft entscheidend war. Die Arbeit „Legitimation durch Verfahren", die 1969 erstmals erschien (erweiterte Neuauflage vgl. Luhmann, 1983), markiert dann Luhmanns Übergang von der Rechts- und Verwaltungswissenschaft zur Soziologie. Luhmann geht davon aus, dass Entscheidungen im politischen, juristischen und bürokratischen System und die Frage, ob und wie diese akzeptiert werden, mit philosophischen oder politischen Analysen nicht erklärt bzw. beantwortet werden können. Solche Analysen bezeichnet Luhmann als ‚vorsoziologisch'.

Es gehe nicht um Wahrheit, sondern um den quasi technischen Vorgang der Akzeptanz von Entscheidungen. Diese Akzeptanz versteht Luhmann als den ‚Endpunkt' von Legitimität:

> „Beim faktischen Akzeptieren der Entscheidungen kann nämlich die wirkliche Motivlage und das genaue Mischungsverhältnis – ob man aus Furcht eine Entscheidung beachtet oder aus Zustimmung – weitgehend offenbleiben; und gerade diese Unbestimmtheit, diese Generalisierung der Legitimität zu einem fast motivlosen Akzeptieren, ähnlich wie im Falle von Wahrheiten, ist soziologisch das Problem. Man kann Legitimität auffassen als eine *generalisierende Bereitschaft, inhaltlich noch unbestimmte Entscheidungen innerhalb bestimmter Toleranzgrenzen hinzunehmen.* Damit bleibt aber offen, ob dieser Bereitschaft ein relativ psychologisches Motiv zugrunde liegt – etwa eine innere Befriedigung über einen Tausch von Gehorsam gegen ‚demokratische' Beteiligung – oder ob sie das Ergebnis einer Vielzahl von sozialen Mechanismen ist, die sehr heterogene Motivkonstellationen egalisieren" (Luhmann, 1983: 28; Hervorh. im Original).

Luhmann interessiert sich dafür, wie es dazu kommt, dass Bürgerinnen und Bürger eines Staates (als Wählerinnen und Wähler, als Angeklagte oder klagende Partei in einem Gerichtsverfahren oder als Klientel der Verwaltung) das sie betreffende Verfahren als legitim empfinden. Dabei geht es ihm nicht um eine psychologische Studie (etwa: welche Persönlichkeitsstruktur haben die Betroffenen?), sondern für ihn sind das „soziale Klima" und der Grad der **Institutionalisierung** in einer Gesellschaft die ausschlaggebenden Gründe dafür, ob politische, juristische oder bürokratische Entscheidungen als legitim angesehen werden oder nicht. Jemand, der Ärger mit seinem Vermieter oder seiner Vermieterin hat, weiß in der Regel, dass er diesen Konflikt nicht direkt, etwa durch die Ausübung körperlicher Gewalt, sondern durch die Einleitung eines Verfahrens (Beratung in einer entsprechenden Institution, ggf. Rechtsbeistand, Prozess, Rechtsentscheid) lösen kann und muss.

‚soziales Klima' und Institutionalisierung

Jemand, der eine Mieterhöhung nicht hinnehmen will und gegen seinen Vermieter einen Prozess anstrengt, macht sich keine Gedanken über die psychische Verfassung der Richterin oder des Richters am Verhandlungstag, sondern verlässt sich auf die Regelhaftigkeit, auf die **Verallgemeinerungsfähigkeit** seines Problems, auf die „Generalisierung der Legitimität".

Luhmann fasst die Legitimation von Entscheidungen als **institutionalisierten Lernprozess** auf, an dem mehrere Personen als Rollenträgerinnen und Rollenträger (z.B. als Klägerin, Beklagte, Richterin) funktionell beteiligt sind und in dem diese ihre Erwartungen dem Entscheidungsprozess immer wieder anpassen. Bei der Analyse dieses sozialen Prozesses helfen juristische Konzeptionen nicht weiter,

„vielmehr geht es um die Umstrukturierung des Erwartens durch den faktischen Kommunikationsprozeß, der nach Maßgabe rechtlicher Regelungen abläuft, also um wirkliches Geschehen und nicht um eine normative Sinnbeziehung" (Luhmann, 1983: 37).

Die Frage ‚Recht oder Unrecht' interessiert Luhmann nicht, da gesellschaftliche Normen oder juristische Traditionen und Festlegungen nichts über die grundlegenden Prinzipien von Rechts- oder Verwaltungsakten aussagten.

Luhmann untersucht die Beteiligten an einem Gerichtsverfahren zwar auch in Bezug auf die Rollen, die sie übernommen haben, und verwendet hierfür Begriffe des mikrosoziologischen Ansatzes von George H. Mead (siehe Bd. 2, Lektion XIII). Dies geschieht jedoch stets mit Blick auf die Makrostruktur heutiger Gesellschaften. Diese Gesellschaften sind für Luhmann durch zwei Hauptmerkmale charakterisiert, die im nächsten Abschnitt zusammenfassend dargestellt werden.

3. Komplexität und funktionale Differenzierung – die Hauptmerkmale moderner Gesellschaften

Das **erste zentrale Merkmal** moderner Gesellschaften ist ihre übermäßige **Komplexität**. Hierauf hat Luhmann schon in seinen Veröffentlichungen der 1960er Jahre hingewiesen. Komplexität bedeutet Vielschichtigkeit. Moderne Gesellschaften sind hochindustrialisiert und verwissenschaftlicht. Ihre Funktionsweisen und Strukturen greifen auf mehreren Ebenen ineinander. Aber nicht mehr alle Elemente eines Systems können miteinander verknüpft werden. Für das Individuum gibt es „stets mehr Möglichkeiten des Erlebens und Handelns, als aktualisiert werden können" (Luhmann, 1971b: 32).

Komplexität

Im Begriff der Komplexität fasst Luhmann das zusammen, was sonst unter den Stichworten ‚Moderne' oder ‚Modernisierung' diskutiert wird (s. Bd. 1, Lektion XIII). In modernen Gesellschaften ist die Sozialstruktur heterogener als in traditionalen; es gibt z.B. nicht nur ‚oben' und ‚unten'. Durch Industrialisierung und gesellschaftliche Arbeitsteilung wurden die Sphären von Produktion und Konsumtion ausgeweitet, Bildungsniveau und Mobilität sind gestiegen, der Glaube an Göttinnen und Götter wurde durch Wissen(schaft) ersetzt.

Aber gerade wegen der „Überfülle des Möglichen" ist der moderne Mensch auf Orientierungshilfen, auf Ordnung und Sinngebung angewiesen – auf Mechanismen, die ihm die Realität vorstrukturieren helfen:

„Die Komplexität der Welt muß nicht nur vorstellend erfaßt, sondern auch dem Erleben und dem Handeln nahegebracht, also reduziert werden" (Luhmann, 1970a: 73).

> Somit ist **Komplexität** die Haupt*eigenschaft* moderner Gesellschaften und die **Reduktion von Komplexität** die Haupt*aufgabe* moderner Gesellschaften. Es besteht ein Zwang zur Selektion, zur Auswahl von Möglichkeiten.

Der Komplexität ist ein **zweites Merkmal** moderner Gesellschaften zugeordnet: ihre wachsende **funktionale Differenzierung**. Damit ist gemeint, dass die verschiedenen Subsysteme der Gesellschaft wie Wirtschaft, Politik, Wissenschaft

funktionale Differenzierung

oder Rechtssprechung immer mehr ausgebaut werden und sich immer weiter spezialisieren (Ausdifferenzierung des Rechts in verschiedene Bereiche wie Zivilrecht, öffentliches Recht, Strafrecht etc.), untereinander jedoch in einem funktionalen, d.h. wechselseitig aufeinander ausgerichteten Zusammenhang bleiben.

> „Eine funktionale Differenzierung liegt vor, wenn die Untersysteme nicht als gleiche Einheiten nebeneinandergesetzt, sondern auf spezifische Funktionen bezogen und dann miteinander verbunden werden. Die leistungssteigernden Vorteile funktionaler Differenzierung liegen auf der Hand. Daß sie durch bestimmte Schwierigkeiten und Folgeprobleme bezahlt werden müssen, ist stets gesehen, aber auf sehr verschiedene Weise begriffen worden, etwa als Notwendigkeit der Koordination bei jeder Arbeitsteilung, als Steigerungszusammenhang von Differenzierung und Integration, Differenzierung und Autonomie der Teilsysteme, Spezifizierung und Generalisierung oder auch als unvermeidliche Diskrepanz von Struktur und Funktion, die bei stärkerer Differenzierung zunimmt" (Luhmann, 1983: 242).

In der funktionalen Differenzierung heutiger, westlicher Gesellschaften sieht Luhmann den Hauptunterschied zu früheren Gesellschaftsformen. Für ganz frühe, archaische Gesellschaften war die **segmentierende** Differenzierung typisch, d.h., es gab nur wenige Unterschiede, etwa die zwischen Kriegerinnen und Priesterinnen. Die nachfolgenden Gesellschaften waren **stratifikatorisch** differenziert. D.h., sie waren in einer Form der Über- bzw. Unterordnung geschichtet: man unterschied z.B. zwischen Unter-, Mittel- und Oberschichten. Solche vertikalen Kategorisierungen sind für Luhmann nicht von Interesse; seine Differenzierungs-Perspektive ist horizontal. Für ihn ist die moderne Gesellschaft nicht durch Hierarchien (Klassen oder Schichten), sondern durch Funktionen gekennzeichnet.

In seinen späteren Veröffentlichungen fügt Luhmann in Anlehnung an die Arbeiten von Immanuel Wallerstein (geb. 1930) den genannten drei Differenzierungsformen noch eine vierte hinzu, die zwischen **Zentrum und Peripherie**, d.h. zwischen reicheren und ärmeren Regionen, zwischen sog. Erster und sog. Dritter Welt. Diese Differenz ist häufig auch innerhalb von Gesellschaften festzustellen (vgl. Luhmann, 1997b: 609ff.). Damit bezieht er doch eine Dimension der Hierarchie bzw. Ungleichheit innerhalb bzw. zwischen Gesellschaften mit ein. Das Verhältnis von Gleichheit und Ungleichheit in einer Gesellschaft variiert für Luhmann je nach Differenzierungsform. Im übrigen betont er, dass man sich den Ablauf der Differenzierungen nicht linear vorstellen solle.

Moderne Gesellschaften sind im wesentlichen **funktional** differenziert; Stratifizierungen sind zwar noch vorhanden, nehmen in ihrer Bedeutung jedoch immer weiter ab. Der Grad der funktionalen Ausdifferenzierung von modernen Gesellschaften ist für Luhmann ein entscheidendes Kriterium gesellschaftlichen Fortschritts. Außerdem hängen funktionale Differenzierung und Komplexität zusammen. Ohne funktionale Differenzierung gäbe es keine Komplexität:

> „Komplexere Gesellschaften sind auf funktionale Differenzierung angewiesen. Sie müssen infolgedessen im Verhältnis ihrer Teilsysteme mehr Abhängigkeiten und mehr Unabhängigkeiten zugleich vorsehen. Das ist im Prinzip möglich dank höherer Komplexität, also dank einer Zunahme der Hinsichten, in denen Teilsysteme voneinander abhängig bzw. unabhängig sein können, stellt aber im einzelnen sehr hohe Verhaltensanforderungen, zum Beispiel auf die Trennschärfe, mit der Systemgrenzen und soziale Prozesse wahrgenommen werden können" (Luhmann, 1971a: 23).

Abnehmende Bedeutung der Stratifizierung

Komplexität und funktionale Differenzierung, die Luhmannschen Hauptbegriffe zur Analyse moderner Gesellschaften, lassen auch erkennen, dass Luhmann sein systemtheoretisches Denken anders gewichtet als Talcott Parsons, bei dem er während seines Harvard-Aufenthaltes studiert und der seine theoretische Orientierung stärker als jeder andere ‚klassische' Soziologe beeinflusst hatte.

4. Die Abgrenzung von Parsons: Von der strukturell-funktionalen zur funktional-strukturellen Systemtheorie

Der Strukturfunktionalismus geht auf den nordamerikanischen Soziologen Talcott Parsons (1902-1979) zurück und wurde seit den 1930er Jahren entwickelt. Parsons' Hauptwerke waren „The Structure of Social Action" (1937) und „The Social System" (1951). Parsons ging es – im Gegensatz zu Marx, Weber oder Elias – nicht darum, die spezifischen Merkmale *kapitalistischer, bürokratisierter* oder *zivilisierterer* Gesellschaften herauszufinden, sondern um eine universell gültige, allgemeine Theorie (‚eine Theorie für alle Fälle'; siehe Bd. 2, Lektion X). Parsons versuchte, einen hochabstrakten analytischen Bezugsrahmen zu entwickeln. Er untersuchte die Stabilität einzelner Systeme in ahistorischen Zusammenhängen. Ein System weist bei Parsons bestimmte zentrale Strukturen auf (deshalb: *Struktur*funktionalismus), an deren Erhalt das System ein Interesse hat. Auf diesen Ansatz greift Luhmann zurück.

Bezug zu Parsons

Luhmann hat seine Einstellung gegenüber Parsons in einigen „„Zwar-Aber'-Sätzen" zum Ausdruck gebracht (vgl. Luhmann, 1971a: 13ff.). Er teilt viele der Parsonsschen Grundannahmen – vor allem den Anspruch, ein hochkomplexes, generelles, von Einzelgesellschaften unabhängiges Theorie-Modell zu entwickeln, – rückt aber in einigen von ihm ab. Während Parsons seinen Ansatz als **strukturell-funktional** bezeichnet hat, nennt Luhmann seine Theorie **funktional-strukturelle** Systemtheorie. Dies ist mehr als eine Wortspielerei. In den Bezeichnungen wird deutlich, wo jeweils das Primat liegt: bei Parsons hat der Struktur-Begriff Vorrang, bei Luhmann der Funktions-Begriff (s. den oben erläuterten Begriff der funktionalen Differenzierung). Luhmann beschreibt

Primat der Funktion

> „die moderne Gesellschaft im Unterschied zu allen älteren Gesellschaftsformationen als funktional differenziertes System ..., das nicht mehr nach sozialen Rangordnungen, sondern nur nach Funktionsbereichen wie Wirtschaft, Politik, Erziehung, Recht, Wissenschaft, Religion usw. gegliedert ist" (Luhmann, 1988: 58).

Auch der Systembegriff ist ein anderer. Für Parsons ist ein System durch die Interdependenz seiner Teile bestimmt. Das Verhältnis von Teil(en) und Ganzem steht für ihn im Mittelpunkt. Das gesellschaftliche Gesamtsystem untergliedert er in Persönlichkeit, Sozialsystem und Kultursystem (in späteren Arbeiten taucht als vierte Kategorie noch die des Verhaltensorganismus auf). Für Luhmann hingegen kam es nicht darauf an, welche Strukturen ein System hat und welche Leistungen für seinen Erhalt zwingend sind, sondern darauf, in welchem Verhältnis Systeme zueinander stehen, wie sie funktionieren. Außerdem bezog er die Kategorie der Umwelt (dieser Begriff ist nicht im ökologischen Sinne gemeint; s. Abschnitt 6)

eigener Systembegriff

mit ein. Luhmann hat den Strukturfunktionalismus also nur zum Ausgangspunkt für eigene Arbeiten genommen.

Luhmann verneint im Gegensatz zu Parsons ein gesellschaftsübergreifendes, gemeinsames Wertsystem. Entsprechend spielt der Parsonssche Begriff des Kultursystems überhaupt keine Rolle. Er versucht, „ohne die handlungsleitende Dominanz von institutionalisierten Werten und Normen auszukommen, weil für ihn nicht die Erwartungsmuster an sich, sondern deren ‚Bewerkstelligung' das Hauptproblem bildet" (Kiss, 1990: 3). Luhmann interessiert sich weder dafür, ob und wie ein gesellschaftlicher Normenkonsens zustande kommt (vgl. die „Integration der normativen Elemente" in Parsons AGIL-Schema), noch dafür, in welche Richtung die gesellschaftliche Entwicklung geht oder gehen sollte. Dies hat er in dem schon erwähnten Interview bekräftigt:

„Ich habe viele Fragen, z.B. die, ob eine starke Verflechtung von Banken und Produktions-Unternehmen günstig ist. Ich finde etwa das amerikanische System besser. Aber eine Vorstellung, wie die Gesellschaft gut oder auch nur besser sein könnte, habe ich gar nicht. Ich finde, daß unsere Gesellschaft mehr positive und mehr negative Eigenschaften hat als jede frühere Gesellschaft zuvor. Es ist heute also zugleich besser und schlechter" (Luhmann, 1987a: 139).

Das einzige Fortschritts-Kriterium, das Luhmann interessiert, ist das der Komplexität: „Stabilität muss auf einem Niveau höherer Komplexität gewonnen werden" (Luhmann, 1971a: 22). Vor diesem Hintergrund – dem Desinteresse einer bestimmten und politisch gegebenenfalls beeinflussbaren Richtung der gesellschaftlichen Entwicklung gegenüber – wird auch verständlich, dass Luhmann die Ansätze der ‚makrotheoretischen Konkurrenz' (Adorno, Habermas, Offe u.a.) ablehnt.

Marginalie: Ablehnung der Bezugnahme auf Normen und Werte

5. Die Abgrenzung von der Kritischen Theorie: Soziologische Aufklärung durch Abklärung

Neben den Monographien Luhmanns, die im Suhrkamp-Verlag erscheinen, gibt es im Westdeutschen Verlag seit 1970 eine Reihe von Aufsatzsammlungen. Diese Reihe, die sechs Bände umfasst, trägt überraschenderweise den Titel „Soziologische Aufklärung". Mit dem Wort „Aufklärung" verbindet man die philosophischen und politischen Bewegungen des 18. Jahrhunderts, die Prinzipien von Vernunft und Rationalität. **Aufklärung** ist eigentlich das Programm einer Soziologie, die sich als kritische Analyse der Gesamtgesellschaft und insbesondere ihrer politischen und ökonomischen Institutionen versteht.

Luhmann bezog sich auf diese ‚Besetzungen' des Aufklärungs-Begriffs, als er 1967 seine Antrittsvorlesung in Münster unter dem Titel „Soziologische Aufklärung" hielt (vgl. Luhmann, 1970a). Das, was man gemeinhin unter ‚Aufklärung' versteht, bezeichnet Luhmann als Vernunftaufklärung oder als „vorsoziologische Aufklärung", die für eine systemtheoretische Betrachtung der Gesellschaft nicht hilfreich oder sogar behindernd sei.

Aufklärung ist dann „vorsoziologisch", wenn ihre Modelle „nur Komplexität, nicht aber die Notwendigkeit ihrer Reduktion auf bestimmten Sinn mit einbezie-

Marginalie: Kritik am Aufklärungsbegriff

hen" (Luhmann, 1983: 185, Anm. 15). Luhmanns Ziel ist eine **„abgeklärte Aufklärung"**, die nicht gesellschaftliche Verhältnisse entlarven will, sondern übermäßige Komplexität erfasst und reduziert.

> „Dieser Gewinn an reduzierbarer Komplexität wird dadurch erreicht, daß die Selektivität des menschlichen Verhaltens durch Systembildung gesteigert wird" (Luhmann, 1970a: 76).

Gegenprogramm: „abgeklärte Aufklärung"

Mit dem Systembegriff (siehe hierzu den nächsten Abschnitt) grenzt sich Luhmann von der politischen und von der entlarvenden Aufklärung und von anderen Theorien, die er als „Faktortheorien" bezeichnet, ab. Für ihn können nur Systeme „als Medien der Aufklärung dienen, nicht das frei diskutierende Publikum" (Luhmann, 1970a: 77), an dem sich Habermas in seiner berühmten Habilitationsschrift zum „Strukturwandel der Öffentlichkeit" (Habermas, 1962) im 19. Jahrhundert orientiert hatte. Mit der soziologischen Aufklärung könnten die einseitigen Wahrnehmungen der klassischen Aufklärung überwunden werden:

> Der Fortschritt von der Vernunftaufklärung über die entlarvende Aufklärung zur soziologischen Aufklärung ist ein Fortschritt im Problembewußtsein und in der Distanz der Aufklärung zu sich selbst" (Luhmann, 1970a: 86).

Luhmann vertritt eine rein analytische Position zur Aufklärung. Auch in späteren Bänden der erwähnten Reihe hält Luhmann „unbeirrt", wie er selbst es nennt, an dem Reihentitel „Soziologische Aufklärung" fest (vgl. Luhmann, 1981: 3). Der Abgrenzungsbedarf gegenüber anderen Theorien und politischen Diskussionen ist aber nicht kleiner geworden, da mit Aufklärung immer noch anderes assoziiert wird: ‚Soziologische Aufklärung' ist für Luhmann nicht einfach ‚Praxisbezug' oder ‚gesellschaftliche Relevanz', sondern eine Kritik des soziologischen Wissens und der soziologischen Methoden, wie sie sich eingebürgert haben. Die Exegese (Auslegung) von Klassikern hält er z.B. für reinen Selbstzweck. Stattdessen plädiert Luhmann für mehr Interdisziplinarität:

> „Von da her gesehen ist der Rückzug auf selbstproduzierte Daten, auf eigene Klassiker, auf heimische Begriffe (soziale Handlung, Rolle, Devianz, Sozialisation etc.) besonders fatal. Soziologische Aufklärung müßte die Gegenrichtung einschlagen, müßte zunächst die interdisziplinäre Kontaktfähigkeit ihrer Begrifflichkeit sicherstellen, sie müßte importieren können, um exportieren zu können. Den Anspruch, im Kontext intellektueller Beziehungen der Gesellschaft mitwirken oder gar aufklären zu können, könnte die Soziologie nur erheben, wenn sie wenigstens wahrnehmen und verarbeiten könnte, was in wissenschaftlicher und außerwissenschaftlicher Reflexion geschieht" (Luhmann, 1981: 6).

In der „Gesellschaft der Gesellschaft" spitzt Luhmann seine Kritik an der gesamten soziologischen Tradition und insbesondere an die von der empirischen Forschung angehäuften Datenmengen noch zu. Aus seiner Sicht habe es in der Soziologie in 100 Jahren „keine nennenswerten Fortschritte" (Luhmann, 1997b: 20) gegeben.

6. Ebenen der Systembildung: Interaktion, Organisation, Gesellschaft

Luhmann betrachtet Gesellschaften, ihre Institutionen und Gruppen bereits als *in sich* hochkomplex und ihre Funktionen als ungesichert. Er versteht gesellschaftliche (Sub-)Systeme nicht als gegeben, sondern fragt nach dem Zustandekommen von Systemen, nach den Voraussetzungen der Systembildung. Für Parsons ‚zerfiel' die Gesellschaft in Teilsysteme; für Luhmann sind Systeme mehr als ‚Ganzes und Teil'.

Luhmanns Ansatz wird als funktional-strukturelle *System*theorie bezeichnet, sein zentrales Werk der 1980er Jahre trägt den Titel „Soziale *Systeme*" (Luhmann, 1984). Was versteht Luhmann unter einem System, was unter einem sozialen System?

Entstehung von Systemen
Der **Systembegriff** ist nicht automatisch mit Gesellschaft(en) verbunden; auch Maschinen sind Systeme, haben ein inneres Ordnungsgefüge. Für Luhmann entstehen Systeme nicht einfach dadurch, dass es Relationen zwischen verschiedenen Elementen gibt. Vielmehr entstehen sie durch die Stabilisierung einer Differenz von Innen und Außen:

> „Das führt auf die allgemeine These, daß Systeme der Reduktion von Komplexität dienen, und zwar durch Stabilisierung einer Innen/Außen-Differenz. *Alles*, was über Systeme ausgesagt wird – Differenzierung in Teile, Hierarchiebildung, Grenzerhaltung, Differenzierung von Struktur und Prozeß, selektive Umweltentwürfe usw. –, läßt sich ... funktional analysieren als Reduktion von Komplexität" (Luhmann, 1971a: 11; Hervorh. im Original).

Eine Waschmaschine ist ein System, das aus technischen Vorrichtungen (Schlauch, Trommel, Pumpe etc.) besteht, die untereinander in Verbindung stehen. Die ‚Kombination von Prozessen' gewährleistet das Funktionieren von Systemen. Die Grenzen des Systems sind eindeutig festgelegt (was ist ‚Waschmaschine', was ist ‚Nicht-Waschmaschine', also Badezimmerwand, Fenster?), es kann eindeutig von seiner Umwelt abgegrenzt werden.

Eine Familie wird dadurch zum System, dass es eine Nicht-Familie gibt. Die Konstellation von Erziehungsberechtigten und Kind(ern), die sich als zusammengehörig empfinden und meist auch zusammen leben, lässt sich von anderen Systemen (Freundeskreise der Kinder, Bekannte der Eltern etc.) abgrenzen. Die Bildung des Systems Familie setzt die Grenzziehung zur nicht-familiären Umwelt und anderen Systemen und die **Selbstselektion** voraus.

Schaubild: Einteilung von Systemen (Luhmann, 1984: 16; Kiss 1990: 30)

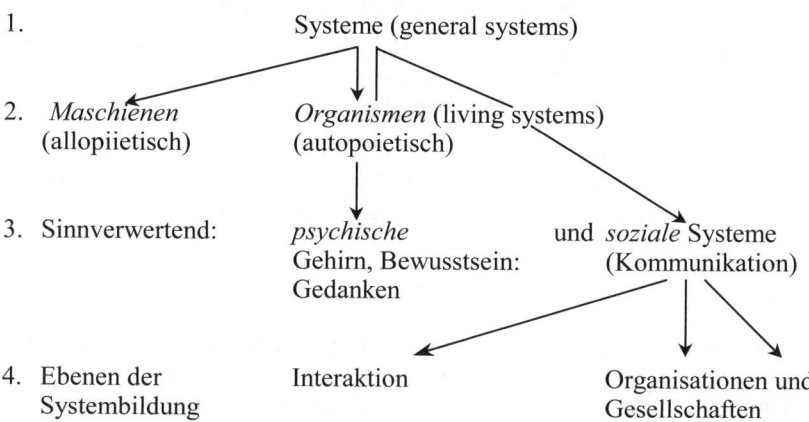

1.   Systeme (general systems)

2. *Maschienen*   *Organismen* (living systems)
(allopiietisch)   (autopoietisch)

3. Sinnverwertend: *psychische*   und *soziale* Systeme
                  Gehirn, Bewusstsein: (Kommunikation)
                  Gedanken

4. Ebenen der   Interaktion   Organisationen und
    Systembildung   Gesellschaften

Das ‚Außen' von Systemen ist die **Umwelt**. Diese Bezeichnung hat nichts mit der alltagssprachlichen Bedeutung von Umwelt (im Sinne von Ökologie; ‚natürlicher' Umwelt o.ä.) zu tun. Umwelt ist vielmehr all' die Komplexität, die sich ‚um Systeme herum' befindet. Tritt ein „System Familie" z.B. auf die Straße, geht zum Einkaufen, so ist das, was sich auf der Straße abspielt, Umwelt. Umwelt versteht Luhmann als Nichtsystem. Im Vergleich zur Umwelt sind Systeme weniger komplex. Aber durch Erhöhung der Systemkomplexität kann die Komplexität der Umwelt reduziert werden. Unterschiedliche Teile der Umwelt werden für das System relevant; für die einkaufende Familie z.B. die Auslagen in einem Schuhgeschäft.

„Umwelt" als das ‚Außen' von Systemen

Luhmann fasst das, was ansonsten als ‚Mensch', ‚Persönlichkeit' oder ‚Individuum' bezeichnet wird, unter dem Begriff der psychischen Systeme zusammen. Die **Bedeutung von Individuen** ist für ihn jedoch nachrangig im Vergleich mit „sozialen Systemen" wie Regierungen, Unternehmen oder Gesellschaften (dem übergeordneten sozialen System). Luhmann konzentriert sich auf den System-Typus der sozialen Systeme. Soziale und psychische Systeme sind dadurch ‚ähnlich', dass sie **Sinn** verwenden. Dadurch unterscheiden sie sich von Maschinen-Systemen.

> „Zum Beispiel sind soziale und psychische Systeme gleich insofern, als sie Systeme sind. Es mag aber auch Gleichheiten geben, die nur für Teilbereiche einer Vergleichsebene gelten. Zum Beispiel lassen sich psychische und soziale Systeme, nicht aber Maschinen und Organismen durch Sinngebrauch charakterisieren" (Luhmann, 1984: 18).

Sinn als zentrale Kategorie

Sinn versteht Luhmann als notwendige Voraussetzung von Kommunikation. Sinn ist, wie er es nennt, eine „Form der Erlebnisverarbeitung" (Luhmann, 1971b). Sinn-‚Gebung' findet für ihn nicht auf gesamtgesellschaftlicher Ebene, sondern in funktional differenzierten Systemen statt. Durch die Zuweisung von Sinn werden Möglichkeiten ausgeschlossen, wird Zugehöriges von Nicht-Dazugehörigem unterschieden, wird Komplexität reduziert. Sinn übernimmt eine Selektions- und Ordnungsfunktion.

„Sinn ist immer systemspezifisch. Gleichzeitig erlauben nur gemeinsame Sinngehalte Interaktionen und Kommunikationen zwischen Systemen" (Willke, 1991: 193).

Soziale Systeme können nur dadurch überleben, dass sie die Komplexität der Welt „auf ein Format, das Erleben, Sichentscheiden und Handeln überhaupt erst gewährleistet" (Luhmann, 1970c: 117), reduzieren.

> „Von sozialen Systemen kann man immer dann sprechen, wenn Handlungen mehrerer Personen sinnhaft aufeinander bezogen werden und dadurch in ihrem Zusammenhang abgrenzbar sind von einer nichtdazugehörigen Umwelt" (Luhmann, 1975b: 9).

Beziehung zwischen personalen und sozialen Systemen

Ein zentraler Gedanke Luhmanns ist die **Trennung sozialer Systeme von personalen Systemen**. Soziale Systeme (wie Familien, Institutionen, Regierungen etc.) müssen von personalen Systemen (Individuen) als getrennt betrachtet werden.

„Wenn zum Beispiel eine Frau im Schlachterladen Wurst kauft, gehören Sinnelemente ihres Handelns in das soziale System der Familie, die sie versorgt, und in das soziale System des Ladens im weiteren Rahmen des Wirtschaftssystems der Gesellschaft, die zum Beispiel institutionalisiert hat, daß man um Preise nicht feilscht. Der Stil ihres Auftretens, das Maß ihrer Kritik an der Ware, vielleicht die Wahl der Worte und Menge und vor allem alles abweichende und störende Verhalten werden dagegen ihrer individuellen Persönlichkeit zugerechnet" (1983: 250).

Menschen im System und als System

Diese Auffassung ist in der Soziologie äußerst umstritten: etwa bei dem französischen Soziologen Pierre Bourdieu, für den die Art und Weise, wie jemand auftritt oder spricht, gerade *nicht* Ausdruck der individuellen Persönlichkeit, sondern des sog. sozialen Habitus ist (siehe Lektion IX.3).

Das Überraschende und das für die Kritikerinnen und Kritiker der Systemtheorie Problematische dieser Begriffsbestimmung ist der Stellenwert der sog. psychischen Systeme, der Menschen. Einerseits sind psychische und soziale Systeme deutlich voneinander unterschieden (Personen gehören *nicht* zum sozialen System), auf der anderen Seite macht der gegenseitige sinnhafte Bezug mehrerer Personen aufeinander gerade ein soziales System aus. Diesen – scheinbaren – Widerspruch erläutert Helmut Willke, ein Luhmann-Schüler, in seinem Lehrbuch wie folgt:

„In systemtheoretischer Perspektive gehören die Mitglieder eines sozialen Systems als Personen zur Umwelt dieses Systems ...; denn sie gehören nie ‚mit Haut und Haaren‘, sondern nur in bestimmten Hinsichten, mit bestimmten Rollen, Motiven und Aufmerksamkeiten dem System zu" (Willke, 1991: 39).

> **Personen** (in ihrer Gesamtheit betrachtet) gehören also nicht zum sozialen System, sondern zur Umwelt dieses Systems.

Dieser Individuums- und Personenbegriff scheint eine Konsequenz aus Luhmanns Auffassung zu sein, dass hochkomplexe Gesellschaften in zahlreiche, funktional differenzierte Teilbereiche zerfallen. In modernen Gesellschaften ist man nie ‚ganz' anwesend, sondern immer nur in bestimmten funktionalen Segmenten. Die ‚psychischen Systeme' Charlotte H. und Rudi W. sind nicht als solche Teil des sozialen Systems ‚Vorlesung', sondern nur ihr funktionaler Bestandteil ‚Studentin'/‚Student'. Die psychischen Systeme nehmen nur *„partiell, rollenhaft und nach systemspezifischen Erfordernissen des sozialen Systems* an der Systemkonstitution und Systemgeschichte teil" (Kiss, 1990: 88; Hervorh. im Original).

In dem Aufsatz über „Interaktion, Organisation, Gesellschaft. Anwendungen der Systemtheorie" (Luhmann, 1975b) – einer der am besten verständlichen Texte Luhmanns – unterscheidet Luhmann drei Ebenen der Systembildung: Interaktions-Systeme, Organisations-Systeme und Gesellschafts-Systeme. Ebenen der Systembildung

Interaktions-Systeme sind durch **Anwesenheit** definiert; die gemeinsam anwesenden psychischen Systeme nehmen sich wechselseitig wahr, wie z.B. in einer Vorlesungs-Stunde. Dozentin bzw. Dozent und Studierende sind im Hörsaal anwesend und bilden somit ein Interaktions-System. Interaktionssysteme sind „einfache Sozialsysteme", sie können „intern nur mit Mühe dauerhafte Teilsysteme konsolidieren (...). Es kommt gelegentlich zu Flüstergesprächen; oder auch zum bloßen Beisammenstehen oder Nebeneinandersitzen von Leuten, die sich mögen" (Luhmann, 1984: 264). 1. Ebene

Organisations-Systeme sind durch **Mitgliedschaftsregeln** definiert: Eintritt und Austritt sind von bestimmten Bedingungen abhängig. Die Hochschule, in der die oben genannte Interaktion ‚Vorlesung' stattfindet, ist ein Organisations- System. In einem Aufsatz zur „Situation der Universitäten" (1987b) führt Luhmann aus, dass er Universitäten als einen Systemtypus begreift, der *zwischen* Gesellschaft und Organisation stehe, da die Universität sowohl zum gesellschaftlichen Funktionssystem Wissenschaft als auch zum gesellschaftlichen Funktionssystem Erziehung gehöre: 2. Ebene

3. Ebene

> „Normalerweise sind Organisationen der modernen Gesellschaft auf jeweils eines der gesellschaftlichen Funktionssysteme spezialisiert: Industrieunternehmen und Banken auf die Wirtschaft, Kirchen auf das Religionssystem, Schulen auf das Erziehungssystem, politische Parteien und Interessenvertretungen auf das politische System. Für Universitäten gilt eine Ausnahme. Wie der Grundsatz der Einheit von Forschung und Lehre verkündet, dienen sie der Wissenschaft und der Erziehung zugleich" (Luhmann, 1987b: 205).

Das **Gesellschafts-System** ist ein besonderer Systemtypus: „Gesellschaft ist das umfassende Sozialsystem aller kommunikativ füreinander erreichbaren Handlungen" (1975b: 11). Die bundesrepublikanische Gesellschaft, zu der das Organisationssystem Hochschule gehört, kann man als gesellschaftliches System verstehen. Allerdings sind nationalstaatliche Grenzen für Luhmann keine wichtige Kategorie. Heute, so führt er aus, gibt es im Grunde nur noch ein einziges Gesellschafts-System, die Weltgesellschaft. Entsprechend findet sich bei Luhmann nie eine Formulierung wie die ‚deutsche', ‚japanische' oder ‚argentinische' Gesellschaft; *alle* gegenwärtigen Gesellschaften sind für ihn mehr oder weniger komplex. Die Menschen in Südostasien sind prinzipiell in gleichem Maße „kommunikativ erreichbar" wie persönlich bekannte und unbekannte Bürgerinnen und Bürger eines bestimmten Staates.

Gesellschaft wird bei Luhmann *nicht* durch einen sozialen, politischen oder normativen Konsens zusammengehalten wie bei Parsons. Nach Luhmann ist eine

Gesellschaft umso ausdifferenzierter, also fortgeschrittener, je „weniger sie z.B. durch Abbruch von Interaktionen als Konfliktlösung in ihrem Weiterbestand gefährdet" (Luhmann, 1975b: 17) ist. Wird das Gesellschaftssystem komplexer, so treten die drei Systemtypen immer weiter auseinander, entlasten sich wechselseitig funktional. Kritik an dieser These übt Hans Haferkamp. Für ihn wäre erst noch zu prüfen,

> „ob die Differenz von Gesellschafts- und Interaktionssystem früher tatsächlich geringer war und ob früher Interaktion mehr kontrollierte. Demgegenüber wird man festhalten müssen, daß auch heute noch viel von Interaktionen abhängig ist, von einzelnen bedeutenden Akteuren und ihren Handlungen, dem Gelingen oder Mißlingen ihrer Interaktionen" (Haferkamp, 1987: 79).

7. Legitimation in funktional differenzierten Gesellschaften

Durch ihre funktionale Differenzierung sind moderne Gesellschaften leistungsfähiger, aber auch störanfälliger: „weil so viel möglich ist, geht so wenig" (Willke, 1989: 41). Damit die Komplexität solcher immer weiter ausdifferenzierter Systeme und die Konfliktanfälligkeit nicht ‚überhand' nehmen, müssen Verfahren installiert werden, die von den Betroffenen akzeptiert werden. Dies geschieht, so Luhmann, jedoch nicht dadurch, dass sie sich an einen gesellschaftlichen Normen- und Wertekanon gebunden fühlen.

Verfahren statt Normen

> „Natürlich ‚akzeptiert' der Betroffene, wenn ihm eine Entscheidung zugestellt wird, die er weder ändern noch ignorieren kann. Dazu braucht man kein Verfahren. Das Problem liegt nicht darin, dies zu bewirken, sondern darin, das Sozialsystem gegen die Folgen der Wahl einer psychischen Lösung für die Verarbeitung dieses Faktums zu schützen. Diese Wahl darf keine soziale Resonanz mehr finden, die dafür aufgebotenen Ressentiments dürfen, wie gesagt, nicht Institution werden. Und dies ist der Grund, aus dem der einzelne durch Verfahren dazu gebracht werden muß, seine Position freiwillig zu individualisieren und zu isolieren" (Luhmann, 1983: 120).

Die Person, die in einem Gerichtsverfahren unterliegt, muss „dazu gebracht werden", dies als ihr eigenes Problem (als Problem des personalen Systems) und nicht als ein grundlegendes, gesamtgesellschaftliches Problem (Problem des sozialen Systems) anzusehen. Sie zweifelt höchstens an sich selbst, nicht jedoch am ‚System'.

Funktionen von Wahlen

Das Funktionsprinzip der ‚Legitimation durch Verfahren' analysiert Luhmann am Beispiel von Wahlen. Die Komplexität „auch des politischen Systems selbst steigt ... in einer Weise, die neuartige Formen der Stabilisierung erforderlich macht oder sich nicht halten lässt" (Luhmann, 1983: 151). In modernen, funktional differenzierten Gesellschaften werden die Inhaberinnen und Inhaber von Ämtern nicht mehr askriptiv, sondern eignungs- oder leistungsorientiert rekrutiert. Wahlen übernehmen folgende Funktionen:

a) Wahlen reduzieren Komplexität. Politik findet für die Mehrheit der Bevölkerung nur alle paar Jahre statt, Aufgaben und Funktionen werden delegiert:

> „Das Handeln als Wähler braucht ... nicht verantwortet zu werden. Es erlaubt keine Rückschlüsse darüber, wer der Wähler sonst ist – ob ein guter Vater oder Ehemann, ein versierter Geschäftsmann ..." (Luhmann, 1983: 169).

b) Wahlen können politischen Protest absorbieren:

> „Die expressive Funktion des Wählerverhaltens für den einzelnen hängt nicht davon ab, daß der, den man aus Protest wählt, wirklich ins Amt kommt und Entscheidungen beeinflussen kann. Schon die Abreaktion kann befriedigen, und im übrigen haben bereits die Stimmzahlen Ausdruckswert und finden als ‚Symptom' für Veränderungen des Wählerwillens im politischen System Beachtung" (Luhmann, 1983: 171).

c) Wahlen tragen zur Ausdifferenzierung des politischen Systems bei.

Alle **Verfahren** (ob Prozess, Wahl oder bürokratischer Vorgang) reduzieren Komplexität und schaffen Sicherheit. Sie gewährleisten, dass Konflikte regulierbar werden.

Luhmann macht in dieser frühen Studie seine eigene Position gegenüber Talcott Parsons deutlich. Parsons hätte im Zusammenhang von ‚Legitimation durch Verfahren' andere Fragen gestellt, etwa die, wie – angesichts der Differenzierung von Gesellschaften – ein Wert- und Normenkonsens (der als wünschenswert gilt) erreicht werden kann. Demgegenüber vermerkt Luhmann, dass sein Legitimitäts-Begriff wertfrei verstanden werden solle und es nicht darum gehe, einen Konsens herzustellen. Zustimmung zum (politischen) System, Normen und Werte interessieren ihn weniger. Dies ist ein wesentlicher Unterschied zwischen Luhmann und Parsons. Luhmann hat die grundlegende Perspektive (nämlich die eines makrotheoretischen Ansatzes, der die moderne Gesellschaft erfasst) übernommen, der Parsonsschen Systemtheorie jedoch dann eine andere Ausrichtung gegeben (zur Abgrenzung von Parsons vgl. auch Luhmann, 2000b [1991]: 221).

8. Autopoiesis und Kommunikation

Die immer noch wachsende Komplexität sozialer Systeme wird diesen zum Problem. Somit geht es für soziale Systeme und für die theoretische Erfassung immer noch darum, die Vielfalt zu verkleinern. In der Luhmannschen Systemtheorie, die selbst auf (der Reduktion von) Komplexität basiert, macht sich dies schon intern bemerkbar. Nach Luhmann steht fest: „Nur Komplexität kann Komplexität reduzieren" (1984: 49). So erscheint es nur konsequent, wenn auch seine Definition von Komplexität selbst immer komplexer wird!

Luhmann hat um 1980 einen sog. Paradigmenwechsel (die sog. autopoietische Wende) vollzogen. Systeme sind nicht mehr nur durch die System-Umwelt-Differenz, sondern durch sog. Selbstreferenz oder Autopoiesis charakterisiert (vgl. Kiss, 1990). In dieser zweiten Periode wird nochmals betont, dass soziale und psychische Systeme unterschieden werden müssen. Die System-Umwelt-Differenz bleibt grundsätzlich erhalten, ist aber weniger wichtig. Der Systembegriff wird neu gefasst:

> „Ein soziales System kommt zustande, wenn immer ein autopoietischer Kommunikationszusammenhang entsteht und sich durch Einschränkung der geeigneten Kommunikationen gegen eine Umwelt abgrenzt. Soziale Systeme bestehen demnach nicht aus

Menschen, auch nicht aus Handlungen, sondern aus Kommunikationen" (Luhmann, 1986: 269).

Selbstbezogenheit von Systemen Die Selektions-Prozesse, die zur Bildung eines Systems notwendig sind, werden immer anspruchsvoller. Systeme werden tendenziell immer geschlossener, beziehen sich auf sich selbst, organisieren sich aus sich selbst heraus. Dies ist mit dem Begriff der Selbstreferenz oder **Autopoiesis** (sprich: Auto*peu*-esis) gemeint; ihn hat Luhmann aus den Theorien der chilenischen Biologen Humberto Maturana und Francisco Varela (vgl. Zeleny, 1981) übernommen.

Autopoiesis ist ein Begriff aus der Biologie. Dort ist er auf lebende Organismen bezogen, die sich ‚aus sich selbst heraus' re-organisieren/reproduzieren. Luhmann verwendet die Begriffe Autopoiesis, Selbstreferenz und Selbstorganisation synonym. Die Umwelt wird hinsichtlich der Fortdauer eines Systems unwichtig, sogar überflüssig. D.h., zwischen System(en) und Umwelt wird die Grenze immer wichtiger; autopoietische Systeme sind operativ geschlossen:

> „Wird diese operative Geschlossenheit zerstört, so bricht ihre (der Systeme, A.T.) Autopoiese zusammen, sie hören auf, als lebende Systeme zu existieren. Konkret heißt dies, daß etwa eine Zelle, ein Organismus oder ein menschliches Nervensystem die eigene Kontinuierung ausschließlich nach den eigenen eingebauten operativen Gesetzmäßigkeiten bewerkstelligt und steuert; eine Steuerung des systemspezifischen Operationsmodus von außen ist nicht möglich, es sei denn um den Preis der Zerstörung der autopoietischen Qualität oder Identität des Systems" (Willke, 1991: 43).

Was hat man sich nun unter einem „autopoietischen Kommunikationszusammenhang" vorzustellen – der Grundvoraussetzung für die Systembildung, wie Luhmann sie seit der ‚autopoietischen Wende' festgelegt hat?

Kommunikation Statt Handlungen (vgl. Luhmann, 1975: 9) sind es nun Kommunikationen, die ein System ausmachen. Es fällt schwer, sich diese weitere Abstraktion vorzustellen, denn Luhmann verwendet auch den **Kommunikations-Begriff** abweichend vom Alltags-Verständnis. Er interessiert sich für Kommunikationen als solche, nicht für kommunizierende Menschen:

> „Das Sozialsystem Familie besteht danach aus Kommunikationen und nur aus Kommunikationen, nicht aus Menschen und auch nicht aus ‚Beziehungen'," (Luhmann, 1990b: 197).

Es geht also nicht darum, dass die Kinder von den Eltern mehr Taschengeld fordern und welche Ursachen dies haben mag (Vergleiche mit Freundinnen und Freunden, Preiserhöhungen in der Disco oder der Eisdiele), sondern um die Kommunikationen als solche. Diese Kommunikationen sind für Luhmann relativ geschlossene, abstrahierte Systeme; individuelle Bedürfnisse oder die Erwartungen etwa von außerfamiliären Bezugsgruppen interessieren ihn nicht oder nur indirekt. So kann er die abwegig erscheinende Frage stellen: „woran erkennt eine Kommunikation überhaupt, dass sie in die Familie gehört und nicht in die Umwelt" (Luhmann, 1990b: 200)?

Kommunikation per se ist für Luhmann

– die Synthese dreier Selektionen, nämlich von Information, Mitteilung und Verstehen (vgl. auch Luhmann, 1997b: 190):

„Das Verstehen ist jene dritte Selektion, die den Kommunikationsakt abschließt. Man liest: Tabak, Alkohol, Butter, Gefrierfleisch usw. gefährde die Gesundheit, und man ist (als jemand, der das hätte wissen und beachten können) ein anderer – ob man's glaubt oder nicht! Man kann es jetzt nicht mehr ignorieren, sondern nur noch glauben oder nicht glauben. (...) Auf Annahme oder Ablehnung und auf weitere Reaktionen kommt es daher beim Kommunikations*begriff* nicht an" (Luhmann, 1984: 203f.; Hervorh. im Original).

- äußerst störanfällig, hat einen „Zumutungsgehalt" (Luhmann, 1984: 267);
- nicht an Sprache gebunden.

In der „Gesellschaft der Gesellschaft" geht Luhmann auf Kommunikation oder genauer: die Unwahrscheinlichkeit von – geglückter – Kommunikation nochmals im Detail ein. Für ihn ist alles kommunizierbar, nur Aufrichtigkeit nicht. Damit wird wiederum deutlich, dass es Luhmann nicht um moralische Gehalte, sondern um Verfahrensweisen geht. In seinen späteren Texten spricht er in diesem Zusammenhang bevorzugt von **Operationen**: Kommunikationen sind Operationen, ebenso Beobachtungen. Von sozialen Systemen insgesamt hat Luhmann ein „operatives Verständnis" (Luhmann, 1997b: 70, Anm. 87).

Autopoietische Systeme „sind Systeme, die nicht nur ihre Strukturen, sondern auch die Elemente, aus denen sie bestehen, im Netzwerk eben dieser Elemente selbst erzeugen" (Luhmann 1997b: 65). Das, was innerhalb eines Systems geschieht, kann nicht direkt in ein anderes System transferiert werden; z.B. kann aus dem Sozialsystem Familie, aus der Beziehung zwischen Eltern und Kindern, nicht auf das Verhältnis von sog. Erster und Dritter Welt (im Weltgesellschaftssystem) übertragen werden (vgl. Kiss, 1990: 99).

Das Problem, Kommunikation auf Nicht-Systeme auszuweiten, macht Luhmann auf humoristische Art in folgendem Kommentar deutlich, in dem er zu ökologischen Fragen Stellung nimmt:

„Wenn man sieht, daß die Gesellschaft nur über eigene Operationen, also nur über Kommunikation verfügt, dann wird zugleich die Beschränkung der Möglichkeit, auf ökologische Fragen zu reagieren, deutlich. Man kann nicht mit der Umwelt sprechen. Man kann den Dioxinen nicht sagen: verschwindet! Sondern man kann nur mit anderen Leuten reden und sie zu überzeugen versuchen, daß hier irgendetwas geschehen muß" (Luhmann, 1992b)."

9. Kontingenz und Beobachtungen der Moderne: Zusammenfassung der Luhmannschen Position

Um der in seinen Augen immer noch wachsenden Komplexität moderner Gesellschaften gerecht werden zu können, führt Luhmann einen weiteren Begriff ein, nämlich den der **Kontingenz**.

Kontingenz als Ausdruck wachsender Komplexität

Kontingenz ist ein philosophischer Begriff und bezeichnet die Möglichkeit, dass etwas geschieht oder dass es nicht geschieht. Im Anschluss an Immanuel Kant wird Kontingenz manchmal mit Zufälligkeit gleichgesetzt. Alltagssprachlich könnte man sagen: es gibt keine Sicherheiten (negativ gesprochen), oder es ist ‚alles drin' (positiv gesprochen).

Luhmann wertet Kontingenz in gegenwärtigen Gesellschaften nicht, sondern erfasst damit die zahllosen Handlungsalternativen, die man hat. Man verhält sich zwar in einer bestimmten Art und Weise, hätte aber auch alles mögliche Andere tun können. Ein Beispiel für Kontingenz stellt die folgende problematische Alltagssituation dar:

> „Die Interaktion wählt unter bestimmten oder doch bestimmbaren Möglichkeiten jeweils in Situationen, die nur begrenzte Verlaufsvarianten offen halten. Soll man mit dem Essen noch warten, bis der letzte der Eingeladenen eingetroffen ist? Wie lange noch? Nutzt man die eigens dafür geschaffene gesellschaftliche Institution des Aperitifs zur Dehnung der Zeit und zur Minderung des Risikos? Weiß man vorher, wer sich bei wem zu entschuldigen hat? Vielleicht am besten jeder bei jedem? Ab wann kann man die Wartenden mit dem Thema des Wartens beschäftigen, die Namen der noch Fehlenden nennen, die Gründe der Situation in die Situation einführen? Und wie stark limitiert das die dann noch offenen Möglichkeiten der Verfügung über die Zeit? Ein Fortsetzen der Interaktion ist nur möglich, wenn diese Fragen hinreichende Struktur geben, wenn vielerlei Möglichkeiten – gemeinsame Gymnastik, Fernsehen, Flucht der Gastgeber – hinreichend fernliegen und wenn vor allem der dumpfe Druck, irgendetwas tun zu müssen, aber nicht zu wissen was, ausgeschlossen ist" (Luhmann, 1984: 571).

Kontingent ist also für Luhmann „alles, was weder notwendig noch unmöglich ist" (Luhmann, 1992a: 96).

Die heutige Wirklichkeit wandelt sich so schnell, dass die psychischen Systeme stets mehrere Verhaltensmöglichkeiten haben und mit ihrem Handeln auf das Handeln anderer einwirken. Diese Gegenseitigkeit und wechselseitige Orientierung und Einflussnahme bezeichnet Luhmann als **doppelte Kontingenz** (die er in „Soziale Systeme" ausführlich in einem eigenen Kapitel analysiert). Doppelte Kontingenz tritt häufig in Kommunikationsprozessen auf:

doppelte Kontingenz: Handlung und Beobachtung

> „Jeder fungiert – wenn nicht zugleich, so doch im raschen Wechsel – als Handelnder und als Beobachter und gibt beide Positionen in den Kommunikationsprozess ein. In Interaktionssystemen können diese beiden Positionen kaum auseinandergehalten werden" (Luhmann, 1984: 468).

Kontingenz bzw. doppelte Kontingenz hängt eng mit einem weiteren Begriff des späteren Luhmann zusammen: dem Begriff der Beobachtung. Unter **Beobachtung** versteht Luhmann die „Handhabung von Unterscheidungen" (Luhmann, 1984: 63). Er unterscheidet selbst noch zwischen Beobachtungen erster Ordnung (also den ‚normalen' Beobachtungen) und Beobachtungen zweiter Ordnung. Letztere liegen – nochmals eine Komplexitätssteigerung – vor, wenn das eigene Beobachten wiederum beobachtet wird. Im Sozialsystem der modernen Familie führt die **Beobachtung zweiter Ordnung** zu wachsenden Verhaltensproblemen:

> „Das für die Familienbildung in der Kommunikation benutzte Medium Liebe führt (was immer von psychischen Realisationen zu halten ist), dazu, daß jeder Teilnehmer berücksichtigen muß, wie er von anderen beobachtet wird" (Luhmann, 1992a: 123).

Auch und gerade die Familie ist demnach kein Schonraum, sondern ein Abbild der funktional differenzierten, heterogenen und komplexen Gegenwartsgesellschaften.

Luhmann verfolgt die Entstehung sozialer Systeme von einem noch früheren Zeitpunkt an, und er tritt gegenüber der Gesellschaft noch einen Schritt zurück. Beobachtung und die Beobachtung von Beobachtung, also Beobachtung ers-

Theorie der Beobachtung zweiter Ordnung

ter und Beobachtung zweiter Ordnung sind für Luhmann Indikatoren der Modernität. Auch die Soziologie versteht Luhmann als eine Theorie der Beobachtung ‚zweiter Ordnung‘.

Luhmanns Aussagen zur modernen Gesellschaft lassen sich abschließend in **fünf Stichworten** zusammenfassen:

1. Stichwort: Gesellschaft als weltgesellschaftliches System

Luhmanns Systemtheorie ist keine Gesellschaftstheorie im üblichen Sinne, sondern sie ist eine **operative Theorie von Systemen**. Die Analyse des Systems ‚Gesellschaft‘ ist reizvoll, weil dieses System besonders komplex ist. Es geht nicht um das Abbild einer konkreten sozialen Wirklichkeit, sondern um die abstrahierte Gegenwartsgesellschaft. Staatliche Grenzen sind nicht relevant: **Gesellschaftssysteme** werden von Luhmann als **nationenübergreifende Einheiten** erfasst, die alle die gleichen Probleme lösen müssen. Kriterium dafür, dass man von einer Gesellschaft sprechen kann, ist die **kommunikative Erreichbarkeit**. Kulturelle Orientierungen und Identifikationen von Menschen gegenüber bestimmten Teilbereichen einer Gesellschaft spielen für Luhmann keine Rolle.

2. Stichwort: Reduktion von Komplexität

Die Komplexität, die **Überfülle des Möglichen**, dehnt sich in gegenwärtigen Gesellschaften immer noch aus. Die verschiedenen Systeme in diesen Gesellschaften (Interaktions-, Organisations- und Gesellschaftssysteme) haben immer mehr Möglichkeiten, als sie realisieren können. Um ‚den Überblick‘ nicht völlig zu verlieren, müssen sie Mittel und Wege finden, um Komplexität zu reduzieren. Dies gilt für die Individuen (psychischen Systeme) genauso wie für die Gesellschaft (soziales System). Alleine die Existenz von Systemen, die durch eine stabile Innen/Außen-Differenz gekennzeichnet sind, hilft schon, Komplexität zu reduzieren. Psychische und soziale Systeme gebrauchen hierfür Sinn.

3. Stichwort: Vermehrung von Komplexität; Autopoiesis

Luhmann geht davon aus, dass nur eine Theorie, die selbst sehr komplex ist, Komplexität reduzieren kann. Da gegenwärtige Gesellschaften immer komplexer werden, muss die Theorie selbst auch komplexer werden. Aus tendenziell offenen werden geschlossene Systeme: die Kommunikationen und Operationen, die in einem sozialen System stattfinden, beziehen sich nur noch auf sich selbt (Selbstreferenz). Das Gesellschaftssystem und seine Teilsysteme (insbesondere das der Wirtschaft) sind immer weiter ausdifferenziert worden. Diese Systeme beziehen sich nur noch auf sich selbst, organisieren sich selbst (diese neue *Form* der Differenzierung ist für Luhmann entscheidend), sind autopoietisch.

4. Stichwort: Gefährdungen der Moderne – trotz Kontingenz und Dauer-Beobachtung

Eine Auswirkung dieser Perspektive ist die wachsende Bedeutung der **Kontingenz**- und der **Beobachtungs**kategorie in den Luhmannschen Analysen: alles wird ungesicherter, gefährdeter. (Geglückte) Kommunikation gilt Luhmann als immanent unwahrscheinlich! Beobachtungen, die **Handhabung von Unterscheidungen**, müssen beobachtet werden – und dies gilt nicht nur für komplexe soziale Systeme wie das Wissenschaftssystem, sondern auch für einfachere soziale Systeme wie die Familie.

5. Stichwort: Inklusionen und Exklusionen

Wie an der Erweiterung der Differenzierungsformen (siehe Abschnitt 3) in seinen späteren Veröffentlichungen abzulesen ist, thematisiert Luhmann durchaus die Frage der Benachteiligung bestimmter gesellschaftlicher Gruppierungen innerhalb einer Gesellschaft oder eines Staates im System der Weltgesellschaft (vgl. Luhmann, 1996b). Gleichheit und Ungleichheit, Einschluss (Inklusion) oder Ausschluss (Exklusion) von politischer und sozio-ökonomischer Teilhabe sind für ihn jedoch nicht politisch oder moralisch, sondern nur im Sinne seines operativen Verständnisses interessant. Es geht ihm darum, wer in einer Gesellschaft als zugehörig definiert wird und wer nicht. Ihn interessiert, wie die Gesellschaft *ist* – und nicht, wie sie sein soll.

Luhmanns Themenstellungen waren von dem Verlauf öffentlich-politischer Diskussionen und Moden nicht unabhängig. So hat er noch in seinem Hauptwerk „Soziale Systeme" eher aus der Notwendigkeit heraus, Kritikern den Wind aus den Segeln zu nehmen, ein (allerdings auffallend kurzes) Kapitel zur „Individualität psychischer Systeme" eingefügt. In späterer Zeit wandte sich Luhmann verstärkt auch mikro-soziologischen Fragestellungen zu, etwa der Kommunikationsverdichtung in Familien (vgl. Luhmann, 1990).

keine normative Theorie

Aber trotz seiner gegenwarts- und problembezogenen Themen hatte Luhmann keine anwendungsorientierte Theorie im Sinn. In einem Interview, das anlässlich seines 65. Geburtstages am 8. Dezember 1992 erschien, beschreibt er seine Position, die an Max Webers Postulat der Werturteilsfreiheit erinnert (siehe Bd. 2, Lektion VI.6), wie folgt:

> „Ein durchgehender Zug ist sicher mein Versuch, Distanz zu halten gegenüber solchen Phänomenen, bei denen andere sich aufregen oder wo gewöhnlich normatives oder emotionales Engagement gefragt ist. Mein Hauptziel als Wissenschaftler ist die Verbesserung der soziologischen Beschreibung der Gesellschaft und nicht die Verbesserung der Gesellschaft. Das schließt natürlich nicht aus, daß man als ein anderer auftritt, wenn man am politischen oder am kirchlichen Leben oder auch an künstlerischen Veranstaltungen teilnimmt" (Luhmann, 1992b).

Interdisziplinäre Rezeption

Luhmann kam aus der Verwaltungswissenschaft und der Rechtssoziologie und hat nach und nach seinen Anspruch auf eine umfassende Theorie der (Welt-)Gesellschaft ausgeweitet. Dieser Theorie-Entwurf hat zunächst nicht einmal in der Soziologie selbst, sondern in anderen Disziplinen wie der Erziehungswissenschaft, der Kunsttheorie, Religionswissenschaft, Organisationstheorie, Rechts- und Wirtschaftswissenschaft Zustimmung und Anwendung gefunden. Seit Ende der 1980er Jahre räumen auch seine zahlreichen Gegnerinnen und Gegner Luhmann einen unangefochtenen Platz im soziologischen Lehrkanon ein. Nach seinem Tod im Jahr 1998 ist Luhmann richtiggehend ‚in Mode gekommen‘. Auffallend ist etwa die Zustimmung, die Luhmanns operative Terminologie bei Journalistinnen und Journalisten findet.

Seit Ende der 1990er Jahre ist Luhmanns Spielart der Systemtheorie im deutschsprachigen Raum die dominierende Form systemtheoretischen Denkens. Mehrere Soziologinnen und Soziologen halten die Luhmannsche Soziologie lebendig. Zu ihnen gehören – ohne Anspruch auf Vollständigkeit:

44

- der Luhmann-Schüler Dirk Baecker (geb. 1955), Professor für Soziologie an der Universität Witten/Herdecke,
- der Luhmann Schüler Peter Fuchs (siehe Lektion I, Lektüreempfehlungen),
- der an der Ludwig-Maximilians-Universität München lehrende Armin Nassehi (geb. 1960),
- die Leiterin der Gender Research Group an der Universität Kiel, Ursula Pasero
- und der seit WS 2003/04 an der Geisteswissenschaftlichen Fakultät der Universität Luzern lehrende Rudolf Stichweh (geb. 1951) (vgl. die jeweiligen Hinweise im Informationsteil).

Luhmanns Schriften aus dem Nachlass eröffnen zahlreiche neue Perspektiven oder ermöglichen auch Anknüpfungen an frühere Veröffentlichungen wie das Legitimationsbuch. Neben Luhmann gibt es noch andere systemtheoretische Richtungen, auf die abschließend hingewiesen werden soll.

10. Rekonstruktion der Klassiker: Strömungen des Neofunktionalismus

In diesem Abschnitt skizziere ich die systemtheoretisch-funktionalistische Entwicklung, die neben Luhmann in der gegenwärtigen westlichen Soziologie bedeutsam ist. Ich konzentriere mich auf den jeweils prominentesten Vertreter in der Bundesrepublik und in den USA.

Bekanntester Vertreter einer eher klassischen Parsons-Rezeption in Deutschland ist der Bamberger Soziologe Richard Münch.

Richard Münch wurde 1945 geboren. Er studierte Soziologie, Philosophie, Psychologie, Politologie, Sozialgeschichte und Theologie in Heidelberg, wo er 1971 in Soziologie, Philosophie und Psychologie promovierte. 1972 habilitierte er an der Universität Augsburg. 1974 bis 1977 war er wissenschaftlicher Rat und Professor für Soziologie an der Universität zu Köln, danach Professor für Sozialwissenschaft an der Universität Düsseldorf. Seit 1995 ist er Professor für Soziologie an der Universität Bamberg. Münch war mehrfach zu Gastaufenthalten an der University of California, Los Angeles, an der Jeffrey Alexander lehrt (siehe unten).

Richard Münch
(geb. 1945)

Münch hat sich ausgiebig mit Parsons, Durkheim, Weber und anderen Klassikern beschäftigt, vor allem in seinem Buch „Theorie des Handelns" (Münch, 1982). Sein Hauptbezugspunkt ist die Theorie von Parsons (siehe Bd. 2, Lektion X und Abschnitt 4 dieser Lektion), für dessen Theorie Münch im deutschen Sprachraum, wo es nur wenige Übersetzungen von Parsons gibt, wichtige Vermittlungsarbeit geleistet hat (vgl. auch Münch, 1999). Im Gegensatz zur geläufigen Rezeption betont Münch den Handlungsaspekt und weniger den Systemaspekt. Er rekonstruiert Parsons' Ansatz als **voluntaristische Handlungstheorie**.

Unter Voluntarismus (von lat. ‚voluntas', der Wille) – ein Ausdruck, der auf Ferdinand Tönnies zurückgeht –, versteht man das Prinzip, wonach der Wille als Grundfunktion des seelischen Lebens betrachtet wird.

‚Wille' als Begriffskategorie

Münch geht davon aus, dass es in gegenwärtigen Gesellschaften viele hochdifferenzierte Subsysteme gibt, die eng miteinander verflochten sind – dies nennt er mit Parsons Interpenetration: Interpenetration ermöglicht gesellschaftliche Differenzierung. Anders als Luhmann betont er jedoch nicht die immer wachsende Komplexität und Selbstreferenz, sondern die übergreifenden, verbindenden Elemente in einer Gesellschaft. Für ihn gibt es universell verallgemeinerbare Prinzipien, ein gemeinsames Normensystem, das den Individuen genügend Freiraum lasse. Allerdings dürfen die Akteure keine „partikularistischen Standpunkte einnehmen" (Münch, 1984: 634), da sonst der Konsens und damit die soziale Ordnung gefährdet sei. Münch betont, dass es sich bei dieser Ordnung um eine Idee, eine ideelle Ordnung, handelt. Sie ist das Pendant zu Münchs voluntaristischer Handlungstheorie – eine **voluntaristische Ordnung**:

soziale Ordnung als Idee

> „Die Ordnung, die auf diese Weise entsteht, können wir als eine *voluntaristische* Ordnung bezeichnen. Sie integriert eine gewisse konformistische Geschlossenheit, gestützt auf affektuelle Verbundenheit, mit der Offenheit für individuelle Selbstverantwortung, eine auf Konsens beruhende generelle Identität, die sie trotz allem speziellen Wandel bewahren kann, mit der Durchführbarkeit und Durchsetzbarkeit auch in konkreten, konflikthaften Situationen" (Münch, 1982: 635f.; Hervorh. im Original).

In jüngerer Zeit setzt sich Münch mit Fragen der Integration von Einzelgesellschaften und Weltgesellschaft auseinander. Er reflektiert die Probleme, die durch neuere soziale, wirtschaftliche und ökologische Krisen entstanden seien und benennt im Gegensatz zu Luhmann seine politische Leitvorstellung mit großer Emphase. Sein Ziel ist eine „globale Mehrebenendemokratie" (Münch, 1998: 425), in der sich die verschiedenen Akteure in diskursiven Verfahren über neue Werte und Solidaritäten verständigen und nicht nur ihrem Eigennutz verpflichtet sind. Für Münch sind „wir als moderne Menschen" (Münch, 1998: 406) noch weit von der sog. Dritten Moderne entfernt. Damit rückt er seinen Ansatz stärker in die Nähe von Habermas (siehe Lektion VII) bzw. Beck und Giddens, die von einer Zweiten Moderne sprechen (siehe Lektion X). In jüngerer Zeit bringt Münch ein auf drei Bände angelegtes Lehrbuch zur Soziologie heraus, von dem bislang zwei Bände erschienen sind: Band 1 zu den Klassikern der Soziologie, Band 2 zu den Mikrotheoretikern (Rational Choice, Phänomenologie, Ethnomethdologie u.a.) (vgl. Münch, 2002 und 2003). Band 3 ist dann den Makrotheorien vorbehalten.

Vergleich Münch – Luhmann

Den Unterschied zwischen Münch und Luhmann möchte ich zusätzlich an einem Beispiel verdeutlichen: der Art und Weise, wie **Universitäten** analysiert werden. Während Luhmann Universitäten als einen besonderen System-Typus auffasst (zwischen Organisations- und Gesellschaftssystem; vgl. Luhmann, 1987b), betrachtet Münch diese als Organisationen im kulturell-professionellen Subsystem der Gesellschaft (vgl. Münch, 1984). Für ihn übernehmen Universitäten folgende Funktionen: Wissensvermittlung, Sinnstiftung, Wert- und Normdefinition, ästhetische Urteilsbildung. Die Beziehung zwischen Hochschullehrerinnen und Hochschullehrern und Studierenden ist für Münch durch das Kompetenzgefälle zwischen diesen beiden Gruppen gekennzeichnet; er untersucht diese Beziehung als Rollenbeziehung zwischen ‚Experten' und ‚Klienten':

> „In der Ausübung der Klientenrolle als Mitglied der Organisation ähnelt die Studentenrolle derjenigen des Patienten im Krankenhaus. Auch in der kulturell-professionellen Verankerung sind die Rollen vergleichbar. In der Beziehung zwischen Arzt und Patient geht es um die *Anwendung* von Wissen zum Wohle des Patienten, in der

Beziehung zwischen Hochschullehrer und Student um die *Vermittlung* von Wissen zum Wohle des Studenten" (Münch, 1984: 133; Hervorh. im Original).

Der akademische Lehrbetrieb funktioniert für Münch als „institutionalisierter Pluralismus" – wenn die verschiedenen Rollenerwartungen der beiden Hauptgruppierungen auch nicht komplementär sind.

Sehr ähnlich in der gesellschaftspolitischen Grundposition, aber doch abweichend in der theoretischen Ausrichtung, stellt sich die nordamerikanische Spielart der Parsons-Rekonstruktion in dem Ansatz von Jeffrey Alexander dar.

In den USA ist der amerikanische Strukturfunktionalismus heute noch einer der zentralen Ansätze, wenn nicht sogar *der* Ansatz überhaupt, der sich durchgesetzt hat. Nach einer breiten Anti-Parsons-Bewegung in den 1960er und 1970er Jahren (von Marxisten einerseits und ‚liberal revisors' andererseits) gibt es seit Beginn der 1980er Jahre starke Wiederbelebungs-Tendenzen. ‚Kopf' dieser neofunktionalistischen Bewegung ist der nordamerikanische Soziologe Jeffrey Alexander, der Parsons auch für heutige Ansätze für unverzichtbar hält, ihn jedoch nicht so absolut setzt wie Münch.

Jeffrey C. Alexander wurde 1947 geboren. 1978 erwarb er den Ph.D. in Soziologie an der University of California in Berkeley. Seit 1981 ist er Professor für Soziologie an der University of California, Los Angeles. Derzeit ist er Professor für Soziologie an der Yale University.

Jeffrey C. Alexander (geb. 1947)

Alexander gehört zu den profiliertesten soziologischen Theoretikerinnen und Theoretikern der jüngeren Generation in den USA. Sein vierbändiges Hauptwerk, „Theoretical Logic in Sociology" (Alexander, 1982; 1983), das sich in Habermasscher (siehe Lektion VII) oder Giddensscher Breite (siehe Lektion X) mit den großen Theoretikern der Soziologie(-Geschichte) auseinandersetzt, ist bisher nicht übersetzt. 1993 erschien jedoch eine Sammlung von Essays in deutscher Sprache unter dem Titel „Soziale Differenzierung und kultureller Wandel" (Alexander, 1993). Auch hier finden sich vor allem Auseinandersetzungen mit anderen – klassischen wie gegenwärtigen – Autoren.

Alexander versucht, die Defizite Parsons' sowohl durch den Anschluss an andere Klassiker (wie Münch), als auch durch neue Fragestellungen auszugleichen. Es geht ihm nicht nur um eine reine Fortsetzung bzw. Wiederbelebung des Parsonsschen Strukturfunktionalismus, sondern um eine Verbindung von Mikro- und Makro-Theorien. Dies soll dadurch erreicht werden, dass man eine ‚Akteur'-Perspektive einerseits und historische und empirische Materialien andererseits miteinbezieht. Seine Priorität liegt jedoch bei der makrotheoretisch-funktionalistischen Perspektive; zumindest reichen ihm die mikrotheoretischen Ansätze, die er – anders als Münch – ausführlich diskutiert, nicht aus. Ähnlich Luhmann korrigiert Alexander den Normativitätsansatz von Parsons, aber längst nicht so kompromisslos wie dieser. **Konsens** bleibt wichtig, auch in der Soziologie selbst; nicht zuletzt deshalb hält Alexander an den Klassikern fest:

Vermittlung zwischen Mikro und Makro

> „Jeder Diskurs erfordert Urteilsmaßstäbe, die Konsens abseits der unmittelbaren Streitobjekte erzeugen können. Das ist der Punkt, an dem die Klassiker zum Tragen kommen. Werke werden nicht dadurch zu Klassikern, daß sie einträchtige Bewunderung einflößen. Kontroversen über die Bedeutung dieser Klassiker haben zumindest einige Chancen von anderen Mitgliedern der Disziplin verstanden zu werden. Gegenüber einem Klassiker erfolgreich zu argumentieren, hat fast die gleiche Wirkung, wie Argumente über das Wesen der empirischen Realität vertreten zu haben" (Alexander, 1993: 44).

Die Besonderheit der Arbeiten von Jeffrey Alexander liegt in ihrer vermittelnden Tonlage. Alexander sucht die Anschlussstellen und betont das Verbindende auch innerhalb ganz unterschiedlicher Gesellschaftstheorien. Gesellschaftstheoretiker, so Alexander, sind Intellektuelle, die die ‚Krisen ihrer Zeit' nicht nur *erklären*, sonder auch *verstehen* wollen und sollen (vgl. Alexander, 1994). Nach dem Übergang vom Kommunismus zum Kapitalismus, der theoretisch so ‚nicht vorgesehen war', stellt dies eine besondere Herausforderung dar.

Informationsteil

Primärliteratur

Niklas Luhmann: Monographien und Aufsatzsammlungen

Luhmann, Niklas: Soziologische Aufklärung. Bd. 1. Opladen 1970
- Soziologische Aufklärung. Bd. 2. Aufsätze zur Theorie der Gesellschaft. Opladen 1975
- Soziologische Aufklärung. Bd. 3. Soziales System, Gesellschaft, Organisation. Opladen 1981
- Soziologische Aufklärung. Bd. 4. Beiträge zur funktionalen Differenzierung der Gesellschaft. Opladen 1987
- Soziologische Aufklärung. Bd. 5. Konstruktivistische Perspektiven. Opladen 1990 (1990a)
- Soziologische Aufklärung. Bd. 6. Die Soziologie und der Mensch. Opladen 1995
- Funktionen und Folgen formaler Organisation. Berlin 1964
- Legitimation durch Verfahren. Frankfurt/M. 1983 (Erstausgabe Neuwied/Berlin 1969)
- **Soziale Systeme. Grundriß einer allgemeinen Theorie. Frankfurt/M. 1984 (TB-Ausgabe 1988)**
- Ökologische Kommunikation. Kann die moderne Gesellschaft sich auf ökologische Gefährdungen einstellen? Opladen 1986
- Beobachtungen der Moderne. Opladen 1992
- Universität als Milieu. Bielefeld 1992
- Die Wissenschaft der Gesellschaft. Frankfurt/M. 1992
- Die Wirtschaft der Gesellschaft. Frankfurt/M. 1994 (1994a)
- Politische Planung. Aufsätze zur Soziologie von Politik und Verwaltung. Opladen 1994 (1994b) (4. Aufl.)
- Das Recht der Gesellschaft. Frankfurt/M. 1995
- Die Realität der Massenmedien. Wiesbaden 1996 (1996a)
- Gesellschaftsstruktur und Semantik. Studien zur Wissenssoziologie der modernen Gesellschaft. Bd. 4. Frankfurt/M. 1997 (1997a)
- **Die Gesellschaft der Gesellschaft. 2 Bde. Frankfurt/M. 1997 (TB-Ausgabe 1998)** (1997b)

- Die Religion der Gesellschaft. Hg. v. André Kieserling. Frankfurt/M. 2000 (2000a)
- Das Erziehungssystem der Gesellschaft. Hg. v. Dieter Lenzen. Frankfurt/M. 2002
- /Jürgen Habermas: Theorie der Gesellschaft oder Sozialtechnologie – Was leistet die Systemforschung? Frankfurt/M. 1971
- /Karl-Eberhard Schorr: Reflexionsprobleme im Erziehungssystem. Stuttgart 1979
- /Raffaele De Giorgi: Teoria della società. Milano 1992

Aufsätze und Interviews

- Soziologische Aufklärung (Antrittsvorlesung Münster 1967). In: Soziologische Aufklärung. Bd. 1, 1970, S. 66-91 (1970a)
- Die Praxis der Theorie. In: Soziologische Aufklärung. Bd. 1, 1970, S.253-267 (1970b)
- Soziologie als Theorie sozialer Systeme. In: Soziologische Aufklärung. Bd. 1, 1970, S. 113-136 (1970c)
- Moderne Systemtheorien als Form gesamtgesellschaftlicher Analyse (Vortrag auf dem 16. Deutschen Soziologentag 1968 in Frankfurt). In: Habermas/Luhmann, 1971, S. 7-24 (1971a)
- Sinn als Grundbegriff der Soziologie. In: Habermas/Luhmann, 1971, S.25-100 (1971b)
- **Interaktion, Organisation, Gesellschaft. Anwendungen der Systemtheorie. In: Soziologische Aufklärung. Bd. 2, 1975, S. 9-20** (1975b)
- Archimedes und wir. Interviews. Hg. von Dirk Baecker und Georg Stanitzek. Berlin (1987a)
- Zwischen Gesellschaft und Organisation. Zur Situation der Universitäten. In: Soziologische Aufklärung. Bd. 4, 1987, S. 202-211 (1987b)
- Soziologie für unsere Zeit – seit Max Weber. Methodenbewußtsein und Grenzerfahrung einer Wissenschaft. In: Martin Meyer (Hg.): Wo wir stehen. Dreißig Beiträge zur Kultur der Moderne. München/Zürich 1988, S. 53-59
- Sozialsystem Familie. In: Soziologische Aufklärung. Bd. 5, 1990, S. 196-217 (1990b)
- Kontingenz als Eigenwert der modernen Gesellschaft. In: ders.: Beobachtungen der Moderne. Opladen 1992, S. 93-128 (1992a)
- Die Selbstbeobachtung des Systems. Ein Gespräch mit dem Soziologen Niklas Luhmann. Von Ingeborg Breuer. In: *Frankfurter Rundschau* vom 5.12. 1992 (1992b)
- Copierte Existenz und Karriere. Zur Herstellung von Individualität. In: Ulrich Beck/Elisabeth Beck-Gernsheim (Hg.): Riskante Freiheiten. Frankfurt/M. 1994, S. 191-200 (1994c)
- Jenseits von Barbarei. In: Max Miller/Hans-Georg Soeffner (Hg.): Modernität und Barbarei. Soziologische Zeitdiagnose am Ende des 20. Jahrhunderts. Frankfurt/M. 1996, S. 219-230 (1996b)

- Niklas Luhmann und die Rechtssoziologie: Gespräch mit Niklas Luhmann, Bielefeld, den 7. Januar 1991. In: *Zeitschrift für Rechtssoziologie*, Jg. 21, 2000, H. 1, S. 217-245 (2000b)
- Short Cuts. Zweitausendeins 2000 (*Short Cuts*; 1) [Bändchen mit Interviews, Essays u.a. zu Biographie, Politik, Massenmedien, Fußball u.a.] (2000c)
- Warum haben Sie keinen Fernseher, Herr Luhmann? Letzte Gespräche mit Niklas Luhmann. Hg. von Wolfgang Hagen. Berlin 2004

Weitere Literatur und Sekundärliteratur

Alexander, Jeffrey C.: Theoretical Logic in Sociology. 4 Bde. Berkeley et al. 1982, 1983
- Soziale Differenzierung und kultureller Wandel. Essays zur neofunktionalistischen Gesellschaftstheorie. Frankfurt/M.; New York 1993
- Modern, Anti, Post and Neo: How Social Theories Have Tried to Understand the ‚New World‘ of ‚Our Time‘. In: *Zeitschrift für Soziologie*, Jg. 23, 1994, H. 3, S. 165-197
- Fin-de-siècle Social Theory: Relativism, Reduction and the Problem of Reason. London 1995
- Das Versprechen einer Kultursoziologie: Technologischer Diskurs und die heilige und profane Informationsmaschine. In: Dieter Bögenhold (Hg.): Moderne amerikanische Soziologie. Stuttgart 2000, S. 149-175
- The Meanings of Social Life. A Cultural Sociology. Oxford (USA) 2004
- /et al. (eds.): The Micro-Macro-Link. Berkeley et al. 1987
Baecker, Dirk: Poker im Osten. Probleme der Transformationsgesellschaft. Berlin 1998 (*Internationaler Merve-Diskurs*; 208)
- Wozu Systeme? Berlin 2002
- /Alexander Kluge: Vom Nutzen ungelöster Probleme. Berlin 2003
- u.a. (Hg.): Terror im System: Der 11. September und die Folgen. Heidelberg 2002
- Seid fruchtbar und macht viele Fehler! Interview von Holger Fuss mit Dirk Baecker. In: *die tageszeitung* v. 24./25.5.2003 (tazmag, S. IVf.)
Baraldi, Claudio u.a.: GLU. Glossar zu Niklas Luhmanns Theorie sozialer Systeme. Frankfurt/M. 1997
Dammann, Klaus u.a. (Hg.): Die Verwaltung des politischen Systems. Neuere systemtheoretische Zugriffe auf ein altes Thema. Mit einem Gesamtverzeichnis der Veröffentlichungen Niklas Luhmanns 1958-1992 (Niklas Luhmann zum 65. Geburtstag). Opladen 1994
Fuchs, Peter: Niklas Luhmann – beobachtet. Eine Einführung in die Systemtheorie. Opladen 1992
- Das Weltbildhaus und die Siebensachen der Moderne. Sozialphilosophische Vorlesungen. Konstanz 2001
Habermas, Jürgen: Strukturwandel der Öffentlichkeit. Neuwied/Berlin 1962
Haferkamp, Hans: Autopoietisches soziales System oder konstruktives soziales Handeln? Zur Ankunft der Handlungstheorie und zur Abweisung empirischer Forschung in Niklas Luhmanns Systemtheorie. In: Haferkamp/Schmid, 1987, S. 51-88
Haferkamp, Hans/Michael Schmid (Hg.): Sinn, Kommunikation und soziale Differenzierung: Beiträge zu Luhmanns Theorie sozialer Systeme. Frankfurt/M. 1987
Horster, Detlef: Niklas Luhmann. München 1997
Joas, Hans: Jenseits des Funktionalismus. Perspektiven einer nicht-funktionalistischen Gesellschaftstheorie. In: Hansgünther Meyer (Hg.): Soziologen-Tag Leipzig 1991. Soziologie in Deutschland und die Transformation großer gesellschaftlicher Systeme. Berlin 1992, S. 95-109
Kiss, Gabor: Grundzüge und Entwicklung der Luhmannschen Systemtheorie. Stuttgart 1990 (2., neu bearb. Aufl.)
Kneer, Georg/Armin Nassehi: Niklas Luhmanns Theorie sozialer Systeme. Eine Einführung. München 1997 (3. Auflage)
Krause, Detlef: Luhmann-Lexikon: eine Einführung in das Gesamtwerk von Niklas Luhmann; mit 25 Abbildungen und über 400 Stichworten. Stuttgart 1996

Krawietz, Werner/Michael Nelker (Hg.): Kritik der Theorie sozialer Systeme. Auseinandersetzungen mit Luhmanns Hauptwerk. Frankfurt/M. 1993

Münch, Richard: Theorie des Handelns. Zur Rekonstruktion der Beiträge von Talcott Parsons, Emile Durkheim und Max Weber. Frankfurt/M. 1982

– Die Struktur der Moderne. Grundmuster und differentielle Gestaltung des institutionellen Aufbaus der modernen Gesellschaften. Frankfurt/M. 1984 (TB-Ausgabe 1992)

– Dialektik der Kommunikationsgesellschaft. Frankfurt/M. 1991

– Elemente einer Theorie der Integration moderner Gesellschaften. Eine Bestandsaufnahme. In: *Berliner Journal für Soziologie*, Jg. 5, 1995, S. 5-24

– Globale Dynamik, lokale Lebenswelten. Der schwierige Weg in die Weltgesellschaft. Frankfurt/M. 1997

– Talcott Parsons (1902-1979). In: Dirk Kaesler (Hg.): Klassiker der Soziologie. Bd. 2. Von Talcott Parsons bis Pierre Bourdieu. München 1999, S. 24-50

– Soziologische Theorie. Bd. 1: Grundlegung durch die Klassiker. Frankfurt/M.; New York 2002

– Soziologische Theorie. Bd. 2: Handlungstheorie. Frankfurt/M.; New York 2003

Nassehi, Armin: Geschlossenheit und Offenheit. Studien zur Theorie der modernen Gesellschaften. Frankfurt/M. 2003

Pasero, Ursula/Christine Weinbach (Hg.): Frauen, Männer, Gender Trouble: Systemtheoretische Essays. Frankfurt/M. 2003

Preyer, Gerhard: Die modernen Gesellschaften verstehen. Zu Richard Münchs Entwicklungstheorie moderner Gesellschaften. In: ders. (Hg.): Strukturelle Evolution und das Weltsystem. Frankfurt/M. 1998, S. 124-150

Reese-Schäfer, Walter: Niklas Luhmann zur Einführung. Hamburg 1999 (3., vollst. überarb. Aufl.)

Scherr, Albert: Niklas Luhmann – Konturen der Theorie autopoietischer sozialer Systeme. In: Bernhard Schäfers (Hg.): Soziologie in Deutschland. Entwicklung – Institutionalisierung und Berufsfelder – Theoretische Kontroversen. Opladen 1995, S. 145-158

Schimank, Uwe: Theorien gesellschaftlicher Differenzierung. Opladen 1996

Seifert, Heribert: Marianne und Max Weber, Niklas Luhmann und andere. Oerlinghausen – Bruchstücke zur Soziologie einer geistigen Ortschaft. In: *Neue Zürcher Zeitung* v. 3.6.2001

Stichweh, Rudolf: Niklas Luhmann (1927-1998). In: Dirk Kaesler (Hg.): Klassiker der Soziologie. Bd. 2. Von Talcott Parsons bis Pierre Bourdieu. München 1999, S. 206-229 (1999a)

Stichweh, Rudolf (Hg.): Niklas Luhmann. Wirkungen eines Theoretikers. Gedenkcolloquium der Universität Bielefeld am 8. Dezember 1998. Bielefeld 1999 (1999b)

Willke, Helmut: Systemtheorie. Eine Einführung in die Grundprobleme der Theorie sozialer Systeme. Stuttgart/New York 1991

Zeleny, Milan (ed.): Autopoiesis. A Theory of Living Organization. New York 1981

Soziale Systeme. Zeitschrift für soziologische Theorie. Opladen (1. Jg. 1995)

Theory, Culture & Society. Vol. 11, No. 2, May 1994: Special Section on Niklas Luhmann

Lektion III
Diskurstheorie, Disziplinargesellschaft und Gouvernementalität (Foucault)

Inhalt

1. Michel Foucault: Leben und Werk

20 Jahre nach dem Tod Michel Foucaults im Jahr 1984 ist eine wachsende Ausstrahlung seines Werks und seiner Person in immer mehr Bereiche der Sozial-, Geis-
tes- und Kulturwissenschaften zu verzeichnen. Indikatoren dieser Aufmerksamkeit
in Deutschland sind zwei Foucault-Konferenzen im Jahr 2001 anlässlich des 75.
Geburtstages Foucaults – die Foucault-Konferenz in Frankfurt am Main und die
Hamburger Konferenz „Geschichte schreiben mit Michel Foucault". Eine Foucault-
Konferenz vergleichbarer Größenordnung zu der in Frankfurt hatte es zuletzt 1988
in Hamburg gegeben (vgl. Ewald/Waldenfels, 1991). Zur Frankfurter Konferenz erschien 2003 unter dem Titel „Michel Foucault. Zwischenbilanz einer Rezeption"
(Honneth/Saar, 2003) ein Sammelband. Die Beiträge der Hamburger Konferenz
sind unter dem gleichlautenden Titel „Geschichte schreiben mit Foucault" von Jürgen Martschukat (2002) herausgegeben worden.

   Die produktive Aufnahme seines Werkes in der jüngeren Forschung war der
Antrieb für die Neuaufnahme Foucaults in dieses Lehrbuch. Es werden diejenigen Grundauffassungen, Begriffe und Thesen dargestellt und erläutert, die sich
für das bisherige soziologische Denken und Arbeiten mit Foucault als zentral er-
wiesen haben. Die folgenden Ausführungen wollen ihrerseits zu einer soziologischen Foucault-Lektüre anregen.

Michel Foucault
(1926-1984)

Paul-Michel Foucault wurde am 15.10.1926 in Poitiers geboren. Er studierte an der
École Normale Supérieure in Paris und erwarb das Diplom in Philosophie (1948) sowie
in Psychologie (1949) und das Staatsexamen in Philosophie (1951). 1952 erhielt Michel
Foucault das Diplom in Psychopathologie. Er arbeitete zu dieser Zeit als Assistent für
Psychologie an der geisteswissenschaftlichen Fakultät in Lille. Die zweite Hälfte der
1950er Jahre ist durch mehrere Auslandtätigkeiten gekennzeichnet: 1955 trat Foucault
eine Lektorenstelle an der Universität Uppsala an, 1958 wurde er Direktor des Centre
Francais in Warschau und 1959 Direktor des Institut Francais in Hamburg. Von 1960 bis
1966 nahm er eine Privatdozentur, später eine Professur für Psychologie an der Philosophischen Fakultät der Universität Clermont-Ferrand wahr. 1961 promovierte Foucault mit
„Histoire de la folie a l'age classique" (dt. Wahnsinn und Gesellschaft). Von 1965 bis
1968 war er Gastprofessor an der Universität Tunis. Zurück in Frankreich, beteiligte er
sich von 1968 bis 1970 an der Gründung des *Centre Universitaire Experimental de Vin-
cennes*. Von 1970 bis zu seinem Tod hatte er eine ordentliche Professur für „Geschichte
der Denksysteme" am *Collège de France* inne. 1971 war Michel Foucault Mitbegründer
der G.I.P. (Gruppe zur Information über Gefängnisse) und beteiligte sich an den Demonstrationen gegen die Praxis des französischen Strafvollzugs. Seit Anfang der 1970er Jahre
hielt Foucault sich regelmäßig im Ausland auf; seine „Streifzüge durch die Welt" (Eribon,
1999: 446) führten ihn nach Brasilien, Japan und Kanada, aber vor allem in die USA. Seit
Ende der 1970er Jahre nahm Foucault offen zu seiner Homosexualität Stellung. 1979 hielt
er sich unter anderem im Iran auf, wo er für die italienische Tageszeitung „Corriere della
Sera" über die islamisch- fundamentalistische Revolution Bericht erstattete und die Revolution gegen das Schahregime zustimmend kommentierte. Mit den ‚Tanner lectures'
(1979) an der Universität Stanford (Kalifornien) begann eine Serie von Gastvorträgen und
Diskussionsveranstaltungen in den USA, wo Foucault zunehmend Kult-Status erhielt
(insbesondere bei Studierenden der Geschichtswissenschaft), aber auch viel Gegnerschaft
im Establishment hervorrief. Gemeinsam mit Pierre Bourdieu (s. Lektion IX) engagierte
er sich für die polnische Solidarnosc. Die enge Kooperation mit Bourdieu wird auch daran deutlich (Hinweis durch Brieler, 2004), dass beide ein ‚Weißbuch' geplant hatten, „das

von einem Spezialistenkollektiv erarbeitet werden und das Elend und die Probleme in einer bestimmten Zahl von Bereichen beschreiben soll, indem es gleichzeitig Lösungsskizzen und Handlungsvorschläge beisteuert" (Eribon, 1999: 443). Aus dieser Idee entstand der Aufsehen erregende voluminöse Band „Das Elend der Welt" (Bourdieu et al., 1997), der zehn Jahre später erschien. Michel Foucault starb im Alter von 57 Jahren am 25.6.1984 in Paris.

Die Bezeichnung des für Foucault am *Collège de France* eigens eingerichteten Professur für **Geschichte der Denksysteme** markierte den besonderen Auftrag, den man ihm zumutete und zutraute. Er sollte weder Philosophie noch Psychologie oder Soziologie, sondern einen *umfassenden, interdisziplinären Ansatz* präsentieren.

Wahnsinn und Gesellschaft (1969 [1961])
Die Ordnung der Dinge: Eine Archäologie der Humanwissenschaften (1971 [1966]
Archäologie des Wissens (1973 [1969])
Die Ordnung des Diskurses. (1974/1991 [1972])
Überwachen und Strafen: Die Geburt des Gefängnisses (1976 [1975])
Sexualität und Wahrheit. Bd. 1: **Der Wille zum Wissen.** (1977 [1976])
Sexualität und Wahrheit. Bd. 2: **Der Gebrauch der Lüste.** (1986 [1984])
Sexualität und Wahrheit. Bd. 3: **Die Sorge um sich.** (1986 [1984])
Dits et Ecrits. Schriften in vier Bänden (seit 1994 [2001ff.])
Vorlesungen am Collège de France (seit 1997 [1999ff.])

Wichtige Veröffentlichungen in Kurzform (Langtitel im Informationsteil)

Noch ist die Veröffentlichung der Arbeiten Foucaults nicht abgeschlossen. Von den weiteren Publikationen sind zusätzliche und neue Impulse der Forschung und Rezeption zu erwarten.

Als anregende und umfassende Überblicksdarstellung zu Leben und Werk Foucaults sei die Biographie des Wissenschaftsjournalisten Didier Eribon (1999) empfohlen. Hier erhält man vielfältige Informationen zum Werdegang Foucaults, zu seinen persönlichen ‚Eigenheiten' und Freundschaften, zu seinen wissenschaftlichen Vorbildern bzw. Weggefährten, zu den Auseinandersetzungen in den unterschiedlichen politischen und intellektuellen Kreisen Frankreichs und den Netzwerken, in die Foucault eingebunden war bzw. die er selbst geknüpft hat. Bei der Lektüre taucht man ein in ein buntes Panorama von Foucaults Mitstreitern und Gegenspielern ein: Jean-Paul Sartre, Jacques Lacan, Gilles Deleuze, Louis Althusser, Jacques Derrida und Pierre Bourdieu. Das wissenschaftliche Lebensthema Foucaults bringt Eribon auf den Nenner einer „Durchmusterung der gesamten abendländischen Kultur" (Eribon, 1999: 152), seine Methode fasst er als Verschränkung von „struktualer und genetischer Analyse" (Eribon, 1999: 176) auf. Eribon charakterisiert Foucault als einen „Mann der Linken" (Eribon, 1999: 206), der sich jedoch erst in den 1970er Jahren radikalisiert und gegen Ende seines Lebens von manchen Weggefährten wieder getrennt habe. Eine entscheidende Wegmarke hierbei war die unterschiedliche Reaktion in der französischen Linken auf die westdeutsche Rote-Armee-Fraktion.

Als weitere Einführung ist die frühe Schrift von Clemens Kammler (1986) immer noch empfehlenswert. Hilfreich ist außerdem der Foucault-Reader (Foucault, 1999a), eine ansprechend gestaltete Sammlung von Texten und Interviews

Literatur über Foucault

Foucaults, die Auszüge aus seinen Schriften unter den Überschriften ‚Wissen und Sagen', ‚Speichern und Informieren', ‚Steuern und Prüfen' und ‚Schalten und Walten' gruppiert.

Um ein außergewöhnliches Standardwerk handelt es sich bei dem Band „Michel Foucault. Jenseits von Strukturalismus und Hermeneutik" von Hubert L. Dreyfus und Paul Rabinow (1994), das in den USA 1982/1983 erschien und die ungewöhnliche Auseinandersetzung der beiden Professoren der Berkeley-Universität mit Foucault dokumentiert – mit seinem Werk und mit ihm persönlich, als er von 1980 an mehrfach mit ihnen diskutierte. Der Reiz des Buches besteht darin, dass die Autoren enthusiastisch von der herausragenden Bedeutung Foucaults ausgehen, im Umgang mit seinem Werk jedoch völlig unbefangen argumentieren: Die Überzeugung, dass „sein Werk den wichtigsten zeitgenössischen Beitrag sowohl zur Entwicklung einer Methode zum Studium des Menschen als auch zur Diagnose unserer gegenwärtigen Gesellschaft darstellt" (Dreyfus/Rabinow, 1994: 14), hindert die Autoren nicht, bezüglich einzelner Grundannahmen und Argumentationen Foucaults von Sackgassen oder Überreaktionen zu sprechen. Dreyfus und Rabinow bringen Foucaults Methode auf den Begriff einer „interpretativen Analytik", und in diesem Sinne verfahren sie selbst in ihrem chronologischen Durchgang durch Foucaults Werke. Abgerundet wird das Buch durch eine informative Stellungnahme Foucaults zu seinem Machtbegriff (vgl. Foucault, 1994a) und einem Interview, das die beiden Autoren mit Foucault unter dem Titel ‚Genealogie der Ethik' über seine letzten Werke mit ihm geführt haben (vgl. Foucault, 1994b). Kurzum: eine Fundgrube für die konstruktive Auseinandersetzung mit Foucault.

Foucault über Foucault: Selbstkommentar

Unter den zahlreichen Interviews, die von Foucault vorliegen, sei insbesondere ein Gespräch empfohlen, das Foucault am 20.1.1984, sechs Monate vor seinem Tod, mit Helmut Becker geführt hat (Foucault, 1985). In eindringlicher Form schildert Foucault rückblickend seinen Perspektivenwechsel von den „Zwangspraktiken" zur „Praxis des Selbst" (Foucault, 1985: 8) und erläutert seine neue Sicht der für ihn zentralen Themen der Sexualität, der Machtbeziehungen und der Ethik.

Lehrer, Vorbilder und Bezugsautoren

Foucaults Werk ist umfangreich und vielschichtig. Seine Fragestellungen berühren die Philosophie, die Psychologie und Psychoanalyse, die Geschichte und die Wissenschaftsgeschichte (insbesondere der Medizin, Psychiatrie und der Naturwissenschaften). Die Lektüre des Werkes von Friedrich Nietzsche (1844-1900) hat Foucault, wie er selbst hervorhob, maßgeblich beeinflusst. Des weiteren sind Georg Wilhelm Friedrich Hegel (1770-1831) und der späte Martin Heidegger (1889-1976) zu nennen. Explizit und implizit ist die Auseinandersetzung mit Karl Marx (1818-1883), Sigmund Freud (1856-1939) und Wilhelm Reich (1897-1957) in seinem Werk präsent – dies gehörte zur intellektuellen Szenerie der 1960 und 1970er Jahre dazu. Unmittelbare Lehrer waren der Philosoph Jean Hippolyte (1907-1968), der Religions- und Sprachwissenschaftler Georges Dumézil (1898-1986) und der Wissenschaftshistoriker Georges Canguilhem (1901-1995); den fachlichen wie persönlichen Begegnungen mit diesen verdankt Foucault nach eigenem Bekunden sehr viel (vgl. Foucault, 1991b: 44-49).

Mögliche Phaseneinteilung

Betrachtet man das gesamte Werk, so lassen sich unterschiedliche Phasen unterscheiden. Diese gruppieren sich entlang der wichtigen Werke Foucaults (vgl. Foucault, 1996: 8; Fink-Eitel, 1989: 14-17):

Phase 1 (1961/62): Wahnsinn und Gesellschaft → Wissen
Phase 2 (1966): Ordnung der Dinge/Geburt der Klinik; Ordnung des Diskurses →
Wahrheit/Wissen
Phase 3 (1975/1976): Überwachen und Strafen; Sexualität und Wahrheit, Bd. 1 → Macht
Phase 4 (1984): Sexualität und Wahrheit, Bde. 2 und 3 → Ethik, Subjektivität

Solche Phasenangaben dienen als erste Orientierung. Die Gefahr liegt jedoch darin, dass man zu stark systematisiert und dabei die Leitgedanken aus dem Blick verliert. Die Darstellung innerhalb dieser Lektion hebt zugleich auf diese Leitgedanken ab und versucht, der Vielschichtigkeit der Werke Foucaults gerecht zu werden.

Die fortlaufenden Modifikationen seiner Begriffe und Thesen stehen in engem Zusammenhang mit den politischen und intellektuellen Auseinandersetzungen in Frankreich, an denen Foucault über lange Zeit beteiligt war. Von 1966 an, als die „Die Ordnung der Dinge" (dt. 1974) erschien und für Furore sorgte, war Foucault eine öffentliche Person, deren Verhalten und deren Äußerungen beachtet wurden und die Gegenstand von Auseinandersetzungen war. 1970 wurde er – im Alter von nur 43/44 Jahren – in das Collège de France berufen, den ‚Olymp' des französischen Bildungswesens. Zum Entsetzen vieler seiner dortigen Kollegen und zur Bestätigung derjenigen, die gegen seine Ernennung votiert hatten, startete er genau zu diesem Zeitpunkt seine Karriere als politischer Aktivist. Er initiierte Besetzungen, Proteste, Aufrufe, Demonstrationen und legte sich immer wieder mit der ‚etablierten Opposition', der KPF (Kommunistische Partei Frankreichs), an, deren Mitglied war er von 1950 bis 1953 gewesen war. An Foucault ‚schieden sich die Geister'. Sein politisches Engagement, dessen Ausrichtung jedoch selbst für seine Freunde nicht berechenbar war, behielt er bis zu seinem Tod bei.

Zusammenhang: persönliche Erfahrung, politisches Engagement und Werk

Im Folgenden wird versucht, einen ‚Pfad' durch das Werk und die Begrifflichkeit zu legen, der eine erste Orientierung und Hilfestellungen für das Verständnis dieses komplexen Werkes geben soll. Die Perspektive dabei ist eine soziologische (s. Lektion I): Es geht darum, welche neuen Fragestellungen und Erkenntnisse die Beschäftigung mit Foucault für die Wissenschaft der Gesellschaft und ihrer Individuen eröffnet. Der Schwerpunkt wird auf diejenigen Veröffentlichungen gelegt, die seit der „Ordnung der Dinge" erschienen sind – dem Werk, mit dem Foucault 1966 bekannt geworden ist. Am Ende der Lektion werden die besonderen Charakteristika des Foucaultschen Ansatzes zusammengefasst und unter Verweis auf die Foucault-Rezeption diskutiert. Eine Bemerkung hierzu vorneweg: Die Wirkung von Foucault ist alleine mit seinem Werk nicht zu erklären. Als Wissenschaftler, als Autor, als Mitglied sozialer und politischer Bewegungen und als streitbarer Intellektueller hat er sich stets auf mehreren Schauplätzen zugleich exponiert. In dieser Kombination erfüllte und erfüllt Foucault offensichtlich das Bedürfnis vieler Intellektueller nach einer Identifikationsfigur und trat hiermit neben seinen älteren Zeitgenossen Jean-Paul Sartre (1905-1980) bzw. löste diesen ab. Foucaults Kommentar zu „Wahnsinn und Gesellschaft" gilt für sein Gesamtwerk: „Es ist ... ein Buch, das dem, der es schreibt, ebenso wie dem, der es liest, als eine Erfahrung dient, viel eher denn als Feststellung einer historischen Wahrheit" (Foucault, 1996: 30).

An das Ende dieses Abschnitts sei ein Zitat gestellt, das in der Foucault-Rezeption klassischen Status besitzt; es hat Clemens Kammler (1986) dazu veranlasst, als Abbildung für sein Buch über Foucault eine Werkzeugkiste zu wählen. Interessant an dieser Interviewpassage ist nicht nur der handwerkliche Charakter, sondern die Sprengkraft, die Foucault seinen Büchern zuschreibt:

> „Alle meine Bücher, sei es ‚Wahnsinn und Gesellschaft‘ oder dieses da [Überwachen und Strafen] sind, wenn Sie so wollen, kleine **Werkzeugkisten**. Wenn die Leute sie aufmachen wollen und diesen oder jenen Satz, diese oder jene Idee oder Analyse als Schraubenzieher verwenden, um die Machtsysteme kurzzuschließen, zu demontieren oder zu sprengen, einschließlich vielleicht derjenigen Machtsysteme, aus denen diese meine Bücher hervorgegangen sind – nun gut, um so besser (Foucault, 1976d: 53; Hervorh. von mir, A.T.).

2. Archäologie: Die Suche nach dem ‚Mehr‘

Foucault interessiert er sich vor allem für Zeiten des historischen Umbruchs; hierbei ist seine Arbeitsweise der von Elias (s. Lektion VIII) verwandt. Die meisten seiner Studien beschäftigen sich nicht mit den Gegenwartsgesellschaften, sondern mit den Transformationen während der griechischen und römischen Antike, der Renaissance, der Aufklärung oder dem 19. Jahrhundert. Dabei betrachtet Foucault Geschichte als einen „Raum pluraler, aber historisch begrenzter Möglichkeiten" (Brieler, 1998: 264). Bei der Untersuchung historischer Situationen und Epochen variiert er seine Methoden und Perspektiven. Er warnt vor voreiligen Zuordnungen und plädiert für eine permanente Reflexion der Methoden.

> „Und ich sage ja gar nicht, daß die Menschheit nicht fortschreitet. Ich sage nur, daß es methodisch schlecht ist, das Problem von vornherein als Frage nach dem Fortschritt zu stellen. (…) Das Problem ist vielmehr: Wie geht das vor sich, wenn etwas geschieht (Foucault, 1976c: 43)?"

Foucault ist gegenüber der Einschätzung dessen, was historische und gegenwärtige Prozesse bedeuten, sehr zurückhaltend. Paradoxerweise lädt er gleichzeitig zu radikalen Interpretationen der gesellschaftlichen Entwicklung ein.

Die folgenden beiden Abschnitte basieren auf drei Werken Foucaults: auf Foucaults erstem ‚Bestseller‘, der „Ordnung der Dinge" (1991a [1966]), der methodologischen Studie zur „Archäologie des Wissens" (1973 [1969] und seiner berühmten Antrittsvorlesung am Collège de France über die „Ordnung des Diskurses" (1991b [1970]).

Wie er in der „Ordnung der Dinge" schreibt, strebt Foucault eine neue Form der Wissenschaftsgeschichte und eine „Theorie diskursiver Praxis" (1991a: 15) an. Dabei greift er auf ganz unterschiedliche Textarten zurück: Gesetzestexte, Gerichtsprotokolle, Ordnungen und Verlautbarungen als Texte einer spezialisierten Öffentlichkeit, und daneben Texte von Wissenschaftlern unterschiedlicher Epochen und Disziplinen. Foucault problematisiert den Werk-Begriff:

> „ …. genügt es, den vom Autor veröffentlichen Texten diejenigen hinzuzufügen, die er in Druck zu geben vorhatte und die nun unvollendet geblieben sind, weil er gestorben ist? Muß man außerdem jeden Schmierzettel, jeden ersten Entwurf, Korrekturen und Durchstreichungen der Bücher hinzuzählen? Muß man die verworfenen Skizzen

hinzufügen? Und welchen Status soll man den Briefen, den Anmerkungen, den berichteten Gesprächen, den von Hörern niedergeschriebenen Äußerungen, kurz: jenem ganzen Gewimmel sprachlicher Spuren geben, die ein Individuum bei seinem Tode hinterlässt und die in einem unbestimmten Verkreuzen so viele verschiedene Sprachen sprechen?" (Foucault, 1973: 37)

Foucault belässt es nun jedoch nicht dabei, alle möglichen Dokumente geschriebener und gesprochener Sprache zu verwenden, sondern er geht noch einen Schritt weiter: Wenn er Gerichtsprotokolle oder andere Textdokumente untersucht, so geht Foucault nicht davon aus, dass jemand Bestimmtes (ein Autor oder eine Autorin) spricht oder schreibt, sondern das ‚es' durch ihn oder sie hindurch spricht oder schreibt. Dieses ‚Es' ist ein Regelwerk, das einer Erörterung oder einer Thematik zugrunde liegt und meist nicht reflektiert wird. Die Methode, dies herauszufinden, nennt Foucault **Archäologie**.

Während ‚normale' Archäologen Bauwerke und Alltagsgegenstände verschütteter Kulturen ausgraben, will Foucault verschüttete Wissensbestände „an den Tag bringen" (Foucault, 1991a: 24). Zur Illustration seiner Überlegungen greift er häufig auf Beispiele aus der Malerei oder der Literatur zurück. Berühmt geworden ist in diesem Zusammenhang das erste Kapitel in der „Ordnung der Dinge", in der Foucault das Gemälde „Die Hoffräulein" (1656) des spanischen Malers Diego Velasquez (1599-1660) interpretiert.

Diego Velasquez: „Die Hoffräulein" (1656; Ausschnitt)

Foucault schärft den Blick des Betrachters, indem er detailliert herausarbeitet, wie dieses berühmte Bild selbst durch die beobachtenden Blicke lebt. Besonders auffallend ist, dass nicht das zu malende Herrscherpaar (König Philipp IV und Königin Maria Anna, die im Spiegel zu sehen sind), sondern die Infantin (Prinzessin) und die Personen, die zu ihrer Betreuung und Unterhaltung angestellt sind, im Mittelpunkt des Bildes stehen.

„Im Zentrum von Foucaults Lektüre der *Hoffräulein* steht die Repräsentation. Die *Hoffräulein* repräsentiert die Welt der Repräsentationen, wie sie auf wohlgeordnete Weise auf einem Tableau – bzw. hier im Gemälde selbst – ausgebreitet wird. (...) Die entscheidende zu beobachtende Veränderung ist, dass der Souverän des klassischen Zeitalters ein Modell ist. Modell zu sein aber heißt, im Zentrum der Aufmerksamkeit zu stehen und nur gelegentlich (so zufällig wie das im Spiegel erhaschte Bild) das Objekt der Repräsentation" (Dreyfus/Rabinow, 1994: 49; Hervorh. im Original).

Ordnung der Dinge und Ordnung des Diskurses

In „Die Ordnung der Dinge. Eine Archäologie der Humanwissenschaften" (Foucault, 1991a) analysiert Foucault die Entwicklung der Wissenschaften in der Zeit vom 17. bis 19. Jahrhundert. Im Mittelpunkt stehen die Grammatik, die (politische) Ökonomie, die Biologie bzw. Naturgeschichte, wobei es Foucault nicht auf den jeweiligen Forscher, sondern auf die Genese von Klassifikationssystemen ankommt. Er orientiert sich durchaus an den einschlägigen Namen und Werken, z.B. an Carl von Linné (1707-1778) in der Naturgeschichte oder an David Ricardo (1772-1823) und Karl Marx (1818-1883) in der Ökonomie, hebt jedoch stets auf die großen Entwicklungslinien ab, die unterhalb der Erkenntnisse von Einzelnen ihr Eigenleben führen. In dem informativen Vorwort zur deutschen Ausgabe fasst er rückblickend seine Absicht zusammen:

„Kurz, ich versuchte den wissenschaftlichen Diskurs nicht vom Standpunkt der sprechenden Individuen aus zu erforschen, noch, was sie sagen, vom Standpunkt der Regeln, die nur durch die Existenz solchen Diskurses ins Spiel kommen: welche Bedingungen hatte Linné (oder Petty oder Arnauld) zu erfüllen, um seinen Diskurs nicht nur kohärent und im Allgemeinen wahr zu machen, sondern ihm zu der Zeit, in der er geschrieben und aufgenommen wurde, Wert und praktische Anwendung als wissenschaftlichem Diskurs – oder, genauer, als naturgeschichtlichem, ökonomischem oder grammatischem Diskurs zu geben?" (Foucault, 1974: 15).

Linnés Bedeutung beruht für Foucault weniger auf dem Inhalt etwa seiner ‚Philosophie botanique', sondern auf seiner Perspektive: „Beobachten heißt also, sich damit bescheiden zu sehen; systematisch wenig zu sehen" (Foucault, 1974: 175).

Die Suche nach dem ‚Mehr'

Die Analyse der **Diskurspraktiken** (s. unten) dient dazu, bislang nicht Gesehenes „ans Licht zu bringen":

„Eine Aufgabe, die darin besteht, nicht – nicht mehr – die Diskurse als Gesamtheit von Zeichen (von bedeutungtragenden Elementen, die auf Inhalte oder Repräsentationen verweisen), sondern als Praktiken zu behandeln, die systematisch die Gegenstände bilden, von denen sie sprechen. Zwar bestehen diese Diskurse aus Zeichen; aber sie benutzen diese Zeichen für mehr als nur zur Bezeichnung der Sachen. Dieses *mehr* macht sie irreduzibel auf das Sprechen und auf die Sprache. Dieses *mehr* muß man ans Licht bringen und beschreiben" (Foucault, 1973: 74; Hervorh. im Original).

Foucaults Forschung liegt ein tiefes Misstrauen gegenüber den gängigen Selbst- und Fremdbeschreibungen in der Gesellschaft und in der Wissenschaft zugrunde. Er will Dinge und Prozesse in ungewohnter Weise zum Sprechen bringen.

---

3. Diskurse und Diskursanalysen

Eine Fundgrube bezüglich der spezifischen Begrifflichkeit Foucaults stellt seine Antritts-Vorlesung am Collège de France vom 2.12.1970 dar. Unter Fortführung seiner Überlegungen in der ‚Ordnung der Dinge' skizziert Foucault unter dem Titel „Die Ordnung des Diskurses" (Foucault, 1991b [1970]) sein Arbeitsprogramm und erläutert eine Fülle von Begriffen, insbesondere den Begriff des Diskurses und die verschiedenen Spielarten an Diskursanalysen.

Diskurse sind gesellschaftliche Äußerungsformen, die sich in Sprache oder Schrift manifestieren. Ein Diskurs ist ein „gesprochenes oder geschriebenes Ding" (Foucault, 1991b: 10), dessen Wirkung jedoch über die bloße Manifestation in Rede oder Schrift hinausgeht. Diskurse entfalten eine Eigendynamik, können jedoch nicht frei ‚fließen'. Sie sind durch die jeweiligen gesellschaftlichen Bedingungen geregelt.

Was ist ein Diskurs?

Für Foucault ist weniger die Person als Urheberin von Diskursen, als vielmehr die Funktion der Diskurse interessant, an denen eine Person teilnimmt. Für die Arbeitsmethode der Historiker formuliert Foucault folgende Vorstellung:

Eine besondere Form der Geschichte des Alltags

> „Gerade indem man sich auch den geringsten Ereignissen zugewendet hat, indem man die Erhellungskraft der historischen Analyse bis in die Marktberichte hinein, in die notariellen Urkunden, in die Pfarregister, in die Hafenarchive vorangetrieben hat, die Jahr für Jahr, Woche für Woche verfolgt werden, hat man jenseits der Schlachten, der Dekrete, der Dynastien oder der Versammlungen massive Phänomene von jahrhundertelanger Tragweite in den Blick bekommen. Die Historie, wie sie heute betrieben wird, kehrt sich nicht von den Ereignissen ab; sie erweitert vielmehr ständig deren Feld; sie deckt immer neue Schichten auf, oberflächlichere und tiefere; sie bildet ständig neue Gruppierungen, in denen sie manchmal zahlreich, dicht und austauschbar, manchmal knapp und entscheidend sind: von den fast täglichen Preisschwankungen bis zu den epochalen Inflationen. Das Wichtige aber ist, daß die Geschichtsschreibung kein Ereignis betrachtet, ohne die Serie zu definieren, der es angehört …" (Foucault, 1991b: 35f.).

Diese Arbeitsmethode erfährt nicht nur in der Geschichtswissenschaft, sondern in den Sozial-, Geistes- und Kulturwissenschaften generell (Foucault spricht zusammenfassend von Humanwissenschaften; vgl. ähnlich Elias' Begriff der Menschenwissenschaften) eine wachsende Akzeptanz.

Foucault unterscheidet **zwei Formen der Diskursanalyse**: kritische bzw. genealogische Beschreibungen. Die Genealogie kümmert sich um die Entstehung der Diskurse, die Kritik um die Einschätzung der Veränderung von Diskursen:

> „Die Kritik analysiert die Prozesse der Verknappung, aber auch der Umgruppierung und Vereinheitlichung der Diskurse; die Genealogie untersucht ihre Entstehung, die zugleich zerstreut, diskontiuierlich und geregelt ist" (Foucault, 1991b: 41).

Foucault geht der Frage nach, wie Diskurse entstehen, was oder wen sie integrieren bzw. ausschließen. Die Einschränkung oder gar Verbote von Diskursen könne von außen und von innen erfolgen. Am Beispiel der Sexualität illustriert Foucault seine Vorgehensweise folgendermaßen:

> „Ich sprach eben von einer möglichen Untersuchung der Verbote, welche den Diskurs über die Sexualität treffen. Es wäre in jedem Fall schwierig und abstrakt, diese Unter-

suchung durchzuführen, ohne gleichzeitig die literarischen, die religiösen oder ethischen, die biologischen und medizinischen und gleichfalls die juristischen Diskursgruppen zu analysieren, in denen von der Sexualität die Rede ist und in denen diese genannt, beschrieben, metaphorisiert, erklärt, beurteilt ist" (Foucault, 1991b: 42).

Diese Diskursgruppen, so Foucault, generieren keinen einheitlichen Diskurs, sondern „verschiedene Serien" (Foucault, 1991b: 43). Der Inhalt und die Funktion eines Diskurses hängen also von dem Kontext und von dem Feld ab, in dem dieser Text oder diese Rede angesiedelt ist.

Wissenschaftliche Texte, Rechtskommentare oder Romane können Diskurse sein. Immer sind sie ein Spiel, aber ein sehr machtvolles Spiel, um das verschiedene gesellschaftliche Gruppen kämpfen: Der Diskurs „ist dasjenige, worum und womit man kämpft; er ist die Macht, derer man sich zu bemächtigen sucht" (Foucault, 1991b: 11).

„Diskursive Praxis" erläutert Foucault in der „Archäologie des Wissens" wie folgt:

> „Sie ist eine Gesamtheit von anonymen, historischen, stets im Raum und in der Zeit determinierten Regeln, die in einer gegebenen Epoche und für eine gegebene soziale, ökonomische, geographische oder sprachliche Umgebung die Wirkungsbedingungen der Aussagefunktion definiert haben" (Foucault, 1973: 171).

Anwendungen der Diskursanalyse

Diese Methode hat Foucault selbst in vielen seiner Studien angewandt; darüber hinaus hat sie seit nunmehr 30 Jahren eine Vielzahl von Studien inspiriert. In der Literatur- und Sprachwissenschaft sind entsprechende Forschungen inzwischen Legion: Exemplarisch sei auf die Untersuchung zum medizinischen und juristischen Diskurs bezüglich der Gewalt im Geschlechterverhältnis des 18. Jahrhunderts (Meyer-Knees, 1992) oder auf die Studie über „Sexualität im Diskurs der Literatur" (Neuhaus, 2002) hingewiesen. ‚Schulemachend' hat die Forschergruppe um den Germanisten Jürgen Link (vgl. Link, 1999; Gerhard u.a., 2001) gewirkt, die so unterschiedliche Themen wie massenmediale Diskurse (etwa der BILD-Zeitung), rassistische Stereotypen oder medizinische Protokolle linguistisch, zeichentheoretisch, politikwissenschaftlich und soziologisch untersucht.

Die in der Soziologie bislang meistbeachtete Studie von Foucault, das Buch „Überwachen und Strafen", kann man als historische Studie über die Entstehung und den Funktionswandel von Gefängnissen lesen. Es wurde und wird jedoch meist ‚als mehr' verstanden – als eine Analyse von Gesellschaft, die auf der Analyse von Diskursen basiert.

4. Die ‚Geburt' des Gefängnisses und die Disziplinargesellschaft

> „Die traditionelle Soziologie, die Soziologie von der Art Durkheims stellte das Problem eher so dar: Wie kann eine Gesellschaft Individuen zusammenhalten? (…) Mich interessierte das ziemlich entgegengesetzte Problem oder, wenn Sie so wollen, die entgegengesetzte Antwort zu diesem Problem, nämlich: durch welches Ausschließungssystem, durch wessen Ausmerzung, durch die Ziehung welcher Scheidelinien, durch welches Spiel von Negation und Ausgrenzung kann eine Gesellschaft beginnen zu funktionieren?" (Foucault, 1976e: 56f.).

1975 erschien „Surveiller et punir" (dt. 1976 „Überwachen und Strafen"), Foucaults Studie über, so der Untertitel, „Die Geburt des Gefängnisses". Wie kann ein Gefängnis ‚geboren' werden?

Drastische Schilderungen von Hinrichtungen oder Verstümmelungen als öffentlichen Ereignissen, die Foucault im ersten Kapitel („Marter") detailliert dokumentiert, illustrieren vormoderne Formen der Bestrafung. Unter den Augen und Ohren eines neugierigen Publikums sühnten Menschen die Verbrechen bzw. Vergehen, die sie begangen hatten oder derer sie bezichtigt wurden, unmittelbar. Sie wurden geviertelt, von Pferden zu Tode geschleift, verbrannt und gebrandmarkt. ‚Modernere' Formen sind eher mittelbar: Nun werden Taten durch Freiheitsentzug gesühnt. Die vermeintlichen und tatsächlichen Täter werden ‚hinter die Kulissen' (Goffman) der Gesellschaft verbracht und dort sicherheitsverwahrt. Dabei werden die Methoden der Inhaftierung sukzessive perfektioniert. Das Gefängnis, wie wir es heute kennen, wird ‚geboren'.

Foucault schildert diesen Prozess anhand unterschiedlicher Quellen. In einem Interview, das unter dem Titel „Räderwerke des Überwachens und Strafens" im Jahr 1976 erschienen ist, erläutert Foucault sein Vorgehen:

Beispiel für eine Diskursanalyse Foucaults

> „Auf der anderen Seite hätte es keinen Sinn, sich beim Studium des Gefängnisses auf die Diskurse *über* das Gefängnis zu beschränken. Es gibt ja auch die Diskurse, die *aus* dem Gefängnis kommen, z.B. die Anordnungen und Reglements, die konstitutive Elemente des Gefängnisses sind. Denn das Gefängnis hat seine Strategien, seine unausgesprochenen Diskurse und ‚Listen', die niemandem zugerechnet werden können, die aber gelebt werden und die Institution in Gang halten" (Foucault, 1976c: 32; Hervorh. im Original).

Anschaulich schildert Foucault die architektonischen Eigenschaften und sozialen Auswirkungen des berühmten **Panoptikums** von Jeremy Bentham. Dabei ist das Gefängnis so angelegt, dass von einer zentralen Position aus alle Zellen eingesehen werden können. Es geht nicht mehr primär um Bestrafung, sondern um Überwachung. Die soziale Figur des ‚Delinquenten' ist, so Foucault, ein Ergebnis dieser neuen Praxis. Das Wissen der Inhaftierten, stets beobachtet zu werden bzw. beobachtet werden zu *können*, wirkt sich nicht nur auf deren Psyche, sondern schließlich sogar auf deren Körper aus. Ohne dass es ihnen bewusst würde, passen sich die Körper der Inhaftierten der Überwachungssituation an. Auf sie wirken keine Züchtigungen mehr ein, sondern subtile Mechanismen. Diese beschreibt Foucault anhand der 1840 eröffneten Jugendstrafanstalt von Mettray, deren ‚modernes' Kerkersystem ihn beeindruckt:

> „Die Chefs und Unterchefs von Mettray sind weder einfach Richter, noch Professoren, Werkmeister, Unteroffiziere oder ‚Eltern' – sondern von alledem nur etwas. Es handelt sich gewissermaßen um Verhaltenstechniker: Ingenieure der Menschenführung, Orthopäden der Individualität. Sie haben gelehrige und taugliche Körper herzustellen: sie kontrollieren die neun oder zehn Arbeitsstunden (…) sie überwachen die Reinlichkeit, sie führen die Aufsicht beim Baden. Hand in Hand mit der Dressur geht eine ständige Beobachtung; über das tägliche Verhalten der Insassen wird ohne Unterlaß ein Wissen erhoben, werden pausenlos Schätzungen angestellt …" (Foucault, 1976a: 380).

Derartige „Kerkersysteme" erzeugten erst die Figur des ‚Delinquenten'. Foucaults Interesse gehört denjenigen Menschen bzw. Menschen-Gruppen, die als nicht-zugehörig oder nicht-normal gelten. Er geht davon aus, dass niemand per se auffällig oder gar verrückt ist, sondern dazu gemacht wird.

> In „Überwachen und Strafen" konstatiert Foucault eine Entwicklung vom Kerker zum Gefängnis, von der ‚bloßen' Bestrafung zur totalen Überwachung der Täter, die zu einer Ummodellierung der Körper führe.

Gefängnisse alten Typs werden gegen neuere, raffinierte Einrichtungen ersetzt, wobei Personal und Insassen ‚Hand in Hand' arbeiten: „Und alle in der Gesellschaft angelegten Disziplinareinrichtungen bilden zusammen das große Kerkernetz" (Foucault, 1976a: 385).

Disziplinierung –
Disziplinar-
gesellschaft –
Sozialdisziplinierung

„Wir haben es also mit zwei entgegengesetzten Bildern von Disziplin zu tun: auf der einen Seite die Disziplin als Blockade, als geschlossene Anstalt, die innerhalb bestimmter Grenzen auf negierende Funktionen ausgerichtet ist: Bannung des Übels, Unterbrechung der Beziehungen, Aufhebung der Zeit. Auf der anderen Seite die Disziplin als panoptischer Betrieb, als Funktionszusammenhang, der die Ausübung der Macht verbessern, d.h. beschleunigen, erleichtern, effektiver machen soll: ein Entwurf subtiler Zwangsmittel für eine künftige Gesellschaft. Der Übergang von einem Projekt zum anderen, vom Modell der Ausnahmedisziplin zu dem der verallgemeinerten Überwachung, beruht auf einer historischen Transformation: der fortschreitenden Ausweitung der Disziplinarsysteme im Laufe des 17. und 18. Jahrhunderts, ihrer Vervielfältigung durch den gesamten Gesellschaftskörper hindurch, die Formierung einer ‚Disziplinargesellschaft'" (Foucault, 1976a: 269).

Das Panopktikum erscheint als Sinnbild der heutigen Gesellschaft. Diese Studie Foucaults wurde so verstanden, als sei für ihn die gesamte Gesellschaft ein Gefängnis, und je näher man der Gegenwartsgesellschaft komme, umso mehr. In der folgenden Passage äußert Foucault sich in typischer Weise über eine solche Interpretation – weder bestätigt er, noch dementiert er sie:

„Die Untersuchung endet ungefähr mit dem Jahr 1830. Trotzdem haben in diesem Falle die Leser, die kritischen wie die zustimmenden, das Buch als Beschreibung der gegenwärtigen Gesellschaft der Einschließung aufgefaßt. Ich habe das nirgendwo gesagt, auch wenn es richtig ist, daß das Schreiben dieses Buches mit einer gewissen Erfahrung unserer Moderne zusammenhing" (Foucault, 1996: 31).

Unter Rückgriff auf Foucault, Norbert Elias, Max Weber und die Arbeiten des Historikers Gerhard Oestreich (1910-1978) (vgl. Oestreich, 1969) haben sozialhistorisch arbeitende Soziologen in den 1980er Jahren den Begriff der **Sozialdisziplinierung** präzisiert (vgl. Breuer, 1986; Breuer, 1992; Peukert, 1986; Sachsse/ Tennstedt, 1986). Die Individuen in den gegenwärtigen Gesellschaften – gleichgültig, welchen Regimes oder unter welcher Regierung – sind, ohne sich dessen unbedingt bewusst zu sein, ständig unter kontrollierender Beobachtung und Überwachung. Die umfassende Entwicklung verschiedener Techniken der Sozialdisziplinierung bis hin zu einer Disziplinargesellschaft (vgl. zusammenfassend Hillebrandt, 1997) betrifft nicht nur psychiatrische Anstalten und Gefängnisse, sondern auch Kasernen, Fabriken und Schulen.

Die Frage, ob der Begriff der Disziplinargesellschaft als ‚Label' für die gegenwärtigen westlichen Gesellschaften – vergleichbar etwa der ‚Risiko'-, ‚Welt'-

oder Erlebnisgesellschaft (vgl. Kneer u.a., 1997) – taugt, wird in jüngerer Zeit kritisch diskutiert. Nancy Fraser, die sich seit vielen Jahren in kritischer Sympathie mit dem Werk Foucaults auseinandersetzt, brachte auf der Frankfurter Foucault-Konferenz die Verdienste Foucaults auf folgende Formel:

> „ Michel Foucault war der große Theoretiker der fordistischen Form sozialer Regulierung. Während der keynesianische Wohlfahrtsstaat der Nachkriegszeit gerade in voller Blüte stand, lehrte uns Foucault, selbst an dessen prominentesten Errungenschaften noch die Schattenseiten zu erkennen. Unter seinem Blick wurden Sozialleistungen zu Disziplinapparaten, führten humanistische Reformen zu panoptischen Überwachungsregimen, erschienen Maßnahmen der Gesundheitsfürsorge als Entfaltung von Bio-Macht und therapeutische Praktiken als Instrument der Unterwerfung" (Fraser, 2003: 239).

Da nun aber der Fordismus vom Postfordismus und dieser vom globalen Neo-Liberalismus abgelöst sei, sei Foucault auch überholt – allenfalls sein Konzept der Gouvernementalität (s. Abschnitt 8) passe für die gegenwärtigen Entwicklungen. Foucault selbst, so stellt Thomas Lemke in Reaktion auf Fraser fest, habe sich seit Mitte der 1970er Jahre von Begriff und Konzept der Disziplinargesellschaft distanziert (vgl. Lemke, 2003: 268ff.). Die zukünftige Foucault-Rezeption wird zeigen, inwieweit es neue Anschlussmöglichkeiten für das wichtige makrotheoretische Konzept der Disziplinargesellschaft gibt.

5.   Machtbeziehungen und Bio-Politik

Das Thema Macht zieht sich durch alle Werke Foucaults. Sein Verständnis dieses Begriffes, einem der zentralen ‚Denkwerkzeuge' der Soziologie, steht in der Tradition des Begründers der Macht-Analyse, Max Weber (s. Bd. 2, Lektion VI). Nach dessen berühmter Definition bedeutet Macht „jede Chance, innerhalb einer sozialen Beziehung den eigenen Willen auch gegen Widerstreben durchzusetzen, gleichviel worauf diese Chance beruht" (Weber, 1921: 28). Foucault erläutert sein Verständnis von Macht folgendermaßen: „Machtausübung bezeichnet nicht einfach ein Verhältnis zwischen individuellen oder kollektiven Partnern, sondern die Wirkungsweise gewisser Handlungen, die andere verändern" (Foucault, 1994a: 254). Macht ist für Foucault eine Wechselbeziehung bzw. Interaktion zwischen verschiedenen Akteuren, wobei absolute Herrschaft kein Machtverhältnis sei: „Sklaverei ist kein Machtverhältnis, wenn der Mensch in Eisen gekettet ist (da handelt es sich um physisches Zwangsverhältnis), sondern dann, wenn er sich bewegen und im Grenzfall entweichen kann" (Foucault, 1994a: 255f.).

Den Begriff der ‚Macht' als solchen vermeidet Foucault. Er spricht eher von Machtverhältnissen oder von Machtbeziehungen. Macht und Herrschaft sind für Foucault nicht gleichzusetzen. Eine Machtbeziehung ist dann gegeben, wenn das ‚Objekt' der Machtausübung eine Reaktionsmöglichkeit hat und hierdurch Einfluss auf die Machtbeziehung nehmen kann.

Macht im Verständnis von Foucault ist eine **Wechselbeziehung** zwischen einzelnen oder mehrerer Personen, wobei die ‚mächtigere' Person auf das Verhalten der weniger mächtigen Person verändernd einwirkt. Letztere ist jedoch nicht zwangsläufig ohnmächtig, sondern kann ihrerseits auf den oder die Mächtigeren Einfluss nehmen. Einen Begriff wie Macht*haber* würde Foucault ablehnen, da er Macht verdingliche. Macht versteht Foucault immer als Macht-*beziehungen*.

Was ist Bio-Politik? Als durchaus ‚machtvolles' politisches Instrument von Regierungen schätzt Foucault einen bestimmten Politik-Bereich ein, der nur scheinbar randständig und exotisch sei: die Bio-Politik. Diese, so Foucault, zielt auf das **Leben**. Immer dann, wenn staatliche Instanzen offensichtlich, aber auch verdeckt in die Art und Weise eingreifen, wie Menschen ihre Sexualität, ihre Fortpflanzung, ihre Gesundheitsfürsorge gestalteten, handelt es sich um Bio-Politik. Bio-Politik ist eine lebensbezogene Macht, die dem Einblick der Bevölkerung weitgehend entzogen ist:

> „Foucault denkt das Leben der Individuen und der Bevölkerung sehr umfassend als ein Potential von Kräften, das entwickelt, reguliert, stimuliert, formiert werden kann – und muß" (Brieler, 2004).

Nach Foucault realisieren die Mitglieder einer Gesellschaft meist überhaupt nicht, inwieweit ihre scheinbar rein privaten Verhaltensweisen und Entscheidungen beispielsweise durch politische Vorgaben der Geburtenkontrolle, der ‚Rassenhygiene' oder der Gesundheitspolitik geprägt sind. Foucaults Konzept der Bio-Politik illustriert, in welcher Weise staatliche Institutionen und die von ihnen lancierten Diskurse nicht nur auf die soziale Existenz, sondern sogar auf die leibliche Existenz der Menschen einwirken. Insofern überrascht es nicht, dass gerade dieser Aspekt des Werks von Foucault in den aktuellen Debatten um Reproduktionsmedizin und Biotechnologie eine wichtige Bezugsgröße darstellt. 1980 war Foucault mit dieser Thematik, deren Erörterung im Grunde erst begonnen hat, der Zeit weit voraus.

Michael Hardt und Antonio Negri, deren Buch „Empire" (Hardt/Negri, 2002) in den Globalisierungsdebatten eine prominente und ihrerseits vieldiskutierte Rolle spielt (s. Lektion X), rekurrieren ebenfalls sehr stark auf den Begriff der Bio-Politik (vgl. kritisch hierzu Lemke, 2002).

In jüngerer Zeit macht die Arbeit des in Zürich lehrenden Historikers Philipp Sarasin zur „Geschichte des Körpers" (Sarasin, 2001) Furore. Sarasins Schwerpunkt der Analyse sind die Diskurse über Hygiene und die Entwicklung der modernen Hygienevorstellungen. Sowohl in der Fragestellung wie in der Methode beruft er sich primär auf Foucault:

> „Schließlich war es die im Grunde singuläre Leistung Foucaults, ungemein produktive Fragen zur Geschichte der auf den Körper bezogenen Techniken, Institutionen und Politikformen zu stellen, die den Historikern den Körper als historisches Objekt aufdrängte" (Sarasin, 2001: 16).

Ihren stärksten Niederschlag haben Foucaults Analyse der Machtbeziehungen und der Sexualität in der Frauen- und Geschlechterforschung gefunden. Dabei gab es hierbei durchaus auch Irritationen, da Foucault sich gegen vereinfachende Rezeptionen sperrt:

„In der feministischen Theorie gelten Foucaults Machtkonzept, das keine einfachen Repressionshypothesen zulässt, sowie sein Subjektbegriff als umstritten (…), bilden dann aber gleichzeitig den Ausgangspunkt für neue Denkansätze (…) sein Machtbegriff [trägt] zur Auflösung einseitiger Gegenüberstellungen von Herrschenden/Männern und Beherrschten/Frauen bei und bietet Anstöße für situations- und gesellschaftsspezifische Beschreibungen von Geschlechter- und Machtverhältnissen" (Schlünder, 2002: 113; vgl. auch Maltry, 1998).

Der nächste Abschnitt behandelt Foucaults Auseinandersetzung mit der Repressionshypothese, die unter linken wie feministischen Intellektuellen in Anlehnung an Wilhelm Reich in den 1960er und 1970er Jahren starken Zuspruch fand.

6. Die Allgegenwart der Sexualität

Unter dem Ober-Titel „Sexualität und Wahrheit" hat Foucault ein thematisch weitgespanntes dreibändiges Werk vorgelegt. Näheren Aufschluss geben die Titel der einzelnen Bände: Der Wille zum Wissen (Bd. 1), Der Gebrauch der Lüste (Bd. 2) und Die Sorge um sich (Bd. 3). In der Regel wird in der Foucault-Forschung der Einzelband-Titel zuerst genannt, also z.B.: „Der Wille zum Wissen. Sexualität und Wahrheit, Bd. 1". Dies ist auch ein Indiz dafür, dass jeder Band seine eigene Existenz führt und gesondert rezipiert wird. Zwischen der Erstveröffentlichung des ersten Bandes (1976) und der des zweiten und dritten Bandes (1984) lagen acht Jahre. Als der zweite und der dritte Band im Frühjahr 1984 (also kurz vor dem für die Öffentlichkeit völlig überraschenden Tod Foucaults) schließlich erschienen, waren viele Leser und Leserinnen erstaunt, wie sich Foucaults Fragestellungen im Vergleich zum ersten Band verändert hatten.

Dabei hatte Foucault im Vorwort zur deutschen Ausgabe des ersten Bandes, Band 1 dem „**Willen zum Wissen**" (Foucault, 1977), bereits angesprochen, dass er selbst nicht wisse, wann und wie genau es mit dem Projekte „Historie de la sexualité" weitergehe. Überdies hatte er diejenigen Leserinnen und Leser desillusioniert, die sich im Hinblick auf das Wort „Sexualität" eine Geschichte der sexuellen Beziehungen und Praktiken versprachen. Ihm geht es um einen übergeordneten Prozess, zu dem Sexualität und der Umgang mit ihr dazugehören:

> „Ich wollte nicht die Geschichte der sexuellen Verhaltensweisen in den abendländischen Gesellschaften schreiben, sondern eine viel nüchternere und beschränktere Frage behandeln: wie sind diese Verhaltensweisen zu Wissensobjekten geworden? (….) Es ist das Problem, das fast alle meine Bücher bestimmt: wie ist in den abendländischen Gesellschaften die Produktion von Diskursen, die (zumindest für eine bestimmte Zeit) mit einem Wahrheitswert geladen sind, an die unterschiedlichen Machtmechanismen und -institutionen gebunden?" (Foucault, 1977: 7f.).

Von besonderem Interesse in diesem Band ist das Ausmaß, in dem Foucault im Diskurs über Sexualität der 1960er und 1970er Jahre Position bezieht und sich nahezu lustig macht über den beliebtesten Diskurs – die sog. **Repressionshypothese**. In stark vereinfachter Rezeption der Thesen von Wilhelm Reich (1897-1957) ging man davon aus, dass eine gesellschaftliche Emanzipation über eine befreite Sexualität zu bewerkstelligen sei. Foucault stellt nicht in Abrede, dass Sex *auch* hinter die Kulissen verlagert und tabuisiert würde, für ihn ist die „Diskursivierung des Sexes" (Foucault, 1977: 19) in den westlichen Gesellschaften vom 18. Jahrhundert aber so allgegenwärtig, dass er sich eher fragt, wieso ‚wir' so darauf beharren, dass Sexualität unterdrückt würde. Seine Antwort in verkürzter Form lautet: Damit ‚wir' umso mehr und lustvoller darüber reden können!

> „Die modernen Gesellschaften zeichnen sich nicht dadurch aus, daß sie den Sex ins Dunkel verbannen, sondern daß sie unablässig von ihm sprechen und ihn als *das* Geheimnis geltend machen" (Foucault, 1977: 40; Hervorh. im Original).

Von wegen Repression der Sexualität – Skandalisierung vielmehr!

Die gesellschaftlichen Institutionen der entstehenden bürgerlichen bzw. industrialisierten Gesellschaften entwickeln Regularien, um die „Vermehrung disparater Sexualitäten" (Foucault, 1977: 53) zu beobachten und zu verwalten. Der Bedarf an Experten der Medizin, der Sexualwissenschaft und anderer Disziplinen, die ‚wissen', wie man z.B. die Sexualität von Jugendlichen in Bildungseinrichtungen kanalisieren könnte, wächst kontinuierlich. Insofern erweist es sich als gesellschaftlich nützlich, wenn möglichst viel über Sexualität gesprochen wird – moderne Formen des Geständnisses dienen dazu, dem Sex ‚auf den Grund' zu kommen. Gesetze und Verbote führen dabei weniger zum Ziel als ausführliche Debatten darüber, was es alles gibt und wer was tut. Foucault nennt dies das **Wahrheitsspiel** (vgl. Foucault, 1977: 60).

Dem ‚Willen', möglichst die Wahrheit über die Sexualität zu ‚wissen', dient in unseren Gesellschaften, so Foucault, weniger das Verfahren der Liebeskunst (*ars erotica*), sondern vielmehr ein anderes Verfahren – das **Geständnis**. Foucault versteht das Geständnis (in einer weiteren Bedeutung) als zentrales „Diskursritual" im Bereich der Sexualität. Es trägt dazu bei, dass sich die Sexualwissenschaft (*scientia sexualis*) als Fachwissenschaft institutionalisieren und in der Gesellschaft verankern kann.

Foucault zeichnet die historische und begriffsgeschichtliche Entwicklung des Geständnisses als Abkehr von der christlichen Buße nach und stellt fest:

> „Die Diskursivierung des Sexes … und die Ausstreuung und Verstärkung sexueller Disparität sind möglicherweise Teile ein und desselben Dispositivs und verbinden sich damit im zentralen Element eines Geständnisses, das eine wahrhafte Äußerung der sexuellen Besonderheit erzwingt – wie extrem sie auch sein mag" (Foucault, 1977: 65).

Hier verwendet Foucault einen Begriff, der für seine Methode zentral ist und in der an Foucault angelehnten Forschung – nicht nur in der über Sexualität – eine zentrale Rolle spielt – das sog. **Dispositiv.**

Der Begriff des Dispositivs

Ein Dispositiv ist ein Regelwerk oder Verfahren, das von den gesellschaftlichen Akteuren – häufig unbewusst – angewandt wird. So analysiert Foucault das Geständnis als ein „komplexes Dispositiv" (Foucault, 1977: 71), das in die Pädagogik, in die Familie, in die Medizin und die Psychiatrie ‚eingewandert' ist. Dispositive sind Regularien, aber keine Gesetze. Wissen und Macht sind Dispositive, aber sie funktionieren nicht als bloße Unterdrückung – ein solches Denken wäre für Foucault zu einseitig.

Sexualität und **Macht** gehören für Foucault in einen historischen und perspektivischen Zusammenhang. Es ist nicht erstere ‚gut', weil stets unterdrückt, und zweite ‚schlecht', weil unterdrückend. Plakativ formuliert Foucault sein übergeordnetes Ziel: „Den Sex ohne das Gesetz und die Macht ohne den König zu denken" (Foucault, 1977: 92).

Im zweiten Band von „Sexualität und Wahrheit", dem „Gebrauch der Lüste", geht Foucault der Frage nach, wie sich das Verhältnis von Erotik und Moral im historischen Verlauf verändert hat. Stärker als in den früheren Phasen thematisiert er hierbei die subjektive Perspektive der Beteiligten, insbesondere im Hinblick auf homosexuelle Beziehungen. Vordergründig mag man den ‚Gebrauch der Lüste' als ‚Hohes Lied' auf die Knabenliebe und die griechisch-römische Kultur verstehen. Dieses Klischee von Sittenfreiheit vs. Sittenstrenge korrigiert Foucault durch seine Thematik von der Selbstsorge (vgl. Foucault, 1994b: 282f.) und Ethik, die in Abschnitt 7 behandelt wird. Band 2 und Band 3

Sexualität ist für Foucault zwar als individuelle Praxis interessant, er verortet sie jedoch im historischen und gesellschaftlichen Kontext. Foucault ist keineswegs ein Befürworter hemmungsloser Sexualpraktiken, wie dies die ‚Skandal-Biographie' von James Miller (Miller, 1997) nahelegt. Vielmehr weist er – ähnlich Elias (vgl. Smith, 2000; Landweer, 1997) – darauf hin, welcher Arbeit und (Selbst-)Disziplinierung es bedarf, bis Menschen mit ihrer Sexualität gesellschaftsfähig und dennoch glücklich sein können. „Anhand welcher Wahrheitsspiele", so fragt Foucault im „Gebrauch der Lüste", „hat sich das Menschenwesen als Begehrensmensch erkannt und anerkannt?" (Foucault, 1986: 13). Foucault geht dieser Frage mit Blick auf die Antike (bis 4. Jh. vor Christus) anhand von vier Erfahrungsachsen nach: dem Verhältnis zum Körper, zur Gattin, zu den Knaben und zur Wahrheit. Entgegen der Annahme, dass die Knabenliebe Ausdruck besonderer Freizügigkeit sei, stellt er heraus, dass bei solchen Beziehungen ein besonders ausgefeiltes Verhaltensinstrumentarium erforderlich sei (vgl. Foucault, 1986: 284). Insgesamt geht es ihm beim Thema ‚Lust' stets auch um die Regulierung von Lust.

7.   Ästhetik und Ethik der Existenz

Liest man die Spätwerke Foucaults, so gewinnt man den Eindruck, als wende er sich von den großen düsteren Themen der Zwangsverwahrung in der Psychiatrie oder in Gefängnissen nun der Selbstreflexion zu. Vergleicht man etwa die „Ordnung der Dinge" (1971) mit dem „Gebrauch der Lüste" (1986), so vermag man kaum glauben, dass diese beiden Werken von ein und demselben Autor stammen – so unterschiedlich ist ihr ‚Ton'. Wandel Foucaults

Von den „Zwangspraktiken", so Foucault in einem Interview sechs Monate vor seinem Tod, habe sich seine Perspektive zur „Praxis des Selbst" verschoben; sein zentrales Thema ist nun „Freiheit und Selbstsorge" (Foucault, 1985). Diese neue Perspektive hatte Foucault bereits in den Gesprächen „Zur Genealogie der Ethik", die Hubert L. Dreyfus und Paul Rabinow 1983 mit ihm in Kalifornien geführt hatten, erläutert (vgl. Foucault, 1994b). Ein Individuum könne, so Foucault, sich erst dann um andere kümmern, wenn es der (Pflicht zur) Selbstsorge nachgekommen sei. Wie schon beim Thema Sexualität ist auch hier die griechische Antike das historische Material. Für die Gelehrten der damaligen Zeit, etwa die Epikuräer, sei Selbstsorge selbstverständlich gewesen.

> „Viel eher handelten sie so, um ihrem Leben gewisse Werte zu verleihen (bestimmten Vorbildern nachzuleben, einen hohen Ruf zu hinterlassen, ihrem Leben größtmöglichen Glanz zu verleihen). Es ging darum, sein Leben zum Gegenstand einer Art von Wissen, einer *techne*, einer Kunst zu machen. Unsere Gesellschaft bewahrt kaum eine Erinnerung daran, daß das entscheidende Kunstwerk, um das man sich bemühen, der entscheidende Bereich, auf den man ästhetische Werte anwenden muß, man selbst, das eigene Leben, die eigene Existenz ist" (Foucault, 1994b: 283; Hervorh. im Original).

Den zentralen Unterschied zwischen der griechisch-römischen und der christlichen Sittenlehre fasst er wie folgt zusammen:

> „Folglich ist der Gegensatz zwischen Heidentum und Christentum nicht der zwischen Toleranz und Strenge, sondern der zwischen einer Form der Strenge, die an eine **Ästhetik der Existenz** gebunden ist, und anderen Formen der Strenge, die an die Notwendigkeit der Selbstentsagung und -ergründung gebunden sind" (Foucault, 1994b: 286f.; Hervorh. von mir, A.T.).

In dem Gespräch, das Foucault mit seinen Kollegen Dreyfus und Rabinow an der Berkeley-Universität in Kalifornien führt, bezieht er seine Analyse auf seine Eindrücke vor Ort. Die Körperinszenierungen, den „kalifornischen Selbstkult" (Foucault, 1994b: 283) versteht Foucault offenbar nicht als Ausdruck einer befreiten Ästhetik, sondern als Narzissmus, der der antiken Selbstkultur entgegengesetzt sei. Alleine die Sexualität zu befreien, reiche nicht aus, man müsse einen ethischen Gebrauch von ihr machen:

> „Dabei handelt es sich ganz genau um das Problem, auf das ich bei der Sexualität gestoßen bin: Macht das Sinn zu sagen: ‚Befreien wir unsere Sexualität'? Liegt das Problem nicht eher darin, eine Definition der Freiheitspraktiken zu versuchen, durch die man angeben könnte, was die sexuelle Lust, die erotischen, leidenschaftlichen und Liebesbeziehungen zu anderen sind? Diese ethische Definition der Freiheitspraktiken ist, wie mir scheint, viel wichtiger als die etwas repetitive Beteuerung, daß man die Sexualität oder das Begehren befreien müsse" Foucault, 1985: 10).

Kunst der individuellen und sozialen Existenz

Sorge für sich und Sorge für andere sind für Foucault untrennbar miteinander verbunden: „Wer sich um sich selbst kümmert, wenn er genau weiß, worin seine Pflichten als Hausherr, als Ehemann oder als Vater bestehen, hat er zu seiner Frau und zu seinen Kindern genau das richtige Verhältnis" (Foucault, 1985: 16).

Für Foucault führen diejenigen Menschen – und hier hat er primär die Männer (der Antike) im Blick – eine verantwortungsvolle Existenz, die diese ethisch reflektieren und ästhetisch gestalten. Dies ist eine Frage der Einsicht, aber auch der Übung im Umgang mit sich selbst und mit anderen:

> „Diese Selbstkunst ... hebt die Wichtigkeit hervor, alle Praktiken und alle Übungen zu entwickeln, durch die man die Kontrolle über sich bewahren und am Ende zu einem reinen Genuß seiner selbst gelangen kann. Am Ursprung dieser Modifikationen in der Sexualmoral steht nicht die Verschärfung der Verbotsformen, sondern die Entwicklung einer Kunst der Existenz, die um die Frage nach sich kreist, nach seiner Abhängigkeit und Unabhängigkeit, nach seiner allgemeinen Form und nach dem Band, das man zu anderen knüpfen kann und muß, nach den Prozeduren, durch die man Kon-

trolle über sich ausübt, und nach der Weise, in der man die volle Souveränität über sich herstellen kann" (Foucault, 1986: 305).

Diese Textstelle veranschaulicht das Menschenbild Foucaults: Entgegen der Assoziationen, die der Begriff „Selbstkunst" im Sinne einer Selbstbezüglichkeit des Menschen erweckt, soll und kann sich der Mensch nicht aus seinen sozialen Bindungen lösen. Die Formulierungen von „Abhängigkeit und Unabhängigkeit" und dem „Band, das man zu anderen knüpfen kann und muss" (s.o.) erinnern an den Eliasschen Begriff von der Wir-Ich-Balance (s. Lektion VIII).

Philipp Sarasin reflektiert am Ende seiner schon erwähnten Monographie über den Hygienediskurs das Spätwerk des „großen Hygienikers Michel Foucault" (Sarasin, 2001: 465) und betont, wie auch Foucault, die Zusammenhänge zwischen Selbstkunst und Regierungskunst, der Gouvernementalität.

8. Gouvernementalität

Gegen Ende der 1970er Jahre hat Foucault einen Begriff ins Spiel gebracht, der schwierig auszusprechen und begrifflich nicht leicht zu fassen ist, die „gouvernementalité". Dieses Kunstwort umspannt ein Bedeutungsfeld, das – im Deutschen noch stärker als im Französischen – nur durch eine Vielzahl von Begriffen abzudecken ist: Regierung(sform), Führung, Leitung, Verwaltung. „Gouverner" bedeutet regieren, verwalten, beherrschen, steuern und in der Gewalt haben. In der Wortschöpfung „Gouvernementalität" werden Gouvernement und Mentalität in einem Begriff zusammengeschlossen. Dies macht deutlich, dass es sich hier um eine sowohl politische, als auch kulturell-geistige Kategorie handelt.

Im anglo-amerikanischen Raum hat die Diskussion um „governementality" bereits in den 1980er Jahren eingesetzt (vgl. Burchell et al., 1991), hierzulande haben die Arbeiten von Thomas Lemke, Ulrich Bröckling und Susanne Krasmann seit Mitte der 1990er Jahre den Begriff in die Diskussion gebracht. In einem von diesen herausgegebenen Sammelband zur „Gouvernementalität der Gegenwart" (Bröckling u.a., 2000) ist auch ein Beitrag von Foucault zu „Die ‚Gouvernementalität'„ (Foucault, 2000) enthalten.

> „Im Grunde ist Macht weniger von der Art der Konfrontation zweier Gegner oder der Verpflichtung des einen gegenüber dem anderen, als von der des ‚Gouvernements'. Man muß diesem Wort die sehr weite Bedeutung lassen, die es im 16. Jahrhundert hatte. Es bezog sich nicht nur auf politische Strukturen und auf die Verwaltung der Staaten, sondern bezeichnete die Weise, in die die Führung von Individuen oder Gruppen gelenkt wurde: Regiment der Kinder, der Seelen, der Gemeinden, der Familien, der Kranken. Es deckte nicht bloß eingesetzte und legitime Formen der politischen oder wirtschaftlichen Unterwerfung ab, sondern auch mehr oder weniger bedachte und berechnete Handlungsweisen, die dazu bestimmt waren, auf die Handlungsmöglichkeiten anderer Individuen einzuwirken" (Foucault, 1994a: 255).

Zusammenhang
Macht und
Gouvernement

Dem Begriff der Gouvernementalität und dem Begriff des Diskurses liegt ein und dieselbe Überlegung Foucaults zugrunde: Es geht nicht um die konkreten Personen, sondern erstens um die historischen Kontexte, aus denen heraus Autoren, Regenten, Gefängnisdirektoren sich äußern oder handeln, und zweitens um die

Wirkungen dieser Äußerungen bzw. Handlungen. Diese entfalten eine Eigendynamik und können sich von den ursprünglichen Absichten lösen.

Gouvernementalität ist eine spezifische Art und Weise modernen Regierens, die mehr ist als das bloße Tagesgeschäft einer Bundesregierung oder eines Staatspräsidenten. Es ist, so Foucault, das „Regierungsdenken". Damit ist Foucault in seiner Analyse der Tiefenschichten von Gesellschaften weiter vorgedrungen und prägt für die Diskurse und Funktionsprinzipien der Politik einen eigenen Begriff.

> „Ich sage, daß das Regierungsdenken (gouvernementalité) den Selbstbezug auf sich impliziert, was gerade bezeichnet, daß ich mit diesem Begriff des Regierungsdenkens auf die Gesamtheit der Praktiken abziele, mit denen man die Strategien konstituieren, definieren, organisieren und instrumentalisieren kann, die die Einzelnen in ihrer Freiheit im Hinblick auf die anderen haben können" (Foucault, 1985: 27).

Gouvernementalität gibt es im öffentlichen wie im privaten Raum

Der Begriff der Gouvernementilität ermöglicht es, zwischen dem eher dynamischen Begriff der Macht und dem eher statischen Begriff der Herrschaft eine dritte, für Foucault zentrale Kategorie zu etablieren:

> „Ich selbst bin nicht sicher, ob ich zu Beginn meines Interesses am Machtproblem sehr klar darüber gesprochen und die notwendigen Wörter verwendet habe. Jetzt habe ich von all dem eine sehr viel klarere Vorstellung. Mir scheint, man muß zwischen Machtbeziehungen als strategischen Spielen zwischen Freiheiten … und Herrschaftszuständen unterscheiden (…) Und zwischen beiden, zwischen den Spielen der Macht und den Zuständen der Herrschaft, gibt es die Regierungstechnologien, wobei dieser Ausdruck einen sehr weit gefassten Sinn hat: das ist sowohl die Art, wie man Frau und Kinder leitet, als auch die, wie man eine Institution führt (…) In meiner Machtanalyse gibt es drei Ebenen: strategische Beziehungen, Regierungstechniken und Herrschaftszustände" (Foucault, 1985: 26f.).

> Gouvernementalität, das Regierungsdenken, ist nicht auf den öffentlich-politischen Raum beschränkt: es ist eine bestimmte historische Praxis, die von den politischen Strategien der herrschenden Elite über die pädagogischen Lenkungen im schulischen Alltagsbetrieb bis in die familiären Beziehungen reicht.

Bezieht man Gouvernementalität im engeren Sinne auf das politische Feld, so geht Foucault von einer „stetigen Etatisierung von Machtverhältnissen" aus. Seine Gesellschaftsdiagnose basiert auf der These, „dass die Machtverhältnisse fortschreitend ‚gouvernementalisiert', das heißt in der Form oder unter dem Schirm staatlicher Institutionen ausgearbeitet, rationalisiert und zentralisiert worden sind" (Foucault, 1994a: 259).

Diskussionsanstösse

Die anglo-amerikanische Diskussion um diesen Ansatz von Foucault hat sich als eigenes Forschungsfeld etabliert, die ‚governmentality studies'; hier wird in jüngerer Zeit der Zusammenhang zwischen Neoliberalismus und Globalisierung problematisiert (vgl. Fraser, 2003). Im deutschsprachigen Raum wurde die Rezeption des Begriffs der Gouvernementalität durch den Politikwissenschaftler und Soziologen Thomas Lemke angestoßen. Mit seiner Arbeit „Eine Kritik der politischen Vernunft. Foucaults Analyse der modernen Gouvernementalität" (Lemke, 1997) verteidigt er Foucault gegenüber der Kritik, die Machtanalyse zugunsten eines Subjektivismus ‚verraten' zu haben. Lemke greift mit seiner These, der Begriff der Gouvernementalität überwinde die (scheinbaren) Brüche in Foucaults Werk und sei im Vergleich mit Webers Herrschaftssoziologie und Elias' Zivilisationstheorie der überzeugendere Ansatz, möglicherweise etwas hoch. Über die tatsächliche Reichweite eines solchermaßen erweiterten Foucault, der Makro- und Mikroanalyse verbindet, werden weitere Arbeiten entscheiden:

> „Die Perspektive der Gourvernementalität erlaubt eine umfassendere Analyse gesellschaftlicher Machtprozesse, die über die ‚Repressionshypothese' hinausgeht. Demnach besteht Macht bzw. Machtlosigkeit nicht nur in Marginalisierung und Ausschluss, in Nicht-Entscheidungen und Nicht-Handeln, sondern auch in der Förderung und Strukturierung von Handlungsoptionen und Subjektivierungsformen. Foucault zufolge liegt ein zentraler Aspekt von Regierung in der Macht, andere zum Handeln zu bewegen, also bestimmte Formen des Handelns weniger zu unterbinden oder sie zu beschränken als vielmehr zu fördern" (Lemke, 2001: 92).

Die Debatte um Gouvernementalität im Anschluss an Foucault hat zwar gerade erst begonnen, es zeichnet sich jedoch bereits ab, dass dieser Begriff in der soziologischen Foucault-Rezeption das Konzept der Disziplinargesellschaft ablösen könnte. So wird in einem unlängst erschienenen Band zu „Gouvernementalität. Ein sozialwissenschaftliches Konzept im Anschluss an Foucault" (Pieper/Gutiérrez Rodríguez, 2003) ein weiter Rahmen vom Regierungshandeln am Beispiel der Hartz-Kommission, über Geschlecht und Ethnizität bis zur Gentechnik und Armutspolitik aufgespannt.

9. Rezeption und Bedeutung Foucaults in der Soziologie

Einleitend zwei allgemeine Hinweise:

1. Zu Beginn des 21. Jahrhunderts ist Foucault ist selbstverständlicher Bestandteil des intellektuellen Lebens. Dies kann man z.B. daran ablesen, dass der nordamerikanische Autor Jonathan Franzen in seinem Roman „Die Korrekturen" einen seiner Helden, Chip, als einen Menschen mit einem „foucaultschen Herzen" bezeichnet: „In gewisser Weise wärmte es sein foucaultsches Herz, dass er in einem Land lebte [in Litauen], in dem der Besitz von Privateigentum und die Kontrolle des öffentlichen Diskurses so offenkundig davon abhingen, wer die Knarren hatte" (Franzen, 2002: 612). Diese Formulierung geht von der Annahme aus, dass die Leserinnen und Leser wissen, was ein ‚foucaultsches Herz' sein könnte.

   Foucault als führender Intellektueller

2. Foucault ist kanonisiert. Nach einer Studie aus den USA ist er der **meistzitierte Autor** überhaupt: „Jüngst fand in den USA ein kurioses Ranking der 100 internationalen Top-Intellektuellen statt, für das die Zahl wissenschaftlicher Zitate in den Jahren 1995 bis 2000 maßgeblich war. Die Rangliste findet sich in Richard A. Posners kontrovers diskutiertem Buch *Public Intellectuals. A Study of Decline* aus dem Jahr 2001. Die ersten fünf Plätze sind folgendermaßen verteilt: Michel Foucault wurde 13.238 Male zitiert, Pierre Bourdieu 7.472, Jürgen Habermas 7.052, Jacques Derrida 6.902, Noam Chomsky 5.628 Male" (*Freitag* Nr. 10, 2002, 1.3.2002, S. 11; Hervorh. im Original).

Von der deutschsprachigen Soziologie aus gesehen ist diese Beschreibung überraschend. Lange Zeit gab es Rezeptionssperren (vgl. Brieler) bzw. Barrieren, wie
Michael Maset in einem informativen Abschnitt über „Barrieren und Korridore –
zur philosophischen, soziologischen und geschichtswissenschaftlichen Rezeption
Foucaults in Deutschland" (Maset, 2002: 11-33) festhält.

Die ablehnenden ‚Voten' von Habermas, Claudia Honegger und Hans-Ulrich Wehler
können und sollen hier nicht näher referiert werden (zum Überblick über die „Foucault-
Philippika" vgl. Brieler, 2003; s. auch Maset, 2002: 37-42). Der Hauptvorwurf sei festgehalten: Foucaults Werk wird der mangelnden Seriosität und Wissenschaftlichkeit bezichtigt und dies geschieht nicht zuletzt unter Verweis auf sein politisches Engagement und
seine Homosexualität.

Die Mitte der 1980er Jahre von Jürgen Habermas (s. Lektion VII) zunächst in
Vorlesungen (1983/84) vorgetragene, dann veröffentlichte (vgl. Habermas, 1985b
und 1985c) Kritik an Foucault zeigt, dass zum damaligen Zeitpunkt die Gegensätze, heute jedoch die Verbindungslinien betont werden. Pionier bezüglich der
Verbindungslinien war Axel Honneth, der 1985 (zu eben dem Zeitpunkt, als Habermas seine Kritik formulierte) mit einer Arbeit bei Habermas habilitierte, in der
er Foucault und Habermas als die „seit den siebziger Jahren einflussreichsten
Neuansätze einer kritischen Gesellschaftstheorie" (vgl. Honneth, 1985: 7) diskutiert. Heute ist Honneth Nachfolger von Habermas in Frankfurt und Veranstalter
der großen Foucault-Konferenz 2001 (vgl. Honneth/Saar, 2003; s. auch Lektion
VII).

Foucault innerhalb
des Wissenschafts-
betriebes Nun war Foucault, was die Gepflogenheiten in Wissenschaft, Politik und Öffentlichkeit betrifft, selbst kein ‚Unschuldslamm'. Die Meinung der (Fach-)Kol-
legen interessierte Foucault herzlich wenig. Er wurde von diesen häufig heftig
und auch unsachlich angegriffen und erwiderte diese Attacke – wenn er sie nicht
selbst sogar eröffnet hatte. Über die Regeln bzw. Rituale des Wissenschaftsbe-
triebes, etwa den Umgang mit Autoren (auch den großen Namen) und deren
Werken, setzt er sich – wie folgende provokative Äußerung zeigt – hinweg:

> „Was mich betrifft, ich benutze die Leute, die ich mag. Die einzige Anerkennung, die
> man einem Denken wie dem Nietzsches bezeugen kann, besteht darin, daß man es be-
> nutzt, verzerrt, misshandelt und zum Schreien bringt. Ob einem die Kommentatoren
> Treue bestätigen oder nicht, ist völlig uninteressant" (Foucault, 1976c: 47).

Foucault seinerseits würde es heute vermutlich wenig interessieren, ob sein Werk
‚richtig' oder ‚falsch' interpretiert bzw. verwendet wird. Tatsächlich wird intensiv mit seiner Begrifflichkeit gearbeitet und seine Methode des Werkzeugkastens
fortgeführt. Im übrigen ist die Erschließung des Werks und die Auseinandersetzung mit Werk und Person, wie die Aufmerksamkeit für die Schriften aus dem
Nachlass (*Dits et ecrits* und die Vorlesungen am Collège de France; s. die Hinweise im Informationsteil) zeigen, noch keineswegs abgeschlossen, sondern erhält durch die neuen Texte permanente Impulse. Die aktuellen Auseinandersetzungen um Bio-Politik und Gouvernementalität finden in Foucault ihren promi-
nenten Urheber und sorgen umgekehrt dafür, dass dieser als Autor der Gegenwart
auch 20 Jahre nach seinem Tod präsent bleibt.

Foucaults Bedeutung
für die Soziologie Einer seiner Biographen führt Foucaults Wirkung auf den „Kontrast zwischen
nietzscheanischer Rhetorik und historischer Originalität" (Taureck, 1997: 40) zu-

74

rück. Tatsächlich ist die gegenwärtige Wirkung Foucaults *auf die Soziologie* umso überraschender, als es in seinen Werken weniger um die Gegenwartsgesellschaften geht. Auf der anderen Seite interessiert auch das Individuum als solches Foucault nicht. Für ihn ist vielmehr von Belang, wie es zur ‚Wissenschaft vom Individuum‘ kam (vgl. Eribon, 1999: 238).

Viele Soziologinnen und Soziologen kennen Foucault *eines* Werkes wegen – „Überwachen und Strafen“. Das Interesse für diese Arbeit hat damit zu tun, dass hier Anschlussstellen zu Adorno/Horkheimer, Elias und Weber bestehen (vgl. Bohn/Hahn, 2000). Mittlerweile hat sich der Radius der Rezeption jedoch erweitert. Worin liegt also die Bedeutung Foucaults für die Soziologie?

Foucaults Bedeutung liegt darin, dass er zum einen – auf der Linie der Honnethschen Argumentation (s.o.) – als Begründer einer kritischen Theorie der Gesellschaft rezipiert wird und zum anderen seine begrifflichen und methodischen Werkzeuge in wachsendem Maße als innovativ und geeignet gelten, die gegenwärtigen gesellschaftlichen Entwicklungen und deren Konsequenzen für die Individuen zu analysieren. Eine wachsende Anzahl von Soziologinnen und Soziologen versteht Foucaults „Schriften und Äußerungen als einen Versuch …, die Moderne zu begreifen und zugleich auszuloten, welche individuellen Spielräume das moderne Subjekt besitzt“ (Bühl, 2003: 161).

Foucault verbindet explorative Studien über gesellschaftliche Bereiche mit ungewöhnlichen Fragestellungen und mit methodologischen Dauerreflexionen:

> „Jedes meiner Bücher ist eine Weise, einen Gegenstand zu konturieren und eine Methode zu seiner Analyse zu erfinden. Ist meine Arbeit beendet, so kann ich – gewissermaßen im Rückblick – aus der soeben gemachten Erfahrung eine methodologische Reflexion entwickeln, welche die Methode herausarbeitet, der das Buch hätte folgen sollen. So daß ich nahezu abwechselnd Bücher schreibe, die ich als explorative und als methodologische bezeichnen würde. Explorationen: *Wahnsinn und Gesellschaft*, *Die Geburt der Klinik* und so weiter. Methodologische Bücher: *Archäologie des Wissens*. Schließlich habe ich Sachen wie *Überwachen und Strafen* und *Der Wille zum Wissen* geschrieben“ (Foucault, 1996: 25; Hervorh. im Original).

Foucaults eigene Ignoranz gegenüber disziplinären Trennungen begünstigt und erfordert für diejenigen, die mit ihm arbeiten, die Interdisziplinarität. Foucault repräsentiert, ohne dies selbst so bezeichnet zu haben (vgl. jedoch seine Hinweise in Foucault, 1996: 79ff.), eine **neue Spielart der Kritischen Theorie** in Verbindung mit einem umfassenden, interdisziplinären Denkansatz. Foucault kritisiert die Humanwissenschaften dafür, an der Kumulation des gesellschaftlichen Wissens, das sich häufig gegen die Gesellschaftsmitglieder richtete, mitgewirkt zu haben. Es ist eine Pointe der Foucault-Rezeption, dass eben diese Wissenschaften nun ihrerseits Foucault nutzen, um die gesellschaftlichen Entwicklungen zu analysieren und kritisch zu reflektieren.

Inhaltlich und methodologisch lässt sich der besondere Ertrag Foucaults für die Soziologie in **drei Stichworten** zusammenfassen:

1. Stichwort: Veränderung

Gemäß des Bildes vom Werkzeugkasten, das er selbst verwandt hat, kann man festhalten, dass Foucault kontinuierlich an neuen Methoden und Begriffen feilt. Er ist nicht bestrebt, ein konstantes Werk vorzulegen, sich selbst ‚treu zu bleiben‘

– ganz im Gegenteil. Sein Motto ist nicht die Formulierung einer großen, in sich stimmigen Theorie, sondern die **Veränderung**: „Ich bin ein Experimentator in dem Sinne, dass ich schreibe, um mich selbst zu verändern und nicht mehr dasselbe zu denken wie zuvor" (Foucault, 1996: 24; Gespräch mit Trombadori 1980). Die Orientierung an Veränderung bestimmt Foucaults Verhältnis sowohl zur Wissenschaft als zur sozialen Praxis.

2. Stichwort: Das abendländische Denken als Leitfrage

Foucault beschäftigt sich, über die verschiedenen Phasen der Geschichte und seines Werkes hinweg, mit einer grundlegenden Thematik, nämlich der **Entstehung und Entwicklung des abendländischen Denkens**. In Eliasschen Begriffen gesprochen, geht es ihm um die Sozio- und Psychogenese der menschlichen Gesellschaften. Seien es Diskurs, Episteme, Praktiken oder Gouvernementalität – alle diese Begriffe sind Variationen seines Hauptthemas. Seine Theorie lässt sich dabei kaum einer wissenschaftlichen Disziplin alleine zuordnen, vielmehr hat er, getreu des Titels seiner Professur am *Collège de France*, eine eigenständige „Geschichte der Denksysteme" vorgelegt. In grundlegender Skepsis gegenüber den offiziellen Verlautbarungen der Politik, der Wissenschaft und der abendländischen Kultur sucht Foucault die Tiefenschichten der Gesellschaft zu ergründen. Dabei verwendet er in seinen Untersuchungen wissenschaftliche Texte ebenso wie Gerichtsprotokolle, Gefängnisordnungen oder ethische Reflexionen.

3. Stichwort: Originalität und Anschlussfähigkeit

Aus soziologischer Sicht ist Foucault in einer doppelten Weise interessant: 1. als Autor von Monographien, Vorlesungen und Interviews, die einen unorthodoxen Zugang zu früheren und gegenwärtigen Gesellschaften ermöglichen und dadurch die Entwicklungen in der Gesellschafts- *und* der Selbsterkenntnis nachzuvollziehbar machen, und 2. als inspirierender Bezugsautor von Studien zur Geschlechterforschung, Institutionenanalyse und Gesellschaftskritik (vgl. z.B. Butler und Hardt/Negri). Ungeachtet des Todes von Foucault vor 20 Jahren gewinnt seine Rezeption kontinuierlich an Bedeutung, was auf die Veröffentlichungen der Vorlesungen und der verstreuten Schriften aus dem Nachlass und auf die Anschlussfähigkeit seines Werks an die Debatten über Gentechnik, Biotechnologie, Ethik und Globalisierung zurückzuführen ist.

Informationsteil

Michel Foucault: Primärliteratur

Monographien und Textsammlungen

(geordnet chronologisch nach den zitierten *deutschen* Ausgaben)

Michel Foucault: Psychologie und Geisteskrankheit. Frankfurt/M. 1968 (franz. Original *Maladie mentale et psychologie* von 1962)
– Wahnsinn und Gesellschaft. Eine Geschichte des Wahns im Zeitalter der Vernunft. Frankfurt/M. 1969 (franz. Original *Folie et déraison: Histoire de la Folie* von 1961), 3. Aufl. 1984
– Archäologie des Wissens. Frankfurt/M. 1973 (franz. Original *L'Archéologie du savoir* von 1969) (TB-Ausgabe 1981)
– Die Geburt der Klinik: Eine Archäologie des ärztlichen Blicks. München 1973 (franz. Original *Naissance de la clinique: une archéologie du regard médical* von 1963)
– **Mikrophysik der Macht. Über Strafjustiz, Psychiatrie und Medizin. Berlin 1976 (1976b)**
– Überwachen und Strafen: Die Geburt des Gefängnisses. Frankfurt/M. 1976 (franz. Original *Surveiller et punir, naissance de la prison* von 1975) 2. Aufl. 1977
– Sexualität und Wahrheit. Bd. 1: Der Wille zum Wissen. Frankfurt/M. 1977 (franz. Original *Histoire de la sexualité. La volonté de savoir* von 1976)
– Sexualität und Wahrheit. Bd. 2: Der Gebrauch der Lüste. Frankfurt/M. 1986 (franz. Original *Histoire de la sexualité. L'usage des plaisirs* von 1984)
– Sexualität und Wahrheit. Bd. 3: Die Sorge um sich. Frankfurt/M. 1986 (franz. Original *Histoire de la sexualité. Le souci de soi* von 1984)
– Die Ordnung der Dinge: Eine Archäologie der Humanwissenschaften. Frankfurt/M. 1991 (erw. Ausgabe) (franz. Original *Les Mots et les Choses. Une archéologie des sciences humaines* von 1966) (1991a)
– **Die Ordnung des Diskurses. Mit einem Essay von Ralf Konersmann. Frankfurt/M. 1991 (erw. Ausg.) (franz. Original *L'ordre du discours* von 1971) (1991b)**
– Der Mensch ist ein Erfahrungstier. Gespräch mit Ducio Trombadori. Frankfurt/M. 1996
– Botschaften der Macht: Der Foucault-Reader, Diskurs und Medien. Hg. v. Jan Engelmann. Stuttgart 1999 (1999a)
– In Verteidigung der Gesellschaft. Vorlesungen am Collège de France (1975-1976). Frankfurt/M. 1999 (1999b) (TB-Ausgabe 2002)
– Die Anormalen. Vorlesungen am Collège de France (1974-1975). Frankfurt/M. 2003
– Dits et ecrits. Schriften. Band 1. 1954-1969. Frankfurt/M. 2001
– Dits et ecrits. Schriften. Band 2. 1970-1975. Frankfurt/M. 2002
– Dits et ecrits. Schriften. Band 3. 1976-1979. Frankfurt/M. 2003

Einzelne Aufsätze, Artikel und Interviews

Michel Foucault, Räderwerke des Überwachens und Strafens. In: 1976b, S. 31-47 (1976c)

– Von den Martern zu den Zellen. In: 1976b, S. 48-53 (1976d)
– Über Attica. In: 1976b, S. 54-68 (1976e)
– **Freiheit und Selbstsorge. Gespräch mit Michel Foucault am 20.1.1984. In: Michel Foucault: Freiheit und Selbstsorge. Interview 1984 und Vorlesung 1982. Hg. v. Helmut Becker. Frankfurt/M. 1985, S. 8-28**
– Die Rückkehr der Moral. Ein Interview mit Michel Foucault (aus d. Franz.; Interview vom 29.5.1984). In: Erdmann u.a., 1990, S. 133-145
– **Das Subjekt und die Macht. Nachwort. In: Dreyfus/Rabinow, 1994, S. 241-261 (1994a)**
– Zur Genealogie der Ethik: Ein Überblick über laufende Arbeiten. Interview mit Michel Foucault. In: Dreyfus/Rabinow, 1994, S. 265-292 (1994b)
– Die ‚Gouvernementalität'. In: Bröckling u.a., 2000, S. 41-67

Weitere Literatur und Sekundärliteratur

Birkelbach, Albrecht: Michel Foucault. In: Julian Nida-Rümelin (Hg.): Philosophie der Gegenwart in Einzeldarstellungen. Stuttgart 1999, S. 218-226

Bohn, Cornelia/Alois Hahn: Überwachen und Strafen (Michel Foucault). In: Dirk Kaesler/ Ludgera Vogt (Hg.): Hauptwerke der Soziologie. Stuttgart 2000, S. 123-127

Bourdieu et al.: Das Elend der Welt. Zeugnisse und Diagnosen alltäglichen Leidens an der Gesellschaft. Konstanz 1997 (frz. Original von 1993)

Breuer, Stefan: Produktive Disziplin. Foucaults Theorie der Disziplinargesellschaft. In: ders.: Die Gesellschaft des Verschwindens. Von der Selbstzerstörung der technischen Zivilisation. Hamburg 1992, S. 41-64

Brieler, Ulrich: Die Unerbittlichkeit der Historizität. Foucault als Historiker. Köln 1998
– Foucaults Geschichte. In: *Geschichte und Gesellschaft*, 24. Jg., 1998, S. 248-282
– Blind Date. Michel Foucault in der deutschen Geschichtswissenschaft. In: Honneth/Saar, 2003, S. 311-334
– Anmerkungen zu Foucault. Bochum 2004 (Brief an die Autorin)

Bröckling, Ulrich u.a. (Hg.): Gouvernementalität der Gegenwart. Studien zur Ökonomisierung des Sozialen. Frankfurt/M. 2000

Bublitz, Hannelore: Das Wuchern der Diskurse. Perspektiven der Diskursanalyse Foucaults. Frankfurt/M.; New York 1999
– Geschlecht als historisch singuläres Ereignis. Foucaults poststrukturalistischer Beitrag zu einer Gesellschafts-Theorie der Geschlechterverhältnisse. In: Gudrun-Axeli Knapp/Angelika Wetterer (Hg.): Soziale Verortung der Geschlechter. Münster 2001, S. 256-287

Bühl, Achim: Die Habermas-Foucault-Debatte neu gelesen: Missverständnis, Diffamierung oder Abgrenzung gegen Rechts? In: *PROKLA. Zeitschrift für kritische Sozialwissenschaft*, H. 130, Jg. 33, 2003, Nr. 1, S. 159-182

Burchell, Graham et al. (eds.): The Foucault Effect: Studies in Governmentality. Hemel Hempstead 1991

Daniel, Ute: Kompendium Kulturgeschichte. Theorien, Praxis, Schlüsselwörter. Frankfurt/M. 2001

Deleuze, Gilles: Foucault. Frankfurt/M. 1989 (franz. Original unter dem Titel: Foucault. Paris 1986)

Detel, Wolfgang: Macht, Moral, Wissen. Foucault und die klassische Antike. Frankfurt/M. 1998

Dreyfus, Hubert L./Rabinow, Paul: Michel Foucault. Jenseits von Strukturalismus und Hermeneutik. Frankfurt/M. 1987 (engl. Original unter dem Titel: Michel Foucault. Beyond Structuralism and Hermeneutics. 1982) 2. Aufl. 1994

Erdmann, Eva u.a. (Hg.): Ethos der Moderne. Foucaults Kritik der Aufklärung. Frankfurt/M.; New York 1990

Eribon, Didier: Michel Foucault. Eine Biographie. Frankfurt/M. 1991; Sonderausgabe 1999 (franz. Original: Michel Foucault. Paris 1989)

– Foucault und seine Zeitgenossen. München 1998 (franz. Original von 1994)

Ewald, Francois/Waldenfels, Bernhard (Hg.): Spiele der Wahrheit. Michel Foucaults Denken. Frankfurt/M. 1991 (Band zur Hamburger Foucault-Konferenz 1988)

Fink-Eitel, Hinrich: Foucault zur Einführung. Hamburg 1989

Franzen, Jonathan: Die Korrekturen. Reinbek b. Hamburg 2002 (US-amerikan. Original 2001)

Fraser, Nancy: Von der Disziplin zur Flexibilisierung? Foucault im Spiegel der Globalisierung. In: Honneth/Saar, 2003, S. 239-258

Gerhard, Ute u.a. (Hg.): Infografiken, Medien, Normalisierung. Zur Kartografie politisch-sozialer Landschaften. Heidelberg 2001 (*Diskursivitäten*; Bd. 1)

Habermas, Jürgen: Der philosophische Diskurs der Moderne. Zwölf Vorlesungen. Frankfurt/M. 1985 (1985a)

– Vernunftkritische Entlarvung der Humanwissenschaften: Foucault. In: ders., 1985, S. 279-312 (1985b)

– Aporien einer Machttheorie. In: ders., 1985, S. 313-343 (1985c)

Hardt, Michael/Antonio Negri: Empire. Die neue Weltordnung. Frankfurt/M.; New York 2002 (nordamerikan. Original 2000)

Hauskeller, Christine: Das paradoxe Subjekt. Unterwerfung und Widerstand bei Judith Butler und Michel Foucault. Tübingen 2000

Hillebrandt, Frank: Disziplinargesellschaft. In : Kneer u.a., 1997, S. 101-126

Honegger, Claudia: Michel Foucault und die serielle Geschichte. In: *Merkur* 407, 1982, S. 500-523

Honneth, Axel: Kritik der Macht. Reflexionsstufen einer kritischen Gesellschaftstheorie. Frankfurt/M. 1985

– /Martin Saar (Hg.): Michel Foucault. Zwischenbilanz einer Rezeption. Frankfurter Foucault-Konferenz 2001. Frankfurt/M. 2003

Kammler, Clemens: Michel Foucault. Eine kritische Analyse seines Werks. Bonn 1986 (*Studien zur französischen Philosophie des 20. Jahrhunderts*; Bd. 12)

Kelly, Michael (ed.): Critique and Power: Recasting the Foucault/Habermas Debate. Cambridge 1994

Kneer, Georg u.a. (Hg.): Soziologische Gesellschaftsbegriffe. Konzepte moderner Zeitdiagnosen. München 1997

Landweer, Hilge: Mikrophysik der Scham. Elias und Foucault im Vergleich. In: Gabriele Klein/Katharina Liebsch (Hg.): Zivilisierung des weiblichen Ich. Frankfurt/M. 1997, S. 365-399

Lemke, Thomas: Eine Kritik der politischen Vernunft. Foucaults Analyse der modernen Gouvernementalität. Berlin 1997; 3. Aufl. 2002

– Max Weber, Norbert Elias und Michel Foucault über Macht und Subjektivierung. In: *Berliner Journal für Soziologie*, Jg. 11, 2001, H. 1, S. 77-95

– Biopolitik im Empire. Die Immanenz des Kapitalismus bei Michael Hardt und Antonio Negri. In: *PROKLA. Zeitschrift für kritische Sozialwissenschaft*, H. 129, Jg. 32, 2002, S. 619-629

– Andere Affirmationen. Gesellschaftsanalyse und Kritik im Postfordismus. In: Honneth/Saar, 2003, S. 259-274

Link, Jürgen: Versuch über den Normalismus. Wie Normalität produziert wird. 2. Aufl. Opladen 1999

Maltry, Karola: Machtdiskurs und Herrschaftskritik im Feminismus. In: Peter Imbusch (Hg.): Macht und Herrschaft. Sozialwissenschaftliche Konzeptionen und Theorien. Opladen 1998, S. 299-316

Martschukat, Jürgen (Hg.): Geschichte schreiben mit Foucault. Frankfurt/M. 2002 (Beiträge zur Hamburger Foucault-Konferenz 2001)

Maset, Michael: Diskurs, Macht und Geschichte. Foucaults Analysetechniken und die historische Forschung. Frankfurt/M.; New York 2002

Meyer-Knees, Anke: Verführung und sexuelle Gewalt. Untersuchung zum medizinischen und juristischen Diskurs im 18. Jahrhundert. Tübingen 1992 (*Probleme der Semiotik*; 12)

Miller, James: Die Leidenschaften des Michel Foucault. Eine Biographie. Hamburg 1997 (US-amerikan. Original unter dem Titel: The Passions of Michel Foucault. New York 1993)

Neuhaus, Stefan: Sexualität im Diskurs der Literatur. Tübingen; Basel 2002

Oestreich, Gerhard: Geist und Gestalt des frühmodernen Staates. Ausgewählte Aufsätze. Berlin 1969

Parpart, Nadja: Geschlecht und Kontingenz. Zur Zerstreuung des anderen Geschlechts im Feminismus. Frankfurt/M. 2000

Peukert, Detlev: Grenzen der Sozialdisziplinierung. Aufstieg und Krise der deutschen Jugendfürsorge 1878 bis 1932. Köln 1986

Pieper, Marianne/Encarnación Gutiérrez Rodríguez (Hg.): Gouvernementalität. Ein sozialwissenschaftliches Konzept in Anschluss an Foucault. Frankfurt/M.; New York 2003

Rödig, Andrea: Foucault und Sartre. Die Kritik des modernen Denkens. Freiburg 1997

Sachsse, Christoph/Florian Tennstedt (Hg.): Soziale Sicherheit und soziale Disziplinierung. Beiträge zu einer historischen Theorie der Sozialpolitik. Frankfurt/M. 1986

Sarasin, Philipp: Reizbare Maschinen. Eine Geschichte des Körpers 1765-1914. Frankfurt/M. 2001

–   Geschichtswissenschaft und Diskursanalyse. Frankfurt/M. 2003

Schlünder, Susanne: Michel Foucault. In: Renate Kroll (Hg.): Metzler Lexikon Gender Studies – Geschlechterforschung. Ansätze – Personen – Grundbegriffe. Stuttgart; Weimar 2002, S. 112-113

Smith, Dennis: The Prisoner and the Fisherman: A Comparison between Michel Foucault and Norbert Elias. In: Annette Treibel u.a. (Hg.): Zivilisationstheorie in der Bilanz. Opladen 2000, S. 143-161

Taureck, Bernhard: Michel Foucault. Reinbek 1997

Veyne, Paul: Foucault. Die Revolutionierung der Geschichte. Frankfurt/M. 1992

Waldenfels, Bernhard: Deutsch-französische Gedankengänge. Frankfurt/M. 1995

Weber, Max: Wirtschaft und Gesellschaft. Grundriss der verstehenden Soziologie. Tübingen 1921

Wehler, Hans-Ulrich: Die ‚Disziplinargesellschaft‘ als Geschöpf der Diskurse, der Machttechniken und der ‚Bio-Politik‘. In: ders.: Die Herausforderung der Kulturgeschichte. München 1998, S. 45-95

Lektion IV
Interpretatives Programm und Phänomenologie: Tradition und Fortschreibung (Schütz, Berger, Luckmann)

Inhalt

1. Interaktion und Interpretation

Interaktion Die Analyse von **Interaktions-Prozessen** ist das Hauptinteresse der Ansätze, die in dieser Lektion vorgestellt werden. ‚Interaktion' bedeutet **Wechselbeziehung**; es sind mindestens zwei Personen notwendig, die sich durch ihr Verhalten (sei es auch nur durch einen Blick) aufeinander beziehen, damit man von Interaktion sprechen kann (vgl. auch den Begriff der Wechselwirkung von Georg Simmel; siehe Bd. 2, Lektion V.3.2). Die an einer Interaktion Beteiligten, die Interagierenden, teilen eine Menge mit – direkt und indirekt, bewusst und unbewusst. Dies bezieht sich nicht nur auf Sprache, Tonfall, Mimik oder Gesten, sondern die Beteiligten setzen jeweils ein bestimmtes Vorwissen des Gegenübers und eine voraussehbare Reaktion voraus. Man teilt immer wesentlich mehr mit als das, was man tatsächlich spricht und/oder durch körpersprachliche Signale zum Ausdruck bringt.

Diese **Mitteilungen** verschiedenster Art treffen in der Wahrnehmung des Gegenüber auf bestimmte **Erwartungen** und Erfahrungen. Sie können nur verstanden werden, wenn die oder der andere sie zu **interpretieren** weiß.

Winkt mir jemand, den ich kenne, von der anderen Straßenseite zu, wendet dann aber den Blick ab und geht weiter, so interpretiere ich dieses Verhalten als ‚In-Eile-Sein', ‚Nicht-Gesprächsbereit-Sein' o.ä. Habe ich gleichzeitig die Erwartung, dass diese Person stehenbleibt und sich mir zuwendet, so interpretiere ich ihr Verhalten als abweisend. Ich verleihe meiner Erwartung Ausdruck, rufe ‚Warte ,mal'; die Person geht dennoch weiter. Ich bleibe wie angewurzelt stehen.

Dies ist nur die Sicht der einen, an einer Interaktionssituation beteiligten Person. Für die wissenschaftlich tätige Person, die diese Interaktion beobachtet und analysiert, sind zum Verständnis bestimmte Informationen über die beteiligten Personen notwendig. Solange diese Informationen nicht hat, kann sie nur Vermutungen anstellen, z.B., dass es sich um zwei Personen handelt, die eine Liebesbeziehung hatten, sich jedoch lange Zeit nicht begegnet waren; es könnten aber auch Kollegin und Kollege sein, die sich am Tag zuvor gestritten haben.

Bedeutung von Interpretation **Interpretation** hat in der mikrosoziologischen Theorie, die in dieser Lektion näher vorgestellt wird, eine **doppelte Bedeutung**: sie ist **Grundannahme** über menschliches Verhalten und wissenschaftliche **Methode** zugleich. Die Anhängerinnen und Anhänger dieses sog. **interpretativen Programms** gehen davon aus, dass die Interagierenden permanent interpretieren; außerdem wird diese Interaktion als solche wiederum ‚von außen', also soziologisch, interpretiert.

Untersuchung von Alltagssituationen Interaktionsprozesse sind viel komplizierter, als sie auf den ersten Blick scheinen. Der **symbolische Interaktionismus**, eine der Hauptrichtungen des interpretativen Programms (siehe hierzu Bd. 2, Lektion XIII), geht davon aus, dass Interaktion prinzipiell äußerst störanfällig und voraussetzungsreich ist: In der Regel sind wir uns nicht bewusst, wie viele Bedingungen erfüllt sein müssen, bevor wir uns – auch über ganz simple Vorgänge – verständigen können. Entsprechend ist der interpretativen Soziologie keine soziale Situation zu nichtig: Kneipenbesuche, Hochzeitsfeiern – eigentlich alle alltäglichen Situationen können untersucht werden. Diese gesellschaftlichen Aktionen sind in der Regel zunächst völlig unspektakulär; man muss nichts Besonderes tun, um die Aufmerksamkeit von Soziologinnen und Soziologen zu ‚erheischen', die auf diese Weise vorgehen.

Soziales Handeln gilt als symbolvermittelt und theoriegeleitet; die Akteurinnen und Akteure verhalten sich nicht wie beim individualistischen Programm als Reagierende, sondern als relativ autonome Individuen, die durch ihre Definition und Interpretation einer Situation diese erst herstellen.

Diese Auffassung geht auf den amerikanischen Sozialpsychologen William Isaac Thomas (1863-1947) zurück, der in den 1920er Jahren die These aufgestellt hatte, dass erst dadurch, dass Menschen Situationen für sich als real definieren, diese in ihren Folgen real werden. Die ‚Definition der Situation‘ hat Thomas erstmals 1923 wie folgt illustriert: „Die Situationsdefinition gleicht einer Bestimmung des Unbestimmten. (...) Ob diese Ehe unauflöslich ist, ob ein außereheliches Geschlechtsleben gestattet ist, ob bereits Kinder über Geschlechtsdinge aufgeklärt werden sollten, ob die Kinderzahl begrenzt werden darf – alle diese Fragen sind unbestimmt geworden. Es gibt konkurrierende Situationsdefinitionen, von denen keine bindend ist" (Thomas, 1965: 324f.).

Situations- und Interpretationsgebundenheit menschlichen Handelns

Menschliches Handeln hat also einen sehr großen subjektiven und situationsgebundenen Anteil. Diese These wurde als das **Thomas-Theorem** bezeichnet (siehe hierzu auch Hartmut Esser, Lektion VI).

> **Soziale Wirklichkeit** gibt es nicht von sich aus, sondern nur durch das wechselseitig aneinander orientierte und interpretierte Handeln von Individuen.

Im interpretativen Programm geht es im Gegensatz zum individualistischen Programm nicht um die Motive einzelner und kollektiver Akteurinnen und Akteure, sondern um die aufeinander bezogenen Handlungen zweier oder mehrerer Personen. Die Wissenschaftlerinnen und Wissenschaftler müssen die Welt so erkennen, wie sie direkt von den Handelnden erfahren wird. Gegenüber normativen Diskussionen und Einschätzungen hält die interpretative Soziologie sich zurück. Stattdessen plädiert sie für eine spezifisch soziologische Sichtweise, die alltagsnah, aber dennoch wissenschaftlich ist. Diese Einstellung wird in dem Buch von Peter L. Berger „Einladung zur Soziologie", das die interpretative Perspektive tatsächlich einladend und anregend darstellt, beispielhaft formuliert:

interpretative Perspektive

> „Inzwischen dürfte dem Leser klar geworden sein, daß Probleme, die den Soziologen interessieren, nicht unbedingt das sind, was andere Leute Probleme nennen. (...) Das soziologische Problem ist in jedem Fall das, zu verstehen, was an gesellschaftlicher Aktion hier und dort vor sich geht" (Berger, 1977: 46).

Diese soziologische Perspektive will das scheinbar Selbstverständliche untersuchen und dabei hinter die Kulissen gucken. Betrachtet man nochmals als Beispiel eine **Vorlesung** an einer Universität, so interessiert die Vertreterinnen und Vertreter des interpretativen Programms daran nicht mehr die Motivation von Studierenden oder Lehrender/Lehrendem, anwesend zu sein (siehe Lektion V), sondern die Interaktion ‚Vorlesung‘ als solche. Die grundlegende Frage lautet:

> Wie ist das Handeln der an einer Interaktion Beteiligten aufeinander bezogen? Wie kommt eine **Interaktion** überhaupt zustande?

Ähnlich wie beim methodologischen Individualismus ist auch das interpretative Programm keine ‚Erfindung‘ der Gegenwartssoziologie. Im Gegensatz zum individualistischen Programm, das häufig sehr direkte Verbindungen zur Ökonomie und Psychologie hat, ist das interpretative Programm eher mit der Philosophie verbunden. Die Anfänge des interpretativen Programms liegen in den philosophischen bzw. soziologischen Ansätzen von Edmund Husserl (1859-1938), George Herbert Mead (1863-1931), Max Weber (1864-1920) und Alfred Schütz (1899-1959).

In *Band 1* zu den Hauptbegriffen sei auf die Lektion II (Soziales Handeln und seine Grundlagen: Normen, Werte, Sinn) verwiesen.

In *Band 2* zur Geschichte der Soziologie wurden Max Weber (siehe Lektion VI) und George Herbert Mead (siehe Lektion XIII) behandelt. Die übrigen der oben genannten Vertreter des interpretativen Programms sollen innerhalb dieser Lektion vorgestellt werden.

Fundament:
Husserl, Schütz,
Mead, Weber

2. Begründung der Phänomenologie und Strukturen der Lebenswelt (Husserl, Schütz)

In diesem Abschnitt und den folgenden werden die Ansätze vorgestellt, die nach meiner Auffassung die tragfähigsten innerhalb der interpretativen Mikrosoziologie sind: die **Phänomenologie** und die **Wissenssoziologie** (siehe unten, Abschnitt 5). Im Vergleich mit dem Symbolischen Interaktionismus sind diese Ansätze nicht so sehr ‚szenisch‘, sondern grundsätzlicher, mehr allgemein-theoretisch orientiert. Zwischen Phänomenologie und Wissenssoziologie gibt es zahlreiche Parallel-Entwicklungen, nicht nur zeitlich (Mead und Husserl waren Zeitgenossen), sondern auch inhaltlich gesehen.

Erläuterung
Phänomenologie

Phänomenologie ist die ‚Wesenswissenschaft‘, die Lehre von den Erscheinungen (Phänomenen). Sie ist die Lehre, die von der geistigen Anschauung des Wesens der Gegenstände oder der Sachverhalte und nicht von rationaler Erkenntnis ausgeht. Man unterscheidet zwischen der allgemeinen Phänomenologie Edmund Husserls und der speziell-soziologischen Phänomenologie Alfred Schütz‘ und seiner Schüler.

Edmund Husserl, der Begründer der phänomenologischen Philosophie, wurde 1859 in Proßnitz (Mähren; damals Österreich) geboren. Er studierte Physik, Astronomie, Mathematik und Philosophie in Leipzig. 1887 habilitierte er in Halle mit der Abhandlung „Über den Begriff der Zahl“. Daraufhin war Husserl 14 Jahre lang Privatdozent in Halle. 1901 erhielt er eine Professur in Göttingen und 1916 einen Lehrstuhl in Freiburg, wo er bis zu seinem Tod im Jahr 1938 lebte. Von 1950 an erschienen seine Werke unter dem Namen *Husserliana*. Einflussreich auf die soziologische Phänomenologie war ausschließlich die Spätphilosophie Husserls, insbesondere sein Buch „Die Krisis der europäischen Wissenschaften und die transzendentale Phänomenologie“, das 1936 erschien und meist nur kurz „Die Krisis“ genannt wird.

Zu Husserls Leben und Werk sei auf die Darstellung Poul Lübckes in der Einführung „Philosophie im 20. Jahrhundert“ (Hügli/Lübcke, 1992; hier S. 68-110) hingewiesen.

Edmund Husserl
(1859-1938)

Gegenposition zum
positivistischen
Ansatz

Husserl grenzt sich mit seiner Philosophie von anderen Methoden und Zielsetzungen ab, die zur Zeit der Jahrhundertwende entwickelt wurden, vor allem der rationalen oder empirischen Erkenntnis. Diese Ansätze wurden als positivistische

Methodik von der sog. Wiener Schule begründet. Husserl vertrat – ähnlich wie Mead – die Auffassung, dass ein Objekt notwendig auf ein Subjekt bezogen ist; die Realität verliert ihre Eigenständigkeit vor dem ‚reinen Bewusstsein‘. Die Welt ist für ihn nur in ihrem Bezug zum **Welt-erlebenden Subjekt** Thema. Unter **Phänomenologie** versteht Husserl

> „eine Philosophie, die gegenüber dem vorwissenschaftlichen und auch wissenschaftlichen Objektivismus auf die *erkennende Subjektivität als Urstätte aller objektiven Sinnbildungen und Seinsgeltungen* zurückgeht und es unternimmt, die seiende Welt als Sinn- und Geltungsgebilde zu verstehen und auf diese Weise *eine wesentlich neue Art der Wissenschaftlichkeit und der Philosophie* auf die Bahn zu bringen" (Husserl, 1962: 102; Hervorh. im Original).

Husserls Methode ist eine eher geisteswissenschaftlich-philosophische, die er **Wesensschau** nennt: die Wesenssphäre kann von der Wirklichkeit abgetrennt werden. Husserl unterscheidet zwischen äußerlich-zufälligen und ‚wesentlichen‘ Eigenschaften. Das sog. Erfahrungswissen interessiert ihn nicht, sondern nur die Wesenserkenntnis. Das Bewusstsein ist immer intentional, ist Bewusstsein *von* etwas. Das Prinzip der **Intersubjektivität** spielt – wie auch bei Mead, wenn auch anders begründet – eine tragende Rolle: die Welterfahrung eines Individuums ist nicht abtrennbar von seiner Gemeinschaftserfahrung.

kein isoliertes Individuum

Die interpretativ-phänomenologische Soziologie hat vor allem *einen* Begriff Husserls aufgegriffen – den der Lebenswelt. Mit **Lebenswelt** sind die Gegebenheiten der bloßen Wahrnehmungswelt gemeint, das selbstverständlich Vorausgesetzte, die vorwissenschaftliche Basis. Husserl hat diesen Begriff wohl um 1917/8 das erste Mal verwendet (vgl. Welter, 1986: 79); als klassisch gilt jedoch eine Definition aus der 1936 erstmals veröffentlichten ‚Krisis‘:

> „Sie (die Lebenswelt, A.T.) ist die raumzeitliche Welt der Dinge, so wie wir sie in unserem vor- und außerwissenschaftlichen Leben erfahren und über die erfahrenen hinaus als erfahrbar wissen" (Husserl, 1962: 141).

Begriff der Lebenswelt

Der Begründer der soziologischen Phänomenologie, Alfred Schütz, auf den ich mich im folgenden konzentriere, knüpft an Husserls ‚Krisis‘ und insbesondere am Lebenswelt-Begriff an.

Alfred Schütz wurde 1899 in Wien geboren. Er studierte in Wien Rechtswissenschaft, Ökonomie und Soziologie und war im Anschluss als Finanzjurist in einem Wiener Bankhaus tätig. Seine ‚Berufung‘ war jedoch die Soziologie, die er als Privatgelehrter neben der Berufstätigkeit ausübte. Er führte einen ungewöhnlich intensiven Dialog mit anderen Wissenschaftlern: „Der Wirkungszusammenhang, aus dem das Schütz'sche Werk langsam hervorgeht, ist nicht der akademische Markt, der Kontext der Akademie, sondern das Gespräch, der Briefwechsel, der Dialog" (Grathoff, 1978: 390).

Alfred Schütz
(1899-1959)

Die Dialogpartner waren Felix Kaufmann, Edmund Husserl, Aron Gurwitsch (1894-1965; seit 1938), Talcott Parsons (Debatte 1940/41) und viele andere. Darüber hinaus setzte er sich theoretisch umfassend vor allem mit Georg Simmel (1858-1918), Max Weber (1864-1920) und Max Scheler (1874-1928) auseinander. 1932 lernte Schütz Edmund Husserl kennen und war bis 1937 oft bei diesem in Freiburg. Husserls Angebot, bei ihm als Assistent zu arbeiten, lehnte er jedoch ab; er bereitete ab 1937 die Emigration vor. 1939 emigrierte er in die USA. Von 1943 an übernahm er eine Lehrtätigkeit an der renommierten *New School of Social Research* in New York, deren Lehrkörper ausschließlich aus Emigranten bestand und die politisch der ‚New Left‘ zugeordnet wurde (vgl. Grathoff, 1978: 392). Von 1952 an war Schütz an der *New School* Professor für Soziologie und Sozialpsychologie. Er starb 1959 in New York (zur Biographie von Schütz vgl. Endreß, 1999).

Schütz' zu Lebzeiten veröffentlichtes Hauptwerk ist „Der sinnhafte Aufbau der sozialen Welt. Eine Einleitung in die verstehende Soziologie", das 1932 erstmals erschien (deutsche Neu-Ausgabe 1981). In diesem schwer zugänglichen Buch klärte Schütz seine Position nach allen Seiten: er setzte sich mit Max Weber und Edmund Husserl auseinander und versuchte eine Synthese dieser beiden Ansätze. Der Titel ist als abgrenzende Anspielung auf das Buch des Positivisten Rudolf Carnap („Der logische Aufbau der Welt", erschienen 1928) und als (zustimmende) Anknüpfung an Webers verstehende Soziologie (siehe Bd. 2, Lektion VI) zu ‚verstehen'. Viele Themen und Begriffe, die Schütz später weiterentwickelt und anschaulicher gemacht hat, sind hier bereits angelegt.

Fremdverstehen als Methode und Alltagshandeln

Schütz äußert sich zu der spezifischen Interpretationsleistung, die man als Sozialwissenschaftler erbringen muss. Diese nennt er die **Methode des Fremdverstehens**, des Verstehens einer menschlichen Handlung. Die Übergänge zwischen wissenschaftlichem und alltäglichem Fremdverstehen sind fließend:

> „Wie aus unseren vorbereitenden Überlegungen hervorgeht, kann nur von der Problematik des gemeinten Sinnes aus die für jede Sozialwissenschaft entscheidende Frage nach der spezifisch wissenschaftlichen Methode des Fremdverstehens erhoben werden. Denn die fremden Bewußtseinserlebnisse werden, wie wir bereits sagten, bei der naiven Erfassung im täglichen Leben anders gedeutet, als bei ihrer Bearbeitung durch die Sozialwissenschaften. (...) Hier überschneiden sich jedoch die Kreise. Denn auch im täglichen Leben bin ich in gewissem Sinne ‚Sozialwissenschaftler', nämlich dann, wenn ich meinen Mitmenschen und ihrem Verhalten nicht erlebend, sondern reflektierend zugewendet bin" (Schütz, 1981: 198f.)

Rückgriff auf Husserl und Weber

Im folgenden erläutere ich die zentralen Schützschen Thesen anhand des Buches „Strukturen der Lebenswelt". Es ist die Summe der Schützschen Gedanken und erschien in zwei Bänden posthum original in deutscher Sprache (vgl. Schütz/ Luckmann 1979; 1984). Thomas Luckmann, einer der Schüler von Schütz, gab die ‚Strukturen' in Zusammenarbeit mit Ilse Schütz, Alfred Schütz' Frau, aufgrund von Notizen, die Schütz hinterlassen hatte, heraus. Zu diesen Notizen gehörte eine detaillierte Gliederung, die Schütz selbst ausgearbeitet hatte und die im zweiten Band dokumentiert ist (vgl. Schütz/Luckmann, 1984: 217-234).

Das erste Kapitel des ersten Bandes trägt den Titel „Die Lebenswelt des Alltags und die natürliche Einstellung". Alleine dieser Titel macht den hohen Anteil des Husserlschen ‚Erbes' bei Schütz deutlich. Zu Beginn knüpft Schütz am **Lebenswelt**-Konzept – und an Max Webers Soziologie-Definition – an:

> „Die Wissenschaften, die menschliches Handeln und Denken deuten und erklären wollen, müssen mit einer Beschreibung der Grundstrukturen der vorwissenschaftlichen, für den – in der natürlichen Einstellung verharrenden – Menschen selbstverständlichen Wirklichkeit beginnen. Diese Wirklichkeit ist die alltägliche Lebenswelt" (Schütz/Luckmann, 1979: 25).

Die **natürliche Einstellung**, ebenfalls ein Husserlscher Begriff, ist für Schütz die gewohnte Abfolge unproblematischer Erfahrungen. Wird diese gewohnte Abfolge in Frage gestellt oder gestört, so ist die „Selbstverständlichkeitskette" (Schütz/ Luckmann, 1979: 33) unterbrochen.

> Die **Lebenswelt** ist für Schütz die fraglos gegebene Wirklichkeit: sie ist so-
> wohl Schauplatz wie Ziel meines bzw. unseres Handelns.

Die Welt, die der Mensch erlebt und in der er handelt, ist ihm vorgängig, d.h. es
ist die Welt, in der sich der Mensch immer schon befindet:

> „Die alltägliche Wirklichkeit der Lebenswelt schließt also nicht nur die von mir erfah-
> rene ‚Natur‘, sondern auch die Sozial- und Kulturwelt, in der ich mich befinde, ein"
> (Schütz/Luckmann, 1979: 27).

Wie schon Mead und Husserl greift auch Schütz den Grundgedanken der **Inter-subjektivität** auf: die Lebenswelt des Alltags ist nicht eine private Lebenswelt, sondern sie ist intersubjektiv und damit sozial. Die Lebenswelt existiert nicht nur, sie muss ausgelegt werden. Erst dadurch, dass ich vergangene Ereignisse ausle-ge/verwerte, finde ich mich in der Lebenswelt zurecht, erfahre ich Sinn. Schütz hat sich ausführlich damit beschäftigt, mit welchen Mitteln die Strukturen der Lebenswelt ausgelegt werden.

Sozialer Charakter der Lebenswelt

3. Auslegung der Welt und Lebenswelt-Analysen (Schütz)

Schütz unterscheidet **drei Verfahren**, auf denen die **Auslegung der (Lebens-) Welt** beruht:

- Wissensvorräte
- Erfahrungen
- Typisierungen.

Menschen greifen in ihren Handlungen, bewusst oder unbewusst, stets auf **Wis-sensvorräte** zurück: Viele dieser Wissens-Arten sind routinisiert, gehen in unse-re alltäglichen Bewegungsabläufe und Tätigkeiten ein, ohne dass wir sie ständig reflektieren. Sie werden uns zur Gewohnheit. Schütz unterscheidet drei **Formen des Gewohnheitswissens** (vgl. Schütz/Luckmann, 1979: 139ff.):

routiniertes Wissen

- **Fertigkeiten** sind das am stärksten automatisierte Gewohnheitswissen, z.B. Schwimmen oder Mit-Messer-und-Gabel-Essen.

  „Wir wollen solche, auf die Grundelemente des gewohnheitsmäßigen Funktionierens des Körpers aufgestufte gewohnheitsmäßige Funktionseinheiten der Körperbewegung (im breitesten Sinn) *Fertigkeiten* nennen" (140; Hervorh. im Original).

- **Gebrauchswissen** ist mit Tätigkeiten verbunden, „die weitgehend den Cha-rakter von Handlungen verloren haben (...): Es ist uns völlig selbstverständlich, dass wir dieses oder jenes ‚können‘, (141), z.B. Kopfrechnen, Eier braten.
- **Rezeptwissen** ist das am wenigsten automatisierte und standardisierte Ge-wohnheitswissen: „Spuren lesen für einen Jäger, sich auf Wetterveränderun-gen einstellen für einen Seemann oder Bergsteiger, ‚automatisierte‘ Überset-zungsphrasen für einen Dolmetscher usw." (141).

Schütz betont, dass die Grenzen zwischen diesen drei Formen fließend sind, dass es unmerkliche Übergänge gibt. Intra- und intergesellschaftliche Differenzierungen wirken sich auch auf das Gewohnheitswissen aus, d.h. nicht alle Menschen in einer Gesellschaft haben dieselben Wissens-Vorräte. Je weniger automatisiert dieses Wissen ist, desto eher wird es in den Wissensvorrat verlagert.

Vertrauen in Konsistenz der Erfahrungen

Die Bedeutung von **Erfahrungen** als dem zweiten Verfahren zur Auslegung der Welt besteht in folgendem Mechanismus: Wir vertrauen darauf, dass frühere Erfahrungen gültig bleiben, dass die Weltstruktur konstant bleibt. Wir verlassen uns darauf, dass viele Prozesse immer wieder gleich oder ähnlich ablaufen. In neuen Situationen wird die Erfahrung brüchig:

> „Vertrautheit ist lediglich Vertrautheit mit Bezug auf Typisches" (Schütz/Luckmann, 1979: 34).

Die Vertrautheit gibt mir Sicherheit: wenn die Dinge so oder so liegen, dann werde ich so oder so handeln. Erfahrungen dienen mir als Gebrauchsanweisungen. Schütz selbst relativiert jedoch die Bedeutung von fraglos gegebenen und immer wieder aktivierten Erfahrungen: das Fraglose selbst ist umgeben von Unbestimmtem, Auslegungen sind prinzipiell nie abgeschlossen, Neuauslegungen von Erfahrung sind in bestimmten Situationen unumgänglich.

Typisierung als Orientierungshilfe

Typisierungen sind das dritte Verfahren, das Schütz zur Auslegung der Welt anführt. Wir typisieren unsere Lebenswelt. Es gibt sowohl eine Typenhaftigkeit der **Natur** wie eine Typenhaftigkeit der **Sozialwelt**: wenn ich in den Wald gehe, weiß ich, dass dort Bäume, Sträucher, Unterholz anzutreffen sind; wenn ich in die Vorlesung gehe, weiß ich, dass ich dort Studierende antreffe.

Bezogen auf die Typenhaftigkeit der Natur kann ich mich jedoch schon vorher fragen, wie der Wald wohl aussieht, in den ich gehe, wie hoch der Anteil der toten bzw. kranken Bäume sein mag. Diese Verunsicherung ist Resultat meines Wissensvorrates aus der Kulturwelt (Politik, Medien etc.). Es ist aber auch denkbar, dass ich nichts über das Waldsterben weiß, aber an Ort und Stelle mit nadellosen ‚Nadel'-Hölzern konfrontiert werde und meine Erfahrungen und Typisierungen (und damit im Endeffekt meine Auslegung über ‚Wald') revidieren muss. In beiden Fällen entsteht ein Problem dadurch, dass eine neue Erfahrung das fraglos Gegebene (natürliche Einstellung, Lebenswelt) ‚stört'.

Die Brüche, die Individuen bei der Auslegung der Welt erfahren, hat Schütz in mehreren **Lebenswelt-Analysen** veranschaulicht. Eine der bekanntesten Analysen ist der Aufsatz „Der Fremde. Ein sozialpsychologischer Versuch" aus dem Jahr 1944 (Schütz, 1972b).

Lebensweltanalyse der Situation des Immigranten

Schütz hatte die typische Situation eines Einwanderers vor Augen, „eines Erwachsenen unserer Zeit und Zivilisation, der von der Gruppe, der er sich nähert, dauerhaft akzeptiert oder zumindest geduldet werden möchte" (Schütz, 1972b: 53). **Fremdheit** ist für Schütz eine **Situation der Annäherung**: der Neuankömmling ist der Fremde (umgekehrt ist diesem selbst aber auch die neue Umgebung ‚fremd'). Die Konfrontation mit neuen ‚Zivilisationsmustern des Gruppenlebens' verunsichern den Neuankömmling. Er muss das „Bezugsschema, das er aus der Heimat mitbrachte" (Schütz, 1972b: 61), in der sozialen Interaktion mit den Einheimischen revidieren.

Dies führt zu einem Umbruch, zumindest aber zu einer Krisis gewohnter Denk- und Verhaltensmuster, des ‚Denkens-wie-üblich' des Einwanderers. Diese Situation kennzeichnet die Besonderheit der Einwanderung: bei anderen Formen des Gruppenwechsels muss es nicht unbedingt zur Krise kommen.

> „Die Vorstellung von den Zivilisations- und Kulturmustern der Gruppe, welcher er sich nähert, die der Fremde im Auslegungsschema seiner Heimatgruppe vorgefunden hat, entsprang aus seiner Einstellung als eines uninteressierten Beobachters. Der sich annähernde Fremde ist jedoch danach bestrebt, sich selbst vom unbetroffenen Zuschauer zu einem Möchtegernmitglied der Gruppe, der er sich nähert, zu wandeln" (Schütz, 1972b: 60).

Um sich der neuen Kultur wirklich ‚anzupassen', müsste der Fremde die ihm eigene „zweifelhafte Loyalität" (Schütz, 1972b: 68) ablegen und die neuen Kultur- und Zivilisationsmuster nicht nur übernehmen, sondern sich mit ihnen identifizieren. Zunächst ist der Fremde in einer Zwischenposition. Aus der Annäherung, die für Schütz die Fremdheit ausmacht, wird jedoch nach und nach ein Anpassungsprozess, der mit der Assimilation endet bzw. enden kann. Aus dem „Möchtegernmitglied" wird ein (vollwertiges) Mitglied.

Die 1971/1972 in deutscher Sprache als „Gesammelte Aufsätze" erschienenen „Collected Papers" (1962-1966), Studien zur ‚reinen' wie zur ‚angewandten' Theorie, wie Schütz es nannte, sind wahre ‚Kleinodien' der Soziologie – dicht und dennoch gut verständlich geschrieben. Ein weiteres dieser Essays wird am Ende des folgenden Abschnitts vorgestellt. Der Leitfaden der **Intersubjektivität** kommt in allen Lebensweltanalysen plastisch zum Vorschein: in der Wirklichkeit der Lebenswelt befinde ich mich nie nur alleine, sondern immer mit anderen. In der Interaktion mit diesen wird diese Wirklichkeit erst ‚real'.

4. Die Vielfältigkeit sozialer Beziehungen: Du-Einstellung, Wir-Beziehung und Ihr-Einstellung (Schütz)

Soziale Beziehungen sind von sehr unterschiedlicher Qualität und Direktheit – je nachdem, wie vertraut mir jemand ist und wie intensiv die Wechselseitigkeit ausfällt. Schütz unterscheidet verschiedene Einstellungen bzw. Beziehungen, um diese Vielfalt zu charakterisieren.

Die simpelste Form, die eigentlich eine Vorform einer Interaktion ist (da noch keine Wechselseitigkeit vorliegt), ist die **Du-Einstellung**: ich wende meine Aufmerksamkeit jemandem zu. Ich sehe z.B. jemanden, den ich kenne oder zu kennen glaube, auf der anderen Straßenseite und beobachte diese Person.

Wenn diese Person sich auch mir zuwendet, entsteht eine **Wir-Beziehung**. Bedingung hierfür sind Wechselseitigkeit und direkter Kontakt in einer, wie Schütz es in Aufnahme eines Begriffs der Primärgruppen-Forschung nennt, **face-to-face-Beziehung**. Wir-Beziehungen unterscheiden sich nach ihrer Unmittelbarkeit, Dauer und Intensität. Man kann qualitativ sehr unterschiedliche Beziehungen als Wir-Beziehungen bezeichnen, einen Zungenkuss genauso wie ein oberflächliches Gespräch: beide sind face-to-face-Situationen. Das Besondere an der Wir-Beziehung ist, dass ich mich auf den anderen beziehe, dieser sich auf

Unterscheidung verschiedener sozialer Beziehungen

mich, und beide wissen wir, dass der andere dies tut. In der Wir-Beziehung, so Schütz, bildet sich die Intersubjektivität der Lebenswelt überhaupt erst aus:

Wir-Beziehung
schafft die
Intersubjektivität
der Lebenswelt

„Die Lebenswelt ist weder meine private Welt, noch deine private Welt, auch nicht die meine und die deine addiert, sondern die Welt unserer *gemeinsamen* Erfahrung" (Schütz/Luckmann, 1979: 98; Hervorh. im Original).

Diejenigen, zu denen keine unmittelbare Wir-Beziehung mehr besteht, sind nur noch **Zeitgenossen**. Wie geht die „Umwandlung eines Mitmenschen in einen bloßen Zeitgenossen" vor sich? In diesem Fall wird die unmittelbare Erfahrung nur noch erinnert. Dies ist jedoch nicht immer angenehm: wir sträuben uns z.B. dagegen, jemanden, den wir geliebt haben, zum bloßen Zeitgenossen (den wir nicht mehr sehen, mit dem wir nichts mehr zu tun haben dürfen etc.) werden zu lassen (vgl. Schütz/Luckmann, 1979: 99).

Typisierung als
Kennzeichen der
Ihr-Einstellung

Für die gegenwärtige Sozialwelt ist eine neue soziale Beziehung charakteristisch: die **Ihr-Einstellung**. Meine Beziehung zu meinen Zeitgenossen, zu denen ich ja eben in keinem direkten Kontakt stehe, fusst auf Typisierungen (siehe Abschnitt 3).

„Die Ihr-Einstellung besteht grundsätzlich darin, daß man sich bestimmte typische Eigenschaften vorstellt" (Schütz/Luckmann, 1979: 110).

An die Stelle der mehr oder weniger starken Intimität von Wir-Beziehungen tritt **Anonymisierung**. Die frühere unmittelbare Erfahrung des anderen wird durch die mittelbare Erfahrung der Sozialwelt abgelöst. Die Beziehung zu Zeitgenossen ist also eine **Ihr-Einstellung**.

Mit Ihr-Einstellungen sind bestimmte Handlungen verbunden, in denen ich eine Person, die mir gegenübertritt, die ich aber nicht kenne, ‚einordne'. Schütz illustriert dies humorvoll an folgendem Beispiel:

„... wenn ich nicht das Fahrgeld bezahle, werden Leute vom Typus Bahnpolizei typische Handlungen vornehmen, die daran orientiert sind, daß ich ein Mensch vom gesetzlich festgelegten Typus Fahrgeldpreller bin, ob mir diese Typisierung genehm ist oder nicht..." (Schütz/Luckmann, 1979: 116).

Für Schütz sind die Typisierungen, die ich im Umgang mit Zeitgenossen vornehme, ‚typische' Verfahren zur Auslegung der modernen Welt. Diese Beziehungen können noch durch weitere Faktoren verkompliziert werden, wie Schütz in seinem Essay „Gemeinsam Musizieren. Die Studie einer sozialen Beziehung" (Schütz, 1972c) illustriert.

Zunächst geht er auf die eigentümliche Interaktions-Situation zwischen Komponisten und Hörer ein, die in der Regel keinen face-to-face-Kontakt haben und nicht einmal Zeitgenossen sind. Durch die Zeitdimension wird diese Beziehung zu einer ganz besonderen. Für Schütz existiert Musik nicht erst durch die Aufführung, sondern als solche:

„Die vorangegangenen Bemerkungen dienen dazu, die besondere soziale Beziehung zwischen Komponisten und Zuhörer zu erklären. Obwohl durch hunderte von Jahren getrennt partizipiert der letztere gleichsam mit Gleichzeitigkeit am Bewußtseinsstrom des ersteren, indem er mit ihm Schritt für Schritt den artikulierten Verlauf seines musikalischen Gedankens vollzieht. Der Zuhörer ist somit mit dem Komponisten durch dieselbe Zeitdimension verbunden, die nichts anderes ist als eine abgeleitete Form der lebendigen Gegenwart, welche die Partner sonst in einer echten Gesichtsfeldbeziehung miteinander teilen würden, eine Beziehung, wie sie zwischen Sprecher und Hörer herrscht" (Schütz, 1972c: 143).

Ein weiterer Aspekt ist die Beziehung *zwischen* den Musizierenden. Wenn diese immer daran denken würden, auf welch' komplexen Voraussetzungen ihr Zusammenspiel aufbaut, würden sie kaum zusammenspielen können. Das gemeinsame Musizieren funktioniert nur deshalb, weil es nicht mehr ständig reflektiert wird:

> „Technisch gesehen findet jeder von ihnen auf dem Notenblatt vor ihm nur den Teil des musikalischen Inhaltes, den der Komponist seinem Instrument für die Übersetzung in Töne zugeschrieben hat. Jeder muß deshalb darauf achten, was der andere gleichzeitig auszuführen hat. Er muß nicht nur seinen eigenen Part interpretieren, der als solcher notwendig fragmentarisch bleibt, sondern er muß auch die Interpretation der anderen Spieler seines Parts – da er ja für sie der andere ist – und sogar die Antizipationen der anderen seines eigenen Spiels antizipieren. Die Freiheit eines jeden, den Gedanken des Komponisten zu interpretieren, ist durch die Freiheit beschränkt, die dem anderen zusteht" (Schütz, 1972c: 147).

Die Menschen in Schütz' Lebensweltanalysen strukturieren ihre Wirklichkeit durch vorgenommene Verhaltenserwartungen, sie gehen routiniert mit ihrem Alltag um. Aber sie agieren nicht automatisch und nur reflexhaft: es handelt sich um vollwache Menschen (vgl. Schütz, 1972a).

aktives Handeln wacher Menschen

5. Soziologie des Alltagswissens: Die alltägliche Konstruktion der Wirklichkeit (Berger/Luckmann)

1966 erschien in den USA ein Buch, das die interpretativ-phänomenologische Soziologie berühmt gemacht hat; die deutsche Ausgabe erschien 1969 und wurde auch hier bald zum ‚Klassiker': „Die gesellschaftliche Konstruktion der Wirklichkeit. Eine Theorie der Wissenssoziologie" von Peter L. Berger und Thomas Luckmann (siehe bereits Bd. 2, Lektion XIII.1). Dieses Buch ist eine **Soziologie des Alltagswissens**, die versucht, die Schützsche Phänomenologie mit der Wissenssoziologie zu verbinden. Schütz selbst hatte keine explizite Wissenssoziologie geschrieben; so ist Kapitel IV in „Strukturen der Lebenswelt", das den Titel „Wissen und Gesellschaft" trägt, nur von Thomas Luckmann verfasst worden (vgl. Grathoff, 1978: 409).

Die **Wissenssoziologie** geht auf Max Scheler (1874-1928), der in den 1920er Jahren diesen Begriff prägte, und auf Karl Mannheim (1893-1947) zurück (siehe Bd. 2, Lektion VII.4). Ideologie ist die Form des Denkens, das dem Menschen durch seine gesellschaftliche Situation nahegelegt worden ist. Die gesellschaftliche Situation hat ihm ein bestimmtes Wissen zur Verfügung gestellt. Die Wissenssoziologie nach dem Verständnis von Berger und Luckmann, das sich von Scheler und Mannheim entfernt, untersucht die Beziehung zwischen Bewusstseinsstrukturen und institutionellen Strukturen. Sie beziehen ein umfangreiches Spektrum soziologischer Ansätze mit ein: den frühen Karl Marx, Max Weber, Emile Durkheim, Georg Simmel, George Herbert Mead – um nur die bekanntesten zu nennen. Ihr Haupt-Bezugspunkt ist jedoch die soziologische Phänomenologie von Alfred Schütz.

Peter L. Berger und Thomas Luckmann waren Schüler von Alfred Schütz. Die Fäden liefen an der *New School of Social Research* in New York zusammen:

Peter L. Berger
(geb. 1929)

Peter L. Berger wurde 1929 in Wien geboren und lebt seit 1946 hauptsächlich in den USA. Er studierte Theologie, Philosophie und Soziologie an der *New School*, wo er einen M.A. erlangte und promovierte (PhD in Soziologie; 1952). Nach seiner Tätigkeit als Forschungsdirektor an der *Evangelischen Akademie in Bad Boll* (Bundesrepublik Deutschland) in den Jahren 1955 und 1956 war er zunächst Assistenzprofessor an der *University of North Carolina* (1956-1958) und dann bis 1963 Associate Professor für Sozialethik am *Hartford Theological Seminary*. 1966 wurde er Professor an der City University, 1967 an der *New School* in New York und 1970 an der Rutgers University, New Brunswick (New Jersey). Seit 1981 ist Berger Professor für Soziologie und Theologie an der Boston University.

Thomas Luckmann wurde 1927 in Jesenice (Slowenien) geboren und studierte Philosophie, Psychologie, Germanistik und Vergleichende Literaturwissenschaft in Wien und Innsbruck. Von 1950 bis 1953 studierte er Philosophie, Soziologie und Psychologie an der *New School* in New York, wo er 1956 den PhD in Soziologie erwarb. Von 1960 bis 1965 lehrte er an der *New School*, von 1965 bis 1970 war er Professor für Soziologie an der Universität von Frankfurt/M., seit 1970 (bis zur Emeritierung 1994) an der Universität Konstanz. Luckmann ist Honorarprofessor der Universtitäten Salzburg, Ljubljana und Trondheim.

Thomas Luckmann
(geb. 1927)

In ihrem Buch versuchen Berger/Luckmann aufzuschlüsseln, wie die Wirklichkeit, die sich den Gesellschaftsmitgliedern darstellt und in der sie leben, überhaupt entsteht. Im Gegensatz zu den Makrotheorien bestreiten sie, dass es ‚die' Wirklichkeit als solche überhaupt gibt. Entsprechend gehen sie als Soziologen nicht hin und stellen eine wissenschaftliche Gesamt-Interpretation ‚der' Gesellschaft vor. Ihr Ausgangspunkt ist die subjektive Aneignung der Gesellschaft. Was bei Schütz alltägliche Lebenswelt heißt, nennen sie kurz Alltagswelt. Im ersten Kapitel des Buches untersuchen sie die „Grundlagen des Wissens in der Alltagswelt". Wie kommt es, dass bestimmtes Wissen zur gesellschaftlich etablierten ‚Wirklichkeit' wird?

Entstehung der Alltagswelt

Die Alltagswelt ist voll von verschiedenen Erzeugnissen menschlicher Tätigkeit; diese nennen Berger/Luckmann **Objektivationen**:

> „Die Wirklichkeit der Alltagswelt erscheint bereits objektiviert, das heißt konstituiert durch eine Anordnung der Objekte, die schon zu Objekten deklariert worden waren, längst bevor ich auf der Bühne erschien. (...) Ich lebe an einem Ort, der geographisch festgelegt ist. Ich verwende Werkzeuge, von Büchsenöffnern bis zu Sportwagen, deren Bezeichnungen zum technischen Wortschatz meiner Gesellschaft gehören. Ich lebe in einem Geflecht menschlicher Beziehungen, von meinem Schachklub bis zu den Vereinigten Staaten, Beziehungen, die ebenfalls mit Hilfe eines Vokabulars geregelt werden" (Berger/Luckmann, 1969: 24).

Des weiteren greifen Berger/Luckmann den Gedanken der Wir-Beziehung auf, die Schütz als face-to-face-Beziehung auffasst. Berger/Luckmann bezeichnen diese Form der sozialen Beziehung als Vis-a-vis-Situationen.

Moderne Gesellschaften sind durch **immer weniger solcher direkten Kontakte** gekennzeichnet. Die gegenwärtige Welt wird immer differenzierter und unüberschaubarer. Zwar finden sich die Individuen in dieser Welt zurecht – aber nur dadurch, dass sie für sie vieles oder sogar **das meiste im Dunkeln bleibt.**

„Angenommen zum Beispiel, ich wäre ein Haustyrann, der das auch weiß. (...) Es geht immer etwas ‚hinter meinem Rücken' vor. Für kompliziertere gesellschaftliche Beziehungen gilt das noch mehr – ein Grund übrigens für die bei Despoten häufige Nervosität. Mein Alltagswissen ist wie ein Instrument, mit dem ich mir einen Pfad durch den Urwald schneide. Er wirft einen schmalen Lichtkegel auf das, was gerade vor mir liegt und mich unmittelbar umgibt. Überall sonst herrscht weiter Dunkelheit" (Berger/Luckmann, 1969: 46).

Mit dem Begriff des **Alltagswissens** fassen Berger/Luckmann die verschiedenen Formen des Schützschen Gewohnheitswissens und weiterer Wissens-Vorräte in einer Gesellschaft zusammen. Das in einer Gesellschaft vorhandene Wissen und eben auch das **Alltagswissen** sind **nicht gleich verteilt:**

Ungleiche Verteilung
von (Alltags-)Wissen

„Die gesellschaftliche Distribution von Wissen beginnt also bei der schlichten Tatsache, daß ich nicht alles weiß, was meine Mitmenschen wissen, und sie kulminiert in höchst komplizierten und geheimnisvollen Zusammenhängen der Expertenschaft" (Berger/Luckmann, 1969: 47f.).

Die symbolischen Sinn- und Subsinnwelten, in denen der Mensch lebt und die seine unmittelbar erfahrene Lebenswelt ausmachen, werden durch Glaubenssysteme, Ideologien und wissenschaftliche Disziplinen abgesichert, die Berger/Luckmann **Stützkonzeptionen** nennen: Mythologie, Theologie, Philosophie u.a.

symbolische
Sinnwelten

Die verschiedenen Sinnwelten strukturieren den Alltag und helfen – notfalls auf therapeutischem Wege – gegen abweichendes Verhalten vorzugehen. In einem typischen Berger/Luckmann-Beispiel (anschaulich, aber etwas konstruiert) erläutern sie, wie diese **institutionalisierten Wirklichkeitsdefinitionen** abgesichert werden:

„In einem Staat zum Beispiel, der für seine Armee Homosexualität zur Institution gemacht hätte, wäre der eigensinnig heterosexuelle Soldat ein sicherer Kandidat für Therapie, und zwar nicht nur, weil seine sexuellen Neigungen eine offenbare Gefahr für die Kampfkraft seiner Einheit bedeuten, die nun einmal aus Soldatenliebhabern besteht, sondern auch, weil seine abseitige Veranlagung auf die spontane Virilität der anderen psychologisch subversiv wirkt" (Berger/Luckmann, 1969: 121).

Berger/Luckmann weisen darauf hin, wie viele Sozialisationsprozesse und -instanzen notwendig sind, um Gesellschaft als subjektive Wirklichkeit im Individuum zu verankern. Nur in einer sehr einfach strukturierten, wenig differenzierten Gesellschaft wäre es ausreichend, primär (also in der Familie) sozialisiert zu werden.

Komplexe
Sozialisation

In allen Gesellschaften, wo **Wissen ungleich verteilt** ist und die Alltagswelt aus verschiedenen Subwelten besteht, sind **fortgesetzte Sozialisationen** zur Internalisierung der Werte und Normen dieser Subwelten erforderlich.

Diese Welten differieren auch nach **Geschlecht**:

> „Männer und Frauen können beispielsweise recht verschiedene Welten in einer Ge-
> sellschaft ‚bewohnen'. Wenn Männer und Frauen als signifikante Andere an der pri-
> mären Sozialisation mitwirken, so vermitteln sie dem Kind widersprüchliche Wirk-
> lichkeiten. Das bedeutet an sich noch nicht, daß die Sozialisation mißlingen muß. (...)
> Die weibliche Version ist von der Gesellschaft als für das männliche Kind unzustän-
> dig bestimmt worden. Normalerweise wird die Bestimmung des ‚richtigen' Ortes der
> Wirklichkeit für das andere Geschlecht von jedem Kind internalisiert, das sich ‚rich-
> tig' mit der Wirklichkeit identifiziert, zu der es selbst gehört" (Berger/Luckmann,
> 1969: 179).

Peter L. Berger und Thomas Luckmann gehen noch von einer eindeutig binären –
d.h. eindeutig in eine männliche und eine weibliche Sphäre geschiedene – Konstruktion der Alltags- oder Lebenswelt aus. Diese meist biologisch begründete
und nicht weiter reflektierte Konstruktion wird in neueren Ansätzen des interpretativen Programms ebenfalls als ‚gesellschaftliche Konstruktion' betrachtet
(siehe Lektion V).

6. Phänomenologie heute: Wissen, Kommunikation, Religion und Gesellschaft

In diesem Abschnitt sei auf die neueren Arbeiten von Peter L. Berger und Thomas Luckmann eingegangen. Nach ihrer gemeinsamen Produktion der „Gesellschaftlichen Konstruktion der Wirklichkeit" in den 1960er Jahren sind beide
durch zahlreiche eigene Forschungen, aber auch durch neue Koproduktionen
hervorgetreten (siehe unten).

Peter L. Berger wird heute als Interpret der Gegenwartsgesellschaft und als Religionsso-
ziologe rezipiert. Überdies reflektiert er seine Beschäftigung mit der für Soziologen eher
ungewöhnlichen Thematik der Religion. Diese Thematik fordere noch stärker als andere
dazu auf, die eigene Position zu reflektieren:

> „Wenn wir unsere Situation erst einmal soziologisch zu sehen gelernt haben, kommt
> sie uns nicht mehr wie ein unausweichliches Schicksal vor. Freilich können wir nicht
> aus unserer Haut schlüpfen. Soziologie ist keine Zauberei. Die gesellschaftliche Si-
> tuation, in der wir leben, wirkt, auch wenn wir sie verstehen, mit allen ihren Kräften
> auf uns ein. Noch als Soziologen sind und bleiben wir soziale Wesen. (...) Die So-
> ziologie bestärkt und stützt uns, wenn wir uns auf die Suche nach Wahrheit begeben:
> nach jeder Wahrheit, die jedes Zeitalter in seiner eigenen ‚Unmittelbarkeit zu Gott'
> gefunden hat" (Berger, 1991: 75).

Was **Thomas Luckmann** betrifft, so liegt mit dem Band „Wissen und Gesellschaft"
(Luckmann, 2002) eine instruktive Sammlung von Aufsätzen aus dem Zeitraum 1981 bis
2002 vor, die sich auf die vier Themenbereiche Lebenswelt; Wissen, Handeln und Deu-
ten; Religion; Kommunikation erstreckt.

Der Titel „Wissen und Gesellschaft" verweist auf den Titel von Kapitel IV in
Schütz' „Strukturen der Lebenswelt" (Schütz/Luckmann, 1979; siehe Abschnitt
2) zurück, das von Luckmann stammte. Die Herausgeber erläutern in ihrer umfangreichen Einleitung den Stellenwert des Bandes, der zu Luckmanns 75. Ge-

burtstag im Jahr 2002 erschien ist, und die theoretische und empirische Spann-
breite im Werk Luckmanns (vgl. Knoblauch u.a., 2002). Zusammenfassend charakterisieren sie Luckmanns Ansatz als „sozialkonstruktivistische Wissenssoziologie", die kommunikationstheoretisch (jedoch in einem anderen Sinne als bei
Habermas) erweitert worden sei.

Die Wissenssoziologie, so Luckmann, muss um den Aspekt der Kommunikation erweitert werden. Dies stellt er in den Zusammenhang der soziologischen
Diskussion und seiner eigenen Arbeiten:

Programm einer
‚neuen'
Wissenssoziologie

> „Ich möchte mich hier jedoch nicht mit diesen theoretischen Entwicklungen [Bourdieu,
> Luhmann, Habermas; A.T.] auseinandersetzen, sondern meine eigene Position vorstellen
> – eine Position, die eine empirische Ausweitung des Versuchs darstellt, den Berger und
> ich [Berger/Luckmann 1966] vor mehr als einem Vierteljahrhundert unternommen ha-
> ben: einige Schlüsselbegriffe der allgemeinen Soziologie im Sinne dessen neu zu definie-
> ren, was man als ‚neue' Wissenssoziologie bezeichnet hat. Neben meiner Arbeit in der
> Religionssoziologie habe ich mich zunehmend auf die Entwicklung einer soziologischen
> Sprachtheorie und anschließend auf die detaillierte Analyse kommunikativer Formen
> konzentriert, in denen Wissen oder, allgemeiner, Sinn und moralische Orientierungen er-
> zeugt, vermittelt und reproduziert werden" (Luckmann, 2002c: 201).

Luckmann versteht die ‚neue Wissenssoziologie' als empirische Sozialwissenschaft, deren Aufgabe es sei, eine „adäquate Rekonstruktion der sozialen Interaktionen im Alltagsleben" (Luckmann, 2002c: 206) vorzulegen. Über die Rekonstruktion von Kommunikation, die Luckmann eng an Sprache koppelt, sei dann
eine Explikation der gesellschaftlichen Wirklichkeit zu bewerkstelligen.

In dem genannten Aufsatz äußert sich Luckmann auch zu einer der zentralen
Diskussionspunkte der Soziologie und insbesondere der interpretativen Soziologie, nämlich dem Verhältnis von Objektivität und Subjektivität. Damit greift er
einen Grundgedanken der „Gesellschaftlichen Konstruktion der Wirklichkeit"
wieder auf. Die ‚subjektive' Filterung ‚objektiver' Gegebenheiten gesellschaftlicher Strukturen ändert für Luckmann nichts an der Tatsache, dass dieser Prozess
wiederum objektiv messbar und nachvollziehbar sei:

> „Da gesellschaftliche Wirklichkeiten von Menschen geschaffen sind, bedeutet es in-
> dessen, daß sie zudem ‚subjektiv' sind, d.h. daß sie für menschliche Subjekte Sinn er-
> geben. Überdies ist es folgenreich, daß die ‚objektiven' Daten der Sozialwissenschaf-
> ten in ‚subjektiven', d.h. in subjektiv sinnhaften sozialen Handlungen gründen. Sie
> werden in der Tat gesellschaftlich konstruiert. Aber diese Art ‚Subjektivität' bedeutet
> keineswegs, daß sie sich der systematischen Erforschung entzögen, die wir mit dem
> Begriff der ‚Wissenschaft' wertschätzen" (Luckmann, 2003c: 203).

Funktion der
Religion heute

Ähnlich Berger beschäftigt sich Luckmann seit den 1960er Jahren mit dem Thema Religion, in den 1990er Jahren dann nochmals verstärkt. Luckmanns spezifische These hierbei ist, dass Religion in den modernen Gesellschaften keineswegs
geschrumpft oder verschwunden, sondern privatisiert sei. Faszinierend an Luckmanns Zugang ist, dass er Religion mit Kategorien des Marktes untersucht, wenn
er etwa vom „Sortiment religiöser Repräsentationen" (Luckmann, 2002b: 148)
spricht. Religion, so Luckmann, wird individuell gewählt, aber öffentlich präsentiert – z.B. die scheinbar als Religion unsichtbare New-Age-Bewegung.

Die Thematik Religion verbindet die beiden Autoren: Berger und Luckmann
setzen mit Fragen der Sinnhaftigkeit, Sinngebung und Religiosität in modernen

Gesellschaften auseinander. Sie waren in das Projekt ‚Geistige Orientierung' der *Bertelsmann Stiftung* eingebunden (vgl. Berger, 1997; Berger/Luckmann, 1995) und beziehen – über ihren mikrosoziologischen Ansatz hinausgehend – Stellung zu innergesellschaftlichen Problemlagen und zwischengesellschaftlichen Konflikten. Die von ihnen diagnostizierten ‚Sinnkrisen der Moderne' können nicht durch eine Rückkehr in die Vormoderne, durch fundamentalistische oder relativistische Ersatzangebote, sondern nur durch Vermittlungsinstanzen zwischen dem Individuum und der Gesellschaft gemildert werden, die sie in Anlehnung an Emile Durkheim (siehe Bd. 2, Lektion IV) intermediäre Institutionen nennen. Dem Wissen und den Erfahrungen der Einzelnen kommt in solchen Institutionen – Berger/ Luckmann nennen die Kirchen als Bespiel – dabei eine große Bedeutung zu.

Thomas Luckmann gehört heute zu den führenden Soziologen im deutschsprachigen Raum. Es war erklärtermaßen nie sein Wunsch, eine Schule zu begründen – ganz im Gegenteil (vgl. Sprondel, 1994). Betrachtet man die beachtliche Zahl an Kolleginnen und Kollegen, Schülerinnen und Schülern, die in und von Konstanz aus und in der Tradition von Schütz, Berger und Luckmann agieren, so lässt sich – wenn schon nicht von einer Konstanzer Schule, so doch von einem Konstanzer Forschungs- und Kommunikationszusammenhang sprechen.

Als wichtige, mehrheitlich in den 1950er Jahren geborene, Mitglieder dieses Zusammenhangs seien, ohne Anspruch auf Vollständigkeit, genannt: Martin Endreß, Susanne Günthner, Ronald Hitzler, Anne Honer, Angela Keppler, Hubert Knoblauch, Helga Kotthoff, Jo Reichertz und Ilja Srubar. Eine Zwischenposition in der Generation zwischen Luckmann und seinen Schülerinnen und Schülern nehmen Jörg Bergmann und Hans-Georg Soeffner (geb. 1939) ein.

7. Zusammenfassung

Abschließend seien die zentralen Inhalte dieser Lektion in **vier Stichworten** zusammengefasst:

1. Stichwort: Interaktion und Intersubjektivität
Die Mitglieder der menschlichen Gesellschaft stimmen ihre Wahrnehmungen und Aktivitäten fortwährend aufeinander ab. In **Interaktionen** schlüpfen wir ständig in die Haut von anderen, unterstellen oder erwarten ein bestimmtes Verhalten und verhalten uns selbst entsprechend. Der **generalisierte Andere** (Mead) ist immer anwesend. Der Begriff der **Intersubjektivität** durchzieht alle Ansätze des interpretativen Programms wie ein Leitfaden: es kommt nicht – wie beim individualistischen Programm – auf die Motivationen der Individuen an, sondern auf ihre wechselseitige Orientierung aneinander. In der Wirklichkeit, die mich umgibt, befinde ich mich nie alleine, sondern immer mit anderen. In der Interaktion mit anderen wird diese Wirklichkeit erst ‚real'. Wirklichkeit ‚als solche' gibt es nach diesem Verständnis nicht. Alles ist Interpretation.

2. Stichwort: Auslegung der Lebenswelt
Lebenswelt (bei Husserl und Schütz) oder Alltagswelt (bei Berger/Luckmann) ist das selbstverständlich Vorausgesetzte, ist die fraglos gegebene Wirklichkeit. Die Lebenswelt existiert aber nicht nur, sondern muss ausgelegt werden. Erst da-

durch, dass ich vergangene Ereignisse auslege, finde ich mich in der (Lebens-) Welt zurecht. Menschen greifen bei der **Auslegung** der Lebenswelt auf unterschiedliche **Wissensvorräte** (Schütz) zurück. Dieses Wissen reflektiere ich jedoch nicht ständig; es fließt auch in Form von alltäglichen Routinen in mein Handeln ein. Neben Wissensvorräten sind es die Verfahren der ‚Erfahrung‘ und der ‚Typisierungen‘, mit denen ich die Lebenswelt auslege. Am deutlichsten haben Berger/ Luckmann darauf hingewiesen, wie wichtig in gegenwärtigen Gesellschaften die **Institutionalisierung von Wissen** durch staatliche, juristische oder wissenschaftliche Vorgaben und Stützkonzeptionen ist.

3. Stichwort: Dominanz der Ihr-Einstellung in gegenwärtigen Gesellschaften
Je komplexer und differenzierter eine Gesellschaft ist, desto größer ist die Vielfalt an Beziehungsformen. Die Beziehungen werden immer anonymer und austauschbarer: die Ihr-Einstellung, die man bloßen Zeitgenossen gegenüber einnimmt, überwiegt, und Wir-Beziehungen treten in den Hintergrund. Face-to-face-Kontakte (Schütz) oder Vis-a-vis-Situationen, wie Berger/Luckmann es nennen, werden von indirekten, unverbindlicheren Kontakten überlagert. Die Sicherheit, die ich im Prozess andauernder Sozialisationen im Umgang mit den verschiedenen Auslegungsverfahren zur Strukturierung der Lebenswelt erworben habe und erwerbe, hilft mir, die Fülle an Fremdheitserfahrungen und Unsicherheiten zu überstehen – systemtheoretisch ausgedrückt, ‚Komplexität zu reduzieren‘.

4. Stichwort: Thematisierung von Religion
Ungeachtet der „Protestantischen Ethik" von Max Weber, die zur Gründungsgeschichte der Soziologie gehört, und Webers weiteren religionssoziologischen Arbeiten wurde und wird **Religion** in der Soziologie nur am Rande thematisiert. Peter L. Berger und Thomas Luckmann gehören zu denjenigen, die dieser Nichtbeachtung entgegengesteuert und mit ihren Analysen auf die veränderte, aber gleichwohl bedeutsame Funktion der Religion in gegenwärtigen Gesellschaften hingewiesen haben. Die Auseinandersetzung mit dem tatsächlichen oder vermeintlichen Bedeutungsverlust von Religion in den gegenwärtigen (westlichen) Gesellschaften, die nach dem 11. September 2001 auch andere Gesellschaftstheoretiker über das Verhältnis von ‚Glaube und Wissen‘ (Habermas; siehe Lektion VII) nachdenken lässt, wäre ohne die Beiträge Bergers und Luckmanns nicht zu denken. An dieser Stelle reicht das interpretative Programm weit über eine reine Mikrotheorie hinaus.

Informationsteil

Primärliteratur

Berger, Peter L.: Einladung zur Soziologie. Eine humanistische Perspektive. München 1977 (US-amerikan. Original von 1963)
– Sehnsucht nach Sinn. Glauben in einer Zeit der Leichtgläubigkeit. Frankfurt/M; New York 1994
– Erlösendes Lachen. Das Komische in der menschlichen Erfahrung. Berlin; New York 1998

- (Hg.): Die Grenzen der Gemeinschaft. Konflikt und Vermittlung in pluralistischen Gesellschaften. Ein Bericht der Bertelsmann Stiftung an den Club of Rome. Gütersloh 1997
- **/Thomas Luckmann: Die gesellschaftliche Konstruktion der Wirklichkeit. Eine Theorie der Wissenssoziologie. Frankfurt/M. 1969 (15. Aufl. 1999; US-amerikan. Original von 1966)**
- /Thomas Luckmann: Modernität, Pluralismus und Sinnkrise. Die Orientierung des modernen Menschen. Gütersloh 1995
- Michael von Brück/Trutz Rendtorff: Auf den Spuren der Theologie. Ansprache anlässlich der Verleihung der Ehrendoktorwürde an Peter L. Berger durch die Evangelisch-Theologische Fakultät der Ludwig Maximilians Universität München am 6. Mai 1998. München 1998

Husserl, Edmund: Die Krisis der europäischen Wissenschaften und die transzendentale Phänomenologie. Eine Einleitung in die phänomenologische Philosophie. Den Haag 1962 (Husserliana VI) (Original von 1936)

Luckmann, Thomas: Theorie des sozialen Handelns. Berlin; New York 1992
- **Wissen und Gesellschaft. Ausgewählte Aufsätze 1981-2002. Hg., teilw. übersetzt u. eingeleitet v. Hubert Knoblauch u.a. Konstanz 2002 (Erfahrung – Wissen – Imagination. Schriften zur Wissenssoziologie) (2002a)**
- Schrumpfende Transzendenzen, expandiere Religion. In: ders., 2002a, S. 139-154 (2002b)
- Das kommunikative Paradigma der ‚neuen' Wissenssoziologie. In: ders., 2000a, S. 201-210 (2002c)

Mead, George Herbert: Geist, Identität und Gesellschaft aus der Sicht des Sozialbehaviorismus. Frankfurt/M. 1973 (amerikan. Original *Mind, Self and Society* von 1934)

Schütz, Alfred: Der sinnhafte Aufbau der sozialen Welt. Eine Einleitung in die verstehende Soziologie. Frankfurt/M. 1981 (amerikan. Original von 1932)
- Gesammelte Aufsätze. Bd. 2: Studien zur soziologischen Theorie. Den Haag 1972
- Das Problem der Rationalität in der sozialen Welt (1943). In: ders., 1972, S. 22-50 (1972a)
- Der Fremde. Ein sozialpsychologischer Versuch (1944). In: ders., 1972, S.53-69 (1972b)
- Gemeinsam Musizieren. Die Studie einer sozialen Beziehung (1951). In: ders., 1972, S. 129-150 (1972c)
- /Thomas Luckmann: Strukturen der Lebenswelt. 2 Bde. Frankfurt/M. 1979; 1984

Seit 2003 erscheint im Universitätsverlag Konstanz die *Alfred Schütz Werkausgabe* (*ASW*). Diese wird von Richard Grathoff, Hans-Georg Soeffner und Ilja Srubar herausgegeben (Redaktion: Martin Endreß) und ist auf neun Bände angelegt. Bislang sind die Bände „Theorie der Lebenswelt 1", „Theorie der Lebenswelt 2" und „Der sinnhafte Aufbau der sozialen Welt" erschienen.

Weitere Literatur und Sekundärliteratur

Endreß, Martin: Alfred Schütz (1899-1959). In: Kaesler, 1999, S. 334-352

Grathoff, Richard: Alfred Schütz. In: Käsler, 1978, S. 388-41

Honer, Anne u.a. (Hg.): Diesseitsreligion. Zur Deutung der Bedeutung moderner Kultur. Hans-Georg Soeffner zum 60. Geburtstag. Konstanz 1999

Hügli, Anton/Poul Lübcke (Hg.): Philosophie im 20. Jahrhundert. Bd. 1: Phänomenologie, Hermeneutik, Existenzphilosophie und Kritische Theorie. Reinbek 1992 (dänisches Original von 1982)

Käsler, Dirk (Hg.): Klassiker des soziologischen Denkens, Bd. 2 (Von Weber bis Mannheim). München 1978

Kaesler, Dirk (Hg.): Klassiker der Soziologie. Bd. 1. Von Auguste Comte bis Norbert Elias. München 1999

Kaesler, Dirk/Ludgera Vogt (Hg.): Hauptwerke der Soziologie. Stuttgart 2000

Knoblauch, Hubert u.a.: Wissen und Gesellschaft. Grundzüge der sozialkonstruktivistischen Wissenssoziologie Thomas Luckmanns. In: Luckmann, 2002a, S. 9-39

Krappmann, Lothar: Soziologische Dimensionen der Identität. Strukturelle Bedingungen für die Teilnahme an Interaktionsprozessen. Stuttgart 2000 (9., in der Ausstattung veränderte Aufl.)

Miebach, Bernhard: Soziologische Handlungstheorie. Eine Einführung. Opladen 1991

Schneider, Wolfgang L.: Grundlagen der soziologischen Theorie. Bd. 1. Weber – Parsons – Mead – Schütz. Wiesbaden 2002

Soeffner, Hans-Georg: Auslegung des Alltags – Der Alltag der Auslegung. Frankfurt/M. 1989

– Die Ordnung der Rituale. Auslegung des Alltags 2. Frankfurt/M. 1992

– Peter L. Berger/Thomas Luckmann: Die gesellschaftliche Konstruktion der Wirklichkeit. In: Kaesler/Vogt, 2000, S. 39-43

Sprondel, Walter M. (Hg.): Die Objektivität der Ordnungen und ihre kommunikative Konstruktion. Für Thomas Luckmann. Frankfurt/M. 1994

Thomas, William Isaac: Person und Sozialverhalten. Hg. von Edmund H. Volkart. Neuwied; Berlin 1965 (US-amerikan. Original von 1951)

Tyrell, Hartmann: Transfer: Religionssoziologie. In: *Geschichte und Gesellschaft*, Jg. 22, 1999, S. 428-457

Welter, Rüdiger: Der Begriff der Lebenswelt. Theorien vortheoretischer Erfahrungswelt. München 1986

Lektion V
Geschlecht als soziale Konstruktion und Dekonstruktion (Goffman, Garfinkel, Kessler/Mc Kenna, Hirschauer, Lindemann, Hagemann-White, Gildemeister, Butler)

Inhalt

1. Mikrotheorie und Geschlechtersoziologie

2. Symbolischer Interaktionismus und Ethnomethodologie:
   Goffman und Garfinkel

3. Transsexualität und androzentrische Konstruktion der Wirklichkeit
   (Garfinkel, Kessler/Mc Kenna, Hirschauer, Lindemann)

4. Kulturelle Setzungen: Wie die beiden Geschlechter gemacht und als
   solche stabilisiert werden (Hagemann-White, Gildemeister)

5. Alles ist sozial konstruiert – auch der Geschlechtskörper (Butler)

6. Zusammenfassung

Informationsteil

1. Mikrotheorie und Geschlechtersoziologie

Frauenbewegung –
Frauenforschung –
Geschlechter-
forschung

Diese Lektion schließt an die Ausführungen in Band 2 dieses Einführungskurses an: Dort wurden die Merkmale der unterschiedlichen Frauenbewegungen und in deren Folge der unterschiedlichen wissenschaftlichen Ansätze beschrieben. Die zentrale Entwicklungslinie lautet: Von der Frauenbewegung zur Frauenforschung und von dieser zur Geschlechterforschung. In der zweiten Phase der Frauenforschung, die sich dann zur Geschlechterforschung weiterentwickelte, verlor die makrotheoretische Perspektive der ersten Phase (Frauen im Patriarchat) zugunsten einer mikrotheoretischen Perspektive (soziale Konstruktion von Geschlecht) an Bedeutung.

Feministische
Mikrosoziologie

Die feministische *Mikro*soziologie untersucht die alltäglichen Bedingungen und Situationen, in denen das Geschlechterverhältnis eine Rolle spielt. Ihre Fragestellungen lauten: Wie werden Frauen bzw. Männer als solche ‚erkannt‘? Wie nehmen Frauen sich selbst und die Männer wahr und umgekehrt? Welche Voraussetzungen sind dafür notwendig, dass man sich als Frau bzw. Mann erkennt? Ähnlich wie beim Symbolischen Interaktionismus und der Wissenssoziologie (siehe Lektion IV) gilt nichts als selbstverständlich. Die feministische Mikrotheorie erscheint dadurch noch radikaler, dass sie nicht einmal so etwas ‚Natürliches‘ wie die Geschlechtszugehörigkeit als natürlich gelten lässt. Geschlecht gilt nicht als biologische, sondern als **soziale Konstruktion**, also als etwas, das gesellschaftlich ‚gemacht‘ und individuell nachvollzogen bzw. ‚mitgemacht‘ wird.

In Lexika wird **Geschlecht** zunächst definiert als „die beiden polaren Formen, in denen sich Menschen, Tiere und Pflanzen repräsentieren" (Brockhaus Enzyklopädie, 1969). Geschlecht gilt als Universalkategorie, deren Ausgestaltung jedoch wandelbar ist:

> „Zunächst immer auch durch ihre biologischen Funktionen bedingt, nehmen die Geschlechter, je nach dem Stand der historisch-sozialen Entwicklung, verschiedene Positionen in der gesellschaftlichen Arbeitsteilung ein" (Meyers Grosses Universal-Lexikon, 1982).

Geschlecht als soziale
Konstruktion

Indirekt weist diese Definition darauf hin, dass die biologischen Unterschiede nicht alles erklären können: Die soziale Geschlechterdifferenz ergibt sich nicht ‚automatisch‘ aus der biologischen. Kennt man die primären und auch die sekundären Geschlechtsmerkmale von Frauen und Männern, so weiß man noch lange nicht, was Frau-Sein und Mann-Sein in einer bestimmten Gesellschaft bedeutet. Für diese **soziale Geschlechterdifferenz** interessiert sich die Soziologie. Die Begrifflichkeit in der deutschsprachigen Diskussion ist etwas bemüht, da man zwischen Geschlecht als biologischer Kategorie und Geschlecht als sozialer Kategorie unterscheiden will bzw. muss. In der anglo-amerikanischen Sozialwissenschaft fällt diese Unterscheidung leichter, da es zwei verschiedene Begriffe gibt: **sex** für das biologische Geschlecht, **gender** für das soziale Geschlecht (siehe hierzu auch Bd. 1, Lektion V). Im folgenden verstehe ich **Geschlecht** immer als **soziale Kategorie**, als Ergebnis einer Zuschreibung bestimmter Eigenschaften.

Regine Gildemeister, eine der für diese Lektion zentralen Autorinnen, fasst in einem Interview den gender-Begriff wie folgt:

„Im Begriff ‚Gender' ist enthalten, dass ‚Geschlecht' immer eine ‚relationale' Kategorie ist, dass es also um wechselseitige Bezugsrahmen geht. Daher kann nicht ein Bestandteil (‚die Frauen') einfach herausgelöst und ‚für sich' betrachtet werden. In der Genderforschung untersucht man nicht mehr Unterschiede zwischen den Geschlechtern, sondern die in der sozialen Ordnung verankerten Prozesse der Unterscheidung. Zunehmend rücken nicht mehr allein die Folgen des ‚kleinen Unterschieds' in den Blick, sondern die Voraussetzungen, die zu einer Aufteilung in zwei Geschlechter führen" (*AKTIV Frauen in Baden-Württemberg*, Ausgabe 8, 2/2000; vgl. www.frauen- aktiv.de)

Der Begriff ‚gender'

Seit Mitte der 1980er Jahre gibt es Untersuchungen zur sozialen Konstruktion von Geschlecht. In der Bundesrepublik haben vor allem die Soziologinnen Carol Hagemann-White, Regine Gildemeister und die Soziologen Stefan Hirschauer und Hartmann Tyrell hierzu veröffentlicht. Erst durch sie wurden ältere US-amerikanische Pionier-Arbeiten zu diesem Thema, nämlich Harold Garfinkels (1967) und Kessler/McKennas (1978) Studien zur Transsexualität, in der Bundesrepublik bekannt. Bisher sind diese Arbeiten nicht ins Deutsche übersetzt; ihnen wurde in den früheren Ausgaben dieses Buches relativ breiter Raum gegeben. Im folgenden wird der Schwerpunkt stärker auf die neuere deutschsprachige Rezeption in Deutschland gelegt. – Zur Entwicklung der Frauen- und Geschlechterforschung sei der Band von Regina Becker-Schmidt und Gudrun-Axeli Knapp (zu diesen siehe Lektion XI): „Feministische Theorien zur Einführung" (Becker-Schmidt/Knapp, 2000) empfohlen.

In der Regel hinterfragen Menschen ihre Geschlechtszugehörigkeit nicht. Sie ordnen sich wie selbstverständlich der weiblichen bzw. der männlichen Seite zu. Diese alltägliche, unspektakuläre Konstruktion von Geschlechtlichkeit wird anhand der ‚Ausnahme', des spektakulären Sonderfalls der Transsexuellen, quasi nebenbei jedoch mitbeleuchtet und in Frage gestellt. **Transsexuelle** sind Menschen, die z.B. ‚als Jungen' geboren werden, sich jedoch als Mädchen/Frau fühlen und ihren Körper deshalb als mehr oder weniger fremd/störend empfinden. Sie lassen schließlich mithilfe von Hormonbehandlungen und einer Operation (künstliche Vagina, künstlicher Penis) eine Geschlechtsumwandlung vornehmen, wechseln Vornamen und Identität. In der Regel versteht man nur diejenigen als Transsexuelle, die diesen äußerlich sichtbaren Wechsel vollzogen haben.

Verunsicherung durch Transsexualität

Seit Ende der 1980er Jahren greift die mikrotheoretische Geschlechtersoziologie in der Bundesrepublik auf die genannten Transsexualitäts-Untersuchungen zurück oder legt eigene vor (vgl. Hirschauer, 1993; Lindemann, 1993). Ein Grund dafür, weshalb diese Rezeption so spät erfolgte, möchte darin liegen, dass große Teile der feministischen Sozialwissenschaft sich – bewusst oder unbewusst – an der ‚natürlichen' Geschlechterdifferenz orientierten:

„Während in der Gender-Forschung inzwischen subtile Einzelheiten der sozialen Konstruktion der Differenz diskutiert werden, argumentiert die Frauenforschung hierzulande noch häufig so, als könne man weiter unbesehen von der Zweigeschlechtlichkeit als einer Naturtatsache ausgehen und als wären auch politische Entwürfe nur im Rahmen des vorgegebenen Rasters ‚männlich-weiblich' möglich. Damit setzt die feministische Sozialwissenschaft möglicherweise unbeabsichtigt (weil unbemerkt) eine Tradition fort, die sie mit allen herkömmlichen Theorie-Entwürfen teilt: die Tradition des Denkens in zweigeschlechtlich strukturierten Deutungsmustern" (Gildemeister/ Wetterer, 1992: 203).

Kritik an herkömmlicher Frauenforschung

Dieser ‚Konservativismus' wird dadurch kompensiert, dass die feministische Mikrotheorie nicht eine beliebige Perspektive wählt, sondern sich an eine bestimmte Theorie-Richtung anlehnt, an die **Ethnomethodologie** Harold Garfinkels, einer besonderen Variante des Symbolischen Interaktionismus. Vielleicht sind die feministischen Ansätze aufgrund ihrer fundamentalen Skepsis gegenüber gesellschaftlichen Strukturen und wissenschaftlichen Fragestellungen dazu prädestiniert, bestehende Perspektiven noch zu radikalisieren.

Im folgenden Abschnitt werden die für die Mikrosoziologie der Geschlechter relevant gewordenen Spielarten des Symbolischen Interaktionismus zunächst vorgestellt; neben Harold Garfinkel ist hier auch Erving Goffman zu nennen. Beide Ansätze haben viele Überschneidungen zum Symbolischen Interaktionismus (siehe Bd. 2, Lektion XIII) und gelten dennoch als relativ eigenständige Konzeptionen.

2. Symbolischer Interaktionismus und Ethnomethodologie: Goffman und Garfinkel

Der nordamerikanische Soziologe Erving Goffman beruft sich sowohl auf Mead wie auf Schütz: im Mittelpunkt seiner Untersuchungen stehen die vielfältigen Aushandlungs- und Interpretations-Prozesse der alltäglichen Wirklichkeit, denen er eine eigene Begrifflichkeit gegeben hat (die folgenden biographischen Angaben sind zum Teil wörtlich der Einführung von Horst Jürgen Helle [1992: 146f.] entnommen).

Erving Goffman
(1922-1982)

Erving Goffman wurde 1922 in Manville (Provinz Alberta), Kanada, geboren. Nach Studien in Toronto (Soziologie) erwarb er an der Universität von Chicago 1949 seinen Mastergrad und 1953 den PhD. Sein erstes Buch „The Presentation of Self in Everyday Life" erschien 1956 (1969 auf deutsch unter dem Titel „Wir alle spielen Theater") und sicherte ihm sofort große Beachtung. 1958 wurde er an die University of California (Berkeley) berufen und dort 1962 zum Professor ernannt. Im Jahr 1968 wechselte er zur University of Pennsylvania in Philadelphia, wo er als Professor für Anthropologie und Soziologie lehrte. 1981 bis 1982 war er Präsident der ASA (American Sociological Association). Goffman starb 1982 in Philadelphia.

Mehrere Werke Goffmans gehören heute zu den klassischen Texten der Soziologie (vgl. Knoblauch, 2000).

implizite
Benimmregeln
für den Alltag

In seinem 1964 erstmalig erschienenen Buch „Verhalten in sozialen Situationen" zeigt Goffman, dass für das Verhalten in der Öffentlichkeit bestimmte Normen gelten, die zwar – außer z.T. in Benimmbüchern – nirgendwo explizit geschrieben stehen, aber doch zum Alltagswissen einer gesellschaftlichen Gruppe gehören. Er betont dabei, dass diese Regeln in unterschiedlichen gesellschaftlichen Gruppen durchaus verschieden sein können, und ist sich der Tatsache bewusst, dass er selbst die Perspektive der (nordamerikanischen) Mittelschicht repräsentiert (vgl. Goffmann, 1971: 17). Als wesentliche Regel für Zusammenkünfte bzw. das öffentliche Auftreten nennt Goffman, neben einer disziplinierten, kontrollierten **persönlichen Fassade** (Kleidung, Körperpflege, Haltung, Bewegungen und deren Geschwindigkeit, Gang, Gesten, emotionaler Ausdruck etc.) das in der jeweiligen Situation erwartete ‚Engagement', d.h. die (gezeigte) Teilnahme an der Situation. Als Beispiel mögen die folgenden Regeln bei Konversationen dienen: die Beteiligten müssen einen bestimmten Abstand zur Gesprächspartnerin oder zum Gesprächspartner einhalten, sie müssen ihre Beteiligung durch Blickkontakt zum Ausdruck bringen etc.

In der Bundesrepublik wurde Goffman durch das Buch „Wir alle spielen Theater. Die Selbstdarstellung im Alltag" (1969) bekannt. Die Grundbegriffe seines Ansatzes sind die der **Interaktion**, der **Darstellung** und der **Rolle**. Die letzten beiden sind der Theatersprache entlehnt:

> „Die Gesichtspunkte, die in diesem Bericht angewandt wurden, sind die einer Theatervorstellung, das heißt, sie sind von der Dramaturgie abgeleitet. Ich werde darauf eingehen, wie in normalen Arbeitssituationen der Einzelne sich selbst und seine Tätigkeit anderen darstellt, mit welchen Mitteln er den Eindruck, den er auf jene macht, kontrolliert und lenkt, welche Dinge er tun oder nicht tun darf, wenn er sich in seiner Selbstdarstellung vor ihnen behaupten will" (Goffman, 1983: 3).

Die alltägliche Wirklichkeit versteht Goffman als eine mehr oder minder gelungene Inszenierung von mehr oder minder qualifizierten Darstellerinnen und Darstellern. Ob privat oder öffentlich – wir geben immer Darbietungen unseres Status', unserer Gefühle, unserer Erwartungen etc. Im öffentlichen Raum sind die Interaktionen meist noch komplexer, da mehrere **Bühnen**, wie Goffman es nennt, beteiligt sind: z.B. ist für die Beschäftigten der Gastraum in einem Restaurant die sog. Vorderbühne, die Küche die sog. Hinterbühne. Für jede Bühne gelten spezifische Regeln, die meist ungeschrieben, aber deshalb nicht weniger bindend sind.

Ronald Hitzler bezeichnet den von Goffman konstruierten Menschen, der seinen oder ihren Alltag auf verschiedenen Bühnen regelt – offensichtlich bewusst beide (Haupt-)Geschlechter umfassend – als **Goffmenschen**. Die Probleme dieses Goffmenschen sind allgemeiner, geschlechtsübergreifender Art:

> „Inszenierung ist demnach gar keine *besondere* Sache, Alltagsdramaturgie keine *außergewöhnliche* Art von Verhalten, Schauspielen keine *spezifische* Form menschlichen Zusammenlebens, sondern eine Grundgegebenheit der ‚conditio humana' zum einen, und eine recht banale, alltägliche Angelegenheit zum anderen: Wir alle zielen vermittels unserer Selbstdarstellungen darauf ab, von den anderen auf eine bestimmte Art und Weise wahrgenommen zu werden, vor den anderen in einem bestimmten Licht zu erscheinen" (Hitzler, 1992: 457; Hervorh. im Original).

Bezogen auf die Interaktion von Frauen und Männern bedeutet dies, dass wir uns auch als solche (als ‚Frauen' bzw. ‚Männer') darstellen müssen. Goffman hat 1977 einen Aufsatz mit dem Titel „The Arrangement between the Sexes" veröffentlicht. Dabei behandelt er jedoch weniger die Grundprobleme der Geschlechterinszenierung, als die institutionellen Regeln für den öffentlichen Umgang zwischen Frauen und Männern. (Auf diesen Text komme ich in Abschnitt 6 noch zurück.) Explizit werden die Grundprobleme der Geschlechterinszenierung in den ethnomethodologischen Ansätzen analysiert, die ich aus diesem Grund vorrangig behandele. Anklänge an Goffman sind jedoch meist vorhanden.

Der Ansatz von Goffman wird als eine Verbindung von traditionellem Symbolischem Interaktionismus und Ethnomethodologie aufgefasst. Die **Ethnomethodologie** selbst ist ein ‚Ableger' des Symbolischen Interaktionismus. Sie wurde von dem nordamerikanischen Soziologen Harold Garfinkel in den 1960er Jahren begründet.

Harold Garfinkel
(geb. 1917)

Harold Garfinkel wurde 1917 in Newark, New Jersey (USA), geboren. 1952 machte er seinen PhD bei Talcott Parsons an der Harvard Universität und arbeitete ab 1954 an der University of California, Berkeley, Los Angeles, wo er 1966 Professor für Soziologie wurde.

Garfinkel hat keine systematische, ausgearbeitete Theorie vorgelegt; die Reihe von Aufsätzen, die er veröffentlicht hat, reichte jedoch aus, um seinen Ansatz auch über die Grenzen der Soziologie hinweg bekannt zu machen (vgl. Patzelt, 2000). Er nannte diesen Ansatz Ethnomethodologie: Die Vorsilbe *ethno* weist darauf hin, dass es sich – wie bei der Untersuchung fremder Kulturen in der Ethnologie – um die Untersuchung von etwas Fremdem handelt. Im Unterschied zur Ethnologie oder Völkerkunde untersucht Garfinkel jedoch die eigene Kultur. Er hinterfragt selbstverständlich erscheinendes Alltagswissen und Alltagshandeln. Für Garfinkel ist es – noch viel weniger als für Berger/Luckmann (siehe Lektion IV) – nicht sicher, ob die Gesellschaftsmitglieder über die notwendigen Voraussetzungen zur alltäglichen Interaktion verfügen und dieses Wissen methodisch einzusetzen wissen.

Garfinkel nimmt noch die kleinste Alltags-Sequenz unter die Lupe: Begrüßungsrituale, Einkaufssituationen etc. John Heritage, der sich ausführlich mit Garfinkels Ansatz beschäftigt hat, prägte für diese Perspektive eine treffende Formulierung: Garfinkel habe mit der Ethnomethodologie das soziologische Äquivalent zum **Mikroskop** gefunden (vgl. Heritage, 1984: 311).

Untersuchung der Regelstrukturen des Alltagslebens

Garfinkels Hauptinteresse gilt den Regelstrukturen des Alltagslebens; im Gegensatz etwa zur ‚Großtheorie' von Parsons, bei dem er studiert und promoviert hatte, betont er die Wichtigkeit jedes einzelnen Augenblicks für die Konstitution von Bedeutungen und Interaktionen. Noch viel stärker als Schütz, Berger, Luckmann u.a. vertritt er eine **Soziologie des Alltagslebens**. Für Garfinkel betreiben alle Mitglieder einer Gesellschaft – ob haupt- oder nebenberuflich – Soziologie.

Durch Garfinkels Ethnomethodologie wurde erst deutlich, wie viele Informationen, Definitionen und Erwartungen in Interaktions-Situationen mitschwingen, die man normalerweise nicht mitreflektiert und auch nicht mitreflektieren kann, weil man sonst handlungsunfähig würde. Schlüsselt man den Prozess alltäglicher Interaktionen auf (wer hat was zu wem zu welchem Zeitpunkt gesagt, mit welcher Mimik, mit welchem Tonfall, mit direktem Blickkontakt oder nicht etc.), so merkt man, was alles dafür nötig ist, dass Menschen sich ‚verstehen', miteinander umgehen können.

Methoden der Ethnomethodologie

Garfinkel hat eine spezielle Methode zur Analyse von Interaktionen entwickelt: die **Methode der dokumentarischen Interpretation**. Hierbei werden Interaktions-Sequenzen bis ins kleinste Detail dokumentiert (Wortwechsel, Mimik, Tonfall, Blickrichtung, Bewegungen etc.) und rekonstruktiv interpretiert. Diese Methode soll das Verhalten der untersuchten Individuen bewusst *nicht* werten.

Die Ergebnisse vieler solcher dokumentarischer Interpretationen hat Garfinkel in den sog. **Krisenexperimenten** umgesetzt. Die Krisenexperimente funktionieren nach dem eigentlich völlig simplen Prinzip, dass eingespielte Erwartungen frustriert werden, eben nichts mehr selbstverständlich und ritualisiert ist.

„Studenten wurden aufgefordert, bekannten oder befreundeten Personen gegenüber in einer ganz gewöhnlichen Konversation darauf zu bestehen, daß die Person den Sinn ihrer Alltagsbemerkungen genau erklären soll, und dabei keinerlei Hinweise zu geben, daß dieses Ansinnen in irgendeiner Form ungewöhnlich wäre" (Garfinkel, 1973: 284).

Eines der bekanntesten Beispiele ist das folgende Krisenexperiment (vgl. Garfinkel, 1973: 284f.):

Das Opfer winkt fröhlich.

(Versuchsperson): „Wie geht's?" (Experimentator): „Wie geht es mir in bezug worauf? Meine Gesundheit, meine Finanzen, meine Schulaufgaben, meinen Seelenfrieden, meine ...?" (Versuchsperson) (Rot im Gesicht und plötzlich außer Kontrolle.): „Schau: Ich wollte nur höflich sein. Wenn ich ehrlich bin, ist es mir total wurscht, wie es Dir geht."

Ein weiteres Beispiel baut auf der Aufforderung an die Experimentatorinnen und Experimentatoren auf, im Restaurant einen anderen Gast so zu behandeln, als wäre sie/er Kellnerin bzw. Kellner. Alle Krisenexperimente Garfinkels – und weitere denkbare – machen deutlich, wie stark die Alltags-Kommunikation aus Ritualen und unhinterfragten Sequenzen, aus unausgesprochenen, aber immer mittransportierten Regeln über „alltägliches, vernünftiges, verständliches und einfaches Reden" (Garfinkel, 1973: 284) besteht. Werden diese Erwartungen verletzt, ‚ticken' viele Versuchspersonen völlig aus, laufen weg, werden wütend etc. Für Garfinkel ist es eine

Aufdecken von Alltagsregeln und -routinen

„Alltagstatsache, daß Leute einander für Vereinbarungen verantwortlich machen, deren Bedingungen nie explizit festgelegt wurden" (Garfinkel, 1973: 290).

Normalerweise funktioniert Kommunikation jedoch relativ reibungslos, da man sich an die unausgesprochenen Vereinbarungen hält. Alle Gesellschaftsmitglieder sind für Garfinkel praktische (Ethno-)Methodologinnen und Methodologen.

Garfinkels Ethnomethodologie wurde häufig kritisiert: Es handele sich dabei um nicht mehr als ein soziologisches Happening (vgl. Arbeitsgruppe Soziologie, 1992: 70ff.). Vielleicht macht aber gerade der Happening- und Spiel-Charakter der Krisenexperimente die Ernsthaftigkeit und Brüchigkeit unseres Alltags besonders anschaulich. Dass Garfinkel hierzulande nicht richtig ernstgenommen wird, hängt auch damit zusammen, dass sein Werk nur bruchstückhaft übersetzt wurde und der Autor ausschließlich als Erfinder der Krisenexperimente gilt. Die im folgenden Abschnitt dargestellte Analyse ist *kein* Krisenexperiment, sondern eine detaillierte Fallstudie, in deren Mittelpunkt die Transsexuelle Agnes steht. Diese Fallstudie macht deutlich, dass der Aufwand, den die Gesellschaftsmitglieder treiben müssen, um sich zurechtzufinden, bei bestimmten Personen überdurchschnittlich hoch ist. Auf der anderen Seite manifestieren die Probleme von Außenseiterinnen und Außenseitern, wie brüchig die Grundstruktur unseres Alltagslebens ist.

3. Transsexualität und androzentrische Konstruktion der Wirklichkeit (Garfinkel, Kessler/Mc Kenna, Hirschauer, Lindemann)

Garfinkel beginnt seine Untersuchung „Passing and the managed achievement of sex status in an ‚intersexed' person" (Garfinkel, 1967) mit folgender Beobachtung: in jeder Gesellschaft werden Statuswechsel von Personen kontrolliert. Während aber der Wechsel des sozial-beruflichen Status, etwa von der Aushilfs- zur Vorarbeiterin, noch toleriert wird, ist dies beim Wechsel des Geschlechts- Status anders. Hier bestehen offensichtlich große gesellschaftliche Empfindlichkeiten.

Garfinkel hatte Zugang zu einer Gruppe von Probandinnen und Probanden, um den Geschlechtswechsel bzw. die Orientierung mit verschiedenen Geschlechtern zu untersuchen. Dabei handelte es sich um Patientinnen und Patienten der Abteilung für Psychiatrie der Universität in Los Angeles, und zwar um Personen mit ‚beträchtlichen anatomischen Unregelmäßigkeiten' (severe anatomic irregularities). Garfinkel betont, dass er diese Gruppe nicht mit Transvestiten, Transsexuellen oder Homosexuellen gleichgesetzt wissen will. Stattdessen spricht er von **zwischengeschlechtlichen** (intersexed) Personen. Er meint damit jedoch durchaus das, was ansonsten mit ‚transsexuell' bezeichnet wird; entsprechend wurde seine Studie auch als Transsexuellen-Studie rezipiert. Den Übergang von einem Geschlecht zum anderen – meist unterstützt durch Hormonbehandlung und Operation – bezeichnet Garfinkel als **passing**. Diesen Prozess hat er in einer Fallstudie näher untersucht, die im folgenden vorgestellt werden soll.

Geschlechtlichkeit als fundamentale Struktur

Garfinkel geht davon aus, dass *alle* alltäglichen Interaktionen durch den geschlechtlichen Status geprägt werden. ‚Normale' Frauen und Männer reflektieren ihre Geschlechtlichkeit nicht ständig und gehen selbstverständlich mit ihr um. Die sog. ‚natürliche Einstellung zum Geschlecht' in unseren Gesellschaften beschreibt Garfinkel als restriktive Zweigeschlechtlichkeit. Das Vertrauen darauf, dass es nur Frauen oder Männer gibt, strukturiert unseren Alltag. Für Garfinkel macht dieses dichotome, also zweigeteilte Denken den **bona-fide-Zugang** zur Geschlechtlichkeit aus: man ordnet auf Treu und Glauben zu.

Garfinkel bezeichnet die bipolare Geschlechtszugehörigkeit als **omnirelevant**. Dies bedeutet, dass es keine soziale Situation gibt, in der die Zuordnung einer Person zu ‚Frau' oder ‚Mann' unwichtig würde. Die meisten sozialen Interaktionen kommen erst dann in Gang, wenn wir uns sicher sind, wen wir ‚vor uns haben'. Es gibt eine – meist unausgesprochene – **Verpflichtung, entweder Frau oder Mann** zu sein. Etwas dazwischen oder etwas Drittes, Viertes usw. gibt es nicht.

Die alltägliche Routinisierung im Umgang mit Geschlechtlichkeit entfällt bei Zwischengeschlechtlichen. Dies illustriert Garfinkel anhand einer Person: Agnes. Agnes ist ein 19-jähriges weißes Mädchen, das als Bürokraft (typist) arbeitet. Garfinkel beschreibt ihr Äußeres nach Figur und Erscheinung als weiblich. Neben Brüsten hat sie jedoch, als sie in die Klinik kommt, auch einen Penis. Bis zum Alter von 17 wurde sie von allen als Junge angesehen, die weiblichen Geschlechtsmerkmale tauchten mit der Pubertät auf (vgl. Garfinkel, 1967: 120); erst in der Sekundärliteratur wird ein Hinweis stärker betont, den Garfinkel ‚nebenbei' erwähnt: Agnes nimmt in dieser Zeit heimlich Hormonpräparate ihrer Mutter (vgl. Kessler/McKenna, 1978: 116). Die Brüste sind also nicht ‚einfach so' entstanden. 1956 verlässt Agnes als 17-jährige kurzzeitig Elternhaus und Schule und ‚taucht als Mädchen unter', kehrt dann aber zurück und beendet die Schulausbildung. 1958 taucht sie in der Klinik auf; Anlass hierfür sind Krisen mit dem Freund, der auf Geschlechtsverkehr und Heirat drängt. Sie versucht Situationen, in denen er ihr zwischen die Beine fassen will, zu vermeiden, weicht aus; darüber gibt es immer mehr Streit. 1959 lässt Agnes sich operieren: Penis und Hoden werden entfernt, und sie erhält eine künstliche Vagina.

Vor der Operation, so Garfinkel, war Agnes eine Frau mit einem Penis, nachher eine Frau mit einer ‚man-made' Vagina. In den zahlreichen Interviews, die Garfinkel mit Agnes führt, besteht sie darauf, dass sie eine normale Frau sei und als solche behandelt werden wolle (‚I have always been a girl'). Sie wollte ein 120%iges Mädchen sein, betont, dass sie nur mädchentypisches Spielzeug hatte etc. Diese weibliche Über-Identifikation ordnet Garfinkel dem **gesellschaftlichen Konsens über dichotome Geschlechtlichkeit** zu.

Auch Agnes übernimmt diese übliche Position, obwohl sie selbst ein Gegenbeispiel ist. Offensichtlich kann sie mit dem neuen Geschlecht nur leben, wenn sie es zum immer schon dagewesenen, ‚alten' und natürlichen Geschlecht erklärt. Sie wendet viel Energie auf, um nicht als Transsexuelle, als ‚ehemaliger Mann' ‚entdeckt' zu werden; d.h., der Prozess des ‚passing' ist mit der Operation nicht beendet, sondern hält an.

> „Ihr in sozial strukturierten Verhältnissen erfolgendes Bemühen um Erlangung und Sicherung des Rechts, als normale, natürliche Frau zu leben, während sie dauernd Vorkehrungen treffen muss für die Möglichkeit, entdeckt und ruiniert zu werden, nenne ich Agnes' ‚passing'„ (Garfinkel, 1967: 137).

‚Passing' ist für Agnes keine freie Entscheidung, sondern ein Zwang: sie greift zu Falsch-Informationen und Beschönigungen, sie übertreibt. Garfinkel weist darauf hin, dass dieses Verhalten an Erving Goffmans ‚Eindrucks-Management' erinnert (vgl. Garfinkel, 1967: 165). Agnes, so Garfinkel, ist dadurch, dass sie ihre Geschlechtlichkeit täglich neu konstruiert und inszeniert (z.B. auffällig flirtet), selbst praktizierende Ethnomethodologin (‚practical methodologist'; 180f.)

Garfinkels Agnes-Studie ist sowohl als ethnomethodologische Untersuchung bedeutsam, als auch durch ihre Pionier-Rolle für die mikrotheoretische Geschlechtersoziologie. ‚Weiblichkeit' und ‚Männlichkeit' sind demnach nicht einfach an die biologischen Geschlechtsunterschiede gebunden, sondern gewinnen eine Eigendynamik. Wichtiger als die körperlichen Genitalien sind die sog. ‚weiblichen' bzw. ‚männlichen' Verhaltensweisen. Diese werden zu **kulturellen Genitalien**.

> „Die Fallstudie zu ‚Agnes' dokumentiert wie kaum eine andere, wie voraussetzungsvoll das ‚Frau-Sein' ist. Es beinhaltet offenbar sehr viel mehr als ein Bündel von Verhaltenserwartungen, das in sozialen Situationen angewendet werden kann" (Gildemeister/Wetterer, 1992: 232).

Im Alltag ist eine permanente Geschlechts-Arbeit (**doing gender**) notwendig. Während diejenigen, die sich mit ihrer körperlichen ‚Hülle' identifizieren (können), das ‚doing gender' meist unreflektiert handhaben, befinden sich viele transsexuelle Personen in einer permanenten Prüfungssituation.

Transsexuelle sind in einem ähnlichen Dilemma wie Ausländerinnen oder Ausländer – Überanpassung macht erst recht verdächtig. Dieses verdeutlicht auch die Transsexualitäts-Studie von Stefan Hirschauer:

> „Eine um Perfektion bemühte Darstellung verweist wie eine Unschuldsbeteuerung ständig auf sich selbst, anstatt von sich abzulenken, sie wird als eine Steuerung von Zuschreibungen und d.h. als Darstellung erkennbar. Statt solcher pubertätsähnlich überzeichneter Geschlechtsbilder geht es um eine Art ‚richtiges Maß' der Verwendung von Geschlechtsindizien. ‚Frauen' sind nicht einfach ‚weiblich', sondern verhalten sich kompetent zu Weiblichkeitssymbolen" (Hirschauer, 1993: 43f.).

Agnes' Äußerungen verdeutlichen, wie anstrengend es ist, das ‚erworbene' Geschlecht immer vorführen zu müssen. Es können keine Zweifel daran zugelassen werden, dass es sich um eine immer schon vorhandene Zugehörigkeit zu diesem Geschlecht handelt.

Die Ethnomethodologie Garfinkels wurde in einer weiteren wichtigen Studie zur Transsexualität weiterentwickelt. Suzanne J. Kessler und Wendy McKenna haben ihre Untersuchung „Gender. An Ethnomethodological Approach" (1978) genannt. Dass Transsexualität im Titel *nicht* auftaucht, ist Programm: denn es geht ihnen um eine generelle Perspektive auf die Konstruktion von Geschlecht in heutigen Gesellschaften.

Die Transsexuellen, die Kessler/McKenna interviewten, waren – wie sie berichten – teilweise perplex darüber, dass es gar nicht so sehr um Transsexualität (ihre Hintergründe, Probleme etc.) ging, sondern nur darum, wie Geschlecht hergestellt und wahrgenommen wird. Als weitere Versuchspersonen zogen Kessler/McKenna deshalb auch Nicht-Transsexuelle mit ein, auch Kinder und Jugendliche. Den Anmerkungen ist zu entnehmen, dass es sich dabei um Kinder handelte, zu denen die Wissenschaftlerinnen aufgrund ihrer Arbeit an verschiedenen Colleges Zugang hatten.

Die Pionierarbeit von Kessler/McKenna
Kessler/McKennas Untersuchung ist die **erste feministisch-ethnomethodologische Studie**, auf die sich die Arbeiten, die ich in den folgenden Abschnitten noch vorstelle, beziehen. Zu Beginn treffen Kessler/McKenna eine zentrale Unterscheidung, die zwischen Geschlechts*zuschreibung* (gender attribution) und Geschlechts*zuweisung* (gender assignment).

Die **Geschlechtszuweisung** erfolgt bei der Geburt, wenn Hebamme, Ärtzin oder Arzt nach einem Blick auf Vagina bzw. Penis das Geschlecht (Mädchen/Junge) feststellen. Diese Zuweisung ist ein einmaliger Vorgang. Interessanter, da ein lebenslang immer wieder stattfindender Prozess, ist die **Geschlechtszuschreibung**. Kessler/McKenna verstehen die Zuschreibung des Geschlechts als interaktiven Prozess: dieser ist mehr als eine einfache (Über)Prüfung, sondern es fließen andere Faktoren wie Geschlechtsrolle und Geschlechtsidentität mit ein.

Die Autorinnen vertreten die Position, dass alle Individuen weibliche *und* männliche Aspekte haben, die meisten Gesellschaftsmitglieder ‚gender' aber immer noch als dichotome, also zweigeteilte Kategorie behandeln. Dies belegen erstaunlicherweise gerade die Biographien und Selbstwahrnehmungen vieler Transsexueller.

‚Transsexuelle': Geschlechtszuweisung passt nicht
Kessler/McKenna definieren Transsexuelle als Personen, deren Geschlechtsidentität, also ihre Selbstzuschreibung, von der der Geschlechts*zuweisung* abweicht. Was angestrebt wird, ist aber meist das ‚oppositionelle' Geschlecht, d.h.,

110

auch und gerade Transsexuelle bleiben im dichotomen Muster und beharren teilweise sogar auf ihm (wie auch Agnes; siehe den vorhergehenden Abschnitt). Ein anderes als das entgegengesetzte Geschlecht ist vielleicht denkbar, aber nicht lebbar, wie Roger, einer der von Kessler/McKenna interviewten Frau-zu-Mann-Transsexuellen es ausdrückt:

> „Es gibt nur zwei Alternativen in der Gesellschaft: Man ist entweder Mann oder Frau. Wenn ich mich nicht als Frau fühle, dann muß es eben das andere sein ... Weil ich mich in der ersten Position nicht wohl fühlte, wechsele ich in die zweite. Ich werde es versuchen" (Kessler/McKenna, 1978: 112).

Kessler/McKenna betonen, dass das Wissen über alle Bestandteile der Geschlechtlichkeit (Zuweisung, Identität, Rolle) keine Garantie dafür ist, dass die Zuschreibung funktioniert:

> „Ist eine Person mit männlicher Geschlechtszuweisung, weiblicher Identität, männlichen Interessen, männlichen Sexualpartnern und weiblicher Kleidung ein Mann oder eine Frau?" (Kessler/McKenna, 1978: 16f.).

Interessanterweise bleiben ja gerade die Genitalien als die primären Merkmale meist ‚im Dunkeln‘, muss die Zuschreibung ohne das Wissen über sie erfolgen. Kessler/McKenna nennen dieses Phänomen die **erwarteten Genitalien**:

> „Z.B. erwarten wir, daß alle Männer einen Penis unter ihrer Kleidung haben, aber wir können ihn nicht sehen" (Kessler/McKenna, 1978: 59).

Die **Geschlechtszuschreibung** wird häufig gerade nicht an den primären oder sekundären Geschlechtsmerkmalen festgemacht, sondern an anderen Informationen wie Gang, Stimme, Gesichtsausdruck, Körperhaltung und Ausstrahlung.

Im Vergleich der beiden klassischen Studien zur Transsexualität unter ethnomethodologischer Perspektive ist festzuhalten: Kessler/McKenna betonen stärker als Garfinkel den *interaktiven* Aspekt der Geschlechterkonstitution und weisen dabei auf die Eigendynamik dieser Interaktion hin. Garfinkel hatte sich auf den Anteil der Hauptbetroffenen Agnes an dieser Konstitution und Interaktion konzentriert. Ohne diese beiden Studien wären die weiteren soziologischen Untersuchungen zur Transsexualität einerseits und zur Konstruktion von Geschlechtlichkeit andererseits nicht zu denken. Im deutschen Sprachraum gehören hierzu die Arbeiten von Hartmut Tyrell (1986), Gesa Lindemann (1993) und Stefan Hirschauer (1993) zur Transsexualität.

Vergleich und Wirkung der beiden Studien

Gesa Lindemann, geboren 1956, ist Diplom-Soziologin und hat in jüngerer Zeit über die ‚Genese des Hirntodkonzeptes‘ (Lindemann, 2003) habilitiert. Ihre Arbeiten haben die Transsexualitäts- und die Geschlechterforschung nachhaltig beeinflusst (vgl. die Hinweise in von Braun/Stephan, 2000).

Gesa Lindemann (geb. 1956)

Lindemann greift in ihrer Studie über „Das paradoxe Geschlecht" (1993) der Transsexuellen auf Beratungsgespräche und Interviews mit Transsexuellen und deren Angehörigen, auf Gerichtsurteile, öffentliche und subkulturelle Berichterstattung zurück. In der Einleitung reflektiert sie aufgrund ihrer „Doppelrolle als Beraterin und als Mikrosoziologin" (Lindemann, 1993: 17) das Problem von **En-**

gagement und Distanzierung im Forschungsprozess (vgl. Elias, siehe Lektion VIII). Ihr Expertinnenstatus erleichtert ihr einerseits den Zugang zum Feld und erfordert andererseits die Problematisierung der eigenen Nähe zum Thema – eine Spannung, die Lindemann als „Spagat" (Lindemann, 1993: 17) bezeichnet.

Lindemann setzt ihre Analyse zu den anderen einschlägigen Untersuchungen, die in diesem Abschnitt thematisiert werden, in Relation. Die Besonderheit ihrer Studie ist die theoretische Orientierung an der Leiblichkeits-Konzeption des Soziologen und Philosophen Helmut Plessner (1892-1985). Ihr Kerngedanke dabei ist der der ‚exzentrischen Positionalität': „Die Körper sind visuell-taktile Zeichen, die es ermöglichen, Personen geschlechtlich einzuordnen" (Lindemann, 1993: 196).

Umdefinition des Gesehenen Ähnlich wie bei den Studien von Hirschauer (s. nachfolgend) ‚lebt' Lindemanns Forschungsbericht von den dokumentierten Interview-Passagen und deren Interpretation:

> „Bei einem Interview, das ich mit dem transsexuellen Mann Manfred und seiner Freundin führte, rekonstruieren sie gemeinsam die Zeit ihres Kennenlernens. Nachdem Manfred dargestellt hat, dass es sowohl Mann-zu-Frau- als auch Frau-zu-Mann-Transsexuelle gibt, d.h. Männer ‚ohne Schwanz', schildert Lil ihre Reaktion. *LIL: Mit m Mann ohne Schwanz kann ich nichts anfangen ... da fiel mir dann erst mal die Klappe runter: wie sieht das denn aus?!* [...] Einerseits weiß Lil, daß es dem Körper ihres Freundes an vorzeigbarer Symbolik mangelt, andererseits fällt es ihr schwer, tatsächlich zu sehen, was sie weiß. Da sie ihn als Mann erlebt, unterstützt sie routiniert, dass der Mangel für andere nicht sichtbar wird, und zugleich sieht sie das Fehlende buchstäblich an seinen Körper, d.h., sie sieht diesen so, als würde nichts fehlen [...] *LIL: Also wir haben die Klitoris zum ... zu ‚ihm' erklärt ... zu ihm und zum ... Schwanz eigentlich*" (Lindemann, 1993: 198-206; Hervorh. im Original).

In Erweiterung ihrer mikrosoziologischen Analyse der Leiblichkeitskonzeptionen von Transsexuellen auf die gesellschaftliche Ebene konstatiert Lindemann, dass der öffentlich-mediale Umgang mit Transsexuellen nicht gleichgewichtig ist: Frau-zu-Mann-Transsexuelle werden eher in Ruhe gelassen, Mann-zu-Frau-Transsexuelle sind die ‚Interessanteren' (Lindemann, 1993: 292).

Stefan Hirschauer, geboren 1960, studierte an der Universität Bielefeld. Nach dem Diplom (1985) und der Promotion (1991) war er von 1992 bis 1998 als Hochschulassistent an der Fakultät für Soziologie der Bielefelder Universität tätig. Hirschauer arbeitete von 1990 bis 1999 als Redakteur der *Zeitschrift für Soziologie*, von 1993 bis 1999 war er geschäftsführender Herausgeber derselben. 1998 habilitierte er und hat seit dem Wintersemester 2002 eine Professur für *Soziologie und Gender Studies* an der *Ludwig-Maximilians-Universität* (LMU) in München inne. Seit 2001 ist Hirschauer Mitherausgeber der Buchreihe „Qualitative Soziologie", womit – neben der Geschlechter- und Transsexualitätsforschung – sein zweites Forschungsgebiet benannt ist.

Stefan Hirschauer (geb. 1960) In mehreren Veröffentlichungen hat Hirschauer seinen Ansatz erläutert, den er nicht als ethnomethodologisch, sondern als ethnologisch (siehe auch Bourdieu; Lektion IX) bezeichnet. Für seine Transsexualitätsstudien gilt das, was er auch grundsätzlich als Forschungspraxis für die Soziologie empfiehlt, nämlich die alltäglichen und die wissenschaftlichen Routinen immer wieder in Frage zu stellen und ggf. auch zu verlassen:

„Ein kulturanalytischer Blick auf die eigene Gesellschaft ist voraussetzungsreich. Er braucht nicht nur eine anhaltende Neugier, jenseits der Grenzen des akademischen Milieus Erfahrungen zu machen – Feldforschung im besten Sinne des Wortes – oder die Bereitschaft, menschliche Sinnstiftungsleistungen verstehen zu wollen. Er erfordert auch, die Frag-Würdigkeit von Phänomenen mit disziplinären Mitteln erst herzustellen" (Amann/Hirschauer, 2000: 167).

Hirschauer erhielt in seiner Transsexualitäts-Forschung zahlreiche Belege dafür, dass geschlechtsadäquate Kleidung nicht ausreicht, um sich ‚irritationsfrei' bewegen zu können:

„Entsprechend müssen transsexuelle Männer feststellen, daß ‚männliche' Kleidung kaum ausreicht, um als Mann erkannt zu werden. Sie sind stark darauf angewiesen, in Gang und Sprechweise den physischen und akustischen Raum zu beanspruchen, den sie als ‚richtige' Männer beanspruchen müssen" (Hirschauer, 1993: 34).

Wie sehr sich Menschen – und zwar Kinder, Jugendliche und Erwachsene gleichermaßen – gerade an anderen (realen oder eingebildeten) Merkmalen, vor allem der Geschlechts*rolle*, festhalten, hatten auch die Experimente von Kessler/McKenna demonstriert. Sie führten z.B. mit Jugendlichen und Erwachsenen das sog. **Geschlechterspiel** durch. Die Versuchspersonen hatten bis zu zehn Fragen ‚frei', um herauszufinden, ob die Person, an die die Versuchsleiterin dachte, männlich oder weiblich ist. Diese Fragen wurden immer nur mit ‚ja' oder ‚nein' beantwortet. Die Frage nach Vagina/Penis war zugelassen, wurde meist aber erst dann gestellt, wenn die bis dahin gegebenen Antworten ein widersprüchliches Bild erzeugt hatten. Kessler/McKenna fanden heraus, dass nur ein Viertel der Befragten unter den ersten drei Fragen eine Frage nach den Genitalien stellte. Stattdessen wurde nach dem Geschlechtsrollenverhalten (z.B.: Kleidung, Gewicht u.ä.) oder nach den sekundären Geschlechtsmerkmalen (wie Bartwuchs beim Mann, Brust bei der Frau) gefragt.

Geschlechtsrollen

Ein weiteres – und das aus feministischer Sicht zentrale – Ergebnis dieser Experimente ist, dass Frau-Mann als dichotome Geschlechter gelten bzw. behandelt werden, aber keineswegs gleichwertig sind. Nach Kessler/McKenna ist alleine der Penis das ausschlaggebende Merkmal für Geschlecht: Penis ist gleich männlich, Vagina aber ist nicht gleich weiblich. Es gibt keine positiven Merkmale, deren Fehlen zur Einstufung als Nicht-Frau, also als Mann führen würde:

Asymmetrie der Wahrnehmung von Frau und Mann

„das einzige Zeichen von Weiblichkeit ist die *Abwesenheit von Signalen für Männlichkeit*" (Kessler/McKenna, 1978: 150; Hervorh. im Original).

> ‚Mann' ist also die primäre Konstruktion, ‚Frau' gibt es nur als Negativ-Definition: sie ist nicht eine Vagina-Besitzerin, sondern eine Penis-Lose.

Kessler/McKenna beschreiben unsere derzeitige gesellschaftliche Wirklichkeit deshalb als **androzentrisch** (männerorientiert):

„... wir konstruieren weiblich und männlich als dichotome, nicht überlappende Kategorien, wobei die männlichen Merkmale als die offensichtlicheren konstruiert sind" (Kessler/McKena, 1978: 162).

Dies bestätigt die Alltagswahrnehmung, nach der viele Männer mehr Platz einnehmen oder zumindest beanspruchen, z.B. nicht ausweichen, sondern wie selbstverständlich erwarten, dass die entgegenkommende Frau ausweicht.

Die Perspektive von Kessler/McKenna hat auch einen durchaus beabsichtigten ‚therapeutischen' Effekt, insbesondere für Transsexuelle: da die Geschlechtszuschreibung eine Interaktion zwischen Zuschreibender oder Zuschreibendem (attributor) und Darstellerin oder Darsteller (displayer) ist, kann Transsexuellen deutlich gemacht werden, dass sie mehr Vertrauen in die Situation entwickeln können. Da die Zuschreibenden einen so großen Anteil an der Zuschreibung und Konstruktion von Geschlechtlichkeit haben, ist eine überdurchschnittliche und permanente Anstrengung überflüssig. Eine Mann-zu-Frau-Transsexuelle solle sich etwa selbst als ‚Frau X' am Telefon vorstellen; dadurch sei bereits ein Filter geschaffen:

> „Wenn eine Geschlechtszuschreibung erst einmal erfolgt ist, werden Einzelheiten (hier: die Stimme) durch diesen Filter wahrgenommen und gewöhnlich zur Verstärkung der Zuschreibung benutzt – z.B.: ‚Das ist eine Frau mit einer rauhen Stimme'," (Kessler/McKenna, 1978: 128).

Im nächsten Abschnitt sollen, neben den schon skizzierten Arbeiten von Lindemann und Hirschauer weitere deutschsprachige Beiträge zur Mikrosoziologie der Geschlechter vorgestellt werden. Ihnen gemeinsam ist die Betonung eben dieses interaktiven Aspektes: Geschlechter, und insbesondere das weibliche Geschlecht werden nicht dadurch ‚gemacht', dass eine – in diesem Fall die männliche – Seite dominiert und die andere Seite nur reagiert. Auch das Geschlechterverhältnis ist eine *Inter*aktion – zwischen ‚weiblichen' Frauen, ‚männlichen' Männern, ‚männlichen' Frauen, ‚weiblichen' Männern und Personen, die versuchen, sich einer Zuordnung zu entziehen.

4. Kulturelle Setzungen: Wie die beiden Geschlechter gemacht und als solche stabilisiert werden (Hagemann-White, Gildemeister)

Das Hauptverdienst, die ethnomethodologischen Untersuchungen in die deutschsprachige soziologische Diskussion einbezogen zu haben, gebührt Carol Hagemann-White.

Carol Hagemann- White (geb. 1942)

Carol Hagemann-White wurde 1942 in New Jersey (USA) geboren. Sie studierte Mathematik, europäische Geschichte in den USA und ab 1965 Philosophie, Soziologie und Geschichte an der Freien Universität in West-Berlin. Dort promovierte sie 1970 und habilitierte 1976. In der Folgezeit lehrte sie als Hochschullehrerin für Soziologie in Berlin, an der University of Maryland, an der Universität Gießen sowie an der Universität Münster im Fachbereich Sozialpädagogik. 1985 erhielt sie die erste Professur für *Politische Wissenschaft mit Schwerpunkt Frauenstudien* an der FU Berlin. 1988 übernahm sie den neu geschaffenen Lehrstuhl für *Allgemeine Pädagogik/Frauenforschung* an der Universität Osnabrück. Von 1992 bis 1997 war sie im Nebenamt wissenschaftliche Leiterin des Instituts Frau und Gesellschaft in Hannover.
   Neben ihrer Arbeit als Professorin ist Carol Hagemann-White seit Mitte der 1970er Jahre an mehreren Forschungs- und Praxisprojekten und Expertisen beteiligt. So war sie 1977 bis 1980 für die praxisintegrierende wissenschaftliche Begleitforschung des bundesweit ersten Frauenhauses in West-Berlin verantwortlich. Sie war Mit-Begründerin der

Sektion Frauenforschung in der *Deutschen Gesellschaft für Soziologie* und von 1981 bis 1983 deren Sprecherin. 1998 erhielt sie den Deutsch-Schwedischen Humboldt-Preis für international herausragende Forschung durch die *Swedish Tercentenary Foundation* in Stockholm.

Carol Hagemann-White hat ein umfangreiches und vielfältiges Forschungsspektrum im Bereich der frauenpolitischen Grundlagenforschung, der feministischen Theorie und der Identität und Interaktion der Geschlechter. Sie orientiert sich vor allem an der US-amerikanischen Frauen- und Geschlechterforschung, deren Ergebnisse sie konsequent in die deutsche Forschung miteinzubeziehen sucht, sowie an der feministischen Kulturanthropologie und dem Symbolischen Interaktionismus.

Als Expertise zum 6. Jugendbericht der Bundesregierung erschien Hagemann-Whites grundlegende Studie „Sozialisation: Weiblich – männlich?" (Hagemann-White, 1984). Dort arbeitet sie die biologischen Positionen zur Geschlechterdifferenz auf (vgl. Hagemann-White, 1984: 29ff.) und stellt fest, dass auch Kategorien wie Größe und Gewicht nicht taugen, Frauen und Männer auseinanderzuhalten. Die Differenzen *innerhalb* der Geschlechter seien größer als die zwischen den Geschlechtern. Biologische Unterschiede sind für sie irrelevant; stattdessen hebt sie auf den von ihr sogenannten weiblichen bzw. männlichen **Sozialcharakter** ab:

kultureller Charakter der Geschlechter-Dichotomie

> „Dem Neuankömmling in unserer Kultur würde es wenig nutzen, zu lernen, daß Männer immer mutig und Frauen immer ängstlich sind, es würde vielmehr seine Orientierung eher verwirren. Um die geschlechtliche Sozialisation zu begreifen, müssen wir vielmehr wissen, wie Frauen und Männer in unserer Kultur identifiziert werden" (Hagemann-White, 1984: 81).

Hagemann-White kritisiert an vielen Strömungen der Frauenbewegung, dass diese nicht auf biologische Argumentationen verzichtet hätten und – nicht unbedingt gewollt – an angeblich ‚unaufhebbaren Geschlechtsunterschieden' festgehalten hätten (siehe auch Abschnitt 1). Auf diese Weise würde die Alltagstheorie der Zweigeschlechtlichkeit durch die feministische Forschung selbst verlängert:

Von der Frauen- zur Geschlechterforschung

> „In der Alltagstheorie der Zweigeschlechtlichkeit unserer Kultur wird die Geschlechtszugehörigkeit als eindeutig, naturhaft und unveränderlich verstanden. Ohne jede bewußte Überlegung wird davon ausgegangen, daß jeder Mensch entweder männlich oder weiblich sein müsse, was im Umgang erkennbar zu sein hat (Eindeutigkeit); daß die Geschlechtszugehörigkeit körperlich begründet sein müsse (Naturhaftigkeit); und daß sie angeboren ist und sich nicht ändern könne (Unveränderbarkeit)" (Hagemann-White, 1988: 228).

Hagemann-White geht dagegen von der sog. **Null-Hypothese** aus (vgl. Hagemann-White, 1988: 230). Damit ist gemeint, dass es keine vorgeschriebene Zweigeschlechtlichkeit gibt, sondern nur verschiedene kulturelle Konstruktionen. Alltagstheorie und soziale Praxis sind nicht deckungsgleich. Wie sehen diese kulturellen Konstruktionen aus?

‚Weiblichkeit' bzw. ‚Männlichkeit' sind **kulturelle Setzungen**: in dieser Auffassung sieht Hagemann-White sich durch ihre eigenen Untersuchungen zur geschlechtlichen Identifikation bei Kindern und Jugendlichen und durch die Arbeit von Kessler/McKenna (1978) bestätigt. Offensichtlich ist die Entwicklung einer

Ich-Identität in den westlichen Gesellschaften ohne eine relativ eindeutige Zuordnung als ‚weiblich' oder ‚männlich' nicht vorstellbar. Die kulturelle Setzung, nach der Frauen weniger intelligent, stark und leistungsfähig und dadurch auch weniger als Vorbilder geeignet seien als Männer, wird nur dadurch möglich und ist nur deshalb so langlebig, weil sie in beiden Sozialisationsprozessen verankert ist. Die männliche Sozialisation charakterisiert Hagemann-White folgendermaßen:

> „Die Geschlechtsidentität des Jungen muß sich ... durch Abgrenzung und Negation bestimmen, und kann und darf sich durch Herabsetzung der Frau/der Mutter entwickeln. (...) Der Junge hat z.B. praktisch keine Gelegenheit, hervorragende Beispiele von männlichem Mut zu erleben. Ergreift er nun die Stereotype ‚Frauen sind ängstlich', so wird ihm Ängstlichkeit zum Beweis, daß jemand kein Mann ist. Um sich und anderen zu beweisen, wie männlich er ist, wird er sich nun als ‚nicht-ängstlich' vorstellen. Vielleicht faßt er demonstrativ eine Spinne an. (...) Dies ist die Praxis der doppelten Negation" (Hagemann-White, 1984: 92).

Geschlechterdichotomie als Voraussetzung der Identitätsbildung

Die Chancen, dieses Konstruktionsprinzip zu durchbrechen und die dichotome durch eine ‚multiple' Geschlechtlichkeit zu ersetzen, sind gering. Dies liegt auch daran, dass der Prozess, in dem sich Kinder und Jugendliche, aber auch noch Erwachsene, das sie umgebende kulturelle System aneignen, nicht oder nicht nur kognitiv, sondern auch emotional verläuft. Die Geschlechterdichotomie scheint unverzichtbar für die Identitätsbildung in unseren Gesellschaften. Manche Eltern erleben fassungslos, wie ihr bewusstes Gegensteuern bzw. der von ihnen selbst (vor-) gelebte Alltag nichts an den rigiden Klischees und Selbstdefinitionen ändert:

> „Unabhängig von der Art, wie konkrete Eltern und Erziehungspersonen die eigene Haltung zur Geschlechterordnung definieren, erzwingt unsere Kultur eine Selbstzuordnung als Mädchen oder Junge im Unterschied zum jeweils anderen Geschlecht als Bedingung der Möglichkeit von Identität" (Hagemann-White, 1988: 234).

Das Pendant zur Praxis der doppelten Negation des ‚Weiblichen' durch ‚den Jungen' ist die **Doppelbödigkeit** in der Orientierung ‚der Mädchen'. Nach Hagemann-White scheuen viele Mädchen aus Angst vor Ablehnung den Ausbruch aus dem gesellschaftlich für sie vorgesehenen Stereotyp und ‚retten sich' in das Vertraute:

> „Das, was ‚weiblich' wäre, ist vertraut, nach Bedarf abrufbar, doch nicht identisch mit der Erfahrung des einzelnen Mädchens mit sich selbst, mit ihrem eigenen Bild von sich. Da aber die Verwirklichung einer eigenen, nichtangepaßten Identität in der Praxis riskant ist, und die Angst vor dem Ungewissen in jedem Falle sie begleitet, bleibt es eine ständige Möglichkeit der Entlastung, die herkömmliche Rolleneinteilung wieder anzunehmen" (Hagemann-White, 1984: 103).

Der Ansatz von Hagemann-White, einschließlich der von ihr eingearbeiteten Transsexualitäts-Untersuchungen, wurde vor allem von Regine Gildemeister wieder aufgegriffen und weiterentwickelt.

Regine Gildemeister studierte von 1969 an Soziologie, Psychologie und Pädagogik in Münster und Bielefeld, wo sie 1974 als Diplom-Soziologin abschloss. Anschließend war sie als wissenschaftliche Mitarbeiterin am Modellversuch „Zentrum für Wissenschaft und berufliche Praxis" der Universität Bielefeld sowie als wissenschaftliche Assistentin am Institut für Soziologie an der Universität Erlangen-Nürnberg tätig. Dort promovierte sie

116

1981 in den Fächern Soziologie, Psychologie und Pädagogik und habilitierte 1988 im Fach Soziologie. Von 1991 an war Regine Gildemeister Professorin für *Theorie, Empirie und Methoden der sozialen Therapie* am Fachbereich Sozialwesen der Gesamthochschule Kassel – Universität (siehe auch ihren Beitrag über die „Soziologie der Sozialarbeit" in Bd. 4 dieses Einführungskurses; Gildemeister, 1997). Seit 1996 ist sie Professorin für die *Soziologie der Geschlechterverhältnisse* am Institut für Soziologie der Universität Tübingen. Außerdem ist sie Mitglied des Vorstandes des Forschungsinstituts für Arbeit, Technik, Kultur (FATK).

Regine Gildemeister

In Abgrenzung von so unterschiedlichen Positionen wie der Georg Simmels (siehe Bd. 2, Lektion V), der Autorinnen des Bielefelder Ansatzes (siehe Bd. 2, Lektion XIII) und der Fürsprecherinnen einer feministischen, mütterzentrierten Politik (vgl. Erler, 1985) vertritt Gildemeister folgende These: Sowohl Männer wie Frauen ‚sind' Natur und Kultur; es gibt keine Begründung für die Annahme, „dass Frauen der ‚Natur' näher und deswegen den Männern entgegengesetzt seien" (Gildemeister, 1992: 226).

Gildemeister geht von der **sozialen Konstruktion von Geschlechtlichkeit** aus – so der Titel ihres mittlerweile als klassisch geltenden Aufsatzes (Gildemeister, 1992). Damit ist die Geschlechtszugehörigkeit eben nicht eindeutig, nicht naturhaft und nicht unveränderbar. In enger Anlehnung an Kessler/McKenna betont Gildemeister, dass die jeweilige Zugehörigkeit meist nicht reflektiert und schon gar nicht überprüft wird:

> „Entgegen den Annahmen der Alltagstheorie wird in der sozialen Praxis der Zuschreibung von Geschlechtlichkeit die Erkundung des Körpers nicht zu Hilfe genommen oder nur selten. Eher gilt das Umgekehrte: Wenn ein Mensch im sozialen Umgang geschlechtlich zugeordnet worden ist, wird das Vorhandensein der dafür erforderlichen Genitalien unterstellt" (Gildemeister, 1992: 232).

‚Die' Geschlechterdifffenz kann nicht als gegeben betrachtet werden, sondern wird permanent und interaktiv hergestellt:

> „‚Frau', ‚Mann', ‚weiblich', ‚männlich' werden als Symbole in der sozialen Interaktion erworben und sind darin zugleich Voraussetzung der Teilnahme an Kommunikationen. (...) Personen werden nicht zunächst dem einen oder anderen Geschlecht zugewiesen, sondern ihr Handeln und Verhalten wird eingeschätzt und bewertet auf der Grundlage einer Zuordnung zu einer Geschlechtskategorie, wobei, wie bei anderen Prozessen der Herstellung sozialer Ordnung auch, tagtäglich Ausnahmen, Ungereimtheiten und Brüche bewältigt werden müssen" (Gildemeister, 1992: 230f.).

Interaktionstheorie der Geschlechter und politische Umsetzung

1992 erschien ein weiterer Aufsatz von Regine Gildemeister, den sie gemeinsam mit Angelika Wetterer verfasst hat: „Wie Geschlechter gemacht werden. Die soziale Konstruktion der Zweigeschlechtlichkeit und ihre Reifizierung in der Frauenforschung". Diese komplexe und materialreiche Untersuchung stellt ein **Resümee der Mikrosoziologie der Geschlechter** dar. Darüber hinaus nimmt sie zu politischen Diskussionen der Gegenwart Stellung. Gildemeister/Wetterer schätzen das politische Instrumentarium der Frauenförderung als problematisch ein, da es die Geschlechterdifferenz ungewollt stabilisiere. Einen Ausweg aus dem Dilemma scheint es jedoch im Sinne eines politischen Engagements nicht zu geben:

„Wenn sich feministische Politik aufgrund des oben genannten Paradoxes in einer Situation befindet, die sie dazu nötigt, zwischen allen Stühlen zu sitzen, sollten wir wenigstens wissen, zwischen welchen" (Gildemeister/Wetterer, 1992: 250).

Das grundsätzliche Problem ist, „dass man für ‚Natur' hält, was ‚Gesellschaft' ist" (Gildemeister, 1992: 228). An dieser kulturellen Selbstverständlichkeit, an den ‚Alltagstheorien' setzen die Transsexualitätsstudien und die hier referierten Autorinnen und Autoren an. Danach ist von einer ‚natürlichen' Geschlechterdifferenz nichts mehr übrig. Gildemeister betont knapp zehn Jahre nach ihren Veröffentlichungen zur „sozialen Konstruktion" von Geschlechtlichkeit, dass es in der Rezeption etliche Missverständnisse gegeben habe. Die Konstruktion spiele sich nicht (nur) in den Köpfen ab, sondern vor allem in den Handlungen und Interaktionen, die aber nicht einfach politisch umgesetzt werden könnten. Da man aber offensichtlich eine politische Konsequenz brauche, seien Autorinnen wie Butler (siehe Abschnitt 5) in die Dekonstruktion ‚geflüchtet':

> „In der sich verselbständigenden Rezeption der These von der ‚sozialen Konstruktion von Geschlecht' und ihrer Einmündung in die Strategie einer ‚Dekonstruktion' ist durchgängig die Sehnsucht nach einer Option spürbar, die es erlaubt, Freiheit von allen Zwängen – hier: der Geschlechterordnung – zu denken. Und weil es eine politische Strategie ist, führt sie in Teilen zu so groben Vereinfachungen, dass dann notwendig massive Enttäuschungen eintreten" (Gildemeister, 2001: 83).

‚gender matters' – aber wie?

Gildemeister weist – wie Hagemann-White – auf die Bedeutung der Makroebene des Geschlechterverhältnisses hin, legt jedoch die Priorität auf eine „interaktionstheoretische Soziologie in einem weiteren Sinne" (Gildemeister, 2001: 79). Adressatin ihrer Untersuchung sind stets die Forscherinnen selbst, die sie auf ihre ‚blinden Flecken' hinweist: Fast automatisch neige man im Forschungsprozess dazu, selbst dem Alltagswissen zu folgen und trotz des ‚Gender-Ansatzes' doch auch wieder nur ‚Frauen zu zählen' (Gildemeister, 2004). Ihre Forschung zu doing- bzw. undoing gender (vgl. Hirschauer, 1994) etwa bei Richterinnen und Richtern zeigt die Verunsicherung bezüglich der Geschlechterkategorien gerade bei Personen, die gelernt haben, über sich und ihr Verhalten zu reflektieren. Diese halten an der Relevanz der Geschlechterdifferenz fest, sind sich zugleich aber darüber einig, dass man ein bestimmtes Verhalten nicht am Geschlecht fest machen kann (vgl. Gildemeister u.a., 2003; Gildemeister, 2004).

Eine radikale Variante der Perspektive des ‚doing gender' liegt mit dem Ansatz von Judith Butler vor – viel kritisiert (gerade von Hagemann-White und Gildemeister), aber auch viel rezipiert und für die gegenwärtige Entwicklung der Geschlechterforschung unverzichtbar. Kessler/McKenna, Hagemann-White und Gildemeister legen in ihren Arbeiten nahe, mehr als zwei Geschlechter zu denken, nehmen aber selbst bewusst keine weiteren Differenzierungen vor. Die Faszination von Butler besteht, so die hier vertretene Auffassung, darin, dass Unterscheidungen irrelevant gemacht oder gebrochen werden.

5. Alles ist sozial konstruiert – auch der Geschlechtskörper (Butler)

Judith Butler wurde 1956 in Cleveland (Ohio, USA) geboren. Sie studierte Philosophie an der Universität in Yale, wo sie 1984 ihren PhD ablegte. Danach war sie unter anderem als Assistenzprofessorin für Literatur am College of Letters an der Weslayan University (1983-1985) und für Philosophie an der George Washington University (1986-1989) tätig. Anschließend lehrte sie am Institut für Humanities der Johns Hopkins University. Seit 1994 hat Butler eine Professur für Rhetorik und Vergleichende Literatur an der University of California in Berkeley inne.

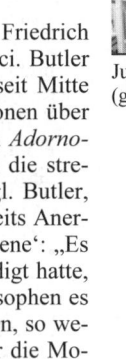

Judith Butler
(geb. 1956)

Zentrale Bezugsautoren für Butler sind Michel Foucault, Jacques Derrida, Friedrich Nietzsche, Georg Friedrich Hegel, Spinoza, Jacques Lacan und Antonio Gramsci. Butler ist als Sozialphilosophin, Subkultur-Theoretikerin und Gesellschaftskritikerin seit Mitte der 1990er Jahre international präsent. In jüngerer Zeit ist sie an den Diskussionen über Fragen der Ethik und die Theorie der Anerkennung beteiligt: Dies wird in den *Adorno-Vorlesungen*, die Butler im Jahr 2002 in Frankfurt am Main gehalten hat und die streckenweise als ‚Foucault-Vorlesungen' bezeichnet werden können, deutlich (vgl. Butler, 2003a). Mit der Thematik von Ethik und Anerkennung findet Butler nun ihrerseits Anerkennung im mainstream – möglicherweise auf Kosten des Zuspruchs in der ‚Szene': „Es waren nicht sex, gender und Feminismus, über die Butler zu sprechen angekündigt hatte, nein, es ging ihr um eine ‚Kritik der ethischen Gewalt'. Und so wie Moralphilosophen es nicht allzu gern sehen, wenn Kontingenz und Körper in ihrem Feld Einzug halten, so wenig Enthusiasmus können umgekehrt die meisten Fans der Genderforschung für die Moraltheorie aufbringen. Dürfen und Sollen und womöglich noch die Rechtfertigung des Bestehenden? Das Auseinanderpflücken der Kategorie ‚Geschlecht' ist ungleich schöner!" (Sezgin, 2002). – Als Einführung in das Werk von Judith Butler sei der Band von Paula-Irene Villa (2003) empfohlen.

1990 erschien Butlers Buch „Gender Trouble: Feminism and the Subversion of Identity" (dt. „Das Unbehagen der Geschlechter", 1991). Es erregte in der Geschlechterforschung immenses Aufsehen und wurde zu einem der meistdiskutierten Bücher der 1990er Jahre. Heute ist es bereits ein moderner Klassiker. Von den zahlreichen anderen Veröffentlichungen Butlers seien hier zwei weitere Titel hervorgehoben: „Körper und Geschlecht" und „Kritik der ethischen Gewalt".

Im Mittelpunkt der folgenden Ausführungen steht „Körper von Gewicht", das als Fortführung von „Das Unbehagen der Geschlechter" gelesen werden kann. Es ist 1993 unter dem Titel „Bodies that Matter. On the Discursive Limits of ‚Sex'„ (dt. „Körper von Gewicht", 1995) erschienen. Butler reflektiert hier ihre Grundannahmen und spitzt ihre Argumentation unter Verweis auf die Diskussion um „Das Unbehagen der Geschlechter" zu.

Alles ist Geschlecht – gleichgültig, wie es benannt wird. Die Menschen, so Butler, sind zwar Opfer der gesellschaftlichen Unterdrückung ihrer vielfältigen sexuellen Wünsche und geschlechtlichen Orientierungen, entwickeln gerade hieraus aber auch ihr Widerstandspotential: Verwundungen können mobilisieren (vgl. Butler, 1997: 176).

Die Kategorien der bis dahin entwickelten Geschlechterforschung sind für Butler nur insofern interessant, als sie sich daran abarbeitet. Die Unterscheidung zwischen *sex* und *gender*, eine der Grundannahmen der Gender Studies, hält sie theoretisch und empirisch für belanglos. Aus ihrer Sicht ist alles, was sich als

‚Körper von Gewicht' (re-)präsentiert, als Geschlecht präsent. Butler wendet sich gegen jede ‚Natur' und benötigt deshalb den Begriff ‚sex' nicht. Geschlecht unterliegt einer ständigen „diskursiven Performativität" (Butler, 1997: 154).

Die Äußerungsformen von Geschlecht sind jedoch viel unabhängiger von den gesellschaftlichen Zuschreibungen, als mächtige Instanzen wie Parteien, Medien oder der gesellschaftliche ‚mainstream' dies wahrhaben wollen. Nach Butler entzieht sich eine wachsende Anzahl von Menschen der Zuschreibung von ‚weiblich' oder ‚männlich' und sucht sich ihr bzw. sein eigenes Geschlecht.

> „Tatsächlich, würde ich sagen, wirken Normen auf den Körper ein und informieren, strukturieren und modellieren ihn oder gegen seiner Form Bedeutung. Aber der Körper ist in gewissem Sinne auch da, um sich zu verhalten, um interpretiert zu werden, und da gibt es Widerstand und Materialität, die nicht vollständig durch Normen materialisiert wurde. Wenn Menschen mich fragen, mit welchen Strategien hegemonialen Normen begegnet werden kann, vergessen sie m.E. manchmal, dass der Punkt nicht einfach ist, neue Geschlechter zu produzieren, sondern eher, eine lebbare Welt für die Geschlechter zu gestalten, die es schon gibt, insbesondere für diejenigen, die durch ihre Nichtkonformität mit Geschlechteridealen lange Zeit gelitten haben" (Butler, 2002: 130f.).

Repressive Gesellschaft – freie Individuen

Butlers Perspektive ist die einer doppelten Radikalität. Zum einen haben Menschen die Option, ihre geschlechtliche Identität selbst zu bestimmen und suchen sich die Nischen, in denen sie so leben können; zum andern lässt die Gesellschaft in ihrem Ansinnen, die ‚normale' Heterosexualität notfalls zu erzwingen, nicht nach. Die gesellschaftlichen Institutionen, so Butler, verfügen über „potentielle Grausamkeiten" beim Zwang, „eine kohärente Identität aufrechtzuerhalten" (Butler, 1997: 165). In Anlehnung an Antonio Gramscis Begriff der Hegemonie spricht Butler von der „hegemonialen Heterosexualität" (Butler, 1997: 178).

Butlers theoretisches und politisches Ziel ist die Subversion gegen die aus ihrer Sicht erzwungene Zwangsheterosexualität. Ihre Animosität gegen diese gesellschaftliche Praxis wird auch in ihren Begriffen deutlich, die eine spezifische Sprache sprechen bzw. eine solche kreieren. Slangartig charakterisiert sie Filme, die heterosexuelle Beziehungen thematisieren, als „Het-Video-Produktionen" (Butler, 1997: 184), als Produkte auf „High-Het-Niveau" (Butler, 1997: 179). Butler geht von einer Gemeinschaft derer aus, „die wir uns außerhalb der heterosexuellen ‚Familie' befinden" (Butler, 1997: 193). Durch das ‚wir' markiert Butler ihre eigene Zugehörigkeit zu den ‚Nicht-Hegemonialen', was die Anziehungskraft ihres Ansatzes erklären hilft.

Theoretisch und begrifflich hält sie die die Trennlinie zwischen ‚innerhalb und außerhalb der Heterosexualiät' nicht ein, sondern verfremdet sie bewusst. So führt sie eine irritierende Unterscheidung ein, nämlich die zwischen ‚Phallus sein' und ‚Phallus haben' (Butler, 1997: 97). Phallus ist mehr als Penis, er ist ein Prinzip, das nicht an die Existenz des männlichen Sexualorgans gebunden ist. Infolgedessen gibt es, so Butler, auch phallische Lesben (Butler, 1997: 125ff.).

Butlers besondere Sympathie gehört zwei Figuren: der Lesbe (‚dyke') und dem Schwulen (‚fag') (Butler, 1997: 158) und außerdem den Transvestiten. Die Gefahr, so warnt Butler jedoch, bestehe darin, dass auch die Protagonistinnen und Protagonisten einer Gegenidentität so stark darin gefangen sind, sich gegen das gesellschaftliche Normalitäts-Dispositiv zu stellen, dass sie wiederum auf dieser einen Identität beharren. Nicht alle Tunten/Schwuchteln („drags"), so Butler, sind per se Subversive (Butler, 1997: 178).

Der Druck durch unterschiedliche Subkulturen habe, so Butler, die Gesellschaft bereits verändert, so dass der Spielraum (nicht in jeder Gesellschaft, jedoch in der Tendenz) tatsächlich größer geworden sei. Als Indikator für eine solche soziale Bewegung kann man die sog. queers verstehen. Das anglo-amerikanische Wort ‚queer' heißt zunächst komisch, seltsam und – bezogen auf die sexuelle Orientierung – schwul. Verwendet jemand in der englischen Sprache ‚queer' statt ‚gay' (schwul), so bringt sie/er damit eine deutliche Abwertung zum Ausdruck. Diese ursprünglich abwertende Bezeichnung wird nun von den Betroffenen selbst verwendet und **positiv gewendet**. Sie bezieht sich nicht mehr nur auf die sexuelle Orientierung, sondern weckt die Assoziationen ‚nicht festzulegen', aus der Reihe tanzen – eben quer zu den gesellschaftlichen Normen. Judith Butler gilt als Vordenkerin dieser Entwicklung (vgl. Kraß, 2003; Butler, 2003b).

Weg von *einer* Identität – hin zu ‚Queers'

Diese Bewegung wurde mittlerweile durch die Einrichtung von Forschungsinstituten oder Lehrstühlen zur „Queer Theory" auch akademisch institutionalisiert. In Deutschland wurde der erste Lehrstuhl für „Queer Studies" 2003 in Hamburg eingerichtet. Inhaberin ist die Potsdamer Soziologin Sabine Hark. Gegenwärtig ist die Queer-Bewegung in größeren Städten und Metropolen Teil der (Sub-)Kultur. Sie findet in Berlin etwa ihren Niederschlag in einer Initiative namens „Queer family – Lesbisch? Schwul? Kinderreich!", wie sich eine der Selbsthilfegruppen von Homosexuellen mit Kinderwunsch nennt (vgl. Kirbach/Spiewak, 2003).

In Terminologie und Perspektive ist Michel Foucault (siehe Lektion III) derjenige Autor, bei dem Butler die stärksten Anleihen macht. Dies zeigen nicht zuletzt die Adorno-Vorlesungen, in denen es primär um Foucault ging (vgl. Butler, 2003). In der Butler-Rezeption und -kritik wird angemerkt, Butler falle hinter Foucault zurück (vgl. Bublitz, 2002: 15; Knapp, 1994: 282). Diese Debatte kann hier im Detail nicht wiedergegeben werden (vgl. den informativen Überblick bei Weinbach, 2001).

Butler und Foucault

In der Gesamteinschätzung und im Vergleich mit Foucault ist der bisherige Ansatz Butlers als *Mikroperspektive* zu charakterisieren. Butler konstatiert zwar, dass es „keine Sexualität außerhalb der Macht" (Butler, 1997: 139) gebe, thematisiert die gesellschaftlichen Machtverhältnisse und -institutionen jedoch nur am Rande. Foucault untersucht, wie bestimmte Redeweisen im historischen Kontext beschaffen sind und von den Machthabern genutzt bzw. eingeschränkt werden. Für Butler hingegen ist primär von Interesse, wie diejenigen sich fühlen, die Objekt einer bestimmten Zuschreibung (z.B. ‚Schwuchtel') werden und sich gegen die Allgegenwart der Heterosexualität zur Wehr setzen.

Die US-amerikanische Sozialphilosophin hat die Geschlechterforschung der 1990er Jahre – je nach Perspektive – befruchtet oder in Aufruhr versetzt. Aus heutiger Sicht wird die teilweise erbitterte Auseinandersetzung als **Generationenkonflikt** betrachtet. Denn Butlers Ansatz hatte viele jüngere Wissenschaftlerinnen und Wissenschaftler für die Geschlechterforschung bzw. ihre Dekonstruktion interessiert, und die älteren, die sich ihrer Grundannahmen beraubt sahen, empört. Es spricht einiges für die folgende Perspektive: Möglicherweise hätten die Jüngeren sich der Geschlechterforschung (welcher Spielart auch immer) ohne die Beiträge und das ‚Identifikationsangebot' von Judith Butler gar nicht erst zu-

Kontroverse um Butler

gewandt. Insofern schließen Ansätze wie die von Butler eine Lücke und decken den Bedarf nach übergreifenden Erklärungen.

6. Zusammenfassung

Abschließend seien die zentralen Inhalte dieser Lektion in **fünf Stichworten** zusammengefasst:

1. Stichwort: Auch Geschlechtlichkeit ist sozial konstruiert – ihr Basis-prinzip ist die Dichotomie

Die Unterscheidung zwischen Frauen und Männern ist für die meisten heutigen Gesellschaften fundamental: die meisten Menschen bestehen auf einer eindeutigen Zuordnung, sonst werden sie unsicher. Verglichen mit anderen Mitgliedschaften (z.B. Alter), hat die Geschlechtskategorie eine besondere Funktion. Diese ergibt sich aus der als natürlich unterstellten und moralisch abgesicherten Dichotomie: Man kann nicht ein bisschen Frau und ein bisschen Mann sein. Der **zweigeschlechtliche Erkennungsdienst** (Tyrell, 1986: 463) ist immer am Werk. Dabei reagieren wir eher auf *gender* als auf *sex*: das biologische Geschlecht (sex) ist für die Zuordnung nicht so entscheidend wie das soziale Geschlecht (gender). Dem dichotomen Prinzip sind auch Transsexuelle unterworfen: wollen sie eine Geschlechtsumwandlung vornehmen lassen, so müssen sie ‚nachweisen‘, dass sie sich ‚immer schon‘ als anderes Geschlecht gefühlt haben (vgl. Kessler/McKenna, 1978: 117).

2. Stichwort: Die gesellschaftliche Wirklichkeit als androzentrische Konstruktion

Zunächst kommt die feministische Mikrotheorie zu einem ähnlichen Ergebnis wie die vorrangig makrotheoretisch orientierte Frauenforschung in den 1970er Jahren (siehe Bd. 2, Lektion XIII): Die Wertigkeiten von ‚weiblich‘ und ‚männlich‘ sind nicht gleich verteilt. Das männliche Geschlecht ist das offensichtlichere, das primäre, und filtert die Wahrnehmung auf Geschlechtlichkeit insgesamt. Das Geschlechterverhältnis ist asymmetrisch, die soziale Wirklichkeit **androzentrisch** konstruiert. In der alltäglichen Wahrnehmung bedeutet dies, dass **Frauen als Abweichung**, als ‚Nicht-Männer‘ definiert sind; eine Umkehrung, also die Definition von Männern als ‚Nicht-Frauen‘, ist nicht denkbar. Diese Grundstruktur des Geschlechterverhältnisses wirkt sich auch noch dort aus, wo Frauen bzw. Männer aus den für sie vorgesehenen Rollen ausbrechen: ein ‚weiblich‘ gekleideter Mann wirkt komisch, eine ‚männlich‘ gekleidete Frau ist ein gewohnter Anblick. Die ungleiche Bewertung kommt dadurch zustande, dass die Frau sich ‚nach oben‘ und der Mann sich ‚nach unten‘ orientiert – letzteres ist lächerlich, wenn nicht sogar unverzeihlich.

3. Stichwort: Übergang von der Frauen- zur Geschlechterforschung mit Hilfe der Mikrotheorie

Die sog. ‚natürlichen Unterschiede‘ zwischen Frauen und Männern werden immer wieder neu produziert – auch von den Individuen, die von der Geschlechterdichotomie und -asymmetrie weg wollen. So stellt Hartmann Tyrell unter Bezug auf Goffman fest:

„Die kulturelle Fassung des Geschlechterverhältnisses als Ehe hat, was die Geltend-machung des Geschlechts*unterschieds* – im Physischen wie im Psychischen – angeht, typisch enorm verstärkende Wirkungen: wo Männer nur im *Durchschnitt* größer, stär-ker, schneller usw. sind als Frauen, sorgt eine vielerorts betriebene Politik der eheli-chen Partnerwahl dafür, daß sie es augenfällig (fast) immer sind: größer, stärker usw. nämlich als ihre jeweilige Ehefrau. Die Überzeugung von der Existenz eines ‚starken‘ und eines ‚schwachen‘ Geschlechts erfährt so in der Relation der Ehepartner eine sug-gestive Bestätigung" (Tyrell, 1986: 467f.; Hervorh. im Original).

Die Untersuchungen zur Transsexualität sind weniger ihres ‚exotischen‘ Reizes wegen bedeutsam, als vielmehr im Hinblick auf die grundsätzlichen Fragen, die sie aufwerfen – und beantworten. Mit der Mikrosoziologie der *Geschlechter* ist der Übergang von der Frauen- zur Geschlechterforschung gelungen: Geschlecht – und eben nicht nur das weibliche – ist eine soziale Konstruktion. Seine Wahr-nehmung ist an einen Interaktionsprozess von Geschlechtsdarstellung und Ge-schlechtswahrnehmung geknüpft: Man ‚hat‘ ein Geschlecht erst dann, wenn man es für andere hat (vgl. Hirschauer, 1993: 34).

4. Stichwort: Von der Geschlechterforschung zu Queer Studies

Judith Butler und die von ihren Arbeiten seit den 1990er Jahren inspirierte For-schung dekonstruieren die bislang nahezu konsensuell verankerte Unterscheidung von ‚sex‘ als biologischem und ‚gender‘ als sozialem oder kulturellem Ge-schlecht. Für Butler ist auch diese Perspektive schon ein Indiz irreführender Un-terscheidungen zwischen Individuen und Gesellschaft, zwischen Frauen und Männern und zwischen Homosexuellen und Heterosexuellen. In den zwangshete-rosexuellen Gesellschaften (als die sie die gegenwärtigen Gesellschaften charak-terisiert) **ist auch körperliche Identität schon sozial konstruiert** – ein ‚natürli-ches‘ Geschlecht (im Sinne von *sex*) kann es nicht geben. Butler plädiert sowohl theoretisch als auch politisch für Grenzüberschreitungen in Form von *Queer Stu-dies* bzw. *Queer Politics*.

5. Stichwort: Mikrosoziologie der Geschlechter und Qualitative Sozialfor-schung

Die Nähe zum interpretativen Paradigma in den Sozialwissenschaften und die Fragestellungen in diesem Forschungsfeld legen eine **besondere Nähe zu quali-tativen Verfahren** nahe. Insbesondere die Transsexualitätsstudien – seien sie von Garfinkel, Kessler/Mc Kenna, Lindemann oder Hirschauer – sind auf ein Mindestmaß an Vertrautheit mit den befragten oder beobachten Personen ange-wiesen. Bei allen Forscherinnen und Forschern, die in dieser Lektion vorgestellt wurden, fällt auf, dass sie inhaltliche *und* methodologische Beiträge zur (Ge-schlechter-)Soziologie vorgelegt haben. Dies gilt auch für Hagemann-White und Gildemeister, deren Beiträge zur sozialen Konstruktion von Geschlecht die Ge-schlechterforschung insgesamt (und nicht nur ihre mikrotheoretische Spielart) weitergebracht haben (siehe Lektion XI).

Informationsteil

Primärliteratur

Butler, Judith: Das Unbehagen der Geschlechter. Frankfurt/M. 1991(amerikan. Origialausgabe *Gender Trouble. Feminism and the Subversion of Identity*, 1990)
- **Körper von Gewicht. Frankfurt/M. 1995 (amerikan. Originalausgabe Bodies that Matter: On the Discursive Limits of 'Sex', 1993) (dt. Erstausgabe Berlin 1995)**
- Interview mit Judith Butler (geführt von Hannelore Bublitz). In: Bublitz, 2002, S. 123-133
- Kritik der ethischen Gewalt. Adorno-Vorlesungen 2002. Frankfurt/M. 2003 (2003a)
- Imitation und die Aufsässigkeit der Geschlechtsidentität. In: Kraß, 2003, S. 144-168 (2003b)
- /Joan W. Scott (eds.): Feminists Theorize the Political. New York 1992
- /Ernesto Laclau/Slavoj Žižek: Contingency, Hegemony, Universality: Contemporary Dialogues on the Left. London 2000
- /Elisabeth Beck-Gernsheim/Lidia Puigvert: Mujeres y transformaciones sociales. Barcelona 2001
Garfinkel, Harold: Studien über die Routinegrundlagen von Alltagshandeln (1967). In: Heinz Steinert (Hg.): Symbolische Interaktion. Arbeiten zu einer reflexiven Soziologie. Stuttgart 1973, S. 280-293
- Passing and the managed achievement of sex status in an 'intersexed' person. In: ders.: Studies in Ethnomethodology. Englewood Cliffs 1967, S. 116-185
Gildemeister, Regine: Geschlechtsspezifische Sozialisation. Neuere Beiträge und Perspektiven zur Entstehung des 'weiblichen Sozialcharakters'. In: *Soziale Welt*, Jg. 39, 1988, S. 486-503
- Die soziale Konstruktion von Geschlechtlichkeit. In: Ilona Ostner/Klaus Lichtblau (Hg.): Feministische Vernunftkritik. Ansätze und Traditionen. Frankfurt/M.; New York 1992, S. 220-239
- Soziologie der Sozialarbeit. In: Hermann Korte/Bernhard Schäfers (Hg.): Einführung in Praxisfelder der Soziologie. Opladen 1997 (2. erw. u. verb. Aufl.), S. 57-74
- Geschlechterforschung (gender studies). In: Uwe Flick u.a. (Hg.): Handbuch der qualitativen Sozialforschung. Reinbeck bei Hamburg 2000
- **Soziale Konstruktion von Geschlecht: Fallen, Missverständnisse und Erträge einer Debatte. In: Rademacher/Wiechens, Opladen 2001, S. 65-87**
- Geschlechterdifferenz – Geschlechterdifferenzierung: Beispiele und Folgen eines Blickwechsels in der empirischen Geschlechterforschung. Vortrag auf dem Workshop „Genderforschung: Methodische Fragen und empirische Befunde im Forschungsbereich Gender, Queer, Neue Medien" am 9. und 10.1.2004 an der Pädagogischen Hochschule Freiburg (veranstaltet vom *Hochschulartenübergreifenden Zentrum für Genderforschung und Bildungsfragen in der Informationsgesellschaft KBGI*; Leitung: Sylvia Buchen)

- /Angelika Wetterer: Wie Geschlechter gemacht werden. Die soziale Konstruktion der Zweigeschlechtlichkeit und ihre Reifizierung in der Frauenforschung. In: Knapp/Wetterer, 1992, S. 201-254
- u.a.: Geschlechterdifferenzierung im Horizont der Gleichheit. Exemplarische Analysen zu Berufskarrieren und beruflicher Praxis im Familienrecht. Wiesbaden 2003

Goffman, Erving: Wir alle spielen Theater. Selbstdarstellungen im Alltag. München 1969 (amerikan. Original *The Presentation of Self in Everyday Life* von 1959)
- Verhalten in sozialen Situationen. Strukturen und Regeln der Interaktion im öffentlichen Raum. Gütersloh 1971 (amerikan. Original von 1964)
- The Arrangement between the Sexes. In: *Theory and Society*, 4, 1977, S. 301-333
- Interaktion und Geschlecht. Hg. u. eingel. v. Hubert A. Knoblauch. Frankfurt/M.; New York 1994

Hagemann-White, Carol: Sozialisation: Weiblich – männlich? Opladen 1984 (Neuauflage in Vorber.)
- /u.a.: Fortbildungen für die Intervention bei häuslicher Gewalt: Auswertung der Fortbildungen für Polizeiangehörige sowie Juristinnen und Juristen. Stuttgart 2002
- **Wir werden nicht zweigeschlechtlich geboren ... In: dies./Rerrich, 1988, S. 224-235**
- Simone de Beauvoir und der existentialistische Feminismus. In: Knapp/Wetterer, 1992, S. 21-64
- /Maria S. Rerrich: FrauenMännerBilder. Männer und Männlichkeit in der feministischen Diskussion. Bielefeld 1988
- Krieg und Frieden im Geschlechterverhältnis – für eine neue Geschlechterkultur in Europa. In: Ilse Lenz (Hg.): Frauenbewegungen weltweit – Aufbrüche, Kontinuitäten, Veränderungen. Opladen 2000
- Was bedeutet ‚Geschlecht' in der Frauenforschung ? Ein Blick zurück und ein Entwurf für heute. In: Sedef Gümen u.a. (Hg.): Zwischen Emanzipationsvision und Gesellschaftskritik: (Re)Konstruktionen der Geschlechterordnung in Frauenforschung – Frauenbewegung – Frauenpolitik (*Forum Frauenforschung*; Bd. 14) Münster 2001
- Gender-Perspektiven auf Gewalt in vergleichender Sicht. In: Wilhelm Heitmeyer/John Hagan (Hg.): Internationales Handbuch der Gewaltforschung. Wiesbaden 2002, S. 124-149
- /Brückner, Margrit: Gibt es heute noch eine Frauenhausbewegung? In: *Forschungsjournal Neue Soziale Bewegungen*, Jg. 14, 2001, H. 2, S. 102-109

Hirschauer, Stefan: Die soziale Konstruktion der Transsexualität. Über die Medizin und den Geschlechtswechsel. Frankfurt/M. 1993 (2. Aufl. 1999)
- Die soziale Fortpflanzung der Zweigeschlechtlichkeit. In: *Kölner Zeitschrift für Soziologie und Sozialpsychologie*, Jg. 46, 1994, S. 668-692
- Die soziale Konstruktion der Zweigeschlechtlichkeit. – Eine Einführung. In: Andreas Haase u.a. (Hg.): „Auf und nieder". Aspekte männlicher Sexualität und Gesundheit. Tübingen 1996, S. 45-60
- Die Praxis der Fremdheit und die Minimierung von Anwesenheit. Eine Fahrstuhlfahrt. In: *Soziale Welt*, 1999, Heft 3, S. 221-246

– Das Vergessen des Geschlechts. Zur Praxeologie einer Kategorie sozialer Ordnung. In: Bettina Heintz (Hg.): Geschlechtersoziologie. Wiesbaden 2001 (Sonderheft der *Kölner Zeitschrift für Soziologie und Sozialpsychologie*, 41/2001), S. 208-235

– Konstruktivismus. In: Ralf Bohnsack u.a. (Hg.): Hauptbegriffe qualitativer Sozialforschung. Opladen 2002

– /Klaus Amann: Soziologie treiben. Für eine Kultur der Forschung. In: Ulrich Beck/Andre Kieserling (Hg.): Ortsbestimmungen der Soziologie: Wie die kommende Generation Gesellschaftswissenschaften betreiben will. Baden-Baden 2000, S. 163-173

Kessler, Suzanne/Wendy McKenna: Gender. An Ethnomethodological Approach. New York et al. 1978

Knapp, Gudrun-Axeli/Angelika Wetterer (Hg): Traditionen Brüche. Entwicklungen feministischer Theorie. Freiburg 1992 (*Forum Frauenforschung;* Bd. 2)

Lindemann, Gesa: Das paradoxe Geschlecht. Transsexualität im Spannungsfeld von Körper, Leib und Gefühl. Frankfurt/M. 1993

– Die Konstruktion der Wirklichkeit und die Wirklichkeit der Konstruktion. In: Wobbe/Lindemann, 1994, S. 115-146

– Beunruhigende Sicherheiten. Zur Genese des Hirntodkonzepts. Konstanz 2003 (*Theorie und Methode*; 23)

Tyrell, Hartmann: Geschlechtliche Differenzierung und Geschlechterklassifikation. In: *Kölner Zeitschrift für Soziologie und Sozialpsychologie*, 1986, Jg. 38, S. 450-489

West, Candace/Don H. Zimmerman: Doing Gender. In: *Gender and Society*, Vol. 1, 1987, No. 2, S. 125-151

Wobbe, Theresa/Gesa Lindemann (Hg.): Denkachsen. Zur theoretischen und institutionellen Rede vom Geschlecht. Frankfurt/M. 1994

Weitere Literatur und Sekundärliteratur

Arbeitsgruppe Soziologie (Hg.): Denkweisen und Grundbegriffe der Soziologie. Eine Einführung. Frankfurt/M. 1992

Becker-Schmidt, Regina/Gudrun-Axeli Knapp: Feministische Theorien zur Einführung. Hamburg 2000

Benhabib, Seyla/Judith Butler u.a. (Hg.): Der Streit um Differenz. Feminismus und Postmoderne in der Gegenwart. Frankfurt/M. 1993

von Braun, Christina/Inge Stephan (Hg.): Gender Studien. Eine Einführung. Stuttgart 2000

Breitenbach, Eva: Geschlechterforschung als Kritik: zum 60. Geburtstag von Carol Hagemann-White. Bielefeld 2002

Bublitz, Hannelore: Judith Butler zur Einführung. Hamburg 2002

Erler, Gisela: Frauenzimmer. Für eine Politik des Unterschieds. Berlin 1985

Hark, Sabine: Grenzen lesbischer Identitäten. Aufsätze. Berlin 1996

– (Hg.): Dis/Kontinuitäten: Feministische Theorie. Opladen 2002 (*Lehrbuch zur sozialwissenschaftlichen Frauen- und Geschlechterforschung*; Bd. 3)

Helle, Horst Jürgen: Verstehende Soziologie und Theorie der symbolischen Interaktion. Stuttgart 1992

Heritage, John: Garfinkel and Ethnomethodology. Cambridge 1984

Hettlage, Robert/Karl Lenz (Hg.): Erving Goffman – ein soziologischer Klassiker der zweiten Generation. Bern; Stuttgart 1991

Hitzler, Ronald: Der Goffmensch. Überlegungen zu einer dramatologischen Anthropologie. In: *Soziale Welt,* Jg. 43, 1992, S. 449-461

Kaesler, Dirk/Ludgera Vogt (Hg.): Hauptwerke der Soziologie. Stuttgart 2000

Kirbach, Roland/Martin Spiewak: Wenn die Eltern schwul sind. In: *Die Zeit* v. 31.12.2003 (Dossier)

Knoblauch, Hubert: Erving Goffman [Artikel zu mehreren Werken Goffmans]. In: Kaesler/ Vogt, 2000, S. 162-176

Kraß, Andreas (Gg.): Queer Denken. Gegen die Ordnung der Sexualität (Queer Studies). Frankfurt/M. 2003

Lenz, Ilse: Geschlechterordnung oder Geschlechteraufbruch in der postindustriellen Veränderung? Zur Kritik der Zweigeschlechtlichkeit in der Frauenforschung. In: Christine Kulke/ Elvira Scheich (Hg.): Zwielicht der Vernunft. Die Dialektik der Aufklärung aus der Sicht von Frauen. Pfaffenweiler 1992, S. 107-118

Manning, Phil: Erving Goffman and Modern Sociology. Cambridge 1992

Mead, Margaret: Mann und Weib. Das Verhältnis der Geschlechter in einer sich wandelnden Welt. Reinbek 1958

Miebach, Bernhard: Soziologische Handlungstheorie. Eine Einführung. Opladen 1991

Patzelt, Werner J.: Harold Garfinkels „Studies in Ethnomethodology". In: Kaesler/Vogt, 2000, S. 136-139

Rademacher, Claudia/Peter Wiechens (Hg.): Geschlecht – Ethnizität – Klasse. Zur sozialen Konstruktion von Hierarchie und Differenz. Opladen 2001

Scheu, Ursula: Wir werden nicht als Mädchen geboren, wir werden dazu gemacht. Frankfurt/M. 1977

Sezgin, Hilal: Den Rest nach Hause holen. Wenn Berkeley und Frankfurt aufeinander treffen: Judith Butlers Adorno-Vorlesungen. In: *Frankfurter Rundschau* v. 15.11.2002

Stefan, Inge (Hg.): Gender, Geschlecht und Theorie. In: von Braun/Stephan, 2000, S. 58-96

Villa, Paula-Irene: Sexy Bodies. Eine soziologische Reise durch den Geschlechtskörper. Opladen 2000 (*Geschlecht und Gesellschaft*; Bd. 23); 2. Aufl. 2001

– Judith Butler. Frankfurt/M.; New York 2003 (*Campus Einführungen*)

Weinbach, Christine: Die politische Theorie des Feminismus: Judith Butler. In: André Brodocz/Gary S. Schaal (Hg.): Politische Theorien der Gegenwart II. Opladen 2001, S. 403-431

Lektion VI
Methodologischer Individualismus, Rational Choice und Erklärende Soziologie (Vanberg, Opp, Coleman, Lindenberg, Esser)

Inhalt

1. Die individualistische Perspektive

Im Alltagssprachgebrauch versteht man unter Individualistinnen und Individualisten diejenigen Menschen, die einen eigenständigen Lebensstil gefunden haben. Sie richten sich z.B. nicht oder möglichst wenig nach der gerade gängigen Mode, sondern suchen für sich eine Kleidung, mit der sie ihre persönlichen Vorlieben zum Ausdruck bringen können. Individualismus ist eine Anschauung, die dem Individuum und seinen Bedürfnissen den Vorrang vor der Gemeinschaft einräumt. Er ist die prototypische Ideologie moderner Gesellschaften: man orientiert sich nicht mehr an Gruppennormen, sondern an der eigenen Persönlichkeitsentwicklung, an den eigenen Konsumwünschen etc. Allerdings setzt dieses Lebensprinzip ein Mindestmaß an befriedigten (Grund-)Bedürfnissen schon voraus. Menschen, die hungern und frieren, werden sich ausschließlich darum bemühen, diese Mangelsituation – wenn auch im Kontext ihrer Traditionen – zu beenden und ‚etwas‘ zu essen und ‚etwas‘ anzuziehen zu bekommen. Individualistische Ausgestaltung von Nahrungszubereitung, Nahrungsaufnahme oder Kleidung und die Auswahl unter Alternativen setzen einen bestimmten Wohlstand, eine Grundabsicherung voraus.

Individualismus als methodisches Prinzip In der Soziologie ist mit Individualismus etwas anderes gemeint. **Individualismus** ist hier ein methodisches Prinzip, auf das sich bestimmte theoretische Konzepte und empirische Verfahren gründen. Zur Abgrenzung vom Individualismus als politischer und ideologischer Anschauung ist häufig auch vom **methodologischen Individualismus** die Rede. Diesen Begriff verwende ich als Sammelbezeichnung für die verschiedenen Verhaltens- und Lerntheorien bzw. als Synonym für ‚das individualistische Programm‘. In der Soziologie ist Individualismus keine politische Zielvorstellung, sondern ein methodisches Prinzip. Gleichwohl verbirgt sich hinter den Grundannahmen des soziologischen Individualismus ein bestimmtes Menschenbild: dies sagt weniger etwas darüber aus, wie die einzelnen Menschen und Gesellschaften sein *sollen*, aber doch darüber, wie Menschen in der Regel *sind*.

Ablehnung makrotheoretischer Ansätze Mit dem individualistischen Programm wird eine ganze Reihe von Autoren verbunden. Trotz mancher Unterschiede zwischen diesen Autoren gibt es einige **Grundannahmen**, die von allen geteilt werden. Der eindeutigen Abkehr von den makrotheoretischen Ansätzen kommt hierbei eine herausragende Bedeutung zu. Aussagen über soziale Sachverhalte sind letztlich rückführbar auf Aussagen über Individuen. Das Soziale ergibt sich aus einzelnen, an Individuen bestimmbaren Bedürfnissen, Motiven und Handlungen. Statt gesamtgesellschaftlicher Strukturen wird pars pro toto das Verhalten von einzelnen oder mehreren Individuen untersucht. Dieses gilt als beobachtbar und rekonstruierbar. Methodologische Individualisten stellen sich daher die Frage: Welche Motive und Erwartungen haben die handelnden Individuen, und wie wirken sich diese auf das Verhalten aus?

Betrachtet man etwa eine Vorlesung in einer Universität, so würden Makrotheoretikerinnen und Makrotheoretiker die Funktion oder den Stellenwert der Vorlesung für die Gesellschaft analysieren. Niklas Luhmann etwa würde ‚Vorlesung‘ als ein durch Anwesenheit (von einer lehrenden Person und mehreren studierenden Personen) definiertes soziales System auffassen und mit Blick auf das Wissenschaftssystem auf die funktionale Differenzierung in Wissenschaftsteilbereiche hinweisen.

130

Die methodologischen Individualisten nehmen eine völlig andere Perspektive ein. Sie würden angesichts des Untersuchungs-Objektes ‚Vorlesung' fragen: Warum sind die Beteiligten anwesend? Welches sind ihre Erwartungen? Die Individualisten gehen davon aus, dass wir mit allen unseren Handlungen eine bestimmte Erwartung verbinden. Diese Handlungen (Halten der Vorlesung, Besuch der Vorlesung, ‚Schwänzen' der Vorlesung) entsprechen immer einem Kosten-Nutzen-Kalkül. Wenn wir überhaupt eine Handlungsalternative haben, wie wir es erwartet haben, haben wir unseren Nutzen vergrößert. Wir sind z.B. mit der Sonnenbräune, die wir in eineinhalb Stunden (statt die Vorlesung zu besuchen) erworben haben, zufrieden. Diese These von der **Nutzenmaximierung** ist für die mikrotheoretischen Ansätze, um die es hier geht, zentral. Zufriedenheit oder Glück sind in diesem Modell nichts anderes als erfolgreiche Nutzenmaximierung, die denjenigen winkt, die sich rational verhalten, indem sie Kosten und Nutzen abwägen. Für den methodologischen Individualismus sind Menschen ausschließlich als **rationale Akteurinnen und Akteure** interessant.

In dieser Lektion werden nun zunächst die Grundprinzipien des Methodologischen Individualismus dargestellt. Seine historischen Wurzeln (beginnend mit Ende des 18. Jahrhunderts) und sein klassischer Vertreter wurden bereits in *Band 2* dargestellt: Die theoretischen Konzepte, die das individualistische Programm mitbegründet haben, sind der Utilitarismus, der Behaviorismus und der Individualismus. Prominenter Vertreter der Austauschtheorie, die lange Zeit der ‚Kern' des individualistischen Ansatzes, war George Caspar Homans (1910-1989) (s. Bd. 2, Lektion XIII, Abschnitt 2).

Diese Ansätze sind in den vergangenen Jahrzehnten zunächst zur Rational Choice Theorie und schließlich zur Erklärenden Soziologie ausgebaut worden. Diese beiden Konzeptionen sind der zentrale Gegenstand der Lektion.

2. ‚Die rationalsten Akteure sind die Trittbrettfahrer' – Nutzenmaximierung in gegenwärtigen Gesellschaften

Zunächst soll daran erinnert werden, dass die National-**Ökonomie** eine der beiden Grundlagen-Disziplinen des methodologischen Individualismus ist. Das Gesellschafts- und Menschenbild des Utilitarismus ist *die* Weltanschauung der bürgerlichen Gesellschaft, wie sie im 18./19. Jahrhundert entstand. Die ‚nützlichsten' und zeitgemäßesten Mitglieder dieser Gesellschaft waren vorausschauende, zielstrebige, rational handelnde und gewinnorientierte (männliche) Individuen. Sie brachten sich selbst und den Konkurrenzliberalismus nach vorn.

Individuelle Gewinnmaximierung erzeugt gesellschaftlichen Fortschritt

Die zweite Grundlagen-Disziplin des methodologischen Individualismus ist ein spezieller Zweig der **Psychologie**, nämlich die in den ersten Jahrzehnten des 20. Jahrhunderts in den USA entstandene Sozialpsychologie des **Behaviorismus**. Die Grundauffassungen des Behaviorismus wurden in der **Lernpsychologie**, insbesondere in den Arbeiten von Burrhus Frederic Skinner (1904-1990), weiter ausgebaut. George Caspar Homans, der den methodologischen Individualismus für die Soziologie begründet hat, arbeitete eng mit Skinner zusammen und griff viele seiner Grundannahmen auf.

Im deutschen Sprachraum war es der Ökonom und Sozialtheoretiker Viktor Vanberg, der das individualistische Programm für die Soziologie ins Gespräch brachte. In seinem 1975 erschienenen Buch „Die zwei Soziologien. Individualismus und Kollektivismus in der Sozialtheorie" machte er zwei grundsätzlich verschiedene Perspektiven in der Soziologie aus und stellte den Individualismus als den überlegenen Ansatz dar. Eine Sozialtheorie solle erklären, was in der ‚sozialen Welt' vorgehe. Nach Vanbergs Auffassung kann man dies nur „mit Hilfe der Hypothesen der verhaltenstheoretischen Psychologie, also mit Hypothesen über menschliches Verhalten leisten" (Vanberg, 1972: 167). Kollektive Akteure gäbe es nicht: Parteien und andere Institutionen könnten als solche nicht handeln. Und auch kollektive Einheiten könnten mit individualistischen Methoden untersucht werden. Vanberg machte zunächst Homans' Ansatz in der deutschsprachigen Soziologie bekannt. Später schloß er sich einer neueren Spielart des methodologischen Individualismus an, der Theorie von James S. Coleman (s. unten).

Viktor J. Vanberg wurde 1943 in Aachen geboren, studierte Soziologie in Münster, promovierte (1974) an der TU Berlin und habilitierte an der Universität Mannheim (1981). Nach mehreren Lehrtätigkeiten in den USA wurde er 1995 Professor für Wirtschaftspolitik (Institut für Allgemeine Wirtschaftsforschung) an der Universität Freiburg. Seit 2001 ist er Direktor des dortigen Walter-Eucken-Instituts.

Viktor J. Vanberg
(geb. 1943)

Vanbergs Buch galt als Einleitung einer **neuen Phase** in der westdeutschen Soziologie: mit ihm war die Dominanz der neomarxistischen Ansätze oder insgesamt der bis dahin gängigen Makrotheorien beendet. Vanberg ‚rechnete' mit den Makrotheorien von Emile Durkheim, der an Karl Marx angelehnten DDR-Soziologie und dem Ansatz von Talcott Parsons ‚ab' und etikettierte diese Theorien als **Kollektivismus**. Die Unterschiede zwischen den Makrotheorien sind, so Vanberg, zu vernachlässigen.

Seit Mitte der 70er Jahre erhielten mikrotheoretische Ansätze immer mehr Aufmerksamkeit. Dies mag auch damit zusammenhängen, dass die gesellschaftsverändernde Wirkung kapitalismus- und patriarchalismuskritischer Arbeiten skeptischer beurteilt wurde. Die Euphorie der Studentenbewegung, die Betriebseinsätze vieler Mitglieder von sog. K-Gruppen (GIM – Gruppe Internationaler Marxisten; KBW – Kommunistischer Bund Westdeutschlands etc.) oder das Engagement für die Politik der sozial-liberalen Koalition unter Bundeskanzler Willy Brandt (1969-1973) waren frustriert oder erlahmt. Der Rücktritt Willy Brandts 1973 wurde von politischem Rückzug oder Umorientierungen und auch neuen Weichenstellungen in der theoretischen Perspektive begleitet.

Die methodologischen Individualisten gehen davon aus, dass wir mit unseren Handlungen immer eine bestimmte Erwartung verbinden: wir unterwerfen sie einem Kosten-Nutzen-Kalkül. D.h., wir überlegen in jeder (Entscheidungs-)Situation, ob sich unser Einsatz lohnt. Selbst bei informellen, ja sogar bei Liebes-Beziehungen haben wir unseren Nutzen (Außenwirkung, Imagepflege, Reaktion von anderen und Rückwirkung auf uns) im Auge: Liebe und vor allem die Wahl von Partner oder Partnerin sind danach nicht Schicksal, sondern nur ein weiteres Element des (wenn auch nicht immer bewussten) Entscheidungshandelns:

> „Als Soziologen stellen wir fest, daß sich in unbewachten Augenblicken Wörter wie Lohn und Kosten in unsere Sprache einschleichen" (Homans, 1967: 185).

Das Menschenbild des individualistischen Programms ist das des **homo oeconomicus**. Dieser Mensch – eine Modellkonstruktion – ist vollkommen über mögliche Macht- und Tauschbeziehungen informiert, verfügt über eine vollkommene Voraussicht und trifft seine Entscheidungen rational.

Entsprechend untersucht der methodologische Individualismus das Handeln von Individuen unter zwei Prämissen (vgl. Wiesenthal, 1987: 435):

1. Ursächliches Moment dieser Handlungen sind die Intentionen (Absichten) der Akteurinnen und Akteure.
2. Die Akteurinnen und Akteure wählen diese Handlungen primär nach ihren beabsichtigten und vorweggenommenen Folgen aus.

Das Verhalten von Individuen ist also **kostenbewusstes und nutzenmaximierendes Wahlhandeln**. Der eigene Nutzen und Erfolg wird immer an den Erfolgen der anderen gemessen: erst deren Misserfolg streicht den eigenen Erfolg richtig heraus. Aus der Sicht des methodologischen Individualismus sind wir alle kleine Unternehmerinnen und Unternehmer.

Gerade individualistische Ansätze geben Hinweise darauf, weshalb sozialer Wandel (etwa, indem Menschen sich gegen Rechtsradikalismus bzw. für Völkerverständigung einsetzen) so zögerlich stattfindet. Es gibt nämlich wenig Anreize, sich zu engagieren! Normalerweise achten Akteurinnen und Akteure streng darauf, ob sie sich mit einem eventuellen Protest ‚nicht zu weit aus dem Fenster lehnen' oder vertrauen darauf, dass andere für sie aktiv werden. Dieses Phänomen nennt man **Trittbrettfahren**. Dieser Begriff stammt von dem Nationalökonomen Mancur Olson (geb. 1932) und weist darauf hin, dass viele Kollektivgüter gerade in modernen Gesellschaften nicht beschafft werden (vgl. Olson, 1968). Der Einsatz für eine saubere Umwelt, für Völkerverständigung etc. wird einzelnen wenigen überlassen – die dann häufig noch als idealistisch bespöttelt werden.

Der Kölner Soziologe Erich Weede formuliert dies wie folgt:

„Die Kosten-Nutzen-Kalküle normaler Individuen, die ja nur mit durchschnittlichen und bescheidenen Ressourcen ausgestattet sind, müssen ungefähr so aussehen: Ob ich durch Rebellion zur Beschaffung des öffentlichen Gutes einer egalitären Ordnung beizutragen versuche, macht keinen Unterschied. Entweder die anderen sorgen für eine bessere Welt. Dann kann ich das sowieso mitgenießen. Oder die anderen tun zu wenig. Dann gibt auch mein Einsatz nicht den Ausschlag. Wenn ich schon die Beschaffung des Kollektivgutes nicht nennenswert beeinflussen kann, dann möchte ich zumindest nicht spürbare Belastungen auf mich nehmen, die sich leicht vermeiden lassen" (Weede, 1992: 269).

Somit sind die Menschen, die nicht die aufgeklärten, mündigen und politisch aktiven Bürgerinnen und Bürgern sein wollen, wie etwa Jürgen Habermas sie sich vorstellt (siehe Lektion VII), sondern ein möglichst bequemes Leben ‚auf dem Trittbrett' anstreben, prototypisch für die gegenwärtigen westlichen Gesellschaften – zumindest aus der Sicht des methodologischen Individualismus.

Trittbrettfahrer als Prototyp

Eine zusammenfassende und anregende Darstellung zum Thema „‚Trittbrettfahrer' und die Unwahrscheinlichkeit kollektiver Mobilisierung" findet sich in Uwe Schimanks Einführungstext (Schimank, 2000: 234-245).

Eine individualistische Perspektive einzunehmen, heißt nicht, Makrophänomene völlig außer acht zu lassen. Allerdings wird gerade am individualistischen Blick auf Makrophänomene (wie Arbeitslosigkeit, ökonomische Krisen oder Wertewandel) deutlich, wie sehr sich dieser Blick von den Makrotheorien unterscheidet. Ein Beispiel hierfür sind die Arbeiten von Karl-Dieter Opp.

Karl-Dieter Opp
(geb. 1937)

Karl-Dieter Opp wurde 1937 in Köln geboren. Er machte zunächst eine kaufmännische Lehre und studierte dann in Köln Volks- und Betriebswirtschaftslehre, Recht, Wirtschaftspädagogik und Soziologie, wo er auch 1967 bei René König promovierte. Er arbeitete von 1967 bis 1971 als wissenschaftlicher Assistent an der Universität Erlangen-Nürnberg und wurde 1970 dort habilitiert. Von 1971 bis 1993 war er Professor für Soziologie an der Universität Hamburg, von 1993 bis zu seiner Emeritierung 2002 Professor für Soziologie an der Universität Leipzig.

In Anlehnung an die Behavioristen und Homans ist für Opp die zentrale Frage, wie und warum ein Organismus (insbesondere eine Person) auf eine bestimmte Situation, auf einen Reiz oder Stimulus reagiere. Lernen entsteht für Opp durch positive bzw. negative Verstärkung von Verhaltensweisen. Menschen seien ständig vor Handlungsalternativen gestellt. Sie wählten diejenige aus, die für sie – nach Abwägung von Vor- und Nachteilen – am günstigsten sei: So wird eine Person, die die persönliche Beratung oder die räumliche Nähe höher schätzt als günstige Preise, lieber im Einzelhandels-Geschäft ‚um die Ecke‘ als im Einkaufszentrum einkaufen (vgl. Opp, 1978: 42ff.). Für Opp lässt sich soziales Handeln stets auf individuelle Entscheidungssituationen zurückführen. Die Alternative heißt immer: Ausführung oder Nicht-Ausführung einer Handlung. Opp lässt allerdings außer acht, dass Personen über bestimmte Ressourcen verfügen müssen, um wirklich ‚frei‘ entscheiden zu können: für einen gehbehinderten, nicht-motorisierten alten Menschen z.B. wird sich die Alternative Einzelhandel oder Einkaufszentrum gar nicht stellen, da er letzteres gar nicht erreichen könnte.

Krise als Deprivation

Opp erhebt den Anspruch, im Rahmen seiner Verhaltenstheorie auch gesamtgesellschaftliche Entwicklungen zu analysieren. Krisen definiert er mit Hilfe eines Begriffes aus der Psychologie: sie sind für ihn nichts anderes als Deprivationen. Unter **Deprivation** versteht man eine Situation des Mangels, des Verlustes; etwas Gewünschtes (z.B. elterliche Liebe) wird entzogen. Opp macht zwischen den Begriffen Krise, soziale Probleme, Deprivation und Frustration keine Unterschiede.

Für Opps sehr weiten Krisen-Begriff ist die Vorstellung zentral, dass Individuen nicht nur über **private** Güter (Eigentum oder Konsumgüter, die sie selbst erwerben), sondern auch über **kollektive** oder **öffentliche** Güter verfügen. Der Begriff der kollektiven Güter (im Original: ‚public goods‘, also öffentliche Güter) geht auf den schon erwähnten Nationalökonomen Mancur Olson zurück. Dieser definierte kollektive Güter in seinem 1965 erschienenen Buch „The Logic of Collective Action" wie folgt:

> „Die grundlegenden und elementaren vom Staat bereitgestellten Güter und Dienste, wie Verteidigung, Polizeischutz und allgemein das System von Recht und Ordnung, sind so beschaffen, daß sie jedem oder praktisch jedem innerhalb der Nation zugänglich sind. (...) Die gemeinsamen oder kollektiven Vorteile, die der Staat bereitstellt, werden von den Ökonomen gewöhnlich ‚Kollektivgüter‘ genannt" (Olson, 1968: 13).

> **Kollektive Güter** sind von vielen für viele geschaffen und niemandem vorzu-
> enthalten: z.B. öffentliche Parkanlagen.

Unter dieser Perspektive empfinden Individuen z.B. die Katastrophe von Tschernobyl (1986) als Einschränkung ihrer Möglichkeiten, als Frustrierung ihrer Erwartungen. Sie können dann nicht mehr wie gewohnt auf (mehr oder weniger)
gesunde, unvergiftete Nahrung zurückgreifen. Ihre Zugriffsmöglichkeiten sind
eingeschränkt.

    Krise ist nach Opp das Eintreten von etwas Unerwünschtem, „die nicht hin-
reichende Herstellung eines kollektiven Gutes" (Opp, 1978: 8), die von mindestens zwei Personen als solche empfunden wird. Je mehr Individuen betroffen
sind, desto größer ist die Krise. Krisen treffen sowohl auf organisierte wie auf un-
organisierte Individuen.

    Opp fragt nach den möglichen Reaktionen, die Individuen in Krisensituatio-
nen zeigen. Er unterscheidet dabei zwischen zwei Alternativen: Protest oder Apathie. Nur Individuen, die zum Protest bereit wären, hätten es in der Hand, die
Krise (z.B. ständig überfüllte Straßenbahnen) zu beenden. Je stärker die Neigung
zur Apathie sei, desto mehr Deprivationen gäbe es in einer Gesellschaft.

    Die nächstliegende menschliche Reaktion auf Krisen, so Opp, ist Apathie. Sie   Apathie
entspricht der Trittbrettfahrertendenz in modernen Gesellschaften: erst einmal
nichts machen und allenfalls sehen, was die anderen machen. Personen, die sich
für die Handlungsalternative ‚Apathie' entscheiden, finden sich mit der Krise ab.

    Opp beschäftigt sich nicht weiter mit Apathie als Reaktion auf eine Krise,
sondern wendet sich unterschiedlichen Formen und Folgen von Protest zu. Pro-   Protest
test definiert Opp folgendermaßen:

> „Wenn Personen bestimmte Handlungen ausführen, dann nennen wir diese Handlun-
> gen nur dann *Protesthandlungen* (oder Protest), wenn die Personen deutlich machen,
> daß die Handlungen andere dazu bringen sollen, die nach ihrer Meinung die Depriva-
> tion bedingenden Sachverhalte ganz oder teilweise zu eliminieren" (Opp, 1978: 24;
> Hervorh. im Original).

Weiterhin unterscheidet er individuellen oder **isolierten** Protest von Gruppen-
oder **kollektivem** Protest. Beispiel für einen isolierten Protest wäre die Aufnahme einer von Abschiebung bedrohten Roma-Familie in die eigene Wohnung,
kollektiver Protest die Teilnahme an Demonstrationen gegen Ausländerfeindlich-
keit und Rassismus. Opp scheint den kollektiven Protest für die repräsentative
und erfolgversprechendere Form zu halten, beispielsweise mit Blick auf den kollektiven Protest, der zum Fall der Mauer führte (vgl. Opp, 1991).

    Eine Krise ist für Opp dann beendet, wenn sie ‚eliminiert' ist. Dieser technizis-
tische Sprachgebrauch erinnert an die Behavioristen und Homans, der davon
spricht, dass eine Aktivität ‚gelöscht' wird und damit nicht mehr vorhanden ist.
Der Ausdruck **Eliminierung** von Krisen weist nochmals darauf hin, in welchem
Maße Krisen und Konflikte innerhalb der individualistischen Perspektive als stö-
rend oder kontraproduktiv empfunden werden. Eine Lösung durch Konsens
scheint nicht vorstellbar. Es geht stets nur um ‚Krise' oder ‚Nicht-Krise', um positiv oder negativ. Die Menschen und ihre Verhaltensweisen erscheinen eben gerade nicht als ‚Menschen aus Fleisch und Blut' (Homans), sondern seltsam blut-

leer und farblos. Speziell die soziologischen Untersuchungen von Karl-Dieter Opp wurden wegen ihrer übertriebenen Formalisierung, ihrer Neigung zur Monokausalität und ihres mangelnden Anpassungs-Potentials an hochdifferenzierte soziale Entwicklungen kritisiert (z.B. bei Wiesenthal, 1987: 439).

3. Kollektive Akteurinnen und Akteure aus individualistischer Sicht (Coleman)

In neueren Ansätzen des individualistischen Programms bzw. des methodologischen Individualismus wurde und wird versucht, die genannten Schwächen des Behaviorismus à la Homans oder der Verhaltenstheorie à la Opp zu beheben. Seit Mitte der 1980er Jahre ist eine Abkehr vom psychologisch-lerntheoretischen Erbe des Individualismus, eine Verstärkung der ökonomischen Argumentation und eine Hinwendung zu makrotheoretische(re)n Fragestellungen zu verzeichnen.

Einer der Initiatoren und Repräsentanten dieser Entwicklung ist der nordamerikanische Soziologe James S. Coleman.

James S. Coleman
(1926-1995)

James S. Coleman wurde 1926 in Bedford, Indiana (USA), geboren. Er erwarb den PhD in Soziologie an der Columbia University, war von 1956 bis 1959 Assistant Professor an der University of Chicago und 1959 bis 1973 Associate Professor an der John Hopkins University. Seit 1973 ist er Professor für Soziologie an der University of Chicago. Er starb 1995.

Coleman wurde einer breiteren Öffentlichkeit durch den über 700 Seiten starken, 1966 veröffentlichten Bericht „Equality of Educational Opportunity", der als ‚Coleman-Report' bezeichnet wurde, bekannt. Sein Hauptergebnis war, dass die Schule die sozialen Unterschiede zwischen den Schülerinnen und Schülern nicht ausglich, sondern reproduzierte (vgl. Bell, 1986: 88-91). Eine Konsequenz hieraus war das berühmt gewordene ‚busing-system', mit dem Kinder aus den verschiedenen Stadtteilen auf Schulen im Stadtgebiet verteilt wurden, um eine soziale ‚Durchmischung' zu erreichen.

In der Bundesrepublik wurde Coleman zunächst nur vereinzelt rezipiert, so vor allem von Viktor Vanberg (s. Abschnitt 2), der Colemans 1974 erschienenes Buch „Power and the Structure of Society" übersetzte (vgl. Coleman, 1979), kommentierte und sich in seinen eigenen Untersuchungen Colemans Begriffen und Thesen anschloß (vgl. Vanberg, 1982). Der erste, 500 Seiten dicke Band des neuen ‚Mammut'-Werks von Coleman, „Foundations of Social Theory", lag bereits ein Jahr nach seinem Erscheinen in deutscher Übersetzung vor (vgl. Coleman, 1991). Die anderen Bände folgten (vgl. Coleman 1992, 1994).

Bezug zur Makro-Ebene Coleman übernimmt den Handlungs-Begriff des methodologischen Individualismus, indem er sich auf zielgerichtete Handlungen von Individuen konzentriert. Wie Homans geht er davon aus, dass „der soziale Austausch das gesamte soziale Leben beherrscht" (Coleman, 1991: 46) und Belohnungsstrukturen alles dominieren. Darüber hinaus versucht er jedoch, die Makroebene miteinzubeziehen. Er betrachtet nicht nur die Akteurinnen und Akteure und die ihnen zur Verfügung stehenden Ressourcen, sondern den weitergehenden Prozess der Entstehung eines sozialen Systems, einschließlich sozialstruktureller Veränderungen. Es werden nicht mehr, wie bei Homans, Olson oder Opp, Güter ausgetauscht, sondern

136

Handlungs- oder Kontrollrechte. Unter dieser Prämisse untersucht Coleman die Struktur von Herrschafts-, aber auch von Vertrauensbeziehungen.

Während Mancur Olson (1968) in seiner Betrachtung kollektiver Akteurinnen und Akteure davon ausging, dass die Fähigkeit zu kollektivem oder gar kooperativem Handeln mit steigender Gruppengröße sinke, nimmt Coleman eine differenziertere Position ein. Ebenso relativiert er die Autonomie und Nutzenmaximierungs-Möglichkeiten des Einzelnen. Mensch und Gesellschaft seien zwei sich überkreuzende Handlungssysteme:

> „Akteure kontrollieren die Aktivitäten, die ihre Interessen befriedigen können, nicht völlig, sondern müssen erleben, daß einige dieser Aktivitäten teilweise oder vollständig von anderen Akteuren kontrolliert werden" (Coleman, 1991: 35).

Mit seiner Einsicht in die **Verflochtenheit** (Coleman, 1991: 15) menschlicher Handlungen (vgl. hierzu auch den Ansatz von Norbert Elias in Lektion IX) verabschiedet sich Coleman vom ‚homo oeconomicus' und erweitert die klassisch-individualistische Perspektive.

> „Der richtige Weg für eine Sozialtheorie ist komplizierter. Man muß eine bestimmte Vorstellung darüber haben, wie Individuen geartet sind, und die verschiedenen Funktionsweisen von Systemen nicht von unterschiedlichen Arten von Wesen ableiten, sondern von verschiedenen Beziehungsstrukturen ausgehen, in die diese Wesen verwickelt sind" (Coleman, 1991: 254).

Die Einsicht in die vielfältigen Beziehungsstrukturen, denen die Menschen in gegenwärtigen Gesellschaften ‚ausgesetzt' sind, macht für Coleman den Wechsel vom individuellen Akteur zu kollektiven Akteuren erforderlich. Ein anschauliches Beispiel für **kollektives Verhalten** oder Massenverhalten ist das Entstehen von Paniken. Paniken, so Coleman, müssen nicht zwangsläufig entstehen. Es kommt immer darauf an, wie ‚die Ersten' reagieren, wenn z.B. Feuer ausbricht. Wenn diese besonnen reagieren, ‚wird alles gut':

> „Es ist auch wichtig festzuhalten, daß eine weitreichende Übertragung von Kontrolle auf andere Mitglieder einer Gruppe nicht zwangsläufig in eine Panik oder ein Mobverhalten münden muß. Es kann auch zu einer geordneten Auflösung der Menge führen, je nachdem, welche Handlungen als erste selbständig von denjenigen ausgeführt werden, die niemandem die Kontrolle über ihr Verhalten übertragen haben. Wenn beispielsweise in einem ausverkauften Theater ein Feuer ausbricht, ist es möglich, daß alle sich diszipliniert dem Ausgang zubewegen, und zwar nicht, weil keine Kontrollübertragungen vorgenommen worden sind, sondern weil die ersten Handlungen besonnen waren und dies von anderen, welche Kontrolle den zuerst Handelnden, wer immer dies auch sein möge, übertragen haben, imitiert worden ist. Genau diese Unwägbarkeit und Unbeständigkeit ist für kollektives Verhalten charakteristisch" (Coleman, 1991: 260).

Trotz der Versuche, die individualistische Mikroebene stärker an die Makroebene anzubinden, sind auch bei Coleman die Schwerpunktsetzungen eindeutig: selbst dann, wenn er Systemphänomene untersucht, reduziert er diese auf kollektives Verhalten und dieses wiederum auf das Verhalten individueller Akteurinnen und Akteure (vgl. Coleman, 1991: 255). Er hält am homo oeconomicus, an der Rationalitäts-Prämisse, fest. Immerhin gesteht Coleman die gelegentliche Unberechenbarkeit und Rätselhaftigkeit individuellen und kollektiven Verhaltens ein.

Er öffnet damit das individualistische Programm für einen soziologischen Diskurs, auf den Homans oder Opp verzichteten.

4. Von der Lerntheorie zum Rational Choice

„Wahlhandlungs-theorie"

Seit den 1980er Jahren gibt es in der westeuropäischen und nordamerikanischen Soziologie eine neue individualistische Perspektive, die sich von den relativ starren Konzepten des Behaviorismus und der Lerntheorie distanziert. Diese Perspektive nennt sich **Rational Choice**. Wörtlich übersetzt bedeutet dies ‚rationale Wahl'. Gelegentlich findet sich die Bezeichnung der ‚Wahlhandlungstheorie', aber in der Regel wird – auch im Deutschen – die englische Bezeichnung beibehalten. Dieser Ansatz leistet inzwischen mehr, als kostenbewusstes und nutzenmaximierendes Wahlhandeln zu unterstellen und zu untersuchen.

Der Rational-Choice-Ansatz ist ein pluralistisches Gebilde, er lässt sich auf keinen Hauptvertreter zurückführen – geschweige denn auf eine Hauptvertreter*in*. (Es fällt im übrigen auf, dass Soziologinnen im individualistischen Programm *insgesamt* bislang kaum vertreten sind.) Einerseits rücken die Rational-Choice-Theorien vom engen Konzept des homo oeconomicus ab und nehmen weniger grobe Schematisierungen als die klassische Lerntheorie vor. Der Politikwissenschaftler Jon Elster, einer der Vertreter des Rational Choice, hält menschliches Handelns prinzipiell für strategiefähig (vgl. Elster, 1986; 1987). Er unterscheidet zur Untersuchung des Handelns zwischen

1. den **constraints**, den Rand- und teilweise Zwangsbedingungen, die Einfluss auf die Präferenzen der Akteurinnen und Akteure nehmen, und
2. dem **choice**, der Wahl, die die Akteurinnen und Akteure dann zwischen verschiedenen Handlungsalternativen haben.

Handlungswahl von Akteuren

Paul Bernhard Hill fasst in seiner Einführung die Perspektive von Rational Choice, die er lieber als „akteurorientierte Soziologie" bezeichnen würde (vgl. entsprechend auch die Einführung von Uwe Schimank, 2000, in die „akteurtheoretische Soziologie"), wie folgt zusammen:

> „Die Theorie sollte … auf alle Akteure und Handlungssituationen anwendbar sein. Der Rational-Choice-Ansatz bemüht sich, diesem Anliegen gerecht zu werden. (…) Erstens ergibt sich die Frage, wie eine gegebene soziale Struktur mit der individuellen Situationsdefinition korrespondiert. Zweitens geht es darum, welche Handlung ein Akteur in einer gegebenen Situation auswählt und ausführt. *Diese Frage nach der Handlungswahl ist der Kern des Rational-Choice-Ansatzes*" (Hill, 2002: 29; Hervorh. von mir, A.T.)

Das Einführungs-Bändchen von Hill bietet eine hilfreiche Übersicht über die zentralen Begriffe und Vertreter von Rational Choice. Hill (geb. 1953), Professor am Institut für Soziologie der RWTH Aachen, konzentriert sich – ähnlich wie diese Lektion – auf die Arbeiten von Opp, Coleman und Esser.

Primär gilt Handeln als **rationales Entscheidungshandeln** (individueller wie kollektiver Akteurinnen und Akteure). Makrosoziologische Zusammenhänge werden als unintendierte Folgen des rationalen Handelns von Akteurinnen und

Akteuren rekonstruiert, wie Hartmut Esser, der Rational Choice in jüngerer Zeit zu dem umfassenderen Konzept einer Erklärenden Soziologie ausgebaut hat (siehe die weiteren Abschnitte dieser Lektion), betonte. Aus Essers Sicht bietet sich die Rational-Choice-Theorie an,

> „weil sie das menschliche Handeln als eine intentionale, an der Situation orientierte Wahl zwischen Optionen auffaßt und damit der menschlichen Fähigkeit zu Kreativität, Reflexion und Empathie ebenso systematisch Rechnung trägt wie der Bedeutung von Knappheiten und von (Opportunitäts-)Kosten des Handelns" (Esser, 1991: 431).

Durch diese Perspektive, die den Menschen ‚menschlicher‘ erscheinen lässt und ihn nicht nur zu einem ausschließlich reagierenden und rational abwägenden Wesen macht, wird das individualistische Programm um eine **Wahrnehmungs-Theorie** erweitert. Diese berücksichtigt Erwartungen, Einschätzungen von Wahrscheinlichkeit und Wahlentscheidungen im Handeln von Akteurinnen und Akteuren.

Esser hat dieses Konzept am Beispiel von Zuwanderinnen und Zuwanderern untersucht. Aus seiner Sicht hat diese Gruppe zwei Handlungsalternativen: Assimilation (Eingliederung, Angleichung an die Aufnahmegesellschaft) oder Segmentation (Abspaltung, Rückzug in die ethnische Gemeinschaft). Trotz zunächst ganz anderer Handlungsabsichten bringen manche Migrantinnen und Migranten „sich auf indirekte Weise selbst in eine Situation ..., in der sie die Option ‚Segmentation‘ vor dem Hintergrund wahrgenommener Möglichkeiten und Erwartungen wählen" (Esser, 1985: 448).

Migranten als rationale Akteure

Ein solcher Ansatz geht davon aus, dass nicht ‚die Umgebung‘ die Menschen z.B. in eine ghettoisierte Situation drängt, sondern dass auch die Mitglieder diskriminierter Gruppen Wahlmöglichkeiten haben. Die Maximierung der subjektiven Nutzenerwartung (die allerdings nicht rein ökonomistisch oder materiell ist) bleibt als zentrale, handlungstreibende Kraft auch in der Handlungstheorie des Rational Choice erhalten. Der Nutzen könnte in dem angeführten Beispiel darin bestehen, Führungspositionen in der ethnischen Gemeinschaft (etwa türkischer Geschäftsleute in der Bundesrepublik) zu übernehmen, was mit materiellen und Status-Gewinnen verbunden ist. Die ‚Assimilations-Option‘ wird dann völlig uninteressant bzw. umgedeutet.

5. Von Rational Choice zur erklärenden Soziologie (Esser, Lindenberg)

Hartmut Esser, geboren 1943 in Elend/Harz, studierte Volkswirtschaftslehre und Soziologie an der Universität zu Köln und gehört zu den Schülern von René König (siehe Bd. 2). Er ist Professor für Soziologie und Wissenschaftslehre an der Universität Mannheim. Esser ist durch seine wissenschaftstheoretischen und soziologischen Publikationen, seine Tätigkeiten in der Politikberatung (insbesondere zur Migrations- und Familienpolitik) und als Gutachter der DFG (*Deutschen Forschungsgemeinschaft*) einer der einflussreichsten Soziologen Deutschlands.

Hartmut Esser (geb. 1943)

Von Beginn der 1990er Jahre an hat Esser sich in Deutschland als Vordenker einer modifizierten Rational-Choice-Theorie profiliert. Die Modifikation besteht darin, dass Esser diese nicht mehr als methodologischen Individualismus, sondern als **erklärende Soziologie** versteht. Mit seinem neuen Ansatz und mit der Bezeichnung „erklärende Soziologie" setzt er sich in Beziehung zu zwei großen Klassikern der Soziologie, Max Weber und Talcott Parsons (siehe Bd. 2, Lektionen VI und X):

Weber – Parsons – Esser

- In Abgrenzung zu einer *verstehenden* Soziologie in der Tradition Max Webers gibt er seinem Ansatz die Bezeichnung *erklärende* Soziologie, die die verstehende Soziologie mit integriert (siehe hierzu ausführlich Abschnitt 6).
- Wie Parsons, der eine Theorie eben diesen Titels schon für sich reklamiert hatte, präsentiere auch er, so Esser, eine „General Theory of Action", und zwar für *alle* Gesellschaftswissenschaften, *alle* Gesellschaften und *alle* historischen Epochen (vgl. Esser, Bd. 6: XIII; 534). Mit dem Bezug auf Parsons und dem Anspruch einer allgemeingültigen Gesellschaftstheorie lässt sich Esser – was die gegenwärtigen Soziologen betrifft – mit Luhmann (siehe Lektion II) vergleichen.

Mikroebene – Makroebene

Esser propagiert eine soziologische Großtheorie, die, von der Mikroebene ausgehend, gesellschaftliche Abläufe und Entwicklungen mit hoher Präzision beschreibt und erklärt. Das ‚explanandum' (das zu Erklärende), wie Esser es in wissenschaftstheoretischer Begrifflichkeit ausdrückt, befindet sich jedoch immer auf der Makro-Ebene: „Die Soziologie hat den *analytischen* Primat auf der *kollektiven* Ebene – und eben nicht auf der Ebene des/der individuellen Akteure oder des individuellen Handelns" (Esser, 1993: 37; Hervorh. im Original) – so formuliert Esser in enger Anlehnung an Siegwart Lindenberg und Reinhard Wippler (1987). So soll beispielsweise erklärt werden, wie es 1989 zu den Montagsdemonstrationen in Leipzig kam (vgl. hierzu auch Opp, 1991) oder warum die Scheidungsquoten steigen. Hatte man den Esserschen Ansatz ausschließlich unter rational choice bzw. dem methodologischen Individualismus subsumiert, so ist man von dieser unmissverständlichen Makroorientierung überrascht. Es ist die Gesamtgesellschaft, um die es ihm geht – analysiert mit den Mitteln einer spefizischen Soziologie, deren *theoretisches* Primat auf der individuellen Ebene liege (vgl. Esser, Bd. 1: 15).

Bei einer Tagung in Heidelberg zum Thema „Beziehungsstabilität – Was hält Beziehungen zusammen?", auf der es de facto vor allem um Scheidungen ging, stellte Esser die ‚Mannheimer Scheidungsstudie' (vgl. Klein/Kopp, 1999; Esser, 2002a; s. unten) zur Diskussion. In einem Bericht der Sprecher der Sektion Familiensoziologie heißt es: „Esser betonte, er wolle den Mechanismus des ‚irrationalen' Prozesses Ehe/Scheidung formalisieren, nicht aber eine in diesem Prozess versteckte Rationalität suchen – das sei ein häufiges Missverständnis seines Ansatzes, wie überhaupt für manche überraschend war, wie deutlich sich Esser inzwischen von manchen Versionen des Rational-Choice-Ansatzes distanziert" (Matthias-Bleck u.a., 2003: 95).

Esser weist wiederholt darauf hin, wie viel er den *Klassikern* der Soziologie verdanke (s. unten) – unter den *Zeitgenossen* ist es vor allem der in den Niederlanden lehrende Siegwart Lindenberg, auf den er sich bezieht. Die vielfältigen Einflüsse Lindenbergs auf Esser (Brückenhypothesen; Framing, s. unten) können hier nicht detailliert aufgearbeitet werden. Es sei jedoch kurz auf Lindenberg hingewiesen.

140

Siegwart M. Lindenberg, geboren 1941 in München, erwarb seinen PhD an der Harvard University in den USA und ist heute Professor für theoretische Soziologie an der Universität von Groningen (Niederlande). Er ist einer der Direktoren des *Interuniversity Center for Social Science Theory and Methodology* (ICS) und Mitglied der *Royal Netherlands Academy of Arts and Sciences*. Seine Forschungsschwerpunkte liegen im Bereich der mikrotheoretischen Begründungen für Makrophänomene (Theorie der sozialen Rationalität, des Framing, der Normentheorie), der Gruppen und Beziehungen. International gilt er als einer der Vertreter eines modifizierten Rational Choice (vgl. Lindenberg, 1992) und nimmt in seinen Publikationen zu einem weiten theoretischen und methodologischen Themenspektrum der Sozialwissenschaften Stellung. Nur ein geringer Teil seiner in der Regel in englischer Sprache publizierten Bücher und Aufsätze ist auch auf deutsch erschienen (vgl. Informationsteil).

Siegwart M. Lindenberg (geb. 1941)

Die internationale Diskussion um den erweiteren Rational-Choice-Ansatz wird, wie etwa der von Coleman und Fararo (1992) herausgegebene Diskussionsband zeigt, von Coleman, Lindenberg, Raymond Boudon u.a. bestritten. In Deutschland ist es insbesondere Esser, der für den neuen Rational-Choice-Ansatz steht.

Soziologen, so Esser, sind dazu da, **Erklärungen** für soziale Phänomene zu liefern. Illustrationen, Beschreibungen oder Erzählungen sollten sie anderen überlassen, z.B. der Volkskunde oder der Literatur (vgl. Esser, 1993: 119). Dem Ziel der Erklärung ist alles untergeordnet. Hierbei geht es Esser nicht um eine x-beliebige Erklärung, sondern um ein allumfassendes Modell, das einer ganzen Reihe von Ansprüchen genügen muss. In ein solches Modell fließen unterschiedliche theoretische Annahmen, Variablen, empirische Untersuchungen und mathematische Operationen mit ein. Die Bezeichnung „Theorie" ist für Esser nur dann gerechtfertigt, wenn Gesetzmäßigkeiten der sozialen Wirklichkeit aufgezeigt werden.

Aufgaben der Soziologie

> „Theorien predigen nicht. Sie tragen auch nicht die Schuld, wenn die Menschen nicht so sind, wie in den diversen philosophischen Träumereien behauptet oder erhofft wird. Und die Theorie des rationalen Handelns ist *nicht* verantwortlich dafür, daß es Egoisten und das Problem der sozialen Ordnung gibt. Der erklärenden Soziologie geht es, einfach gesagt, *nur* um eine *deskriptive* und eben *nicht* um eine normative Frage" (Esser, Bd. 1: 246; Hervorh. im Original).

Abgrenzung von der Normativität

Die „wichtigste Aufgabe der Soziologie" ist nach Esser folgende: „Die Aufdeckung der Konstitution und Konstruktion der übergreifenden sozialen Prozesse und Vermittlungen, über die die in ihrer kleinen Lebenswelt handelnden Akteure die Gesellschaft immer wieder neu herstellen – und davon meist nicht viel wissen" (Esser, 1993: 599f.). Seine eigene ‚kleine Lebenswelt‘, das Milieu, in das er selbst (als Hochschullehrer) eingebunden ist, nimmt er von seinen Reflexionen keineswegs aus. In seiner typischen, durchaus alltagsnahen Diktion charakterisiert Esser die Spannung zwischen den Teilrollen des Forschers und des Lehrers:

> „Gute Forscher sind mit *Überzeugung* cosmopolitans und verachten die lokalen Intriganten insgeheim nicht wenig. Und die local heroes entwickeln eine starke *Identifikation* mit ihrer Tätigkeit, oft in affektiver Abgrenzung von den immer abwesenden Stars der Fakultät, für die sie ja die Drecksarbeit vor Ort miterledigen müssen" (Esser, 1995: 80; Hervorh. im Original; vgl. ebenso Esser, Bd. 1: 78ff; 158f.).

In den Bildern, die Esser von ‚Gesellschaft‘ und ‚Mensch‘ entwirft, werden die Grundlinien seines Ansatzes deutlich:

141

Esser formuliert seine Grundposition in direktem Bezug auf Peter L. Bergers und Thomas Luckmanns Klassiker „Die gesellschaftliche Konstruktion der Wirklichkeit" (Berger/Luckmann 1969):

> „,Gesellschaft ist ein *menschliches* Produkt. Gesellschaft ist eine *objektive* Wirklichkeit. Der Mensch ist ein *gesellschaftliches* Produkt.' (Ebd., S. 65, Hervorhebung nicht im Original). So ist es. Das Modell der soziologischen Erklärung, insbesondere in seiner erweiterten Form …, ist nur eine etwas andere, vielleicht literarisch nicht ganz so hübsche, aber wohl etwas präzisere Art der Darstellung dieses wichtigen Gedankens" (Esser, 1993: 340; vgl. auch Esser, Bd. 1: 1).

Für Esser sind weder Konflikt noch Kooperation (vgl. Esser, Bd. 1: 4.3) alleine die Grundprinzipien der Gesellschaft, sondern das „Problem der antagonistischen Kooperation" (Esser, 1993: 584). Er interessiert sich ausschließlich für diejenigen Gesellschaftskonzeptionen, die von den „ungeplanten Interdependenzen des Handelns der Menschen" (Esser, 1993: 543) ausgehen.

Das Menschenbild, das Esser vermittelt, ist alltagsnah und gut nachvollziehbar: Menschen sind nach Esser nicht einfach Duldende bzw. Opfer der gesellschaftlichen Bedingungen, sondern ihr Verhalten ist aufzufassen als die „intelligente Umsetzung der eigenen Intentionen in ein situationsgerechtes und im Prinzip intelligent-absichtsvolles, mithin: sinnhaftes Handeln" (Esser, 1995: 95). Die Bedürfnisse der Menschen lassen sich, so Esser, auf zwei Grundelemente zurückführen:

> „Zwei grundlegende Bedürfnisse haben die Menschen: soziale Wertschätzung und physisches Wohlbefinden. Darin sind sie sich *alle* gleich. Sie unterscheiden sich aber sehr in ihren Präferenzen und Bestrebungen nach den Dingen der Welt. (…) Man kann nicht gut sagen, daß es ,allgemeine' Bedürfnisse nach Bundesligatoren, nach der blauen Mauritius oder nach einem Sonderforschungsbereich gibt. Aber daß es – unter Umständen – deutliche Präferenzen dafür gibt, daran kann auch kein Zweifel sein" (Esser, Bd. 1: 125; Hervorh. im Original).

> „Akteure wählen aus den verfügbaren Alternativen diejenige, deren erwartete Konsequenzen am höchsten bewertet wird" (Esser, 1993: 132).

6. Soziologie: Allgemeine und spezielle Grundlagen (Essers opus magnum)

Der Anspruch, den Hartmut Esser seit Anfang der 1990er Jahre für die Soziologie markiert, ist „der konsequente Versuch, die verschiedenen Konzepte der Soziologie miteinander und mit den jeweils relevanten Ansätzen der Nachbarwissenschaften unter dem Dach des Modells der soziologischen Erklärung systematisch und in sich gegenseitig ergänzender Weise in Verbindung zu bringen" (Esser, Bd. 5: XI). Für Esser sind als Nachbarwissenschaften die **Ökonomie** und die **Sozialpsychologie** zentral; diesbezüglich führt er die Tradition des Methodologischen Individualismus fort, für den diese beiden Disziplinen fundamental sind (siehe Abschnitt 1 dieser Lektion). Der genannte hohe Anspruch ist schon mit Händen greifbar: Sein ,opus magnum' stellt ein insgesamt siebenbändiges Werk (von insgesamt 3467 Seiten) dar, das aus einem allgemeinen Hauptband und sechs Teilbänden besteht. Den Hauptband stellt das, alleine schon 640 Seiten umfassende, **1993 erschienene Buch „Soziologie. Allgemeine Grundlagen"** dar. Die sechs Folgebände sind unter dem Gesamt-Titel „Spezielle Grundlagen" erschienen. Sie behandeln und verhandeln detailliert die verschiedenen Mikro- und Makroaspekte der Gesellschaft. Zur **Mikroebene** zählen soziales Handeln, Sozialisation, Interaktion und soziale Beziehungen. Zur **Makroebene** gehören soziale Ordnung, soziale Ungleichheit, soziale Differenzierung und sozialer Wandel.

Schon der Hauptband spannt einen weiten Bogen von der Geschichte der Soziologie über die wissenschaftstheoretischen Grundpositionen bis zu empirischen Einzelstudien. Essers Texte vermitteln das Engagement, mit dem er sein Fach betreibt; er führt anregende Beispiele für seine theoretischen und methodologischen Thesen und Überlegungen an und pflegt einen diskursiv-lebendigen Stil, mit teilweise ‚volkstümlichen' Beispielen. Dies steht in reizvollem Kontrast zu den zahlreichen Modelloperationen und ökonomisch basierten Überlegungen.

Im folgenden werden diejenigen Passagen zusammengefasst und erläutert, die *spezifisch* für die Essersche Perspektive und Methodologie sind. Die umfangreichen Kapitel und Exkurse etwa zur Evolutionstheorie, zur Anthropologie und die ‚Durchmärsche' durch verschiedene historische und gegenwärtige Theorien werden nur gestreift. Das gesamte Werk stellt ein **Kompendium** zur Aufbereitung der Soziologie, ihrer wichtigsten Gründerväter und gegenwärtigen Vertreter, ihrer zentralen Theorien und Begriffe dar.

Die umfangreichen Kapitel, die Esser den vielfältigen Traditionen und Vertretern der Soziologie widmet, sind nicht nur als Referate interessant, sondern auch durch ihre Einschätzungen und Abgrenzungen zum eigenen Ansatz. So stellt er zu Emile Durkheim (vgl. Bd. 2 dieses Einführungskurses, Lektion IV) fest, dass dieser auch schon eine erklärende Soziologie betrieben habe, aber „nicht den (Um-)Weg über die verstehende Vertiefung zu den Akteuren und deren Handeln nimmt, sondern strikt auf der Makro-Ebene der Gesellschaft bleibt und allein dort ihre erklärenden Gesetze sucht" (Esser, 1993: 417).

Die „verstehende Vertiefung zu den Akteuren" (ebd.) hält Esser also für unverzichtbar. Eine erklärende Soziologie in seinem Sinne muss auf der Makro- *und* der Mikroebene nach Gesetzen suchen.

Essers sieben Bände (1993; 1999; 2000; 2001) zur „Soziologie. Allgemeine und spezielle Grundlagen" erfüllen eine dreifache Funktion: sie sind 1. **Lehrtext** zu den Grundlagen und Begriffen der Soziologie, 2. eine teils zustimmende, teils kritische **Auseinandersetzung** mit den verschiedenen Strömungen der Soziologie und formulieren 3. den Anspruch, eine **neue Wissenschaftstheorie** zu begründen, die nicht nur für die Soziologie, sondern für die Sozialwissenschaften allgemein gelten soll.

Die Quellen seiner theoretischen und methodologischen Überlegungen bezieht Esser aus nahezu der gesamten Geschichte und Gegenwart der Ökonomie und Soziologie. Klassische Referenzautoren sind vor allem folgende: Adam Smith, Karl Marx, Emile Durkheim, Max Weber, William I. Thomas, Talcott Parsons, Robert K. Merton, Alfred Schütz, Peter L. Berger und Thomas Luckmann und Norbert Elias. Des weiteren sind es vor allem Raymond Boudon, Siegwart Lindenberg, Reinhard Wippler, Peter M. Blau, Gary S. Becker und Anthony Giddens, auf die er häufig und meist zustimmend Bezug nimmt.

Bezugsautoren

Man mag zunächst zurückprallen, wenn man vor diesen sieben umfangreichen Bänden steht, die kaum ‚verdaulich‘ scheinen. Bei näherer Betrachtung wird deutlich, dass die einzelnen Bände zahlreiche Querverweise und Wiederholungen und jeweils Exkurse und ‚Ausholungen‘ zu nahezu *allen* historischen und begrifflichen Entwicklungen der Soziologie enthalten. Esser spielt sein generelles Anliegen in vielen Variationen durch, aber vieles, darüber lässt er selbst keinen Zweifel, ist nicht ‚originär Esser‘. Die sieben Bände basieren auf einem Vorlesungsskript, was der mündliche Stil belegt (z.B.: „wobei Sie dreimal raten dürfen"; Esser, Bd. 2: 401). Für einen umfassenden Durchgang durch die Soziologie ist das gesamte Werk interessant; um jedoch das *spezifische Anliegen* Hartmut Essers erfassen zu können, ist es nicht erforderlich, alle Bände vollständig durchzuarbeiten. Esser selbst hat in den Anhang des Bandes 6, der die „Speziellen Grundlagen" abschließt, eine Lektüreliste gestellt. In dieser sind Werke von Durkheim, Weber, Berger/ Luckmann u.a. aufgeführt, aber vor allem ist hier angegeben, für welche Inhalte einer Vorlesung ‚Grundzüge der Soziologie 1‘ welche Kapitel der sieben Bände zur begleitenden Lektüre empfohlen werden (vgl. Esser, Bd. 6: 599-609 oder auch die Veranstaltungshinweise für das jeweilige Semester unter www.uni-mannheim.de).

Die folgende Übersicht verfolgt eine andere Funktion: sie weist auf diejenigen Kapitel und Inhalte hin, in denen wichtige Begriffe oder Modelle erläutert werden und die sich insbesondere dafür eignen, als ‚Esser-spezifisch‘ zu anderen Ansätzen dieses Lehrbuches in Beziehung gesetzt zu werden. Des weiteren wird versucht, eine Einschätzung bzgl. der eher mikro- bzw. makrotheoretischen Orientierung des jeweiligen Bandes zu geben. Aus der Übersicht geht hervor, dass für das hier verfolgte Interesse vor allem der Allgemeine Band und unter den Speziellen Bänden die Bände 1, 2 und 6 relevant sind.

Übersicht: Hartmut Essers ‚Soziologie. Allgemeine und spezielle Grundlagen‘ (1993-2001)

Titel des Bandes und *Schwerpunktsetzung bzgl. Mikro und/oder Makro*	Jahr	Wichtige Kapitel und Abschnitte (mit Blick auf das Gesamtwerk) (herausragende Bedeutung: **fettgedruckte** Ziffern)	Zentrale Inhalte, Grundpositionen, zentrale Begriffe
Soziologie. Allgemeine Grundlagen *übergreifend*	1993	Kap. 1, **6**, 7, 14, 15, 21, 28, 29 und 30	‚Wahre‘ und ‚falsche‘ Theorien in der Soziologie; wichtige Bezugsautoren Grundstruktur soziologischer Erklärungen **Das Grundmodell der drei Logiken:** Logik der Situation Logik der Selektion Logik der Aggregation
Soziologie. Spezielle Grundlagen (SPG) Bd. 1 Situationslogik und Handeln *eher Mikro*	1999	Einleitung Kap. 1 S. 125f. S. 244-246 (Exkurs über die unbegründete Furcht vor Vernunft und Eigennutz) Kap. 7	Vertiefung: Begriff, Analyse und Logik der **Situation** Begründung und Begriff des **Thomas-Theorems;** Bedürfnisse, Interesse und Kontrolle über Ressourcen Verhalten (Homans) und **Handeln** (Weber; Habermas) (Grenzen der) Rationalität und Vernunft Lerntheorien Wert-Erwartungstheorie (WE-Theorie)

SPG **Bd. 2 Die Konstruktion der Gesellschaft** *eher Makro*	2000	Exkurs über Integration, Assimilation und die sog. multikulturelle Gesellschaft (S. 285-306)	Soziale Ungleichheit: Statusvererbung und Statuserwerb Sozialer Wandel
SPG **Bd. 3 Soziales Handeln** *eher Mikro*	2000	Vorwort	*Formen des sozialen Handelns* Begriff der ‚sozialen Situation' strategisches Handeln, Spieltheorie Interaktion, Kommunikation Tausch Transaktion Macht
SPG **Bd. 4 Opportunitäten und Restriktionen** *Ökonomie*	2000		Ökonomische Erklärungen und formale Modelle sozialer Prozesse Angebot und Nachfrage Das Kapital der Akteure
SPG **Bd. 5 Institutionen** *eher Makro*	2000		Institutionen, Soziale Normen, Soziale Rollen Konzepte, Funktionen und Entstehungsbedingungen von Institutionen
SPG **Bd. 6 Sinn und Kultur** *Mikro und Makro*	2001	Vorwort Kap. 3 (Schütz) **Kap. 7 Framing** Kap. 12 **Epilog**	Definition der Situation: Framing

In Anlehnung und Erweiterung eines Modells von Siegwart Lindenberg fasst Esser seine anthropologische Grundposition im sog. „RREEMM"-Modell zusammen: „Der Mensch der sozialwissenschaftlichen Erklärungsmodelle sei ein Ressourceful, Restricted, Expecting, Evaluating, Maximizing Man. Abgekürzt also RREEMM" (Esser, 1993: 238). Menschen sind nach diesem Modell durch fünf wesentliche Eigenschaften bzw. Verhaltensweisen charakterisiert:

Das ‚RREEMM-Modell' – übersetzt

– Menschen wissen, ihnen zur Verfügung stehende Ressourcen geschickt zu nutzen,
– sind andererseits in ihren Möglichkeiten und Fähigkeiten eingeschränkt,
– sie sind von Erwartungen in Bezug auf die Zukunft geleitet,
– sie bewerten ihre Umwelt und sich,
– und sie sind in Situationen an der maximalen Verwirklichung ihrer eigenen Ziele interessiert.

> Menschen wissen, was sie wollen – jedoch oft nicht, was sie tun! Gesellschaften sind Resultate der unbeabsichtigten Konsequenzen menschlichen Handelns.

Primäres Ziel und Verfahren der Esserschen Soziologie, die ihr den Namen gibt (Erklärende Soziologie), ist die Erklärung. Mithilfe der Erklärung können ‚erklärungsbedürftige' Ereignisse oder Prozesse auf der Makroebene entschlüsselt werden. Für Esser kann dies nur dadurch geschehen, dass man **Abläufe auf der Mikroebene der Akteure systematisch erfasst**.

7. Grundmodell der drei Logiken und Modell des Framing

Schritte bei einer soziologischen Erklärung

Der Kern einer soziologischen Erklärung ist das „Grundmodell der drei Logiken". Dieses wird im Band „Allgemeine Grundlagen" vorgestellt und erläutert; in den Bänden zu den „Speziellen Grundlagen" werden die drei Logiken im Detail behandelt (vgl. Esser, Bd. 2: Vorwort).

Das Grundmodell der drei Logiken versucht, durch festgelegte Verfahrenstechniken die einander sonst ausschließenden Methoden des Erklärens und Verstehens zu integrieren.

Übersicht: Essers Grundmodell der drei Logiken (zentrale Passagen hierzu vgl. Esser, 1993: 94ff; Bd. 1: 16ff.; Bd. 2: 426-429)

Bestandteile des Grundmodells	Mikro- bzw. Makro-Bezüge	Methodische Verfahren	Grundprinzip	Charakterisierung
Logik der Situation (oder auch: Situationsanalyse)	Makro-Mikro-Verbindung	Brückenhypothesen	deutendes **Verstehen**	Frage: Welche Handlungsalternativen, Erwartungen, Bewertungen und Orientierungen haben die Akteure? (Bd. 2)
				„typisierende Charakterisierung ... der Akteure" (1993: 129)
Logik der Selektion	Mikro-Mikro-Verbindung	Handlungstheorie	ursächliches **Erklären** des Ablaufs	im Kern geht es um „irgendeine Art der Maximierung" (1993: 248)
Logik der Aggregation	Mikro-Makro-Verbindung	Transformationsregeln	ursächliches **Erklären** der Wirkungen des Handelns der Akteure	„oft der komplizierteste Teil der Modellierung" (1993: 133)

Dieses Modell hilft, den Forschungsprozess zu systematisieren. Im zur Seite stellt Esser sein **Schlüsselkonzept** – das Framing. Hier wird näher aufgeschlüsselt, was Akteure eigentlich genau tun, wenn sie eine Situation definieren: Unter Rückgriff auf ihre Erfahrungen und Erwartungen wählen sie einen Bezugs*rahmen* aus.

Gedankliche Modelle der Situation

Der Prozess des Framing, so betont Esser, ist ein *Modell*. Akteure versehen eine Situation mit einem Rahmen (**Frame**) und einem Programm (**Skript**):

> „Ein *Frame* enthält ... in typisierter Form die spezielle inhaltliche Definition der Situation, insbesondere aber das *Oberziel*, um das es in der betreffenden Situation geht (...) Ein *Skript* ... ist das *Programm* des Handelns innerhalb eines bestimmten Frames. Das Programm enthält die auf die Situation bezogenen typischen *Erwartungen und Alltagstheorien* über die typische Wirksamkeit typischer Mittel" (Esser, Bd. 6: 263; Hervorh. im Original).

Diese Begriffe gehören zum Gesamtkomplex der „kulturellen Situationsdefinitionen", wobei Esser weitgehend den Grundannahmen und den Begriffen des interpretativen Paradigmas (s. Lektion IV) folgt. Bereits Alfred Schütz, auf den Esser sich stark bezieht (vgl. bereits Esser, 1991), und Erving Goffman hatten betont, dass Menschen routinemäßig Situationen definieren und sich dessen nicht bewusst seien. Erst durch Zweifel und Fragen, die in einer Situation ‚laut werden', kommen sie wieder zu Bewusstsein (vgl. Bd. 6: 152f.). Dieses Modell versteht Esser als handlungstheoretische Integration der Ansätze von Parsons, Mead, Schütz und Garfinkel, die in der Ausgestaltung, nicht jedoch in den Grundprinzipien von den Klassikern abweiche: „Nichts davon ist wirklich neu" (Esser, Bd. 6: 260), stellt Esser selbst heraus:

> „Der Kern des Framingkonzepts ist die Idee, daß die ,Definition' der Situation aus der Aktivierung gewisser, im Gedächtnis gespeicherter ,Modelle' für typische Situationen besteht und daß dabei sowohl der ,Match' von (erwarteten) Symbolen und diesen Modellen, wie auch die Opportunitätskosten einer eventuell ,falschen' Orientierung eine steuernde Rolle spielen. (…) Das Framing-Konzept ist … das Herzstück der hier vorgestellten ,kultursoziologischen' Erweiterung oder auch Anreicherung (und damit: Verallgemeinerung) des ,einfachen' Rational-Choice-Ansatzes" (Esser, Bd. 6: XIIf.).

Kurz und bündig gesagt: Normalerweise wissen die Akteure, was sie in einer bestimmten Situation zu tun und zu lassen haben, noch kürzer: was ,Sache ist':

> „Wer ins Hochamt geht, weiß genau, wann das Agnus Dei kommt. Wer eine Herrensitzung der Blauen Funken besucht, weiß was eine Rakete ist und was dabei zu tun sein wird. Und wer bei Borussia auf der Nordtribüne inmitten eines Meers schwarzgelber Schals und Fahnen steht, weiß, was angesagt ist, wenn die Bayern kommen" (Esser, Bd. 6: 152):

Der Ort, an dem die Akteure ihren Bezugsrahmen finden, ist die Gruppe. Die Akteure stellen sich folgende Fragen:

a) Rahmung: um welche Situation handelt es sich?
b) Rezeptwahl: mit welchen Mitteln erreiche ich mein Ziel?

Gibt es eine Störung, so sucht der Akteur eine andere Rahmung.

Ein Akteur, der das **Framing** gedanklich vollzieht, wählt für eine spezifische Situation einen **kulturellen Bezugsrahmen** aus. In der Rahmenwahl ist er nicht frei, sondern vom Kontext seiner Bezugsgruppen und seiner Gesellschaft abhängig. Sein Handeln erfolgt dann innerhalb eines **Skripts**, d.h. eines ,gerahmten' Handlungsprogramms.

In einer vom Rational Choice Ansatz geprägten Modifikation zu Schütz betont Esser, dass Rahmung und Rezeptwahl nicht von der Reflektion oder Interpretation des Akteurs, sondern von seinen Interessen abhängen. „Das Framing bedeutet damit die Selektion einer auf die spezielle Situation bezogenen Präferenz" (Esser, Bd. 6: 263).

Die Akteure beobachten eine Situation, sie weisen dieser ein inhaltliches und gedankliches Modell (Frame) zu und handeln dann konkret aufgrund eines Skripts. Das Framing vollzieht sich also ,im Kopf', erst das Skript ist dann der konkrete Handlungsvollzug. Dabei gibt es wiederum zwei Möglichkeiten: Das Skript des Akteurs kann spontan-automatisch oder reflexiv-kalkuliert sein.

Schaubild: Der Prozess des Framing (Esser, Bd. 6: 268)

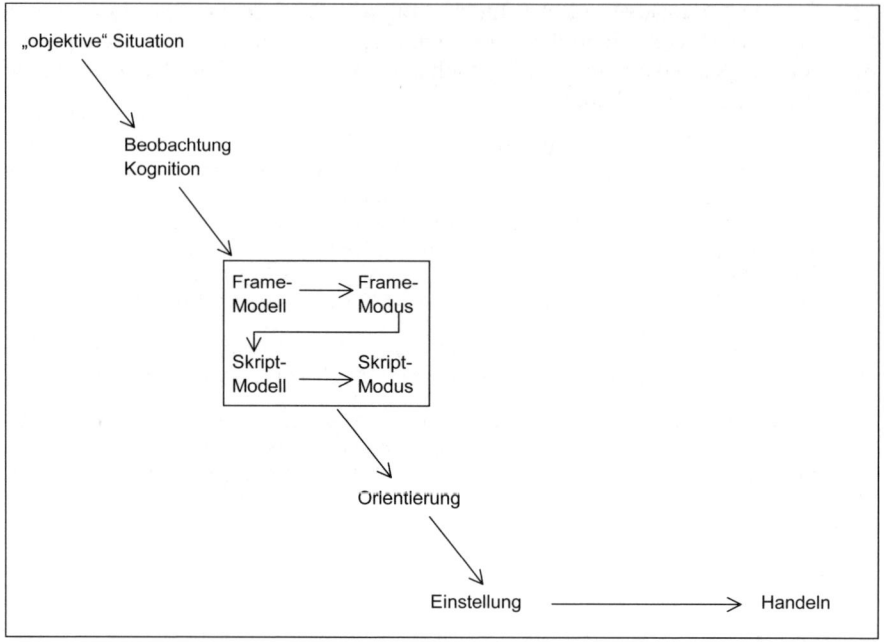

Mit einer neuen Situationsdefinition verändern sich also die Wahrnehmung und das Verhalten der Akteure. Besonders eindrücklich hat Esser dies im Zusammenhang der sog. Mannheimer Scheidungsstudie illustrieren können.

Die Mannheimer Scheidungsstudie

Diese Studie basiert auf einem mehrjährigen, von der DFG finanzierten Forschungsprojekt, das zwischen 1992 und 1996 unter der Leitung von Hartmut Esser am *Mannheimer Zentrum für Europäische Sozialforschung* (MZES) durchgeführt wurde. In die Studie flossen Daten zu insgesamt 5000 verheirateten und geschiedenen Paaren aus dem gesamten Bundesgebiet ein. „Erhoben wurden u.a. die jeweiligen sozio-demographischen Hintergründe und die zeitbezogenen Ereignisse der (beiderseitigen) Partnerschafts- und Ehebiographie, insbesondere auch zu den ehespezifischen Investitionen (Kinder und Eigentum) und zu den Zwischenschritten auf dem Weg in die Scheidung (wie das Auftreten der ersten großen Ehekrise)" (Esser, 2002a: 42; vgl. auch Klein/ Kopp, 1999). Parallel zur quantitativen Hauptuntersuchung wurde über vier Jahre ein ‚qualitatives Mini-Panel' von 17 frisch getrauten Ehepaaren durchgeführt (vgl. Esser, 2002a: 32).

Anmerkung: Als Indikator dafür, wie ‚normal' Scheidung heutzutage ist (ca. ein Drittel der Ehen wird geschieden), ist in diesem Zusammenhang zu werten, dass diese Studie als ‚Scheidungs'-, und nicht als ‚Ehe'-Studie bezeichnet und rezipiert wird. Immerhin betrug der Anteil der verheirateten Paare 50%. Ein Grund hierfür könnte sein, dass die öffentliche Aufmerksamkeit für eine ‚Ehe-Studie'geringer wäre.

Mit der Scheidungsstudie verfolgt Esser zwei Forschungsinteressen: Neben die *inhaltliche* Fragestellung, etwas über das Gelingen bzw. das Scheitern von Ehen zu erfahren, tritt das *methodologische* Interesse, am Beispiel der Ehe das Modell des Framing zu testen. Zusammenfassend kam die Studie zu dem Ergebnis, dass

148

Ehen mit umso größerer Wahrscheinlichkeit ‚halten', wenn möglichst viele der folgenden zehn Faktoren gegeben sind:

- Religiosität (möglichst übereinstimmend) der beiden Partner
- späte Eheschließung
- ein oder zwei gemeinsame Kinder
- gemeinsames Eigentum
- ländliches oder kleinstädtisches Milieu
- soziale Homogamie der Partner (soziale Herkunft möglichst übereinstimmend)
- keine Scheidungserfahrungen aus den Herkunftsfamilien
- Nicht-Erwerbstätigkeit der Ehefrau
- mangelnde Alternativen mit Blick auf einen neuen Partner
- geringe Akzeptanz von Trennungen

Neben diesen Faktoren ist aber vor allem *ein* Effekt, so Esser, entscheidend: das Framing der Ehe als ‚gute bzw. glückliche Ehe'. Haben die Partner aufgehört, ihre Ehe als ‚gute' zu definieren, interpretieren sie auch kleine Krisen als bedeutsam, was mittel- und langfristig zum sog. **Reframing**, also zur Uminterpretation führt. Das neue Framing lautet dann: ‚gescheiterte Ehe' – und der Weg zur Scheidung ist beschritten. Dies gilt vor allem für die späteren Alterskohoroten, in der Studie also diejenigen Paare, die während der letzten Jahrzehnte geheiratet haben: ‚gute Ehe' oder
‚gescheiterte Ehe'?

> „In den späteren Kohorten, mit ihren gewachsenen Opportunitäten für das Finden einer Alternative und mit ihrer höheren Akzeptanz von Trennung, wirkt sich ein schwaches Framing besonders stark aus, während man vorher, in den 1950er Jahren speziell, offenbar auf Gedeih und Verderb zusammenblieb, erkennbar auch dann, wenn an der Ehe und ihrem Rahmen nicht viel stimmte. ‚Alternativen' und eine Scheidung kommen, so sagt es das MFS [Modell der Frame-Selektion], erst dann in den Sinn, wenn der ‚Rahmen' nicht mehr stimmt *und* wenn die Gelegenheiten (und die Kosten) es zulassen, sich etwas Neues zu suchen. Man sieht aber auch: Für die fest gerahmten Ehen ist selbst in den turbulentesten Zeiten und bei den verlockendsten Alternativen so gut wie nichts zu befürchten. Die Alternativen werden, wenn alles ‚passt', einfach nicht wahrgenommen. Und das in jedem Sinn des Wortes. Auch heute noch" (Esser, 2002a: 57; Hervorh. im Original).

In einem Interview äußert Esser sich zu den praktischen Schlussfolgerungen, die er aus der Studie zieht. Gefragt, welche Vitamine am besten gegen das ‚Scheidungs-Virus' helfen, konstatiert er:

> „Das Hauptvitamin sind gemeinsame Freunde und gemeinsam verbrachte Freizeit. Da helfen keine Familie, keine wechselseitige Abhängigkeit, keine Religionen oder andere Werte – nur Freunde und gemeinsame Zeit. *Sich immer wieder wechselseitig als Paar zu definieren, hält Ehen wirklich zusammen.* Nur sind gemeinsame Aktivitäten und Hobbys heutzutage immer weniger möglich. Der Grund liegt in der Mobilität, die von der Gesellschaft gefordert wird. Arbeitsplatzwechsel und häufige Abwesenheit sind einfach Gift für die Beziehung" (Esser, 2002b; Hervorh. von mir, A.T.).

Aus der Scheidungsstudie und auch aus den sieben Bänden zu den allgemeinen und speziellen Grundlagen der Soziologie geht hervor, dass Esser das Explanans auf der Mikroebene ansiedelt. Ohne die starken Anleihen bei Max Weber, Alfred

Schütz oder Berger/Luckmann ist das Modell des Framing nicht denkbar. Gleichgültig, ob es sich um den Jugoslawien-Krieg oder die Scheidungsquoten geht – die Erklärungen für diese Makrophänomene sucht und findet Esser in den Sinnzuschreibungen, Situationsdefinitionen und Interaktionen der Akteure – also auf der Ebene, die für das interpretative Paradigma zentral sind (siehe Lektion IV).

8. Erklärende Soziologie: Forschungsfelder und Zusammenfassung

Mit seiner siebenbändigen „Soziologie. Allgemeine und spezielle Grundlagen" hat Hartmut Esser eine programmatische Schrift vorgelegt, deren Umfang seinen allumfassenden Anspruch markiert.

Eine neue, allumfassende Handlungstheorie

Im Vorwort und im Epilog des Abschluss-Bandes macht Esser diesen Anspruch, der in Abschnitt 5 schon wiedergegeben wurde, unmissverständlich geltend: Ähnlich Parsons strebe er eine Theorie für *alle* Gesellschaftswissenschaften, *alle* Gesellschaften und *alle* historischen Epochen an (vgl. Esser, Bd. 6: XIII; 534). Disziplinäre Trennungen, wie etwa die zwischen Soziologie und Geschichtswissenschaft, hält er für überflüssig – für ihn ist ‚alles eins', solange es sich um eine erklärende Sozialwissenschaft handelt (vgl. Esser, Bd. 2: 414). Essers sieben Bände enthalten umfangreiche Darstellungen zur Mikro- *und* Makro-Theorie. Seine eigene Soziologie ist jedoch primär mikro-orientiert. Dies wird an seinen Schlüsselkonzepten (Definition der Situation, Framing) deutlich, die auf einen der klassischen Ansätze des interpretativen Paradigmas, das sog. Thomas-Theorem, zurückgehen.

Seit Erscheinen des Hauptbandes der „Soziologie. Allgemeine Grundlagen" im Jahr 1993 und in Reaktion auf die Veröffentlichungen zur Mannheimer Scheidungsstudie seit Ende der 1990er Jahre findet in der Soziologie eine zum Teil mit großer Emotionalität geführte Debatte um Essers Erklärende Soziologie statt (vgl. etwa die Debatte in der Zeitschrift *Soziologie* zwischen Esser und dem Systemtheoretiker Dirk Baecker – Esser, 2002c und 2003; Baecker, 2003; hierzu Nassehi, 2003). Diese Einführung ist nicht der Platz, auf diese fachinternen Kontroversen über den Status der Esserschen Soziologie und die Kritik an ihr näher einzugehen. Festzuhalten ist: Essers Programmatik stellt in ihrer Verbindung unterschiedlicher Theorietraditionen und methodischer Verfahren etwas Neues dar, das in der gegenwärtigen deutschen Soziologie ‚Schule macht'. Der Einfluss der Esserschen Arbeiten sei anhand von drei Forschungsbereichen verdeutlicht:

Anwendungsfelder

1. Die Migrationsforschung erhält durch die Arbeiten von Hartmut Esser seit 25 Jahren wichtige Impulse. Zahlreiche Arbeiten sind in Anlehnung an seine 1980 erschienene Assimilationstheorie entstanden. Seine neueren Forschungen und Expertisen etwa zur *Unabhängigen Zuwanderungskommission* unter Leitung von Rita Süßmuth (vgl. Esser, 2001) gehen längst nicht mehr nur von den Assimilationsdimensionen, sondern von einem multi-begrifflichen und differenzierten Konzept aus, das die Mikro- und die Makroaspekte der Zuwanderung zu erfassen sucht. Entsprechend haben seine sozialen und politischen Empfehlungen stets Adressaten über die Wissenschaft hinaus: die Zuwanderer, die Einheimischen und die politischen Institutionen des Aufnahmelandes.

150

2. Seine Analysen zum ‚Framing der Ehe' machen deutlich, dass eine Ehe von vielfältigen Situationsdefinitionen und Aushandlungsprozessen bestimmt ist. Das Gelingen bzw. Scheitern einer Ehe ist demnach kein individuelles Verdienst bzw. Versagen, sondern charakteristisch für bestimmte gesellschaftliche Konstellationen, in denen Trennungen (wie heute der Fall) eher denkbar sind und nicht zuletzt deshalb auch häufiger realisiert werden.

3. In wachsendem Umfang werden modifizierte Rational Choice-Ansätze im Sinne Essers auch in weiteren Forschungsfeldern aufgegriffen, wie die Studie zur neuen Frauenbewegung von Annette Schnabel (2001) oder die Mannheimer Fußballstudie über Spieler mit Migrationshintergrund von Frank Kalter (2003) zeigen.

Schnabel (2001) geht – getreu der Annahmen des Rational Choice – von der These aus, dass es ‚eigentlich nicht vorgesehen sei', dass Menschen sich engagieren. Demnach sei ein **Engagement für Feminismus**, von dem man unmittelbar ‚nichts habe', unwahrscheinlich. Gleichwohl habe es stattgefunden. Unter Einbeziehung der Arbeiten von Mancur Olson, Stefan Gosepath und Hartmut Esser kommt Schnabel zum Schluss, dass die engagierten Frauen gleichwohl einen Nutzen haben, jedoch einen sog. **nicht-instrumentellen Nutzen**:

> „Innerhalb der Frauenbewegung, so meine hier vertretene These, stellt die Um-Interpretation eigener Erfahrungen, aber auch das Erlernen und Ausleben gesellschaftlich als deviant definierter Emotionen eine wichtige Komponente dieses nicht-instrumentellen Nutzens dar. Sich widersprechende individuelle Erfahrungen können durch das Angebot einer umfassenden Weltdeutung, die die Erkenntnis der allgegenwärtigen Geschlechterhierarchie vermittelt, integriert werden. Diese umfassende Gesellschaftsdeutung kann als Basis für die Umdeutung einzelner alltäglicher Situationen genutzt werden. Neue Situationselemente werden zur Definition der Situation herangezogen und ihre Interpretation wird verändert. Daraus resultieren veränderte Handlungsoptionen und Zielerreichungsmöglichkeiten" (Schnabel, 2001: 203).

Die ‚Bewegungs-Frauen' haben also durchaus etwas von ihrem Engagement: Sie erhalten einen neuen Blick auf die Welt, in der sich ihr Spielraum nicht verengt, sondern – scheinbar paradox, da sie die Gesellschaft als patriarchalische ja sehr kritisch sehen – in Kooperation mit anderen Betroffenen erweitert.

Abschließend seien die zentralen Inhalte dieser Lektion in **vier Stichworten** zusammengefasst:

1. Stichwort: Der Mensch als homo oeconomicus

Grundlegend für den methodologischen Individualismus ist das Menschenbild, wonach Menschen in heutigen Gesellschaften mit allem so umgehen, als wären sie Unternehmerinnen und Unternehmer – selbst in ihren privaten Beziehungen. Sei es die Entscheidung für ein bestimmtes Geschäft, in dem ich für meinen alltäglichen Bedarf einkaufe oder die ‚Entscheidung', in wen ich mich verliebe: alle Handlungen gelten als **Entscheidungshandlungen**, die **von rationalen Akteurinnen und Akteuren** getroffen werden. Oberstes Prinzip ist die **Nutzenmaximierung**: man versucht, den Einsatz (die Kosten) gering zu halten und den Gewinn (den Nutzen) zu vergrößern. In den meisten sozialen Situationen ist es ‚ökonomischer', keinen Aufwand zu betreiben, sich z.B. *nicht* politisch zu betätigen, sondern sich auf das **Trittbrettfahren** zu beschränken.

2. Stichwort: Von der Lerntheorie zu Rational Choice

Der methodologische Individualismus geht davon aus, dass Gesellschaft per se nicht existiert, dass das allein Entscheidende für eine soziologische Betrachtung das Verhalten von Individuen ist und dass diese Individuen sich kostenbewusst und nutzenmaximierend verhalten. Am menschlichen Verhalten interessieren ausschließlich die ‚rationalen Wahlhandlungen'. Als Sammelbezeichnung für dieses Konzept wird heute meist der Begriff des **Rational Choice** verwandt. Kollektive Akteurinnen und Akteure wie Betriebsgruppen, Verbände oder Verwandtschaftssysteme geraten dabei durchaus in den Blick, gelten aber meist nur als **Ensemble** mehrerer miteinander verbundener, aber letztendlich immer **rational handelnder Individuen**.

3. Stichwort: Von Rational Choice zur Erklärenden Soziologie

Wiederum eine Erweiterung des Rational Choice stellt die in Deutschland vor allem von Hartmut Esser vertretene **Erklärende Soziologie** dar. Sie geht von den Interpretationen und Interaktionen von Akteuren in ihren sozialen Kontexten aus. Diese Akteure, so Esser, sind bzw. verhalten sich keineswegs immer rational und nehmen ihre Umgebung durch einen gesellschaftlich und kulturell geprägten Filter wahr:

> „Es ist eine Theorie des Handelns, die ganz ausdrücklich von der, empirisch unabweisbaren, begrenzten Rationalität des Akteurs ausgeht und davon, daß sich ihm die objektive Umgebung immer nur in Form von kulturell vorgefertigten, mit Symbolen assoziierten, vereinfachenden gedanklichen ‚Modellen' vermittelt" (Esser, Bd. 6: XIII).

4. Stichwort: Framing und Reframing von Situationen

Im Mittelpunkt der erklärenden Soziologie steht folgende Frage: Wie definieren die Akteure in Paar- und Gruppenbeziehungen bestimmte Situationen (**Framing**), und unter welchen Bedingungen ändern sie diese Rahmung (**Reframing**)? Die aus solchen Analysen resultierenden Modelle der Rahmenwahl (**Frame-Selektion**) tragen dazu bei, Ereignisse auf der Makro-Ebene zu erklären. Schwerpunkt bleiben dabei jedoch die Interaktionen und Interpretationen der Menschen. Auf diese Weise werden in der Erklärenden Soziologie individualistische und interpretative Ansätze der Sozialwissenschaften integriert.

Informationsteil

Primärliteratur

Becker, Gary S.: Familie, Gesellschaft und Politik – die ökonomische Perspektive. Tübingen 1996 (*Die Einheit der Gesellschaftswissenschaften*; Bd. 96)

Coleman, James: Macht und Gesellschaftsstruktur. Übersetzt und mit einem Nachwort von Viktor Vanberg. Tübingen 1979 (nordamerikan. Original von 1974)

– Grundlagen der Sozialtheorie. Bd. 1: Handlungen und Handlungssysteme. München 1991

- Grundlagen der Sozialtheorie. Bd. 2: Körperschaften und die moderne Gesellschaft. München 1992
- Grundlagen der Sozialtheorie. Bd. 3: Die Mathematik der sozialen Handlung. München 1994
- **/Thomas J. Fararo (eds.): Rational Choice Theory. Advocacy and critique. Newbury Park et al. 1992 (Key Issues in Sociological Theory; 7)**
- Elster, Jon: Subversion der Rationalität. Frankfurt/M.; New York 1987
- (ed.): Rational Choice. Oxford 1986
- Logik und Gesellschaft. Widersprüche und mögliche Welten. Frankfurt/M. 1988

Esser, Hartmut

Monographien
Aspekte der Wanderungssoziologie. Assimilation und Integration von Wanderern, ethnischen Gruppen und Minderheiten. Eine handlungstheoretische Analyse. Darmstadt; Neuwied 1980
- Alltagshandeln und Verstehen. Zum Verhältnis von erklärender und verstehender Soziologie am Beispiel von Alfred Schütz und ‚Rational Choice'. Tübingen 1991 (*Die Einheit der Gesellschaftswissenschaften*; Bd. 73)
- **Soziologie. Allgemeine Grundlagen. Frankfurt/M.; New York 1993 (Esser, 1993)**
- Soziologie. Spezielle Grundlagen, Bd. 1: Situationslogik und Handeln. Frankfurt/M.; New York 1999 (Esser, Bd. 1)
- Soziologie. Spezielle Grundlagen, Bd. 2: Die Konstruktion der Gesellschaft. Frankfurt/M.; New York 2000 (Esser, Bd. 2)
- Soziologie. Spezielle Grundlagen, Bd. 3: Soziales Handeln. Frankfurt/M.; New York 2000 (Esser, Bd. 3)
- Soziologie. Spezielle Grundlagen, Bd. 4: Opportunitäten und Restriktionen. Frankfurt/M.; New York 2000 (Esser, Bd. 4)
- Soziologie. Spezielle Grundlagen, Bd. 5: Institutionen. Frankfurt/M./New York 2000 (Esser, Bd. 5)
- **Soziologie. Spezielle Grundlagen, Bd. 6: Sinn und Kultur. Frankfurt/M.; New York 2001 (Esser, Bd. 6)**

Aufsätze
- Soziale Differenzierung als ungeplante Folge absichtsvollen Handelns: Der Fall der ethnischen Segmentation. In: *Zeitschrift für Soziologie*, Jg. 14, 1985, S. 435-449
- Die Rationalität des Alltagshandelns. Eine Rekonstruktion der Handlungstheorie von Alfred Schütz. In: *Zeitschrift für Soziologie*, Jg. 20, 1991, S. 430-445
- Erklärende Soziologie. In: Bernhard Schäfers (Hg.): Soziologie in Deutschland. Entwicklung – Institutionalisierung und Berufsfelder – Theoretische Kontroversen. Opladen 1995, S. 171-184 (1995a)
- Die Objektivität der Situation. Das Thomas-Theorem und das Konzept der sozialen Produktionsfunktionen. In: Renate Martinsen (Hg.): Das Auge der

Wissenschaft. Zur Emergenz von Realität. Baden-Baden 1995, S. 75-100 (1995b)

- Integration und ethnische Schichtung. Mannheim 2001 (*Arbeitspapiere – Mannheimer Zentrum für Europäische Sozialforschung*; 40) (Gutachten für die unabhängige Kommission ‚Zuwanderung' des Bundesinnenministeriums)
- **In guten wie in schlechten Tagen? Das Framing der Ehe und das Risiko zur Scheidung. Eine Anwendung und ein Test des Modells der Frame-Selektion. In: Kölner Zeitschrift für Soziologie und Sozialpsychologie, Jg. 54, 2002, H. 1, S. 27-63 (2002a)**
- Das verflixte vierte Jahr. Der Familiensoziologe Hartmut Esser weiß, wie man den Partner fürs Leben findet – und ihn auch behält. Bloß: Das ist so unromantisch. In: *die tageszeitung* v. 22.11.2002 (taz bremen; Interview Ole Rosenbohm) (2002b)
- Wo steht die Soziologie? In: *Soziologie. Forum der Deutschen Gesellschaft für Soziologie*, Jg. 31, 2002, H. 4, S. 20-32 (2002c)
- Wohin, zum Teufel, mit der Soziologie? In: *Soziologie. Forum der Deutschen Gesellschaft für Soziologie*, Jg. 32, 2003, H. 2, S. 72-78

Homans, George Caspar: Elementarformen sozialen Verhaltens. Köln; Opladen 1968 (Original von 1961)

- Grundfragen soziologischer Theorie. Aufsätze. Hg. u. mit einem Vorwort versehen von Viktor Vanberg. Opladen 1972
- Soziales Verhalten als Austausch (Original von 1958). In: Heinz Hartmann (Hg.): Moderne amerikanische Soziologie. Stuttgart 1967, S. 173-185
- Coming to My Senses: The Autobiography of a Sociologist. New Brunswick, New York 1984
- Behaviourism and After. In: Anthony Giddens/Jonathan Turner (eds.): Social Theory Today. Cambridge 1988, S. 58-79

Lindenberg, Siegwart: Rationalität und Kultur. Die verhaltenstheoretische Basis des Einflusses von Kultur auf Transaktionen. In: Hans Haferkamp (Hg.): Sozialstruktur und Kultur. Frankfurt/M. 1990, S. 249-287

- The Method of Decreasing Abstraction. In: Coleman/Fararo, 1992, S. 3-20
- James Coleman. In: Georg Ritzer (ed.): The Blackwell Companion to Major Social Theorists. Oxford (UK) 2000, S. 513-544
- Social rationality versus rational egoism. In: Jonathan Turner (ed.): Handbook of Sociological Theory. New York 2001, S. 635-668
- /Reinhard Wippler: Theorienvergleich: Elemente der Rekonstruktion. In: Karl-Otto Hondrich/Joachim Matthes (Hg.): Theorienvergleich in den Sozialwissenschaften. Darmstadt und Neuwied 1978, S. 219-231

Olson, Mancur: Die Logik des kollektiven Handelns. Kollektivgüter und die Theorie der Gruppe. Tübingen 1968 (nordamerikan. Original von 1965)

Opp, Karl-Dieter: Verhaltenstheoretische Soziologie. Eine neue soziologische Forschungsrichtung. Reinbek 1972

- Theorie sozialer Krisen. Apathie, Protest und kollektives Handeln. Hamburg 1978
- Individualistische Sozialwissenschaft. Arbeitsweise und Probleme individualistisch und kollektivistisch orientierter Sozialwissenschaften. Stuttgart 1979

- DDR '89. Zu den Ursachen einer spontanen Revolution. In: *Kölner Zeitschrift für Soziologie und Sozialpsychologie*, Jg. 43, 1991, S. 302-321
- Methodologie der Sozialwissenschaften. Einführung in Probleme ihrer Theorienbildung und praktischen Anwendung. Wiesbaden 1995 (3., völlig neu bearb. Aufl.; Erstauflage Reinbek 1976)
- Gesellschaftliche Krisen, Gelegenheitsstrukturen oder rationales Handeln? Ein kritischer Theorienvergleich von Erklärungen politischen Protests. In: *Zeitschrift für Soziologie*, Jg. 25, H. 3, 1996, S. 223-242
- Vanberg, Viktor: Der verhaltenstheoretische Ansatz in der Soziologie – Theoriegeschichtliche und wissenschaftstheoretische Fragen. In: Homans, 1972, S. 141-175
- Die zwei Soziologien. Individualismus und Kollektivismus in der Sozialtheorie. Tübingen 1975
- Markt und Organisation. Individualistische Sozialtheorie und das Problem korporativen Handelns. Tübingen 1982

Weitere Literatur und Sekundärliteratur

Abell, Peter: Sociological Theory and Rational Theory. In: Bryan S. Turner (ed.): The Blackwell Companion to Social Theory. Oxford (UK), Cambridge (USA) 1996, S. 252-277

Baecker, Dirk: Die Zukunft der Soziologie. In: *Soziologie. Forum der Deutschen Gesellschaft für Soziologie*, Jg. 32, 2003, H. 1, S. 66-70

Bell, Daniel: Die Sozialwissenschaften seit 1945. Frankfurt/M.; New York 1986 (nordamerikan. Original von 1982)

Boudon, Raymond/Francois Bourricaud: Soziologische Stichworte. Ein Handbuch. Opladen 1992 (französ. Original von 1984)

James Coleman – A Biographical Sketch. An Interview from July, 1991. In: *Kölner Zeitschrift für Soziologie und Sozialpsychologie*, Jg. 47, 1995, S. 393-402

Dieckmann, Andreas/Thomas Voss (Hg.): Rational-Choice-Theorie in den Sozialwissenschaften. Anwendungen und Probleme. Rolf Ziegler zu Ehren. München, Wien 2003/4 (im Erscheinen)

Gosepath, Stefan: Motive, Gründe, Zwecke. Theorien praktischer Rationalität. Frankfurt/M. 1999

Hill, Paul B.: Rational-Choice-Theorie. Bielefeld 2002

Höffe, Otfried (Hg.): Einführung in die utilitaristische Ethik: klassische und zeitgenössische Texte. München 1975

Kalter, Frank: Chancen, Fouls und Abseitsfallen. Migranten im deutschen Ligenfußball. Wiesbaden 2003

Klein, Thomas/Johannes Kopp (Hg.): Scheidungsursachen aus soziologischer Sicht. Würzburg 1999

Kneer, Georg: Die Konzeptualisierung ‚nicht-intendierter Folgen' in der Theorie rationalen Handelns und der Systemtheorie. Ein Vergleich [von Esser und Luhmann]. In: Rainer Greshoff u.a. (Hg.): Die Transintentionalität des Sozialen. Eine vergleichende Betrachtung klassischer und moderner Sozialtheorien. Wiesbaden 2003, S. 303-335

Matthias-Bleck, Heike u.a.: Jahresbericht 2002 der Sektion Familiensoziologie. In: *Soziologie. Forum der Deutschen Gesellschaft für Soziologie*. Jg. 32, 2003, H. 4, S. 90-100

Miller, Max: Ellbogenmentalität und ihre theoretische Apotheose. Einige kritische Anmerkungen zur Rational Choice Theorie. In: *Soziale Welt*, Jg. 45, 1994, H. 1, S. 5-15

Nassehi, Armin: Und wenn die Welt voll Teufel wär … In: *Soziologie. Forum der Deutschen Gesellschaft für Soziologie*, Jg. 32, 2003, H. 4, S. 20-28

Schmid, Michael: Entscheiden, Handeln und Institutionen. Neuere Arbeiten zur soziologischen Handlungstheorie. In: *Berliner Journal für Soziologie*, Jg.4, 1994, H. 4, S. 571-580

Schimank, Uwe: Handeln und Strukturen. Einführung in die akteurtheoretische Soziologie. Weinheim; München 2000 (*Grundlagentexte Soziologie*)
– u.a.: Soziologisches Survival-Sixpack – Hartmut Essers ‚Soziologie – Spezielle Grundlagen. In: *Soziologische Revue*, Jg. 25, 2002, S. 351-366
Schnabel, Annette: Frauenbewegung, Emotionen und die Theorie der rationalen Wahl. In: Bettina Heintz (Hg.): Geschlechtersoziologie. Wiesbaden 2001 (Sonderheft 41/2001 der *Kölner Zeitschrift für Soziologie und Sozialpsychologie*), S. 182-207
Schneider, Wolfgang L.: Die Generalisierung des zweckrationalen Handlungstyps: Rational Choice. In: ders.: Grundlagen der soziologischen Theorie, Bd. 2, Wiesbaden 2002, S. 83-183
Volkart, Edmund H. (Hg.): William I. Thomas. Person und Sozialverhalten. Neuwied und Berlin 1965
Weede, Erich: Mensch und Gesellschaft. Soziologie aus der Perspektive des methodologischen Individualismus. Tübingen 1992
Wiesenthal, Helmut: Rational Choice. In: *Zeitschrift für Soziologie*, Jg. 16, 1987, S. 434-444

Lektion VII
Theorie des kommunikativen Handelns
und Kritische Theorie (Habermas, Offe, Honneth, Fraser)

Inhalt

1. Jürgen Habermas: Angewandte Aufklärung

Neben Niklas Luhmann gilt Jürgen Habermas heute als der soziologische ‚Groß-theoretiker' in der Bundesrepublik. Beide sind einer breiteren Öffentlichkeit bekannt und äußerten bzw. äußern sich regelmäßig zu gesellschaftspolitischen oder philosophischen Fragestellungen. Während jedoch Luhmann Interviews dazu nutzte, seine theoretischen Ideen direkt zu erläutern, und gelegentlich auch bei Soziologentagen auftrat (etwa beim 25. Deutschen Soziologentag 1990 in Frankfurt am Main), meidet Habermas die einschlägigen Großveranstaltungen der Soziologie seit Jahren. Geht man von ‚live'-Auftritten und direkter Einmischung aus, so ist Habermas in der *allgemeinen* Öffentlichkeit (z.B. im sog. Historiker-streit, bei den Debatten um die deutsche Wiedervereinigung, um den Kosovo-Krieg, den 11. September 2001 oder die Gentechnologie) als Person stärker präsent als in der *soziologischen* Fachöffentlichkeit.

International ist er der bekannteste deutsche Intellektuelle, wie die Übersetzungen seiner Werke und in jüngerer Zeit seine Vortragsreisen in Japan, Südkorea und China (Frühjahr 2001, mit einem Vortrag an der Peking-Universität) oder in Iran (Sommer 2002, auf Einladung des vom iranischen Präsidenten Chatami gegründeten *Zentrums für den Dialog der Zivilisationen*) zeigen. 2003 erhält Habermas in Spanien den Preis des Prinzes von Asturien für Sozialwissenschaften, und ist in Frankreich auf der Höhe seines Ruhms: „Er ist der in Frankreich einflussreichste deutsche Philosoph seit Marx, Nietzsche und Heidegger. Aber er spielt hier eine andere Rolle – jene, in der Sartre hierzulande einmal wichtig war: als öffentliches Gewissen der politischen Kultur" (Altwegg, 2003).

In der Soziologie wird der Name Habermas heute vor allem mit seiner 1981 erschienenen **„Theorie des kommunikativen Handelns"** verbunden. Dort hat er neue Schwerpunkte gesetzt, die seine bis in die 1970er Jahre andauernde primär makrotheoretische Orientierung überwinden. Auf diesem Werk liegt der Schwerpunkt dieser Lektion (Abschnitte 3-7). Vorweg seien die wesentlichen Aspekte des ‚frühen Habermas' zusammengefasst. Diese in Kooperation mit Claus Offe entstandene Spätkapitalismus-Theorie (Abschnitt 2) ist nicht nur innerhalb der Habermasschen Entwicklung, sondern auch angesichts der derzeitigen Renaissance kapitalismuskritischer Arbeiten innerhalb und außerhalb der Kritischen Theorie (Abschnitt 8; siehe auch Lektion X) von Interesse.

Jürgen Habermas
(geb. 1929)

Der 1929 in Düsseldorf geborene **Jürgen Habermas** studierte Philosophie, Geschichte, Psychologie, Deutsche Literatur und Ökonomie in Göttingen, Zürich und Bonn. Von seiner Tätigkeit als Forschungsassistent am Frankfurter *Institut für Sozialforschung* (1955 bis 1959) an galt er als Schüler seiner dortigen Lehrer Max Horkheimer und Theodor W. Adorno. Wegen theoretischer und politischer Differenzen mit Horkheimer habilitierte er jedoch 1961 nicht in Frankfurt, sondern in Marburg bei Wolfgang Abendroth (1906-1985) mit dem Buch „Strukturwandel der Öffentlichkeit", mit dem er bekannt wurde (vgl. ausführlich bereits Bd. 2, Lektion XI.4). Von 1961 bis 1964 war Habermas Professor für Philosophie in Heidelberg, 1964 bis 1971 Professor für Philosophie und Soziologie in Frankfurt. Von 1971 bis 1983 war er Direktor am Max-Planck-Institut zur Erforschung der Lebensbedingungen der wissenschaftlich-technischen Welt in Starnberg. Er erhielt zahlreiche Auszeichnungen, so 1973 (wie dann 1988 Luhmann) den *Hegel-Preis* der Stadt Stuttgart und 1980 (wie 1977 Elias) den *Adorno-Preis* der Stadt Frankfurt. 1983-1993 hatte Habermas wiederum eine *Professur für Philosophie und Soziologie* in Frankfurt am Main inne. Auch nach seiner Emeritierung (1993) hat er sich wiederholt in öffentlichen Debatten eingemischt bzw. durch seine Stellungnahmen solche Debatten erst ausgelöst. Die Resonanz auf seinen 70. Geburtstag im Jahr 1999 sowie die Auszeichnung mit dem *Friedenspreis des deutschen Buchhandels* 2001 zeigen die anhaltende Bedeutung seiner Person und seines Werkes, so dass schon von einer Habermas-Industrie (Kießerling, 2000) gesprochen wird. – Eine informative Darstellung zu Habermas' Biographie und Werk liegt mit der Einführung von Walter Reese-Schäfer (2001) vor.

Eines der Hauptinteressen von Habermas war und ist die Entstehung und Weiterentwicklung der bürgerlichen Gesellschaft. Zwar macht er wie die Frankfurter Schule insbesondere auf die Widersprüche der bürgerlichen Gesellschaft aufmerksam. Allerdings schließt er sich nicht den düsteren Analysen von Max Horkheimer und Theodor W. Adorno in deren Buch „Dialektik der Aufklärung" an, an ihre Theorie des – bezogen auf Deutschland bzw. die Bundesrepublik – im Faschismus totalitär gewordenen und anschließend im Wesentlichen autoritär gebliebenen Spätkapitalismus. Für die ältere Kritische Theorie war die Tradition der Aufklärung gebrochen, für Habermas nicht.

Habermas knüpft direkt an den politischen Idealen der Aufklärung an: sein Interesse war und ist auf die Verwirklichung einer demokratischen, vernünftigen Gesellschaft gerichtet, die von mündigen und emanzipierten (kurz: aufgeklärten) Bürgern (mittlerweile auch Bürgerinnen) gestaltet wird. Demokratie ist für ihn unmittelbar an Emanzipation und Bewusstwerdung geknüpft. Diese Soziologie, die sehr anwendungsbezogen und politiknah klingt, ist gleichwohl distanziert und verhalten, sobald es um konkrete Anweisungen für politisches Handeln geht. Während der **Studentenbewegung** (siehe Bd. 2, Lektion XII) begibt sich Habermas in harte Opposition zum *Sozialistischen Deutschen Studentenbund* (SDS), als er deren Politik als scheinrevolutionär kritisiert und gar als ‚linken Faschismus' bezeichnet. Demonstrationen und Institutsbesetzungen seien, so Habermas, von notwendiger Aufklärung weit entfernt:

> „Eine rote Fahne im richtigen Augenblick auf dem richtigen Dach kann eine aufklärende Wirkung haben; sie kann eine Tabuschranke durchbrechen, eine Barriere gegen Aufklärungsprozesse aus dem Weg räumen. Etwas anderes ist es aber, wenn ein solches Symbol diejenigen, die es setzen, darüber betrügt, daß es heute um einen Sturm auf die Bastille nicht gehen kann. (...) Die Verwechslung von Realität und Wunschphantasie hat ... zur Folge, daß an Stelle der allein gebotenen Strategie massenhafter Aufklärung die Taktik der Scheinrevolution tritt" (Habermas, 1968b: 12).

Habermas wollte die von ihm angestrebte Aufklärung der bürgerlichen und nachbürgerlichen Öffentlichkeit nicht mit aus seiner Sicht selbstgefälligen und plakativen Aktionen, sondern mit den Mitteln der **Ideologiekritik** erreichen. Zentrale Ideologien (d.h. interessengeleitete Ideen) der modernen Gegenwartsgesellschaft sind für ihn die Bereiche von Technik und Wissenschaft (vgl. Habermas, 1968c). Ideologiekritik in einer „kritischen Soziologie", wie Habermas sie in Anlehnung an Horkheimers „Kritische Theorie" postuliert, ist wiederum eng mit angewandter Aufklärung verbunden.

> „Wenn die kritische Soziologie ohne Anklage und ohne Rechtfertigung zeigt, daß Sekurität (Sicherheit; A.T.) um den Preis eines gewachsenen Risikos nicht Sicherheit; Emanzipation um den Preis steigender Reglementierung nicht Freiheit; Prosperität um den Preis der Verdinglichung des Genusses nicht Überfluß ist; dann ist diese wie im-

Aufklärung durch Ideologiekritik

mer bittere Erfolgskontrolle *ihr* Beitrag, um die Gesellschaft entgegen dem Huxleyschen Alptraum, entgegen dem Orwellschen Grauen, offenzuhalten. Diese Erfolgskontrolle hätte das dezidiert politische Ziel, unsere Gesellschaft davor zu bewahren, sich unter einem autoritären Regime in eine geschlossene Anstalt zu verwandeln – sogar dann noch, wenn es außer den schon erreichten gar keine anderen Erfolge geben sollte" (Habermas, 1962/1971: 303; Hervorh. im Original).

Zur Veränderung der Gesellschaft in diesem Sinne ist die „Organisation der Aufklärung" notwendig. In diesem Prozess gibt es für Habermas keine ‚Führer', „denn in einem Aufklärungsprozess gibt es nur Beteiligte" (1971b: 45). Das heißt, potentiell sind alle Gesellschaftsmitglieder dazu imstande und aufgerufen, soziale, ökonomische und politische Missstände zu erkennen, zu reflektieren und zu verändern. **Kritische Staatsbürgerinnen und Staatsbürger** – und eben nicht nur die Schülerinnen und Schülern bzw. Studentinnen und Studenten der sog. Kritischen Generation – sind erforderlich, um die Ziele politischer Aufklärung theoretisch *und* praktisch umzusetzen. **Aufklärung** geht für Habermas notwendigerweise mit Reflexionsprozessen und „einer praktischen Veränderung eingelebter Situationen" einher (Habermas, 1971b: 22).

Habermas-Luhmann-Kontroverse In diesem Zusammenhang ist auch Habermas' Opposition gegenüber Luhmann zu sehen. Ende der 1960er, Anfang der 1970er Jahre standen beide in einem intensiven, direkten Diskussionszusammenhang und publizierten einmal auch gemeinsam (vgl. Habermas/Luhmann 1971). In dieser Zeit wurde der grundlegende Unterschied zwischen beiden formuliert: hier eine Soziologie als **abgeklärte Aufklärung** (Luhmann) und dort eine Soziologie als **angewandte Aufklärung** (Habermas). Diese Auseinandersetzung ist mit dem sog. Positivismusstreit zwischen Hans Albert auf der einen und Theodor W. Adorno und Jürgen Habermas auf der anderen Seite vergleichbar und gilt als eine der großen Kontroversen in der westdeutschen Sozialwissenschaft der Nachkriegszeit. Dass Habermas sich an beiden Debatten beteiligte, zeigt, wie wichtig ihm die Klärung seiner Position – und wie stark seine intellektuelle Präsenz und Dominanz war.

2. Rückblick auf die 1970er Jahre: Analyse des Spätkapitalismus (Habermas, Offe)

Der Habermas der 1970er Jahre: Makrotheorie 1973 waren die „Legitimationsprobleme im Spätkapitalismus" (Habermas, 1973) erschienen. Dort zeichnet Habermas ein recht skeptisches Bild der westlichen Gegenwartsgesellschaft, nämlich als einer Gesellschaft mit Dauerproblemen, mit wachsendem Legitimationsbedarf und permanentem Krisenmanagement. Ökonomische, soziale und politische Krisen, so Habermas, gehen Hand in Hand und wachsen sich zu einer gesamtgesellschaftlichen Krise aus. Die individuell-subjektiven Krisenanteile macht er daran fest, dass die „Konsensgrundlage der normativen Strukturen" (Habermas, 1973: 12) beeinträchtigt sei. Alte Identitäten (z.B. die Zugehörigkeit zur Arbeiterklasse, aus der sich ein Klassenbewusstsein ergibt) haben sich aufgelöst, neue Identitäten sind noch nicht gefunden. Solche Gefährdungen von Identifikationen sind untrennbar mit gesamtgesellschaftlich-strukturellen Entwicklungen verbunden: der Klassenkonflikt wurde durch den Klassenkompromiss abgelöst.

Habermas stellt fest, dass die legitimatorische und identifikatorische Dauerkrise nur durch andere Lebensbedingungen und Kommunikationsformen in einer Gesellschaft beendet werden könnte. Denn die Zuspitzung zur Legitimationskrise werde durch ein starres soziokulturelles System gefördert, das nicht flexibel auf geänderte Wertvorstellungen reagiere. Nach Habermas ist es weniger dem politisch-ökonomischen als dem soziokulturellen System anzulasten, wenn der gesellschaftliche Konsens brüchig wird.

Der prominenteste Mitarbeiter und wichtiger Co-Autor von Habermas in dieser Zeit ist Claus Offe.

Claus Offe wurde 1940 in Berlin geboren und war in den 1960er und frühen 1970er Jahren ein einflussreicher Teilnehmer der jüngeren Generation an der Spätkapitalismus-Debatte. Von 1965 bis 1969 Assistent am *Institut für Sozialforschung* in Frankfurt am Main bei Habermas, promovierte er 1968 zum Thema „Leistungsprinzip und industrielle Arbeit" (Offe, 1970). Nach Aufenthalten in Berkeley und Harvard (1969-1971) war Offe auch von 1971 bis 1975 Mitarbeiter von Habermas am Starnberger Max-Planck-Institut zur Erforschung der Lebensbedingungen in der wissenschaftlich-technischen Welt. 1973 habilitierte er sich für das Fach Politikwissenschaften an der Universität Konstanz und war 1975 bis 1988 Professor für Soziologie und Politikwissenschaft an der Universität Bielefeld. Von 1988 bis 1995 war er Professor für Politikwissenschaft und Soziologie in Bremen und Leiter der Abteilung „Theorie und Verfassung des Wohlfahrtsstaates" des dortigen Zentrums für Sozialpolitik. Seit 1995 ist er *Professor für Politikwissenschaft* und Inhaber des Lehrstuhls für *Politische Soziologie und Sozialpolitik* an der Humboldt-Universität zu Berlin. – Sein Buch „Strukturprobleme des kapitalistischen Staates" (Offe, 1972a), das von Habermas angeregt war und dessen Untersuchungen wiederum selbst stark beeinflusst hat, war zur Zeit der Studentenbewegung ‚Pflichtlektüre'. In den nächsten Abschnitten werden die Thesen von Jürgen Habermas und Claus Offe trotz ihrer Unterschiede gemeinsam dargestellt.

Claus Offe
(geb. 1940)

Die Krisenanalyse von Jürgen Habermas und Claus Offe macht deutlich, dass diese – wenn auch unter veränderten Prämissen – den Weg fortsetzen, den Max Horkheimer, Theodor W. Adorno, Erich Fromm und andere Angehörige der Kritischen Theorie in den 1920er Jahren begonnen hatten. Deren Ansätze einer marxistischen Gesellschaftstheorie hatten neben philosophischen auch psychoanalytische Ideen zu integrieren versucht (vgl. die Antritts-Vorlesung von Max Horkheimer als Direktor des Frankfurter *Instituts für Sozialforschung* im Jahr 1931; siehe Bd. 2, Lektion VIII). Habermas' und Offes Untersuchungen kann man als Beiträge zu einer politischen Krisentheorie verstehen.

Beide gehen davon aus, dass die Grundwidersprüche bürgerlich-kapitalistischer Gesellschaften (zwischen der Entwicklung der Produktivkräfte und der der Produktionsverhältnisse) sich in den 1960er Jahren noch weiter verschärft haben. Die Bedeutung des Staates für die gesellschaftliche Konfliktregulierung und die Steuerung des ökonomisches Prozesses wird immer größer. In der Entwicklung vom *Früh-* zum *Spät*kapitalismus hat sich die ursprüngliche Dominanz der Ökonomie über die Politik umgekehrt: nun ist die Politik, ist der Staat gefragt, damit die spätkapitalistische Gesellschaft insgesamt (ihre ökonomische Struktur eingeschlossen) ihre Legitimität, d.h. ihre Anerkennungswürdigkeit nicht verliert.

Aber auch ständig wachsende Staatstätigkeiten, die die Legitimität sichern sollen, bieten keine Garantie dafür, dass die spätkapitalistischen Krisenerscheinungen weniger werden. Der Staatseingriff wird zur politischen Schlüsselfrage des Spätkapitalismus. Ohne ihn kann Legitimität nicht mehr ‚hergestellt' werden.

Zusammenfassend lässt sich die Spätkapitalismus-Theorie von Habermas und Offe wie folgt charakterisieren:

Unter **Spätkapitalismus** verstehen sie einen organisierten oder staatlich geregelten Kapitalismus. Die **wachsende Staatstätigkeit** ist für sie das zentrale Merkmal gegenwärtiger Gesellschaften: staatliches Handeln hat eine neue historische Qualität. Nicht mehr die privaten Eigentümer, sondern Monopole üben Herrschaft aus. Diese Herrschaft ist deshalb so stabil, weil sie durch Banken und staatliche Entscheidungsträger gestützt wird. Die Verflechtungen zwischen ökonomischem und politischem Bereich machen ganz neue Legitimationsprinzipien notwendig. **Legitimation**, d.h. die Anerkennungswürdigkeit einer politischen Ordnung, versteht Habermas **als Dauerproblem**. Habermas und Offe beurteilen die weitere Entwicklung der westlichen Gesellschaften äußerst skeptisch; der Legitimationsbedarf in spätkapitalistischen Gesellschaften werde immer größer. Die **Anforderungen an staatliches Krisenmanagement** steigen damit ebenfalls an. Der Erhalt des spätkapitalistischen Systems ist nicht nur durch ökonomische, sondern durch – wie man heute sagen würde – Sinnkrisen gefährdet. Gesellschaftliche Krisen entstehen zunächst im ökonomischen System und ‚wandern‘ in den politischen und von dort in den kulturellen Bereich.

Habermas und stärker noch Offe betonen, dass an den **Grundthesen von Marx** festgehalten werden kann. Es gibt zwar verschiedene Typen/Stadien des Kapitalismus, aber ihnen liegt ein gemeinsames, weiterhin gültiges Prinzip zugrunde. An der Gültigkeit dieses Prinzips ändern auch die verbesserten Lebensbedingungen des Proletariats nichts.

> „... nur die Verwechslung der *Manifestationsform* mit der zugrunde liegenden *Entwicklungslogik* des Kapitals und des von ihm getragenen Institutionensystems erlaubt Schlußfolgerungen wie die der etablierten Sozialwissenschaft: daß der antagonistische Charakter der kapitalistischen Entwicklung überwunden sei" (Offe, 1972b: 18; Hervorh. im Original).

Sozial- und Wirtschaftspolitik oder Infrastrukturleistungen dienen nur dazu, die Lebensbedingungen der arbeitenden Individuen gerade so erträglich zu halten, „wie es die Aufrechterhaltung der Produktion sowie die von ‚Ruhe und Ordnung‘ jeweils verlang(t)en" (Offe, 1972a: 160).

Unter **Spätkapitalismus** versteht man also eine Stufe hoher ökonomischer Konzentration mit weitreichender, aber bloß *regulierender* Intervention des Staatsapparates. ‚Bloß regulierend‘ deshalb, weil der Staat nur ein funktionales, aber kein grundsätzliches Interesse daran hat, im Sinne seiner Bürger zu handeln.

Die spätkapitalistische Gesellschaft inszeniert sich als **Massendemokratie und Wohlfahrtsstaat**. Hinter dieser Fassade verbergen sich jedoch, so die Kritikerinnen und Kritiker des Spätkapitalismus, autoritäre und gewaltsame Strukturen, die die Bürgerinnen und Bürger unmündig halten und Emanzipation verhindern. Als wichtigstes ‚Täuschungsmanöver‘ gilt, dass der Klassenkonflikt nicht aufgehoben ist, sondern lediglich latent gehalten wird. Allerdings trägt der Spätkapitalismus die (Selbst-)Zerstörung in sich, es entstehen immer mehr **Krisen**.

„Vom ‚Grundwiderspruch' einer Gesellschaftsformation können wir dann und nur dann sprechen, wenn aus dessen Organisationsprinzip die Notwendigkeit abgeleitet werden kann, daß sich in diesem System (immer wieder) Individuen und Gruppen mit (auf die Dauer) unvereinbaren Ansprüchen und Intentionen gegenübertreten. Das ist in Klassengesellschaften der Fall. Solange die Inkompatibilität von Ansprüchen und Intentionen den Beteiligten nicht bewußt ist, bleibt der Konflikt latent ..." (Habermas, 1973: 44).

Innerhalb seiner Typologie der *Gesellschaftsformationen* (vgl. Habermas, 1973: 31) hatte Habermas zwischen vorhochkulturellen, hochkulturellen (die er sämtlich als Klassengesellschaften bezeichnet) und postmodernen Gesellschaften unterschieden.

Der Begriff der **Postmoderne** wurde von dem französischen Philosophen Jean-Francois Lyotard (1924-1998) geprägt und begründete eine Richtung experimentellen Denkens bzw. Konstruierens in den Sozialwissenschaften, in der Kunst und Architektur. Habermas steht den Diskussionen zur ‚Postmoderne' sehr kritisch gegenüber und hat sie als neo-konservativ tituliert (vgl. im Überblick Reese-Schäfer, 2001: 137ff.). Ein Schlüsseltext hierbei ist die Rede, die Habermas 1980 anlässlich der Verleihung des Adorno-Preises über „Die Moderne – ein unvollendetes Projekt" (Habermas, 1981d) hält. Auch schon Anfang der 1970er Jahre lässt Habermas den Übergang zur postmodernen Gesellschaft offen: es sei (noch) nicht entschieden, ob spätkapitalistische Gesellschaften die Chance haben oder bekommen, sich in postmoderne zu transformieren und damit ein völlig neues Organisationsprinzip zu etablieren.

Die Debatte um die Postmoderne

1981 erschien dann Habermas' **große Theorie**, die „Theorie des kommunikativen Handelns" (Habermas, 1981a; 1981b). In ihr hat Habermas so deutlich neue Schwerpunkte gesetzt, und sie hat eine so breite Rezeption erfahren, dass die älteren Arbeiten von Habermas in den Hintergrund gedrängt wurden. Die frühere, primär makrotheoretische Orientierung ist hier durch den Versuch abgelöst, Mikrotheorie und Makrotheorie – Habermas spricht von Handlungs- und Systemtheorie – zu verbinden. Auf dem Weg zur „Theorie des kommunikativen Handelns" (im folgenden abgekürzt als TkH) – und in ihr – baut Habermas die mikrotheoretischen Ansätze so aus, dass die makrotheoretische Ausrichtung relativiert wird. Zur Gesellschaftsanalyse kommen Sprach- und Kommunikationstheorie und (Sozial-)Philosophie hinzu.

Der ‚neue' Habermas: Verbindung von Mikro- und Makrotheorie

Im folgenden stehen zwei Themenbereiche im Mittelpunkt: zum einen die Einführung in das zweibändige „Monstrum", wie Habermas die TkH selbst genannt hat (vgl. Habermas, 1985a: 178), und die dazugehörigen Untersuchungen; zum anderen die wissenschaftlichen und publizistischen Untersuchungen von Habermas zur westlichen Gegenwartsgesellschaft. Ausgeklammert bleiben die eher philosophisch orientierten Beiträge, etwa zur sog. Postmoderne, und seine Auseinandersetzungen mit dem Werk anderer Autorinnen und Autoren, die in vielen Essays dokumentiert sind (vgl. Habermas, 1985c).

Zunächst seien die Grundgedanken und der Aufbau der TkH erläutert.

3. Zugang zu einem ‚Monstrum': Die „Theorie des kommunikativen Handelns"

Die TkH erschien in zwei Bänden mit einem Umfang von insgesamt über 1100 Seiten, zu denen im Anschluss nochmals 600 Seiten „Vorstudien und Ergänzungen" (Habermas, 1984) veröffentlicht wurden. Zunächst zu den **Grundgedanken**.

Die TkH ist Habermas' (bisheriges) ‚opus magnum': sie ist das Resultat einer mehr als zehn Jahre dauernden intensiven Beschäftigung mit verschiedenen soziologischen und philosophischen Traditionen. Schon in der „Logik der Sozialwissenschaften" (Habermas, 1967) hatte Habermas das Projekt einer Theorie kommunikativen Handelns angekündigt. In Vorlesungen zu Anfang der 1970er Jahre (vgl. Habermas, 1984: Abschnitt I) skizzierte er die Aufgaben einer **Kommunikationstheorie** als Theorie der umgangssprachlichen Kommunikation. Habermas interessiert sich nun nicht mehr für die Abgrenzung unterschiedlicher kapitalistischer Gesellschaftsformationen (Liberal- vs. Spätkapitalismus), sondern mehr für die kapitalismus-internen Entwicklungen. Schon der Titel „Theorie des kommunikativen Handelns" stellt eine deutliche Abwendung von der ‚reinen' Spätkapitalismus-Thematik dar: der Begriff des Handelns verweist auf individuelle Aspekte, der Begriff der **Kommunikation** auf die **Interaktion von Individuen**. Ein Grundgedanke der TkH ist also die Konstruktion einer Kommunikationstheorie, die sich mit der alltäglichen Interaktion und Kommunikation von Individuen beschäftigt – allerdings in einer anderen Weise als der Symbolische Interaktionismus.

Theorie der umgangssprachlichen Kommunikation

Ein weiterer Grundgedanke ist der Entwurf einer neuen Gesellschaftstheorie – mit den Mitteln der Rekonstruktion. Die TkH ist jedoch nicht oder nicht nur eine Theorie über Theorie, sondern versteht sich auch als kritische Gesellschaftstheorie. Habermas will an die Tradition der kritischen Gesellschaftstheorie von Adorno und Horkheimer anknüpfen, wie er zu Beginn des Vorworts zur ersten Auflage klarmacht:

Entwicklung einer neuen Gesellschaftstheorie

> „Die Theorie kommunikativen Handelns ist keine Metatheorie, sondern Anfang einer Gesellschaftstheorie, die sich bemüht, ihre kritischen Maßstäbe auszuweisen. Ich verstehe die Analyse der allgemeinen Strukturen verständigungsorientierten Handelns nicht als Fortsetzung der Erkenntnistheorie mit anderen Mitteln" (Habermas, 1981a: 7).

Hinzu kommen eher gegenwartsbezogene politische Interessen, die sich allerdings stets mit theoretischen Interessen mischen. Rückblickend beschreibt Habermas seine Motivation, die TkH zu schreiben, folgendermaßen:

politische Gegenwartsanalyse

> „Das eigentliche Motiv, das ich 1977 hatte, als ich anfing, das Buch zu schreiben, war, mir selbst darüber klar zu werden, wie man die Kritik der Verdinglichung, die Kritik der Rationalisierung so umformulieren kann, daß man einerseits theoretische Erklärungen anbietet für das Brüchigwerden des sozialstaatlichen Kompromisses und für die wachstumskritischen Potentiale der neuen Bewegungen, ohne jedoch andererseits das Projekt der Moderne preiszugeben, ohne Rückfall ins Post- oder Antimoderne, ohne neukonservativ ‚stramm' oder jungkonservativ ‚wild' zu werden" (Habermas, 1985a: 184).

Hier wird deutlich, wie zentral die Orientierung an gesellschaftlichen und politischen Ereignissen für Habermas ist und wie stark sein Interesse ist, sich von Erscheinungen des ‚Zeitgeistes' abzugrenzen. Rationalisierung und Verdinglichung sind für Habermas die für die gegenwärtigen Gesellschaften typischen Tendenzen (siehe Abschnitt 7).

Trotz der zahlreichen politischen und ‚pragmatischen' Fragestellungen ist die TkH, wie Habermas einräumt, „ein hoffnungslos akademisches Buch" (Habermas, 1985a: 184). Dies resultiert nicht zuletzt aus der Anlage der beiden Bände.

Walter Reese-Schäfer weist in seiner Habermas-Einführung darauf hin, dass die TkH unterschiedliche Textsorten enthalte, durch die man sich erst einmal hindurchfinden müsse. Zwischen **Einleitung, den zwei Zwischenbetrachtungen und der Schlussbetrachtung, in denen Habermas seine eigene Position entwickelt**, stehen umfangreiche Kapitel, in denen Habermas sich mit verschiedenen Klassikern auseinandersetzt:

> „Diese Textteile stellen sozusagen einen Abdruck von Habermas' Exzerptheften dar. Wurden bei anderen Philosophen Vorlesungstexte und Exzerpthefte oft erst lange nach ihrem Tode publiziert, liefert der Suhrkamp-Verlag sie bei Habermas in Permanenz. Für den Kenner ist das hilfreich und erleichtert das Verständnis. Für Leser aber, die einen ersten Zugang suchen, ist es nötig, zwischen den Textsorten strikt zu trennen und sich eine Hierarchie von ‚Wichtigem' und ‚Unwichtigem' zu schaffen" (Reese-Schäfer, 2001: 49).

Als Lese- und Arbeitshilfe sei hier der zusätzliche ‚Tip' gegeben, sich das in Band 1 enthaltene ausführliche Inhaltsverzeichnis herauszukopieren, um sich bei der Lektüre über die Systematik vergewissern zu können, aber nicht ständig zurückblättern zu müssen:

> „Der Verlag ... hat die Zwischenüberschriften weggelassen und einen fortlaufenden Text gesetzt, der lediglich durch am Rand stehende Ziffern ermöglicht, in das Inhaltsverzeichnis am Anfang des ersten Bandes zurückzublättern. Die Aufmachung des Buches enthält so den heimlichen Imperativ: ausschließlich am Schreibtisch, nicht im Sessel zu lesen. Wenn man sich an Habermas' Gliederung hält, ist der Weg durch das Dickicht der Bände durchaus zu finden" (Reese-Schäfer, 2001: 49).

Die TkH ist der **Entwurf einer neuen Gesellschaftstheorie**, die große Teile der Wissenschafts- und insbesondere der Soziologie-Geschichte daraufhin ‚ausschlachtet', inwieweit sie Beiträge zu einer TkH beisteuern können. Insofern sind die Kapitel über soziologische Klassiker – über Max Weber, Talcott Parsons, Emile Durkheim usw. – eben keine ‚normale' Sekundärliteratur, keine bloße Theorie über Theorie, sondern eine Habermassche Auswertung dieser Theorien. Diese Auswertung ist zwangsläufig selektiv. *(Auswertung soziologischer Theorien)*

Im folgenden soll nun keine ‚Rekonstruktion der Rekonstruktion' geleistet werden, indem z.B. die ‚Richtigkeit' der Habermasschen Durkheim-Interpretation überprüft wird (zur Klassiker-Rezeption durch Habermas vgl. etwa Bonacker, 2002). Diese Lektion soll lediglich die wesentlichen Begriffe und Thesen der TkH entwickeln und somit einen Zugang zum ‚zweiten', gegenwärtigen Habermas ermöglichen. Der inhaltliche **Aufbau** der TkH sei hier kurz skizziert.

Band 1 der TkH trägt den Untertitel „**Handlungsrationalität und gesellschaftliche Rationalisierung**" (Habermas, 1981a). Diesen Untertitel kann man als Leitgedanken des gesamten Werkes verstehen: Habermas' Auseinandersetzung mit verschiedenen Konzepten der Rationalität und den Auswirkungen von Rationalisierungsprozessen in den unterschiedlichsten gesellschaftlichen Bereichen ist mindestens so wichtig, wenn nicht wichtiger als der Begriff des kommunikativen *(ein Schwerpunkt der Analyse: gesellschaftliche Rationalisierung)*

165

Handelns selbst. Die **Rationalitätsproblematik** ist im Anschluss an Max Weber, dessen Ansatz Habermas in Kapitel II ausführlich diskutiert, ein zentrales Stichwort im Selbstverständnis und bei der Analyse moderner Gesellschaften (siehe Abschnitt 7 dieser Lektion). Außerdem stellt Habermas die soziologischen Handlungsbegriffe, wie die Soziologie sie entwickelt hat, einander gegenüber und konfrontiert sie mit seinem Zentralbegriff, dem kommunikativen Handeln (siehe Abschnitt 5 dieser Lektion). Des weiteren beschäftigt sich Habermas im ersten Band auf gesellschaftstheoretischer Seite mit Marx, Adorno, Lukàcs (Kapitel IV) und auf sprachtheoretischer Seite mit der sog. Sprechakttheorie (Erste Zwischenbetrachtung).

Band 2 der TkH trägt den **Untertitel „Zur Kritik der funktionalistischen Vernunft"** (Habermas, 1981b). Dieser Titel spielt auf Max Horkheimers 1947 veröffentlichte „Kritik der instrumentellen Vernunft" an.

Die instrumentelle Vernunft ist für Horkheimer die für die moderne Gesellschaft typische, ,verfälschte' Vernunft. Das, was heute Vernunft heißt, ist für Horkheimer Manipulation. Es herrscht der Mythos der Zweckrationalität.

Hier wägt Habermas in ausführlicher Exegese die – aus der Perspektive der von ihm angestrebten kommunikativen Handlungstheorie – Verdienste George H. Meads und Emile Durkheims gegeneinander ab. Er kommt zu dem Ergebnis, dass – vereinfacht gesprochen – Mead zu interaktionsfixiert und Durkheim zu gesellschaftsfixiert sei (vgl. Habermas, 1981b: 90), um jeweils als alleiniger Ansatz auszureichen. Auch Talcott Parsons' Systemtheorie ist für ihn nicht umfassend genug. Habermas kommt zu dem Schluss, dass die Widersprüche der Moderne,

theoriegeschichtliche
Auseinandersetzung

wie Weber sie zutreffend erkannt habe, von Parsons ignoriert worden seien. Nach der Zusammenfügung der Diskussion über System und Lebenswelt in der zweiten Zwischenbetrachtung und der Rekonstruktion eines großen Teils des klassischen soziologischen ,Programms' kehrt Habermas im abschließenden Kapitel zur Gesellschaftsanalyse zurück. In der Schlussbetrachtung „Von Parsons über Weber zu Marx" (Kapitel VII) werden die Debatten zusammengeführt. Am Titel der Schlussbetrachtung fällt auf, dass sie – betrachtet man die Lebensdaten – ,rückwärts' verläuft; so bringt Habermas seine **rekonstruktive Absicht** nochmals zum Ausdruck. Da er jedoch Parsons für weniger ergiebig als Weber hält, knüpft er in der Schlussbetrachtung nur noch an Weber an – und an Karl Marx, der bis dahin in den beiden Bänden nur am Rande thematisiert worden war.

4. Die Universalpragmatik: Grundstrukturen der Kommunikation

Wie bereits erwähnt, treten beim neueren Habermas Fragen der Ökonomie zugunsten von Fragen des gesellschaftlichen Normensystems zurück. Im Gegensatz etwa zu Luhmann (siehe Lektion II) interessieren ihn Fragen der Moral und der Normsetzung, und zwar sowohl auf individueller wie auf gesellschaftlicher Ebene. Eine solche Perspektive wäre ohne Bezüge zur klassischen Kritischen Theorie einerseits und zu Talcott Parsons andererseits nicht denkbar. **Normen und Werte** schlagen sich in Sprache, in Kommunikation und Interaktion nieder. In der Soziologie gehören sie, z.B. bei Emile Durkheim (der Normen als ‚moralische Tatsachen' bezeichnet), zu den Grundbegriffen. Die Normativität des Handelns ist eine der klassischen Fragestellungen der Soziologie (siehe Bd. 1, Lektion II).

Für Habermas stehen gesellschaftliche Normen und Kommunikation in einem besonders engen Zusammenhang. Dabei fällt auf, dass er sich nicht nur theoretisch-analytisch mit Normen beschäftigt, sondern seine Analysen selbst wiederum normativ unterlegt und konzipiert sind. Habermas unterscheidet zwischen ‚konkreten' Werten und ‚abstrakten' Geltungsansprüchen. ‚Sein und Sollen' sind etwas völlig anderes als ‚Sein und Geltung'. Unter **Werten** versteht Habermas Kategorien wie Wahrheit, Schönheit, Reichtum, Gesundheit, Recht, Macht oder Heiligkeit (vgl. Habermas, 1981a: 342). Normen und Kommunikation

In Anlehnung an die Sprachphilosophie seines Studienfreundes und Kollegen Karl-Otto Apel (geb. 1922), Professor für Philosophie in Frankfurt am Main, den nordamerikanischen Sprachtheoretiker und Gesellschaftskritiker Noam Chomsky (geb. 1928) und die ‚Väter' der sog. Sprechakttheorie John Austin (1911-1960) und John R. Searle (geb. 1932) vollzieht Habermas eine ‚linguistische Wende'. In Anlehnung an die Sprachtheorie und -philosophie stellt Habermas die Untersuchung von Sprache und Kommunikation in den Mittelpunkt seiner Theorie. Danach ist Sprache nicht nur ein System von Sätzen (also ein rein grammatikalisches, linguistisches Phänomen), sondern eine Handlung: eine Sprechhandlung oder ein Sprechakt (Habermas behält die Terminologie der genannten Linguisten bei).

Sprache ist nach Habermas ein doppeltes Medium, nämlich „Medium der Verständigung und ... Medium der Handlungskoordinierung und der Vergesellschaftung von Individuen" (Habermas, 1981b: 41). Sprachliche Kommunikation ist an bestimmte Regeln gebunden. Für diese Regeln wählt er den Begriff der **Universalpragmatik**: Sprache als doppeltes Medium

> „Die Universalpragmatik hat die Aufgabe, universale Bedingungen möglicher Verständigung zu identifizieren und nachzukonstruieren. In anderen Zusammenhängen spricht man auch von ‚allgemeinen Kommunikationsvoraussetzungen'; ich spreche lieber von allgemeinen Voraussetzungen kommunikativen Handelns, weil ich den Typus des auf Verständigung abzielenden Handelns für fundamental halte" (Habermas, 1984: 353).

Sprechhandlungen beziehen sich auf unterschiedliche Welten oder Realitätsbereiche. Habermas unterscheidet in Anlehnung an Karl R. Popper drei Welten: die objektive, die soziale und die subjektive Welt. Bezug von Sprechhandlungen auf drei Realitätsbereiche

Die **objektive Welt** ist die sog. äußere Natur, die die Gesellschaftsmitglieder vorfinden, die „Gesamtheit der Tatsachen" (Habermas, 1981a: 84). Diese Welt, die die Systemebene einschließt, ist durch die Methode der Beobachtung zugänglich.

Die **soziale Welt** ist die Welt der Normen und der Interaktion. Der normative Kontext ist durch Interaktionen definiert.

Objektive und soziale Welt zusammengenommen bezeichnet Habermas als **Außenwelt**.

Die **subjektive Welt** ist die **Innenwelt** der einzelnen Gesellschaftsmitglieder. Sie ist die Gesamtheit der ‚inneren' Erlebnisse, zu denen nur das fühlende und empfindende Individuum Zugang hat.

Sprechhandlungen sind also immer auf eine Welt (eine Innen- und/oder Außenwelt) bezogen. Darüberhinaus liegt ihnen, so Habermas, ein übergreifendes ‚moralisches' Prinzip zugrunde. Er geht davon aus, dass es überall auf der Welt und in ganz unterschiedlichen historischen Epochen und gesellschaftlichen Zusammenhängen eine **Idee der Vernunft** gibt, auf der unsere Sprechhandlungen basieren – eine Annahme, die er selbst als „starke Behauptung" (Habermas, 1984: 105) bezeichnet. Wenn ich mit jemanden spreche, so gehe ich nach Habermas – zunächst unausgesprochen – davon aus, dass die Aussagen meines Gegenüber wahr und richtig sind und aufrichtig/wahrhaftig vorgebracht werden, dass also bestimmte Regeln gelten, auf deren Anerkanntsein (Geltung) ich vertrauen kann. In abstrakterer Weise als etwa im Symbolischen Interaktionismus bezeichnet Habermas diese Voraussetzungen von Kommunikation als Geltungs-

Vier
Geltungsansprüche ansprüche. Habermas unterscheidet die drei bzw. vier Geltungsansprüche **Wahrheit, Richtigkeit, Wahrhaftigkeit** (Aufrichtigkeit) und **Verständlichkeit** (vgl. Habermas, 1981a: 376). Diese Regeln von Sprechhandlungen sind für Habermas **universal**.

Wahrheit ist für Habermas nichts anderes als Zustimmungsfähigkeit, Richtigkeit die Übereinstimmung mit der Wirklichkeit (Angemessenheit oder Berechtigung der Aussage) und Wahrhaftigkeit die Unverstelltheit und Aufrichtigkeit der beteiligten Personen selbst. Verständlichkeit ist eine Sonderform unter den Geltungsansprüchen; sie ist schon vorausgesetzt, damit eine Aussage überhaupt als wahr, richtig oder aufrichtig gelten kann.

> „Die Bedingung für die Wahrheit von Aussagen ist die potentielle Zustimmung aller anderen" (Habermas, 1984: 109).

Der entscheidende Gedanke für seine Kommunikationstheorie, den Habermas bereits Anfang der 1970er Jahre formuliert, ist der einer **doppelten Struktur von Kommunikation** (vgl. Habermas, 1971c: 106):

Die **Regeln des sprachlichen Handelns** (d.h. die Universalpragmatik) werden entweder einfach angewandt oder selbst zum Thema gemacht. Im ersten Fall handelt es sich um Kommunikation im engeren Sinne, im zweiten Fall um Kommunikation über Kommunikation, um sog. **Metakommunikation** bzw. Diskurs. Da nach Habermas in gegenwärtigen Gesellschaften Verständnis kaum noch direkt, also über ‚einfache' Kommunikation erzielt werden kann, sind Techniken der Metakommunikation immer wichtiger.

Für den Fall, dass die Regeln des sprachlichen Handelns selbst zum Thema gemacht werden, verwendet Habermas den Begriff des Diskurses. Unter **Diskurs**

Diskursbegriff (vgl. demgegenüber den Diskurs-Begriff bei Foucault; Lektion III) versteht er die Verständigung über Sprechhandlungen, darüber, welche kommunikativen Handlungen akzeptiert werden sollen:

> „Von ‚Diskursen' will ich nur dann sprechen, wenn der Sinn des problematisierten Geltungsanspruches die Teilnehmer konzeptuell zu der Unterstellung nötigt, daß grundsätzlich ein rational motiviertes Einverständnis erzielt werden könnte, wobei ‚grundsätzlich' den idealisierenden Vorbehalt ausdrückt: wenn die Argumentation nur

offen genug geführt und lange genug fortgesetzt werden könnte" (Habermas, 1981a: 71).

Diskurse werden z.B. dann geführt, wenn ich eine Äußerung als ironisch empfinde, diese Gesprächsform jedoch nicht aufrechterhalten will und deshalb erstens nachhake ‚War das ironisch gemeint'? und dann vorschlage ‚Lass' uns doch jetzt ernsthaft sprechen'. Auf diese Weise fordere ich den Geltungsanspruch der Wahrhaftigkeit ein. – In den Veröffentlichungen der 1990er Jahre unterscheidet Habermas zwischen Verhandlungen, Selbstverständigungsdiskursen und Gerechtigkeitsdiskursen (vgl. Habermas, 1996: 285f.), wobei letztere sein besonderes Interesse finden.

Kommen die Teilnehmerinnen und Teilnehmer an einer Sprechhandlung diskursiv zu einem Einverständnis, so nennt Habermas dies Konsens. **Konsens** ist die „intersubjektive Anerkennung kritisierbarer Geltungsansprüche" (Habermas, 1981a: 37).

‚Arbeit', verstanden als zweckrationales Handeln, tritt in der TkH zugunsten der ‚Interaktion', verstanden als kommunikatives Handeln, völlig in den Hintergrund. Im Mittelpunkt des neueren Habermas steht das **kommunikativ kompetente Individuum**.

Übersicht: Das universalpragmatische Sprachmodell (Habermas, 1984: 440)

Realitätsbereiche	Erscheinungsformen der Realitätsbezüge	implizite Geltungsansprüche	allgemeine Funktionen der Sprechhandlung
äußere Natur	Objektivität	Wahrheit	Darstellung von Sachverhalten
Gesellschaft	Normativität	Richtigkeit	Herstellung von interpersonalen Beziehungen
innere Natur	Subjektivität	Wahrhaftigkeit	Ausdruck von subjektiven Erlebnissen
Sprache	Intersubjektivität	Verständlichkeit	– – –

Abschließend sei angemerkt, dass die hier skizzierten Grundannahmen sehr weitreichend sind und die Konzeption der gesamten TkH beeinflussen. Habermas' Menschenbild ist davon bestimmt, dass Menschen sich während der Sozialisation zu aktiven, (sprachlich) handelnden Subjekten entwickeln, zumindest potentiell mündig und vernünftig sind und nach den Regeln der Universalpragmatik handeln. Die große Bedeutung, die nicht nur Geltungs*aspekte*, sondern gerade Geltungs*ansprüche* für Habermas haben, macht deutlich, welche Abstrahierungen und Idealisierungen Habermas bezüglich Kommunikation vornimmt. In der kritischen Alltagswahrnehmung scheinen Kommunikationsstörungen, die Existenz verschiedener Lebensbereiche (z.B. nach Geschlecht und/oder Milieu), das Umsichgreifen von ironischem statt aufrichtigem Sprechen (und Schreiben) etc. ein realistischeres Bild gegenwärtiger Wirklichkeit abzugeben als Habermas' **ideale Sprechsituationen**. Für Habermas sind Vernünftigkeit und **kommunikative Rationalität** die allumfassende Grundlage der Universalpragmatik und der gesamten Theorie.

Mit diesen Grundannahmen steht und fällt die TkH, wie auch von kritischen Stimmen aus dem ‚eigenen Lager' festgestellt wurde:

das kommunikativ kompetente und vernünftige Individuum als zugrunde liegendes Menschenbild

„Wenn es nicht gelingen sollte, überzeugend darzutun, daß in der Tat in jedem kommunikativen Akt immer schon die Geltungsansprüche Verständlichkeit, Wahrheit, Wahrhaftigkeit und Richtigkeit konstitutiv erhoben werden, daß wir also qua unserer Ausstattung mit kommunikativer Kompetenz eine Potenz in uns tragen, die Habermas ‚kommunikative Rationalität' nennt, dann bricht das ganze Gebäude zusammen" (Gripp, 1984: 120; vgl. auch McCarthy, 1989: 547).

5. Kommunikatives Handeln als Grundbegriff sozialen Handelns

Der Begriff des kommunikativen Handelns ist Habermas' neuer Grundbegriff (vgl. Habermas, 1981b: 304).

Dieser Begriff und seine Abgrenzungen gegenüber den anderen Handlungsbegriffen werden in Abschnitt I.3 des ersten Bandes der TkH („Weltbezüge und Rationalitätsaspekte des Handelns in vier soziologischen Handlungsbegriffen"; Habermas, 1981a) und in den „Erläuterungen zum Begriff des kommunikativen Handelns" (Habermas, 1984: 571-606) entwickelt. Eine kurze Zusammenfassung der Handlungsbegriffe findet sich auch in einer Replik auf Anthony Giddens (siehe Lektion XI) in den Vorstudien (vgl. Habermas, 1984: 541f.).

Entwicklung des Handlungsbegriffs Die gängigen sozialwissenschaftlichen Handlungs-Typen sind Gegenstand der Rollentheorie, des individualistischen Programms (siehe Lektion VI) und des interpretativen Programms (siehe Lektion IV). Indem Habermas diese verschiedenen Typen referiert und diskutiert, liefert er quasi eine komprimierte Zusammenschau der Handlungsbegriffe aus verschiedenen theoretischen Kontexten. Außerdem erweitert er das Webersche Konzept vom sozialen Handeln (siehe Bd. 1, Lektion II).

Habermas führt **mehrere Handlungstypen** an, die er aus der philosophischen und soziologischen Tradition herleitet und im Laufe der Argumentation unterschiedlich verknüpft und gewichtet. Er erörtert das teleologische, das zweckrationale, das normative und das dramaturgische Handeln. Die Hauptunterscheidung ist diejenige zwischen dem strategischen und dem kommunikativen Handeln. Im Gegensatz zum *strategischen* Handeln, das an die individualistische Handlungskonzeption erinnert, ist das *kommunikative* Handeln interaktiv:

> „Kommunikatives Handeln stützt sich auf einen kooperativen Deutungsprozeß, in dem sich die Teilnehmer auf etwas in der objektiven, der sozialen und der subjektiven Welt *zugleich* beziehen, auch wenn sie in ihren Äußerungen thematisch *nur eine* der drei Komponenten *hervorheben*. (...) *Verständigung* bedeutet die Einigung der Kommunikationsteilnehmer über die Gültigkeit einer Äußerung; *Einverständnis* die intersubjektive Anerkennung des Geltungsanspruchs, den der Sprecher für sie erhebt" (Habermas, 1981b: 184; Hervorh. im Original).

Habermas spricht von **kommunikativen Akten**: diese sind nicht zwangsläufig an Sprache gebunden. Sowohl Sprechhandlungen als auch „äquivalente nicht- verbale Äußerungen" (wie z.B. Kopfschütteln) versteht er als kommunikative Akte (vgl. Habermas, 1981a: 376).

Das kommunikative, verständigungsorientierte Handeln erfordert von den Akteurinnen und Akteuren ein hohes Maß an Reflexivität und Distanzierung, da der Dialog bzw. die erhobenen Geltungsansprüche nicht an höhere Instanzen wie Tradition, Religion oder Autorität appellieren dürfen. Hier zählt allein ‚das bessere Argument' oder die ‚guten Gründe', die intersubjektiv anerkannt sein müssen.

> **Kommunikatives Handeln** ist das prototypische intersubjektive Handeln. Es ist nicht strategisch, nicht erfolgsorientiert und dennoch auf ein gemeinsames Ziel der Beteiligten hin ausgerichtet. Dieses Ziel lautet **Verständigung**.

Das kommunikative Handeln ist dasjenige Handeln, bei dem die **Handlungskoordinierung** der Agierenden im Mittelpunkt steht:

„Hingegen spreche ich von *kommunikativen* Handlungen, wenn die Handlungspläne der beteiligten Aktoren nicht über egozentrische Erfolgskalküle, sondern über Akte der Verständigung koordiniert werden. Im kommunikativen Handeln sind die Beteiligten nicht primär am eigenen Erfolg orientiert; sie verfolgen ihre individuellen Ziele unter der Bedingung, daß sie ihre Handlungspläne auf der Grundlage gemeinsamer Situationsdefinitionen aufeinander abstimmen können. Insofern ist das Aushandeln von Situationsdefinitionen ein wesentlicher Bestandteil der für kommunikatives Handeln erforderlichen Interpretationsleistungen" (Habermas, 1981a: 385; Hervorh. im Original).

Übersicht: Handlungstypen (Habermas, 1981a: 384)

Handlungs-situation \ Handlungs-orientierung	erfolgsorientiert	verständigungsorientiert
nicht-sozial	instrumentelles Handeln	–
sozial	strategisches Handeln	kommunikatives Handeln

Das gemeinsame Ziel, das die an einer komммunikativen Handlung beteiligten Personen verfolgen, ist **Verständigung**. Strenggenommen ist auch ‚Verständigung' ein Ziel oder ein Zweck, aber Habermas betrachtet Verständigung als übergeordnetes, zweckfreies Ziel. Ziel wiederum von Verständigungsprozessen ist **Einverständnis**: dieses beruht, so Habermas, auf gemeinsamen Überzeugungen:

Ziel von Verständigungs-prozessen: Einverständnis

„Verständigungsprozesse zielen auf ein Einverständnis, welches den Bedingungen einer rational motivierten Zustimmung zum Inhalt einer Äußerung genügt. (...) Wohl kann ein Einverständnis objektiv erzwungen sein, aber was *ersichtlich* durch äußere Einwirkung oder Anwendung von Gewalt zustande kommt, kann subjektiv nicht als Einverständnis *zählen*. Einverständnis beruht auf gemeinsamen *Überzeugungen*" (Habermas, 1981a: 387; Hervorh. im Original).

Das kommunikative Handeln nimmt auch Anteile der anderen Handlungsformen auf. Als sog. Grenzfälle des kommunikativen Handelns gelten: die Konversation, das normengeleitete und das dramaturgische Handeln (vgl. Habermas, 1981a: 438). Kommunikatives Handeln ist dem **Konsens** verwandt – beide beziehen sich auf kritisierbare Geltungsansprüche (siehe Abschnitt 4):

171

„Für kommunikatives Handeln sind nur solche Sprechhandlungen konstitutiv, mit denen der Sprecher kritisierbare Geltungsansprüche verbindet" (Habermas, 1981a: 410).

Das kommunikative Handeln ist, wenn man so will, eine Steigerungsform aller anderen Handlungsformen, wie sie Weber, Schütz, Berger/Luckmann u.a. konzipiert haben, und insofern für Habermas der **Grundbegriff des sozialen Handelns**: kommunikativ handelnde Menschen sind in ihrem Alltagshandeln nicht nur reflexiv und konstruktiv, interpretieren und konstruieren eine Wirklichkeit, sondern sie verändern und verbessern diese Wirklichkeit. Dies geschieht dadurch, dass sie Auseinandersetzungen oder Konflikte im Diskurs so lange hin und her wenden, Argumente gegeneinander abwägen, bis sie zu einem Einverständnis kommen. Bei diesem Einverständnis schwingt jedoch mehr mit als eine bloße Einigung – etwa um des ‚lieben Friedens' willen. Vielmehr finden sich alle Beteiligten in diesem Ergebnis ‚wieder' und können es gemeinsam und aufgrund eigener Überzeugung aufrichtig vertreten.

aktive und kritisch handelnde Individuen

Habermas räumt zwar ein, dass der Typ des kommunikativen Handelns selbst normativ – da Verständigung ein normativer Begriff sei –, und nicht ein empirischer Fakt sei; dennoch ist er von der Möglichkeit überzeugt, dass sich kommunikative Rationalität realisieren lässt.

kommunikatives Handeln als realisierbares Ideal

> Habermas' Ideal-Vorstellung ist am Modell des argumentierenden Sprechens orientiert. Er geht davon aus, daß es eine **rationale Verständigung** gibt, die mehr ist als das Aushandeln von Individual-Interessen.

Die gesellschaftliche Wirklichkeit ist durch den Widerspruch der von Habermas anvisierten **idealen Sprechsituation** und den verbreiteten **Kommunikationsstörungen** bestimmt. Habermas räumt Störungen von Kommunikation ein: „eine systematisch verzerrte Kommunikation" liegt (aber nur) vor, „wenn die innere Organisation der Rede gestört ist" (Habermas, 1984: 252), wenn z.B. jemand in einer Beziehung Gefühle aus strategischen Erwägungen vortäuscht (vgl. Habermas, 1984: 249).

Zwischen dem kommunikativem Handeln und der sog. Lebenswelt der Akteurinnen und Akteure besteht ein enger Zusammenhang, ein komplementäres Verhältnis:

> „Kommunikatives Handeln spielt sich innerhalb einer Lebenswelt ab, die den Kommunikationsteilnehmern im Rücken bleibt. Diesen ist sie nur in der präreflexiven Form von selbstverständlichen Hintergrundannahmen und naiv beherrschten Fertigkeiten präsent" (Habermas, 1981a: 449).

6. Zweistufiges Modell der Gesellschaft: Lebenswelt und System

Bezüge zur Phänomenologie

Der Begriff der **Lebenswelt** ist einer der zentralen Begriffe sowohl der klassischen wie auch der gegenwärtigen soziologischen Theorie. Er gehört zum Grundbestand des sog. interpretativen Programms. Bei Edmund Husserl ist mit ‚Le-

172

benswelt' das erfahrbare, vor- und außerwissenschaftliche Leben, bei Alfred Schütz die für den Menschen selbstverständliche, alltägliche Wirklichkeit gemeint (siehe Lektion IV).

Habermas greift diese phänomenologische Tradition bereits in seinen frühen Arbeiten auf. Auch in den „Legitimationsproblemen im Spätkapitalismus" (Habermas, 1973) trägt ein Abschnitt die Überschrift „System und Lebenswelt". Unter dieser Bezeichnung diskutiert Habermas jedoch ausschließlich das Verhältnis von Sozial- und Systemintegration. Im Zuge seiner breiteren Mikro-Rezeption gerät das Lebenswelt-Konzept bei Habermas immer stärker in den Blick. Die ‚Zweite Zwischenbetrachtung' in Band 2 der TkH beschäftigt sich ausführlich mit „System und Lebenswelt" (Habermas, 1981b: 173-293). Habermas' Priorität liegt hier eindeutig auf dem zweiten Begriff, dem der Lebenswelt. Er unterzieht diejenigen Ansätze, die in Soziologie und Philosophie das Lebenswelt-Konzept entwickelt haben und verwenden, einer kritischen Analyse. Auch hier ist sein Verfahren selektiv, denn er ist – wie schon bei den Handlungsbegriffen – ausschließlich an Verbindungsmöglichkeiten (‚Anschlüssen') zu seiner TkH interessiert.

Lebenswelt ist für Habermas das, was für die handelnden Individuen als Hintergrund ihres Handelns immer vorhanden, ihnen jedoch meistens nicht bewusst ist. Lebenswelt ist ein Konglomerat unserer sozialen Herkunft, unserer früheren und gegenwärtigen Gruppenzugehörigkeiten (auf informeller wie auf formeller Ebene) – allgemein unseres früheren und jetzigen Umfeldes. Die Mitglieder einer bestimmten gesellschaftlichen Gruppierung (z.B. der Globalisierungskritiker oder eines Golfclubs) sind – trotz aller internen Differenzierungen etwa nach Alter oder Geschlecht – **Mitglieder derselben Lebenswelt**. Aus dieser Lebenswelt entnehmen die Individuen bestimmte Ressourcen ihres Handelns, bestimmte Wissensbestände (vgl. Schütz und Berger/Luckmann; Lektion IV). *Lebenswelt als selbstverständlicher Erfahrungshorizont*

Die Angehörigen „sozialer Kollektive teilen normalerweise eine Lebenswelt" (Habermas, 1985a: 185), sie verfügen über dieselben Hintergrundfertigkeiten und Hintergrundbeziehungen. Die Lebenswelt ist für uns

> „so unproblematisch, daß wir uns gar nicht aus freien Stücken, nach Belieben, irgendwelche Teile davon zu Bewußtsein bringen können" (Habermas, 1985a: 187).

Die Lebenswelt hat, so Habermas, einen paradoxen Charakter, da sich die Handelnden ihres lebensweltlichen Wissens eben deshalb so sicher sein können, weil sie es nicht ständig thematisieren und problematisieren. Mit dem Eintritt in einen (möglichst herrschaftsfreien) Diskurs begeben sich die Handelnden dann aus den Selbstverständlichkeiten der Lebenswelt hinaus – indem sie etwa ein Beziehungsgespräch führen, Situationen rekapitulieren etc. Die Lebenswelt leistet dadurch, dass in ihr sämtliche Handlungen und Orientierungen koordiniert werden, die gesellschaftlich fundamentale Sozialintegration. *Lebenswelt leistet Sozialintegration*

Lebenswelt ist für Habermas also der selbstverständliche, nicht-hinterfragte Hintergrund des kommunikativen Handelns. Der Begriff der Lebenswelt ist für Habermas der **Komplementärbegriff** zu dem des kommunikativen Handelns: *Lebenswelt und kommunikatives Handeln*

> „Die Kategorie der Lebenswelt hat also einen *anderen* Status als die bisher behandelten formalen Weltkonzepte. Diese bilden, zusammen mit kritisierbaren Geltungsansprüchen, das kategoriale Gerüst, welches dazu dient, problematische, d.h. einigungsbedürftige Situationen in die inhaltlich bereits interpretierte Lebenswelt einzuordnen. (...) Die Lebenswelt hingegen erlaubt keine analogen Zuordnungen; mit ihrer Hilfe können sich Sprecher und Hörer nicht auf etwas als ‚etwas Intersubjektives' beziehen. Die kommunikativ

173

Handelnden bewegen sich stets *innerhalb* des Horizonts ihrer Lebenswelt; aus ihm können sie nicht heraustreten" (Habermas, 1981b: 191f; Hervorh. im Original).

Folgerichtig stellt Habermas den Begriff der Lebenswelt in eine enge Verbindung zu seinem Konzept der sprachlichen Verständigung und Intersubjektivität:

> „Die Strukturen der Lebenswelt legen die Formen der Intersubjektivität möglicher Verständigung fest" (Habermas, 1981a: 192).

Für Habermas sind die kommunikativen Möglichkeiten einer Gesellschaft in der Lebenswelt ‚aufbewahrt'.

Die **Lebenswelt** ist der für die Individuen selbstverständliche Hintergrund für kommunikatives Handeln und damit Grundlage für die Verständigung. Sie ist der Ort, an dem die Selbstreproduktion und Selbstinterpretation einer sozialen Gruppe stattfindet. Lebenswelt ist für Habermas in Verständigungsprozessen ‚zentriert' (vgl. Habermas, 1981b: 483).

Das Lebenswelt-Konzept sichert, so Habermas, den Anschluss der Handlungstheorie an die Gesellschaftstheorie:

Lebenswelt und Gesellschaftstheorie

> „Erst mit der Rückwendung auf den kontextbildenden Horizont der Lebenswelt, aus der heraus sich die Kommunikationsteilnehmer miteinander über etwas verständigen, verändert sich das Blickfeld so, daß die Anschlußstellen der Handlungstheorie für die Gesellschaftstheorie sichtbar werden: das Gesellschaftskonzept muß an ein zum Begriff des kommunikativen Handelns komplementäres Lebensweltkonzept angeknüpft werden" (Habermas, 1981a: 452).

Durch das zweistufige Modell einer Gesellschaftstheorie, die System- und Lebensweltperspektive verbindet, können soziale Phänomene und Prozesse immer von zwei Seiten betrachtet werden, wie Habermas am Beispiel der ‚öffentlichen Meinung' deutlich macht. Öffentliche Meinung werde in der Regel entweder normativ oder empirisch untersucht:

> „... tatsächlich erfassen aber beide Auffassungen jeweils nur einen Aspekt der Massendemokratie. Die über Parteienkonkurrenz hergestellte Willensbildung ist nämlich Resultante aus beiden: dem Druck von kommunikativen Wert- und Normbildungsprozessen einerseits, dem Stoß von Organisationsleistungen des politischen Systems andererseits" (Habermas, 1981b: 509).

Nur eine Verbindung der beiden Perspektiven gewährleistet eine angemessene, umfassende Analyse.

Der **System-Begriff** tritt in der TkH hinter dem Lebenswelt-Begriff zurück. **Systeme** sind für Habermas diejenigen gesellschaftlichen Bereiche, in denen das zweckrationale Handeln in Reinkultur vorkommt, z.B. in Unternehmen.

Systeme als nur durch zweckrationales Handeln bestimmte Gesellschaftsbereiche

Angesichts der informellen Strukturen in vielen Betrieben oder des ‚Filzes' in und zwischen Wirtschaft und Politik kann man dies nur als idealtypische Annahme verstehen. Die Reduzierung des ökonomischen Sektors auf ein zweckrationales Prinzip übersieht, so macht Hildegard Heise in ihrer Weber- und Habermas-Kritik deutlich, die Widersprüchlichkeit des heutigen Systems: „Das kapitalistische System-der-gesellschaftlichen Arbeit ist *ebenso zweckrational wie chaotisch*" (Heise, 1992: 80; Hervorh. im Original).

Zwar entkoppeln sich System und Lebenswelt, aber die Macht der Systeme ist immer noch so groß, dass die Bereiche der Lebenswelt davon beeinträchtigt werden. Auch das Privatleben wird immer mehr von rationalistischen, marktkonformen Erwägungen und Kalkülen bestimmt. Das Alltagsbewusstsein wird fragmentiert, eine kulturelle Verarmung findet statt – eine Diagnose, die in ähnlicher Form auch schon Theodor W. Adorno und vor allem Herbert Marcuse abgegeben hatten (siehe Bd. 2, Lektion XII.5).

> Das Eingreifen des Systems in die Lebenswelt(en) ist für Habermas das herausragende Merkmal gegenwärtiger westlicher Gesellschaften. Er spricht hier von **systemischen Imperativen**, die in die verschiedenen Handlungsbereiche der Individuen eindringen.

‚Ursprünglich‘, so Habermas, gehörte die Rationalisierung der Lebenswelt zum ganz normalen Modernisierungsprozess bürgerlich-kapitalistischer Gesellschaften; Habermas bewertet Lebensweltrationalisierung zunächst positiv. Dieser Prozess kann in gegenwärtigen Gesellschaften jedoch eine Eigendynamik entfalten; dann ist er endlos und führt, so Habermas‘ zugespitzte These, zur Selbstzerstörung:

> „Uns stellt sich diese Frage in der Form, ob nicht die Rationalisierung der Lebenswelt mit dem Übergang zur modernen Gesellschaft paradox wird: – die rationalisierte Lebenswelt ermöglicht die Entstehung und das Wachstum der Subsysteme, deren verselbständigte Imperative auf sie selbst destruktiv zurückschlagen" (Habermas, 1981b: 277). Destruktivität der
System-Imperative

Am Ende steht, wie Habermas es nennt, die **Kolonialisierung der Lebenswelt**, also eine völlige Unterwerfung der Lebenswelt unter das System, unter die systemischen Imperative. Sie manifestiert

> „sich primär in Erscheinungen des *Sinnverlustes*, der *Anomie* und der *Persönlichkeitsstörungen*" (Habermas, 1984: 565; Hervorh. im Original).

Zur Abgrenzung des Begriffes von dem üblichen Verständnis als ‚äußere Kolonialisierung‘ (von fremden Völkern) oder von Frauen (siehe den Bielefelder Ansatz; siehe Bd. 2, Lektion XIII) bezeichnet er dies als **innere Kolonialisierung**: sie findet innerhalb der Lebenswelt statt. Die innere Kolonialisierung gefährdet die um Verständigungsprozesse zentrierte Lebenswelt. Lebensformen verselbständigen sich, ein einheitlicher Lebenszusammenhang löst sich auf:

> „Die Frontlinie zwischen System und Lebenswelt bekommt damit eine ganz neue Aktualität. Heute dringen die über die Medien Geld und Macht vermittelten Imperative von Wirtschaft und Verwaltung in Bereiche ein, die irgendwie kaputt gehen, wenn man sie vom verständigungsorientierten Handeln abkoppelt und auf solche mediengesteuerten Interaktionen umstellt. Das sind Prozesse, die nicht mehr in das Schema der Klassenanalyse passen, aber man kann zeigen, daß es einen funktionalen Zusammenhang gibt zwischen den Konflikten, die in Kernbereichen der Lebenswelt auftreten, und den Funktionsnotwendigkeiten kapitalistischer Modernisierung" (Habermas, 1985a: 189).

Die Problematik des Lebenswelt-Begriffes ist sein privatistischer, idyllischer Beiklang, den Habermas offensichtlich in Kauf nimmt. Seine ‚Lebenswelt‘ erinnert ‚Idylle‘ der
Lebenswelt

an einen ‚heimeligen' Schonraum, an eine Alltagspraxis, die kommunikations-
freundlicher sein soll als ‚der Rest' der Gesellschaft, als das System. Allerdings
bekommt die Lebenswelt in der Theorie der kommunikativen Rationalität „einen
neuen rationalen Stellenwert" (Beyme, 1991: 262).

In seiner Auseinandersetzung mit Max Weber erarbeitet Habermas den Wandel der Gesellschaftsformationen unter der Perspektive der Rationalisierung. Die
Uminterpretation des Rationalitätsbegriffes und der Nachvollzug des Modernisie-
rungsprozesses als Rationalisierungsprozess sind die Themen des folgenden Ab-
schnittes; das Verhältnis von System und Lebenswelt, seine historische Veränderung und die Austauschbeziehungen zwischen System und Lebenswelt werden
hier wiederaufgegriffen. Im Begriff der **kommunikativen Rationalität** fließen
außerdem die kommunikationstheoretischen Überlegungen wieder mit ein.

7. Dialektik der Rationalisierung und Kolonialisierung der Lebenswelt

In der Alltagssprache wird ‚rational' im Gegensatz zu ‚emotional' verwandt. Emotionalität wird häufig auch als Irrationalität abgewertet; sie gilt als unerwachsen und unvernünf-
tig (vgl. auch den Gegensatz von Engagement und Distanzierung nach Norbert Elias;
Lektion VIII.2). Rationalität gilt als Prinzip der Moderne: rationale Entscheidungen sind
verstandesorientiert, überlegt, besonnen, wägen Für und Wider ab und sind problemlö-
send. Rationalität wird zum ökonomischen und zum moralischen Prinzip und zur Verhal-
tensmaxime (siehe Lektion VI).

Begriffsklärung
Rationalität

In der Soziologie ist **Rationalität** nach einer allgemeinen Definition ein wichtiges
Orientierungsprinzip für individuelles und soziales Handeln. Der soziologische ‚Diskurs'
über Rationalität wurde von Max Weber (siehe Bd. 2, Lektion VI) begründet. Auf diese
Tradition geht Habermas ausführlich in den Kapiteln über Max Weber (Bd. 1, Kap. II und
in Teil I der Schlussbetrachtung [Kap. VIII] ein.

Habermas' Schlussfolgerung zu Weber sei vorweggenommen: Weber verfolge
eine „eingeschränkte Idee der Zweckrationalität", von der er – Habermas – sich
distanziere; gleichwohl könne die Soziologie auf Webers Theorie der Rationalisierung nicht verzichten (vgl. Habermas, 1981a: 209).

Unter ‚Rationalisierung' versteht man – in der engeren, industriesoziologischen Begriffs-
verwendung – einen Teil des Industrialisierungsprozesses. Rationalisierung bedeutet hier
Effizienzsteigerung im Produktionssektor durch Technisierung und Automatisierung von
Arbeitsabläufen. Als weiterer Begriff wird **Rationalisierung** für den Prozess der Durchsetzung von Rationalität verwandt. Dieser Prozess findet nicht nur im Produktionssektor,
sondern z.B. auch in Kultur und Wissenschaft statt. Im folgenden wird ausschließlich dieser weitere Rationalisierungs-Begriff verwendet (zum soziologiegeschichtlichen Kontext
von ‚Rationalität' und ‚Rationalisierung' vgl. Brunkhorst, 1991).

Webers Theorie der
Rationalisierung

Max Webers Theorie der Rationalisierung ist der Versuch, den von Weber sog.
okzidentalen (abendländischen) Rationalismus zu erklären. Webers zentraler
Gedanke ist, dass der Prozess der Rationalisierung nicht nur das wirtschaftliche
Leben bestimmt, sondern die Individuen eine ebenso rationalisierte Lebensführung und Berufsauffassung praktizieren (siehe Bd. 2, Lektion VI.3 „Von der in-
nerweltlichen Askese zur bürgerlichen Berufspflicht"). Weber unterscheidet

zweckrationales und wertrationales Handeln; beides zusammen macht die praktische Rationalität aus, die wiederum die methodisch-rationale Lebensführung kennzeichnet. Was diese Haltung, die Weber auf die protestantische Ethik zurückführt, angeht, weist Habermas zutreffend darauf hin, dass es sich eher um eine „Rationalisierung zu einer irrationalen Lebensführung" (Habermas, 1981a: 260) handele. Der Rationalisierungsprozess beruht – in der Darstellung von Habermas – im Wesentlichen auf drei Erscheinungen:

- auf der Ausdifferenzierung der kapitalistischen Wirtschaft und des modernen Staates,
- auf der kulturellen Rationalisierung, z.B. in der Autonomisierung der Kunst, und
- auf Prinzipien der methodischen Lebensführung.

Nach Habermas geht Weber von zwei großen Rationalisierungsschüben im Modernisierungsprozess westlicher Gesellschaften aus: der Rationalisierung von Weltbildern und der Umsetzung der kulturellen in gesellschaftliche Rationalisierung. Nach Weber führt der Prozess der okzidentalen Rationalisierung zur ‚Entzauberung der Welt'.

Gesellschaftliche Rationalisierung (diese Bezeichnung verwendet Habermas zur Abgrenzung gegenüber bereichsspezifischer Rationalisierung, etwa im Produktionssektor) setzt sich dann durch, wenn die religiöse Askese auf außerreligiöse Lebensbereiche ausgeweitet ist und moderne Wissenschaften entstanden sind. Hier setzt nun Habermas' Kritik an Weber an: dieser habe die These einer zweistufigen Rationalisierung (von der Kultur zur Gesellschaft) nicht zu Ende gedacht und habe vor allem die „Dialektik der Rationalisierung" nicht erfasst.

Habermas' Weber- Kritik

> „Auf eine Formel gebracht lautet meine Weber-Kritik: er sieht nicht die Selektivität des Musters der kapitalistischen Rationalisierung. Er sieht nicht, daß in der kapitalistischen Entwicklung die Elemente unterdrückt werden, die er selber unter dem Topos der ‚Brüderlichkeitsethik' analysiert hat. (...) Genau diese Potentiale sind nicht eingegangen in das herrschende institutionelle Muster der kapitalistischen Moderne. Gerade die auf kommunikative Organisationsformen drängenden ethischen Visionen fallen heraus" (Habermas, 1985a: 188).

Bei der **Rationalisierung der Lebenswelt** handelt es sich um eine Dezentrierung der Weltbilder, um das, was Norbert Elias als wachsende Distanzierung bzw. Mythenjagd (siehe Lektion VIII.2) und Max Weber als Entzauberung bezeichnet haben. **Weltbilder** (also etwa die Einstellung zur Natur oder der – schwindende – Glauben an Göttinnen und Götter) werden rationalisiert und damit auch die Lebenswelt der Mitglieder der sich modernisierenden Gesellschaften. Gesellschaften durchlaufen – wie die einzelnen Individuen – historische Lernprozesse, in denen ihnen immer mehr an Interpretation und Kompetenz abverlangt wird und sie immer rationaler werden.

Habermas modifiziert die Bürokratisierungs- und Rationalisierungsthese von Weber:

> „Die Rationalisierung der Lebenswelt ermöglicht die Umpolung der gesellschaftlichen Integration auf sprachunabhängige Steuerungsmedien und damit eine Ausgliederung formal organisierter Handlungsbereiche, die nun ihrerseits als versachlichte Realität auf die Zusammenhänge kommunikativen Handelns zurückwirken, der marginalisier-

177

ten Lebenswelt eigene Imperative entgegensetzen. Dann darf aber auch die Neutralisierung berufsethischer Einstellungen nicht per se als Anzeichen für soziale Pathologien verstanden werden. Die Bürokratisierung, die sich einstellt, wenn Ethik durch Recht ersetzt wird, ist zunächst nur ein Anzeichen dafür, daß die Institutionalisierung eines Steuerungsmediums zum Abschluß kommt" (Habermas, 1981b: 470f.).

Habermas stellt klar, dass es keinen Automatismus gibt, wonach die Lebensweltrationalisierung pathologisch werden *muss*. Prinzipiell eröffnet die Rationalisierung der Lebenswelt neue Spielräume: Spielräume für die moralisch-praktische Willensbildung, für die expressive Selbstdarstellung von Individuen und für ästhetische Befriedigung. Sie gewährleistet die Selbstreflexivität der Moderne.

> „Die Rationalisierung der Lebenswelt ermöglicht einerseits die Ausdifferenzierung verselbständigter Subsysteme und eröffnet gleichzeitig den utopischen Horizont einer bürgerlichen Gesellschaft, in der die formal organisierten Handlungsbereiche des Bourgeois (Ökonomie und Staatsapparat) die Grundlage bilden für die posttraditionale Lebenswelt von Homme (Privatsphäre) und Citoyen (Öffentlichkeit)" (Habermas, 1981b: 485).

Zunächst besitzt die Lebensweltrationalisierung also ein utopisches Moment. Im weiteren Modernisierungs- und Kapitalisierungsprozess schlagen einseitige Rationalisierungen der Alltagskommunikation auf die bis dahin ‚positiv rationalisierte‘ Lebenswelt zurück: zweckrationale Handlungsorientierungen verselbständigen sich.

Die **Dialektik der Rationalisierung** besteht darin, daß auf der einen Seite „eine weitgehend rationalisierte Lebenswelt zu den Ausgangsbedingungen von Modernisierungsprozessen" (Habermas, 1981b: 564) gehört, (Lebenswelt-)Rationalisierung also unverzichtbar ist – auf der anderen Seite ein anscheinend ebenso unvermeidbares Übermaß an Rationalisierungen auf eben diese Lebenswelt zurückschlägt.

Die kommunikativen, verständigungsorientierten Potentiale der Lebenswelt werden immer mehr zurückgedrängt; die kommunikative Kompetenz der Individuen verkümmert, es findet eine Verdinglichung statt. Unter **Verdinglichung** versteht Habermas die „pathologische Verformung von kommunikativen Infrastrukturen der Lebenswelt" (Habermas, 1981b: 549); sie ist eine Folge einseitiger Rationalisierung. Verdinglichung gibt es jedoch nur in kapitalistischen Gesellschaften. In bürokratisch-sozialistischen Gesellschaften können kommunikative Beziehungen nicht verdinglicht werden, da sie dort gar nicht existierten:

mögliche Pathologien innerhalb der Lebenswelt

> „Aber an die Stelle der Verdinglichung kommunikativer Beziehungen tritt die *Vorspiegelung kommunikativer Beziehungen* in den bürokratisch ausgetrockneten, zwanghaft humanisierten Bereichen eines pseudopolitischen Verkehrs. (...) Indem das System als Lebenswelt drapiert wird, wird diese vom System aufgesogen" (Habermas, 1981b: 567; Hervorh. im Original).

Verdinglichung und kulturelle Verarmung, eine Zersplitterung traditionaler Wissensbestände und Lebenswelten, sind für Habermas die Indikatoren einer **Kolonialisierung der Lebenswelt**:

„An die Stelle des ‚falschen' tritt heute das *fragmentierte* Bewußtsein, das der Aufklärung über den Mechanismus der Verdinglichung vorbeugt. Erst damit sind die Bedingungen einer *Kolonialisierung der Lebenswelt* erfüllt: die Imperative der verselbstän-
digten Subsysteme dringen, sobald sie ihres ideologischen Schleiers entkleidet sind,
von außen in die Lebenswelt – wie Kolonialherren in eine Stammesgesellschaft – ein
und erzwingen die Assimilation; aber die zerstreuten Perspektiven der heimischen
Kultur lassen sich nicht soweit koordinieren, daß das Spiel der Metropolen und des
Weltmarktes von der Peripherie her durchschaut werden könnte" (Habermas, 1981b:
522; Hervorh. im Original).

Der Ausweg aus dieser Situation, die immer stärkere pathologische Züge an-
nimmt (siehe Abschnitt 6), liegt für Habermas in der erneuten Stärkung einer
kommunikativen Vernunft und einer **kommunikativen Rationalität**:

Lösungsweg:
kommunikative
Rationalität

„Dieser Begriff *kommunikativer Rationalität* führt Konnotationen mit sich, die letztlich zurückgehen auf die zentrale Erfahrung der zwanglos einigenden, konsensstiften-
den Kraft argumentativer Rede, in der verschiedene Teilnehmer ihre zunächst nur
subjektiven Auffassungen überwinden und sich dank der Gemeinsamkeit vernünftig
motivierter Überzeugungen gleichzeitig der Einheit der objektiven Welt und der Intersubjektivität ihres Lebenszusammenhangs vergewissern" (Habermas, 1981a: 28; Hervorh. im Original).

Allerdings erschweren die Krisen und Pathologien der Gegenwartsgesellschaften
die Verwirklichung von kommunikativer Rationalität. Ungeachtet dessen hält
Habermas, das wird in seinen Schriften zur politischen Theorie in den 1990er
Jahren deutlich, an der Möglichkeit von Veränderungen fest. In kritischer Auseinandersetzung mit liberalen und mit republikanischen Politikkonzepten formuliert er seine Position einer „deliberativen (beratschlagenden; A.T.) Politik", die
„in einem engen Zusammenhang mit den Kontexten einer entgegenkommenden,
ihrerseits rationalisierten Lebenswelt" (Habermas, 1996: 292) steht.

... und deliberative
Politik

8.   Die Pluralisierung der Kritischen Theorie (Habermas heute, Fraser, Honneth u.a.)

An dieser Stelle sei festgehalten: Nach dem 1973 erschienenen Werk „Legitimationsprobleme im Spätkapitalismus" hat Habermas eine Fülle von Stellungnahmen zur Einschätzung der westlichen Gegenwartsgesellschaften vorgelegt. Zwar
behielt er seine Spätkapitalismus-Kritik bei, aber er begründete sie immer weniger ökonomisch, sondern eher kultur- und kommunikationstheoretisch und sozial-
philosophisch. Besonders scharf wendet er sich gegen die von der französischen
Gegenwartsphilosophie beeinflussten Ansätze, die von einem Ende der Moderne
oder einer Postmoderne sprechen. Anlässlich der Verleihung des *Adorno-Preises*
der Stadt Frankfurt am Main im Jahr 1980 sprach Habermas sich unmissverständlich dafür aus, am **Projekt Moderne** festzuhalten; für ihn ist dieses Projekt
nicht beendet oder gar gescheitert, sondern nur „unvollendet" (Habermas,
1981d).
Vergleicht man die Zeitdiagnose, also die Aussagen zur Gegenwartsgesellschaft, des früheren mit dem heutigen Habermas, so fällt folgendes auf:

Krisen (siehe Abschnitt 2) sind für Habermas mittlerweile selbstverständlicher Bestandteil der (spät-)kapitalistischen Moderne. Die Terminologie legt nahe, dass Habermas' Zeitdiagnose noch radikaler geworden ist, denn er spricht nicht nur von Krisen (etwa der „Krise des Wohlfahrtsstaates"; Habermas, 1985b), sondern von **Pathologien** (vgl. auch Honneth, 1994b).

> Die gegenwärtigen Gesellschaften weisen krankhafte, vielleicht sogar unheilbare Symptome auf. Die Hauptkrankheit der Moderne besteht darin, daß neben dem System auch die Lebenswelt ‚befallen' ist: die Kolonialisierung der Lebenswelt durch systemische Imperative führt gar zu **Lebensweltpathologien** (vgl. Habermas, 1981b: 293). Als pathologisch schätzt Habermas die sog. innere Kolonialisierung und die Verdinglichung ein.

Offenbar haben die Steuerungsinstrumentarien der gesellschaftlichen Systeme wie Wirtschaft und Staat versagt. Legitimität kann, da die kommunikativen Bedingungen gegenwärtiger Gesellschaften nicht (mehr) stimmen, schon gar nicht mehr durch Verfahren, wie Luhmann es Ende der 1960er Jahre noch dargestellt hatte (siehe Lektion II), hergestellt werden.

> „Mit einem Wort: die in Bereichen der materiellen Reproduktion entstehenden Krisen werden auf Kosten einer Pathologisierung der Lebenswelt aufgefangen" (Habermas, 1985a: 195).

Im Interview zur TkH (vgl. Habermas, 1985a) betont Habermas, wie **ambivalent** seine Einstellung zur Gegenwartsgesellschaft sei:

> „ ... ich habe nicht dieses Urvertrauen zu einer Umgebung, aber auch nicht die Einstellung dessen, der ins Chaos eine befriedigende Ordnung bringen muß. Ich habe überhaupt zu nichts ein unambivalentes Verhältnis, jedenfalls nur in sehr seltenen Augenblicken. Deswegen ist auch meine naive Beziehung zu gesellschaftlichen Verhältnissen nicht eigentlich naiv, sondern zutiefst ambivalent. (...) Ambivalent bin ich auch, weil ich den Eindruck habe, daß etwas zutiefst schief ist in der rationalen Gesellschaft, in der ich aufgewachsen bin und nun lebe. Andererseits habe ich auch etwas anderes zurückbehalten von jener Erfahrung 1945 und danach, daß nämlich etwas besser geworden ist. Es ist wirklich etwas besser geworden" (Habermas, 1985a: 203).

Auf der einen Seite verteidigt Habermas den demokratischen Rechtsstaat, hält nichts davon, ‚das System' als solches anzuprangern und plädiert für einen mittleren – keineswegs aber einen ‚dritten' (siehe Giddens)! – Weg. Auf der anderen Seite stellt er fest, dass einseitige Rationalisierung und Verdinglichung ein bedenkliches Ausmaß angenommen haben. Neben die Auffassung, dass Kapitalismus und Demokratie versöhnbar seien, tritt mit Blick auf die Kolonialisierung der Lebenswelt eine fundamentale Kritik an den raffinierter gewordenen Formen der Konfliktaustragung:

> „Die Verformungen einer reglementierten, zergliederten, kontrollierten und betreuten Lebenswelt sind gewiß sublimer als die handgreiflichen Formen von materieller Ausbeutung und Verelendung; aber die aufs Psychische und Körperliche abgewälzten und verinnerlichten sozialen Konflikte sind darum nicht weniger destruktiv" (Habermas, 1985b: 151).

Entsprechend seiner oben wiedergegebenen ambivalenten Grundeinstellung äußert sich Habermas jedoch nur ungern dazu, wie diese Gesellschaft modernisiert werden soll, wer etwa die Trägerinnen und Träger der Modernisierung sein könnten. Auf die sog. **neuen sozialen Bewegungen** der 1970er Jahre und ihre Ausläufer in den 1980er Jahren angesprochen (Ökologie-, Frauenbewegung u.a., auf die er in der Schlussbetrachtung der TkH noch eingeht), reagiert er fast noch skeptischer als Ende der 1960er Jahre auf die Studentenbewegung (siehe Abschnitt 1):

> „Vielleicht sollte man jetzt sehen, daß sich die Alternativszene eher aufbaut aus den Sensibilitäten derer, die es sich leisten können, Dinge als Deprivationen zu erfahren, die ein sozialdemokratischer Arbeiter oder Angestellter der mittleren Generation so nicht empfinden würde" (Habermas, 1985a: 199).

Habermas' Interesse gilt den modernen Verständigungsformen, der Entwicklung bzw. Behinderung kommunikativer Rationalität und den durch verschiedene, einzel- wie weltgesellschaftliche Entwicklungen verstärkten Angriffen auf die Lebenswelt – und nicht mehr den Produktionsverhältnissen. Klassen*unspezifische* Prozesse, so Habermas, werden immer wichtiger; die gegenwärtigen Konflikte seien durch mangelnde Humanität in menschlicher Interaktion, Militarisierung, ökologische Katastrophen, wachsende De-Rationalisierung in den ethnischen und nationalen Konflikten gekennzeichnet.

Eines der Kennzeichen der Habermasschen Soziologie ist sein dauerndes Abwägen, seine Vorsicht in der Selbsteinschätzung als relativ autonomer Forscher einerseits und als Person des öffentlich-publizistischen Lebens andererseits. Ähnlich Max Weber, Norbert Elias, Anthony Giddens oder Pierre Bourdieu plädiert er für eine deutliche Trennung dieser beiden Funktionen. Anders als diese verweist er aber immer auf die für ihn zentralen Grundsatzfragen von Wahrheit, Konsens und Rationalität:

> „Wenn ich merke, daß Studenten emotional völlig unberührt sind von dem, was ich tue, was wir gemeinsam tun, dann bin ich unzufrieden, weil ich weiß, daß zu jedem Lernen auch die Bildung tieferer Motive gehört. Wenn ich andererseits merke, daß die Studenten von ihren Gefühlen nicht mehr herunterkommen, daß sich ein symbiotisches Verhältnis anbahnt, dann macht mich das ungeheuer nervös. Ich will den Sinn für die Isolierbarkeit von Wahrheitsfragen, den Sinn für's Diskursive, wenn Sie wollen, retten, lebendig erhalten in einer Situation, die objektiv dazu zwingt, daß man Wahrheitsfragen nicht vermischt mit Gerechtigkeits- oder Geschmacksfragen" (Habermas, 1985a: 204).

Seit den späten 1990er Jahren engagiert Habermas sich verstärkt in politischen Auseinandersetzungen und kommentiert in kritischer Solidarität die Regierung von SPD/Bündnis 90/Die Grünen; so äußerte er sich 1999 zustimmend zur NATO-Intervention im Kosovo. Wie in den 1960er und 1970er Jahren nimmt er in seiner Gesellschaftskritik kein Blatt vor den Mund. Dabei kann auch der ‚alte' Kontrahent Niklas Luhmann als Synonym für ein abschreckendes Gesellschaftsmodell fungieren:

> „ ... wenn sich alles in eine Harald Schmidt Show verwandelt, wenn alle zu Moderatoren werden und Moderatoren nur noch mit Moderatoren sprechen, dann nimmt die Welt Luhmannsche Züge an" (Habermas, 1998c: 14).

Marginalien:
Verschiebung des wissenschaftlichen Interesses

Reflektiertes Engagement

Kämpferisches Engagement

Solidarität und **Gerechtigkeit** sind die politiktheoretischen und gesellschaftspolitischen Leitbilder, die Habermas in der Zeit nach der „Theorie des kommunikativen Handelns" in seinen Veröffentlichungen und seinen Stellungnahmen stark macht. Für ihn ist die Weltgesellschaft als Wertegemeinschaft und nicht so sehr als Gütermarkt interessant, wobei er hohe Anforderungen an das zwischenmenschliche Zusammenleben stellt. Er geht so weit, nicht nur die „Einbeziehung des Anderen" (Habermas, 1996), sondern das Ein*stehen* für den Anderen zu fordern:

Gerechtigkeit im Weltmaßstab

„Auch die universalistisch verstandene Gerechtigkeit verlangt nämlich, daß einer für den anderen einsteht – daß nun allerdings ein jeder auch für einen Fremden einsteht, der seine Identität in ganz anderen Lebenszusammenhängen ausgebildet hat und sich im Lichte von Traditionen versteht, die nicht die eigenen sind" (Habermas, 1996: 43).

Diese Maxime, auch für Fremde mit ‚abweichenden' Auffassungen einzustehen, versucht Habermas auch in jüngerer Zeit ‚zu retten'. In der *Friedenspreis-Rede*, nur kurze Zeit nach dem 11. September 2001 (vgl. Habermas, 2001), wendet er den Blick weniger auf die Attentäter, sondern vielmehr auf die Implikationen, die ein solcher Anschlag für die eigene Gesellschaft hat.

An diesen Grundauffassungen reiben sich viele, was jedoch auch „Die große Wirkung" (so der Titel der vierseitigen Würdigung der *Frankfurter Allgemeinen Zeitung* in der Ausgabe vom 18.6.1999 zu Habermas' 70. Geburtstag) des Philosophen und Soziologen Jürgen Habermas unter Beweis stellt. Was die ‚Aufbereitung' des Habermasschen Werkes für die universitäre Lehre angeht, ist der anglo-amerikanische Markt besser bestückt als der deutschsprachige, wie die Bände von Outhwaite (1994) und White (1995) zeigen. Insofern bleibt für die eingangs bereits erwähnte ‚Habermasindustrie' (Kieserling, 2000; vgl. auch Honneth, 1999: 249) noch einiges zu tun.

Zu Beginn des 21. Jahrhunderts sind mehrere Vertreterinnen und Vertretern der Sozialphilosophie und Soziologie zu nennen, die neben Habermas selbst die heutige kritische Gesellschaftstheorie repräsentieren. Auf diese verschiedenen Richtungen sei abschließend im Überblick und stellvertretend anhand der Arbeiten von Axel Honneth und Nancy Fraser eingegangen.

Pluralisierung der Kritischen Theorie

Die Bezeichnung *Kritische Theorie* firmiert heute als Selbst- und Fremdbezeichnung einer ganzen Reihe von theoretischen Ansätzen:

1. In unmittelbarer Anlehnung an die Begründer bzw. die **1. Generation der Kritischen Theorie** (Adorno, Horkheimer, Marcuse u.a.; siehe Bd. 2, Lektion VIII) können Autoren wie Gerhard Bolte, Gerhard Schweppenhäuser und Christoph Türcke gesehen werden. Ihre Arbeiten erscheinen vor allem im Verlag zu Klampen (Lüneburg), der die ‚Traditionelle kritische Theorie' pflegt und u.a. die Nachgelassenen Schriften von Herbert Marcuse herausgibt, und in der dazugehörigen *Zeitschrift für Kritische Theorie* (ebenfalls zu Klampen). Für diese Autoren gehört Habermas nicht mehr zur Kritischen Theorie (vgl. Bolte, 1989).
2. Unter der **2. Generation** kann man diejenigen ‚Frankfurter' fassen, die in den 1960er Jahren bei Adorno, Horkheimer oder Marcuse studiert haben und häufig deren Mitarbeiterinnen und Mitarbeiter waren. Sie wirken in ganz unterschiedlichen gesellschaftlichen Feldern: Als Filmemacher, Medienschaffender

182

und Publizist wie Alexander Kluge (geb. 1932); als Sozialwissenschaftler, Pädagoge, Gewerkschafter und Politikberater wie Oskar Negt (geb. 1934), der im Übrigen mit Kluge kooperiert; als Professorin für Soziologie mit Schwerpunkt Geschlechterforschung wie Regina-Becker Schmidt (siehe Lektion XI). Jürgen Habermas als Schüler von Adorno und Horkheimer hat hier eine Sonderrolle, die in dieser Lektion dargestellt wurde.

3. Habermas selbst, der für sich die Bezeichnung ‚Kritische Theorie‘ nicht verwendet, gleichwohl aber in diesen Zusammenhang eingeordnet wird, hat wiederum Schüler und Mitarbeiter, die in Rekurs auf die 1. Generation und in kritischer Distanz zu Habermas ihren eigenen Ansatz ausformulieren. Hierzu zählen vor allem Hans Joas und Axel Honneth, die man als **3. Generation der Kritischen Theorie** bezeichnen kann (siehe unten).

4. Des weiteren reklamieren Autoren wie Ulrich Beck und Anthony Giddens Abwandlungen der Bezeichnung Kritische Theorie (‚Neue Kritische Theorie‘; ‚Kritische Theorie der Spätmoderne‘ u.a.) für ihre Ansätze (siehe Lektion X).

5. Auch die Arbeiten von Michel Foucault (siehe Lektion III) werden als neue Kritische Theorie rezipiert – vor allem durch Honneth, der diese Rezeption in jüngerer Zeit in Frankfurt selbst forciert (vgl. Honneth/Saar, 2003).

Unter diesen zahlreichen Fortführungen der Kritischen Theorie finden national und international insbesondere die Arbeiten der sog. 3. Generation Beachtung, also die Habermas-Schüler Axel Honneth (geb. 1949) und Hans Joas (geb. 1948). In diesen Kontext gehören auch die in USA lehrenden Sozialphilosophinnen Nancy Fraser (geb. 1947) und Seyla Benhabib (geb. 1950). Stellvertretend für diese sei im folgenden näher auf die jüngeren Arbeiten von Axel Honneth und Nancy Fraser und deren enge Kooperation eingegangen.

Der Generations- und Arbeitszusammenhang zwischen Fraser, Honneth, Joas und Benhabib geht aus der Widmung der jüngsten Veröffentlichung von Fraser und Honneth über „Umverteilung oder Anerkennung?“ hervor, in dem es heißt: „Von NF für Seyla Benhabib, eine weitere unentbehrliche Diskussionspartnerin, von AH für Hans Joas, den kritischen Wegbegleiter der letzten fünfundzwanzig Jahre“ (Fraser/Honneth, 2003).

Axel Honneth wurde 1949 in Essen geboren. Von 1969 bis 1974 studierte er Philosophie, Soziologie und Germanistik und Philosophie in Bonn und Bochum (MA in Philosophie). Er setzte sein Studium an der FU Berlin fort (1974-1976). Von 1977 bis 1982 arbeitete er als wissenschaftlicher Assistent am Institut für Soziologie der FU Berlin. Von 1983 an war er Hochschulassistent bei Habermas im Fachbereich Philosophie der Johann Wolfgang Goethe-Universität Frankfurt am Main, wo er 1990 habilitierte. Seit 1996 ist er, als Nachfolger von Habermas, Professor für Sozialphilosophie an der Johann Wolfgang Goethe-Universität Frankfurt am Main. Seit 2001 ist er Geschäftsführender Direktor des *Instituts für Sozialforschung*.

Axel Honneth
(geb. 1949)

Axel Honneth ist u.a. Mitherausgeber der Fachzeitschriften Deutsche Zeitschrift für Philosophie, European Journal of Philosophy und Constellations sowie der Buchreihe Theorie und Gesellschaft.

Die Sozialphilosophin und Gesellschaftstheoretikerin **Nancy Fraser**, geboren 1947, studierte am Bryn Mawr College und an der City University of New York und lehrte von 1988 bis 1995 an der Northwestern University in Chicago. Seit 1995 ist sie Henry A. and Louise Loeb *Professor of Politics and Philosophy* an der *New School for Social Research* in New York.

Ihr gesellschaftspolitischer Ansatz wird gemeinhin als ‚postsozialistisch' bezeichnet. Theoretisch hat sie sich mit vielen Ansätzen und Theoretikern auseinandergesetzt, vor allem mit Habermas und Foucault (siehe Lektion III; vgl. hierzu ihre Veröffentlichung „Widerspenstige Praktiken" [Fraser, 1994]).

Fraser und Honneth sind sich untereinander und mit weiteren Kolleginnen und Kollegen der 3. Generation (vgl. auch Honneth, 2002a und 2002b) in ihrer Zielsetzung einig, eine neue ‚Kritische Theorie des Kapitalismus' zu formulieren:

Nancy Fraser
(geb. 1947)

> „Während die akademische Mehrheit heute eine disziplinäre Arbeitsteilung wie selbstverständlich vorauszusetzen scheint, die die Moraltheorie den Philosophen überlässt, die Gesellschaftstheorie des Soziologen und die politische Analyse den Politologen, so daß jeder dieser Bereiche gleichsam als freischwebend behandelt wird, teilen wir beide den Versuch, die kapitalistische Gesellschaft noch einmal als ‚Totalität' zu konzeptualisieren" (Fraser/Honneth, 2003: 10)

Honneth und Fraser teilen das gemeinsame Anliegen einer sowohl umfassenden als auch kritischen Gesellschaftstheorie, stellen jedoch zwei unterschiedliche Begriffe in den Mittelpunkt ihrer Überlegungen: Honneth die Anerkennung, Fraser die Umverteilung.

Honneth greift in seiner mittlerweile schon zum Klassiker gewordenen Habilitationsschrift „Kampf um Anerkennung. Zur Grammatik sozialer Konflikte" (Honneth, 1992) vor allem auf Hegel und Mead zurück, um seinen Begriff der wechselseitigen Anerkennung zu konzipieren. Diese kann, so Honneth, in drei Interaktionssphären untersucht werden – im Bereich von Liebe, Recht und Solidarität (vgl. Honneth, 1992: II.5).

Der Begriff der Anerkennung

Honneth versteht unter Anerkennung ein moralisches Prinzip, das für Gesellschaften umso dringlicher wird, je komplexer, sozial und ethnisch heterogener sie werden. Anerkennung ist immer die ‚des Anderen', also der Person, deren Orientierungen und Auffassungen von meiner Position abweichen. Eine Gesellschaft, die sich nicht um die Organisation von Anerkennung bemüht, ist unsozial, ungerecht und inhuman. Eine Gesellschaft, in der Anerkennung verwirklicht ist, diskriminiert keine Frauen, Schwulen, Ausländer, Kranken etc., sondern sorgt für deren gleichberechtige Teilhabe.

In einem Interview mit der Zeitschrift *Widerspruch* fasst Honneth das Anliegen seiner Anerkennungstheorie zusammen und markiert dabei die Distanz zu Habermas' Diskursethik:

> „In dem genannten Buch geht es mir um die Frage: wie läßt sich der Bereich alltäglicher Moralempfindungen beschreiben. (…) Die Beschreibung von Interaktion, wie sie in Habermas' Theorie auftaucht, wird so als eine Art von wechselseitiger Anerkennung viel ernster genommen. In dieser Dimension von Anerkennung haben die normativen Ansprüche der kritischen Gesellschaftstheorie ihren eigentlichen sozialen Ort. Allerdings wird mir erst nach und nach klar, wie sehr sich dieses Programm von der Diskursethik gelöst hat. Die normativen Maßstäbe sind nämlich nicht mehr durch die sprachliche Praxis vermittelt, sondern unmittelbar in den intersubjektiven Ansprüchen der vergesellschafteten Subjekte angelegt. Diese Subjekte können nur dann miteinander kommunizieren, wenn sie sich in einer gewissen Weise als Anerkannte erfahren. Wird ihnen diese Anerkennung vorenthalten, so reagieren sie verletzt. Das ist die Grundidee meiner Theorie des Kampfes um Anerkennung" (Honneth, 1997).

184

Fraser kritisiert die Fortdauer der Unterscheidungskriterien gender, Klasse, Sexualität und ‚Rasse' und betont, entsprechend ihrer ‚postsozialistischen' Position, die Bedeutung der Umverteilung gesellschaftlicher Ressourcen. In der Auseinandersetzung mit Honneth plädiert Fraser keineswegs für eine Entscheidung zwischen Anerkennung oder Umverteilung, sondern für eine Verbindung der beiden Paradigmen. Nur über das gesellschaftspolitische Instrumentarium einer „partizipativen Parität", so Fraser, sei Gerechtigkeit zu erreichen. Der Begriff der Umverteilung

Die gegenwärtige Bedeutung von (multi-)kulturellen Anerkennungskämpfen illustriert und problematisiert Fraser am Beispiel des französischen Konflikts um das Kopftuch (foulard):

> „Hierbei geht es um die Frage, ob eine Politik, die muslimischen Mädchen verbietet, Kopftücher in staatlichen Schulen zu tragen, die ungerechte Behandlung einer religiösen Minderheit impliziert. Wer Anerkennung für den *foulard* fordert, muß in diesem Fall zwei Bedingungen erfüllen: sie oder er muß zum einen zeigen, dass das Verbot des Kopftuch einen ungerechten majoritären Kommunitarismus darstellt, der muslimischen Mädchen Parität in puncto Erziehung vorenthält; und zum anderen muß sie oder er zeigen, daß eine andersartige Politik, die den *foulard* zulässt, die weibliche Benachteiligung nicht noch verschlimmert – sie es innerhalb muslimischer Gemeinden oder in der Gesellschaft als ganzer" (Fraser, 2003: 61; Hervorh. im Original).

Nancy Fraser bekundet eine gewisse Sympathie mit der Argumentation der Multikulturalisten, für die ‚das Kopftuch' ein Übergangsphänomen darstellt, dem man am besten mit Gelassenheit begegnet und es nicht durch Verbote ausgrenzt und dramatisiert (vgl. hierzu auch Habermas' Stellungnahme zum französischen Kopftuchverbot im Februar 2004 in *Le Monde*).

9. Zusammenfassung

Abschließend seien die Besonderheiten der neueren Habermasschen Theorie und die Entwicklung der Kritischen Theorie in **fünf Stichworten** zusammengefasst.

1. Stichwort: Verbindung von Handlungs- und Systemtheorie
Es ist Habermas' ausdrücklich formuliertes Ziel, den Dualismus von Mikro- und Makrotheorien zu überwinden. Im Vergleich mit anderen Soziologinnen und Soziologen, die diese Zielsetzung teilen, wählt er hierfür jedoch ein spezielles Verfahren: das der sog. **Anschlüsse**. D.h., er knüpft bewusst an den Begriffen und Grundannahmen anderer Theorieentwürfe an; in der „Theorie des kommunikativen Handelns" sind dies vor allem Max Weber, Talcott Parsons, Emile Durkheim, Karl Marx, unterschiedliche Vertreter der interpretativen Soziologie, der Sprechakttheorie und der Sprachphilosophie. Diese Theorieentwürfe sind selbst jedoch meist entweder primär mikrotheoretisch (wie Alfred Schütz) oder makrotheoretisch orientiert (wie Talcott Parsons). Eine Rezeption konkurrierender, bereits existierender bzw. parallel entstanener integrativer Ansätze (wie Elias oder Bourdieu) findet bei Habermas nicht statt. Eine Ausnahme stellt sein Anschluss an Max Weber dar; dessen Werk kann man aufgrund seines handlungs- *und* gesellschaftstheoretischen Potentials als klassischen Versuch der Überwindung des Mikro- und Makro-Dualismus' bezeichnen.

Habermas' Schwerpunkt hat sich Ende der 1970er Jahre in Richtung des interpretativen Programms verschoben, denn im Mittelpunkt seiner Analyse stehen **Interaktion und Kommunikation**.

2. Stichwort: Zusammenhang von kommunikativem Handeln und Lebenswelt

Im Gegensatz zum methodologischen Individualismus (siehe Lektion VI) bezieht sich das Rationalitätskonzept in den Arbeiten von Habermas auch auf die normativen Wertbezüge sozialen Handelns. Diese entfalten sich in idealtypischer Weise im **kommunikativen Handeln**. Die ‚neue Norm' lautet **Verständigung und Einverständnis**. Rationalität ist nicht per se vorhanden, sondern kommt in sprachlichen Interaktionen, insbesondere im Diskurs, zustande. Selbstverständlicher, in der Regel nicht reflektierter Hintergrund kommunikativen Handelns ist die Lebenswelt. Die Rationalisierung der **Lebenswelt**, ein ‚naturwüchsiger' Prozess in der Entwicklung moderner Gesellschaften, schlägt in eine **Kolonialisierung der Lebenswelt** um. Habermas' Kommunikationsbegriff ist deutlich zu unterscheiden von dem Luhmanns: Luhmann versteht Kommunikation – abstrahiert – als Operation von Systemen wie Staat oder Familie; Habermas geht es – idealisiert – um Kommunikation als Akt von Rationalität.

3. Stichwort: Widersprüche der Gesellschaft und der Gesellschaftsanalyse

Postliberale oder komplexe Gesellschaften, wie Habermas die gegenwärtigen westlichen Gesellschaften nennt, sind durch **Lebensweltpathologien** gekennzeichnet. Die notwendige, positiv zu bewertende Rationalisierung der Lebenswelt wird von negativ zu bewertenden, einseitigen Rationalisierungen abgelöst: Die Systemdifferenzierung, die gerade durch rationalisierte Lebenswelten, durch posttraditionale Lebensformen, stimuliert wurde, schlägt nun auf die Lebenswelt zurück. Die fragwürdig gewordene Rationalität moderner Systeme findet sich auch in der Lebenswelt wieder und führt dort zu kultureller Verarmung und abgeschnittenen Kommunikationsmöglichkeiten. Die Staatsbürgerrolle ist erweitert und zugleich neutralisiert, die Klientenrolle dagegen aufgebläht worden (vgl. Habermas, 1981b: 514). Die **Kolonialisierung der Lebenswelt** durch systemische Imperative verhindert kommunikative Rationalität. Erstaunlicherweise ergibt die Synthese von Mikro- und Makro-Theorie eine – verglichen mit dem früheren Habermas – noch negativere Gesellschaftsdiagose. Diese wirkt gerade deshalb so vernichtend, weil sie **individuell-pathologische Konsequenzen der Moderne** zeigt. Vergleicht man die Theorie kommunikativen Handelns mit den früheren Arbeiten von Habermas, so lässt sich festhalten, dass Tonfall und Begrifflichkeit häufig moderater und systemkonformer scheinen, die Grundthesen zur gegenwärtigen Gesellschaft aber eher radikaler werden. Die Ambivalenz gegenwärtiger Gesellschaften spiegelt sich so in Habermas' Werk selbst wieder.

4. Stichwort: Fortsetzung der Kritischen Theorie unter veränderten Vorzeichen

Habermas steht in der Tradition der Kritischen Theorie der ‚alten' Frankfurter Schule (siehe Bd. 2, Lektion VIII) und bricht gleichzeitig mit ihr. Der **Bruch** wird dadurch vollzogen, dass Habermas grundlagenorientierter vorgeht und völlig neue Aspekte miteinbezieht – wie den Symbolischen Interaktionismus, die

Sprach- und Kommunikationstheorie und die US-amerikanische Philosophie und Politiktheorie (insbesondere John Rawls). Andererseits finden sich eine Reihe von **Anknüpfungen**: Die Tradition der Kritischen Theorie ist an Habermas' Sprache deutlich zu merken. Seine (neue) Theorie der Verdinglichung ist ohne Theodor W. Adorno und Herbert Marcuse nicht zu denken. Seine Synthese von Mikro- und Makrotheorie knüpft grundsätzlich jedoch weniger an der Kritischen Theorie der 1960er Jahre als an der der frühen 1930er Jahre an, an dem Konzept einer interdisziplinären Sozialforschung, die die Ziele einer kritischen Gesellschaftstheorie umsetzen kann. Max Horkheimers Plädoyer für eine moderne Sozialphilosophie (siehe Bd. 2, Lektion VIII.3), die empirische Forschung, marxistische Theorie, Kulturtheorie, Psychoanalyse und Sozialpsychologie integriert, findet sich bei Habermas unter veränderten Vorzeichen wieder: einen Teil der Anschlussstellen hat er zwar ausgetauscht, das **Ziel einer kritischen Gesellschaftstheorie** ist jedoch erhalten geblieben. Ob *kommunikationstheoretische Wende* bei Habermas oder *anerkennungstheoretische Wende* bei Honneth – in der Zielsetzung besteht Einigkeit.

5. Stichwort: Kritische Theorie: Immer schon ein Plural
Kritische Theorie muss man genau genommen auch in ihrer Begründungsphase schon als plurales Unternehmen denken. Unter dem Dach *der* Kritischen Theorie versammelten sich die Ansätze so eigenständiger Personen wie Horkheimer, Adorno, Marcuse, Löwenthal, Pollock, Benjamin u.v.a. der Ersten Generation. Eine bzw. zwei Generationen später sieht es, betrachtet man Habermas, Negt, Kluge, Becker-Schmidt, Fraser, Honneth u.v.a., nicht wesentlich anders aus. Was die Generationen und die Richtungen eint, ist ein Grundansatz und eine Grundauffassung: Sie beschäftigen sich alle mit den internen Auswirkungen der gegenwärtigen Gesellschaftsstrukturen. Als ‚Etikett' verwenden sie unverändert das der **kapitalistischen Gesellschaft**. Es helfe jedoch nicht weiter, so die neueren Arbeiten am *Institut für Sozialforschung* (vgl. Honneth, 2002b), in Anlehnung an die Klassiker über Widersprüche oder Krisen zu reflektieren. Angesichts der Gleichzeitigkeit von Freiheit *und* Disziplinierung sei nur eine Kategorie passend – die der Paradoxie.

Informationsteil

Primärliteratur

Fraser, Nancy: Widerspenstige Praktiken. Macht, Diskurs, Geschlecht. Frankfurt/M. 1994 (US-amerik. Original von 1989)
– Soziale Gerechtigkeit im Zeitalter der Identitätspolitik. Umverteilung, Anerkennung und Beteiligung. In: dies./Honneth, 2003, S. 13-128
– /Axel Honneth: Umverteilung oder Anerkennung? Eine politisch-philosophische Kontroverse. Frankfurt/M. 2003
Habermas, Jürgen: Strukturwandel der Öffentlichkeit. Darmstadt; Neuwied 1962 (Neuauflage Frankfurt/M. 1990)
– Kritische und konservative Aufgaben der Soziologie (1962). In: ders., Theorie und Praxis, 1971, S. 290-306 (1962/1971)

- Zur Logik der Sozialwissenschaften. Tübingen 1967 (5., erw. Aufl. Frankfurt/M. 1982)
- Erkenntnis und Interesse. Frankfurt/M. 1968 (1968a) (12. Aufl. 1999)
- Die Scheinrevolution und ihre Kinder. Sechs Thesen über Taktik, Ziele und Situationsanalysen der oppositionellen Jugend. In: Oskar Negt (Hg.): Die Linke antwortet Jürgen Habermas. Frankfurt/M. 1968, S.5-15 (1968b)
- Technik und Wissenschaft als ‚Ideologie‘. Frankfurt/M. 1968 (1968c) (17. Aufl. 2000)
- Theorie der Gesellschaft oder Sozialtechnologie? Eine Auseinandersetzung mit Niklas Luhmann. In: ders./Luhmann, 1971, S. 142-290 (1971a)
- Theorie und Praxis. Sozialphilosophische Studien. Frankfurt/M. 1971
- Einige Schwierigkeiten beim Versuch, Theorie und Praxis zu vermitteln. Einleitung zur Neuausgabe von ‚Theorie und Praxis‘: In: ders., Theorie und Praxis, 1971, S. 9-47 (1971b)
- Vorbereitende Bemerkungen zu einer Theorie der kommunikativen Kompetenz. In: ders./Niklas Luhmann: Theorie der Gesellschaft oder Sozialtechnologie – Was leistet die Systemforschung? Frankfurt/M. 1971, S. 101-141 (1971c)
  Legitimationsprobleme im Spätkapitalismus. Frankfurt/M. 1973
- Zur Rekonstruktion des Historischen Materialismus. Frankfurt/M. 1976
- Legitimationsprobleme im modernen Staat. In: ders., Zur Rekonstruktion des Historischen Materialismus. Frankfurt/M. 1976, S. 271-303
- Interview mit Jürgen Habermas am 23. März 1979 in Starnberg. Interviewer: Detlef Horster und Willem van Reijen. In: Detlef Horster: Habermas zur Einführung. Hannover 1980, S. 70-94
- **Theorie kommunikativen Handelns. Bd. 1: Handlungsrationalität und gesellschaftliche Rationalisierung. Frankfurt/M. 1981 (1981a)**
- **Theorie kommunikativen Handelns. Bd. 2: Zur Kritik der funktionalistischen Vernunft. Frankfurt/M. 1981 (1981b)**
- Kleine politische Schriften (I-IV). Frankfurt/M. 1981 (1981c)
- Die Moderne – ein unvollendetes Projekt. Rede aus Anlaß der Verleihung des Adorno-Preises der Stadt Frankfurt (11.9.1980). In: ders., 1981c, S. 444-464 (1981d)
- Moralbewußtsein und kommunikatives Handeln. Frankfurt/M. 1983
- Vorstudien und Ergänzungen zur Theorie des kommunikativen Handelns. Frankfurt/M. 1984
- Die neue Unübersichtlichkeit. Kleine Politische Schriften V. Frankfurt/M. 1985
- Dialektik der Rationalisierung. In: 1985, S. 167-208 (Original von 1981) (1985a)
- Die Krise des Wohlfahrtsstaates und die Erschöpfung utopischer Energien. In: 1985, S. 141-166 (1985b)
- Der philosophische Diskurs der Moderne. Frankfurt/M. 1985 (1985c)
- Entgegnung. In: Honneth/Joas, 1986, S. 327-405
- Nachmetaphysisches Denken. Philosophische Aufsätze. Frankfurt/M. 1988
- Die nachholende Revolution. Frankfurt/M. 1990
- Texte und Kontexte. Frankfurt/M. 1991 (1991a)
- Erläuterungen zur Diskursethik. Frankfurt/M. 1991 (1991b)
- Die Moderne – ein unvollendetes Projekt. Philosophisch-politische Aufsätze 1977-1992. Leipzig 1992 (2., erw. Aufl.) (1992a)

- Faktizität und Geltung. Beiträge zur Diskurstheorie des Rechts und des demokratischen Rechtsstaates. Frankfurt/M. 1992 (1992b)
- Die Einbeziehung des Anderen. Studien zur politischen Theorie. Frankfurt/M. 1996
- Die postnationale Konstellation. Politische Essays. Frankfurt/M. 1998 (1998a)
- Die postnationale Konstellation und die Zukunft der Demokratie. In: ders., 1998a, S. 91-169 (1998b)
- ‚Es gibt doch Alternativen!‘ Jürgen Habermas antwortet auf Fragen nach den Chancen von Rot-Grün, der Ära Kohl und der Zukunft des Nationalstaates. In: *Die Zeit* v. 8.10.98, S. 12-15 (1998c)
- Eine Art Logo des freien Westens. Von der Erosion des bürgerlichen Normbewusstseins. Ein Rückblick auf den Spendenskandal. In: *Süddeutsche Zeitung* v. 18./19.3.2000, S. 19
- Glaube und Wissen. Ansprache aus Anlass der Verleihung des Friedenspreises. In: Börsenverein der Deutschen Buchhandels, 2001, S. 36-56
- **Zeitdiagnosen. Zwöf Essays. Frankfurt/M. 2003 (40 Jahre edition suhrkamp) [enthält u.a. Habermas, 1981d; Habermas, 2001]**

Habermas, Jürgen/Luhmann, Niklas: Theorie der Gesellschaft oder Sozialtechnologie. Was leistet die Systemforschung? Frankfurt/M. 1971 (10. Aufl. 1990)

Honneth, Axel: Kritik der Macht. Reflexionsstufen einer kritischen Gesellschaftstheorie. Frankfurt/M. 1985
- **Kampf um Anerkennung. Zur moralischen Grammatik sozialer Konflikte. Frankfurt/M. 1992 (TB-Ausgabe 1994; engl. Ausgabe 1996 The Struggle for Recognition)**
- Die soziale Dynamik von Missachtung. Zur Ortsbestimmung einer kritischen Gesellschaftstheorie. In: *Leviathan*, Jg. 22, 1994, S. 79-93 (1994a)
- Gespräch mit Axel Honneth in der Zeitschrift *Widerspruch* (s. www.widerspruch. com) (1997)
- Jürgen Habermas. In: Dirk Kaesler (Hg.): Klassiker der Soziologie. Bd. 2. Von Talcott Parsons bis Pierre Bourdieu. München 1999, S. 230-251
- Jürgen Habermas: Theorie des kommunikativen Handelns. In: Dirk Kaesler/ Ludgera Vogt (Hg.): Hauptwerke der Soziologie. Stuttgart 2000, S. 186-192 (2000a)
- Axel Honneth – Die gespaltene Gesellschaft. In: Armin Pongs: In welcher Gesellschaft leben wir eigentlich? Gesellschaftskonzepte im Vergleich, Bd. 2. München 2000, S. 79-102
- Einleitung. In: ders., 2002a, S. 7-12 (2002b)
- (Hg.): Kommunitarismus: eine Debatte über die moralischen Grundlagen moderner Gesellschaften. Frankfurt/M.; New York 1993 (*Theorie und Gesellschaft*; Bd. 26)
- (Hg.): Pathologien des Sozialen. Die Aufgaben der Sozialphilosophie. Frankfurt/M. 1994 (1994b)
- (Hg.): Befreiung aus der Mündigkeit. Paradoxien des gegenwärtigen Kapitalismus. Frankfurt/M.; New York 2002 (2002a)
- /Hans Joas (Hg.): Kommunikatives Handeln. Beiträge zu Jürgen Habermas’ ‚Theorie des kommunikativen Handelns‘. Frankfurt/M. 1986 (3., erw. u. aktualisierte Aufl. 2002)

- /Martin Saar (Hg.): Michel Foucault – Zwischenbilanz einer Rezeption. Frankfurter Foucault-Konferenz 2001. Frankfurt/M. 2003
Kritische Theorie der Gegenwart – Internationale Konferenz. Institut für Soziologie der Universität Hannover, 27. u. 28. November 1998. Hannover 1999 (Textsammlung und Dokumentation; Ms.)
Offe, Claus: Leistungsprinzip und industrielle Arbeit. Mechanismen der Statusverteilung in Arbeitsorganisationen der industriellen ‚Leistungsgesellschaft‘. Frankfurt/M.; Köln 1970 (5. Auflage 1977)
- Strukturprobleme des kapitalistischen Staates. Aufsätze zur Politischen Soziologie. Frankfurt/M. 1972 (1972a) (Neuausgabe Frankfurt/M.; New York 2006 m. einem neuen Vorwort)
- Spätkapitalismus – Versuch einer Begriffsbestimmung. In: ders., 1972a, S. 7-25 (1972b)

Weitere Literatur und Sekundärliteratur

Altwegg, Jürg: Vive Habermas! Kein anderer Philosoph ist derzeit in Frankreich so präsent. In: *Frankfurter Allgemeine Zeitung* v. 23.1.2003, S. 35
Beer, Raphael: Zwischen Aufklärung und Optimismus. Vernunftbegriff und Gesellschaftstheorie bei Jürgen Habermas. Leverkusen 1999
Benhabib, Seyla: Selbst im Kontext. Kommunikative Ethik im Spannungsfeld von Feminismus, Kommunitarismus und Postmoderne. Frankfurt/M. 1995
Beyme, Klaus von: Theorie der Politik im 20. Jahrhundert. Von der Moderne zur Postmoderne. Frankfurt/M. 1991
Börsenverein des Deutschen Buchhandels (Hg.): Friedenspreis des Deutschen Buchhandels 2001. Ansprachen aus Anlass der Verleihung an Jürgen Habermas. Frankfurt/M. 2001
Bolte, Gerhard: Von Marx bis Horkheimer. Aspekte kritischer Theorie im 19. und 20. Jahrhundert. Darmstadt 1995
- (Hg.): Unkritische Theorie. Gegen Habermas. Lüneburg 1989
Bonacker, Thorsten: Die Rekonstruktion der soziologischen Vernunft. Zur Rezeption soziologischer Klassiker in der Theorie des kommunikativen Handelns von Jürgen Habermas. In: Der soziologische Blick, 2002, S. 207-228
Bourdieu, Pierre: Vive le Streit! Jürgen Habermas zum Geburtstag. In: *Süddeutsche Zeitung* v. 18.6.1999, S. 17
Brunkhorst, Hauke: Entwicklung des Rationalitätsbegriffs. In: Harald Kerber/Arnold Schmieder (Hg.): Soziologie. Arbeitsfelder, Theorie, Ausbildung. Ein Grundkurs. Reinbek 1991, S. 252-294
Carleheden, Mikael/René Gabriels: An Interview with Jürgen Habermas. In: *Theory, Culture & Society*, Vol. 13, Nr. 3, 1996, S. 1-17
Demirovic, Alex: Modelle kritischer Gesellschaftstheorie. Traditionen und Perspektiven der Kritischen Theorie. Stuttgart; Weimar 2003
Der soziologische Blick. Vergangene Positionen und gegenwärtige Perspektiven. Hg. v. *Institut für Soziologie und Sozialforschung* der *Carl von Ossietzky-Universität Oldenburg*. Opladen 2002
Die versteinerten Verhältnisse zum Tanzen bringen. Beiträge zur marxistischen Theorie heute. Leo Kofler zum 80sten Geburtstag. Berlin 1991
Dubiel, Helmut: Kritische Theorie der Gesellschaft. Eine einführende Rekonstruktion von den Anfängen im Horkheimer-Kreis bis Habermas. Weinheim; München 1988 (2., erweiterte Auflage 1992)
Figal, Günter: Die Philosophien der Frankfurter Schule und ihr Umkreis. In: Anton Hügli/Poul Lübcke (Hg.): Philosophie im 20. Jahrhundert. Bd. 1: Phänomenologie, Hermeneutik, Existenzphilosophie und Kritische Theorie. Reinbek 1992, S. 311-404

Görg, Christoph (Hg.): Gesellschaft im Übergang. Perspektiven kritischer Soziologie. Darmstadt 1994

Gröbl-Steinbach, Evelyn: Jenseits von Gesellschaftskritik. Zur (Un)Möglichkeit Kritischer Theorie im kommunikationstheoretischen Paradigma. In: Andreas Balog/Johann August Schülein (Hg.): Soziologie und Gesellschaftskritik. Beiträge zum Verhältnis von Normativität und sozialwissenschaftlicher Analyse. Wien 1993 (*Österreichische Zeitschrift für Soziologie*; Sonderbd. 2), S. 111-126

Gripp, Helga: Jürgen Habermas. Und es gibt sie doch – Zur kommunikationstheoretischen Begründung von Vernunft bei Jürgen Habermas. Paderborn u.a. 1986

Heise, Hildegard: Rationalität und Rationalisierung: Dominante Formen der bürgerlichen Gesellschaft? In: Christine Kulke/Elvira Scheich (Hg.): Zwielicht der Vernunft. Die Dialektik der Aufklärung aus der Sicht von Frauen. Pfaffenweiler 1992, S.71-83

Hirsch, Joachim: Das neue Gesicht des Kapitalismus. In: Die versteinerten Verhältnisse zum Tanzen bringen, 1991, S. 127-146

Horster, Detlef: Jürgen Habermas zur Einführung. Hamburg 1999

Kieserling, André: Die Habermasindustrie. In: *Soziologische Revue*, Jg. 23, H. 1, 2000, S. 43-51

McCarthy, Thomas: Kritik der Verständigungsverhältnisse. Zur Theorie von Jürgen Habermas. Frankfurt/M. 1989, S. 512-546

–   Ideale und Illusionen. Dekonstruktion und Rekonstruktion in der kritischen Theorie. Frankfurt/M. 1993

Müller-Doohm, Stefan: Kritische Gesellschaftstheorie als Reflexionswissenschaft. In: Der soziologische Blick, 2002, S. 139-158

–   (Hg.): Das Interesse der Vernunft. Rückblicke auf das Werk von Jürgen Habermas seit ,Erkenntnis und Interesse'. Frankfurt/M. 2000

Nolte, Paul: Soziologische Theorie und Geschichte. Was können Historiker von Jürgen Habermas' ,Theorie des kommunikativen Handelns' lernen? In: *Geschichte und Gesellschaft*, Jg. 12, 1986, S. 530-547

Outhwaite, William: Habermas. A Critical Introduction. Cambridge (UK) 1994

Reese-Schäfer, Walter: Jürgen Habermas. Frankfurt/M.; New York 2001 (3., vollst. überarb. Aufl.) (*Campus Einführungen*)

Sahmel, Karl-Heinz: Jürgen Habermas. In: ders.: Die Kritische Theorie. Bruchstücke. Würzburg 1988, S. 166-207

Schneider, Wolfgang L.: Grundlagen der soziologischen Theorie. Bd. 2. (Garfinkel – RC – Habermas – Luhmann) Wiesbaden 2002

Treibel, Annette: Theorie kommunikativen Handelns, Diskursethik und politische Praxis. Anmerkungen zum neueren Habermas. In: Bernhard Schäfers (Hg.): Soziologie in Deutschland. Entwicklung – Institutionalisierung und Berufsfelder – Theoretische Kontroversen. Opladen 1995, S. 133-144

White, Stephen K. (ed.): The Cambridge Companion to Habermas. Cambridge (Mass.; USA) 1995

Wingert, Lutz: Jürgen Habermas: Faktizität und Geltung – Der Prozeß des Rechts in den Satzungen der Macht. In: Reinhard Brandt/Thomas Sturm (Hg.): Klassische Werke der Philosophie. Von Aristoteles bis Habermas. Leipzig 2002, S. 345-378

–   (Hg.): Die Öffentlichkeit der Vernunft und die Vernunft der Öffentlichkeit. Festschrift für Jürgen Habermas. Frankfurt/M. 2001

Lektion VIII
Die Gesellschaft der Individuen (Elias)

Inhalt

1. Norbert Elias – ein Klassiker und Gegenwartstheoretiker

„Über den Prozeß der Zivilisation" als Klassiker

Norbert Elias ist der einzige Autor, der sowohl in Band 2 zur Geschichte der Soziologie als auch in diesem Band zur Gegenwartssoziologie behandelt wird. In Band 2 (siehe Lektion IX) wird er als einer der deutschen Soziologen vorgestellt, die ihre Theorie unter den Bedingungen des Exils formulieren mussten. Das Hauptaugenmerk liegt dort auf Elias als dem Verfasser des 1939 erstmals erschienenen Buches „Über den Prozeß der Zivilisation" (vgl. Elias, 1976) und als einem Soziologen, der schon zu späten Lebenszeiten zum ‚Klassiker' der Soziologie wurde.

In diesem Band wird Elias als ein Autor der Gegenwartssoziologie vorgestellt, als einer der Theoretiker und Theoretikerinnen, die Ansätze zur Überwindung des Mikro-Makro-Dualismus vorgelegt haben.

Norbert Elias
(1897-1990)

Norbert Elias wurde 1897 in Breslau geboren. Dort studierte er von 1918 an zunächst Medizin und Philosophie, seit 1919 dann nur noch Philosophie. Außer in Breslau studierte Elias jeweils ein Semester in Heidelberg und eines in Freiburg. Von 1922 bis 1924 übernahm Elias eine Tätigkeit in der Industrie. 1924 schloß er nach einigen Querelen mit seinem Lehrer Richard Hönigswald sein Promotionsverfahren ab. Anschließend wechselte er sowohl den Ort als auch das Fach: von Breslau nach Heidelberg, von der Philosophie zur Soziologie. Von 1925 bis 1929/30 war Elias Habilitand bei Alfred Weber (siehe Bd. 2, Lektion VII.3) in Heidelberg und von 1930 bis 1933 Assistent bei Karl Mannheim (siehe Bd. 2, Lektion VII.4) in Frankfurt am Main. Er konnte jedoch das Habilitationsverfahren nicht mehr abschließen und emigrierte 1933 nach Paris, 1935 nach England. 1940 starb sein Vater in Breslau, 1941 seine Mutter Sophie in Auschwitz. Im Alter von 57 Jahren, im Jahr 1954, erhielt Elias erstmalig eine Dozentenstelle für Soziologie, und zwar an der Universität Leicester. Von 1962 bis 1964 übernahm er eine befristete Professur für Soziologie an der Universität von Ghana. 1979 bis 1984 war Elias am Zentrum für Interdisziplinäre Forschung der Universität Bielefeld tätig. Danach ließ er sich in Amsterdam nieder, wo er 1990 starb. (Weitere Angaben zur Biographie siehe Bd. 2, Lektion VII und Korte, 1988.)

1988 hatte Elias für „Die Gesellschaft der Individuen" den sog. Amalfi-Preis, den in diesem Jahr erstmalig verliehenen europäischen Soziologiepreis erhalten (vgl. Sontheimer, 1988). Dies ist nur *ein* Indikator für die wachsende Zustimmung, die er und sein Werk in seinem letzten Lebensjahrzent erfahren. Elias ist kein Außenseiter mehr, sondern in Öffentlichkeit, Publizistik und Wissenschaft etabliert. In nahtloser Folge erscheinen seine Werke, wird er zu Leben, Werk und seiner politischen Einschätzung interviewt. Insbesondere in den Niederlanden und in der Bundesrepublik entstehen Netzwerke derjenigen, die sich mit dem Eliasschen Werk beschäftigen. Auf seinen offenkundigen Erfolg angesprochen, gibt er eine – in für ihn typischer Weise – skeptische und relativierende Antwort:

> „Ich weiß nicht, ich habe es nie so gesehen, sehe es auch heute kaum noch. Natürlich ist mir klar, daß ich inzwischen in Deutschland und Holland sehr geachtet werde ... Lassen Sie es mich so formulieren: Ich beginne zu glauben, daß ich einer Stufe nahe sein könnte, auf der nicht mehr die Gefahr besteht, daß das, was ich zu tun versuche, verloren gehen wird. Aber ich bin mir nicht absolut sicher, ob ich bereits über dem Berg bin. Wie Sie sehen, arbeite ich immer noch hart, und ich mache das in dem Bewußtsein, daß ich eine Situation herbeiführen muß, in der mein Werk tatsächlich zu einem Teil der soziologischen Tradition wird. Ich arbeite immer noch sehr daran, diese Stufe zu erreichen" (Heerma van Voss/van Stolk, 1990: 93).

Schub der Elias-Rezeption

In den 1990er Jahren intensiviert sich die Elias-Rezeption weiter. Indikatoren hierfür sind die deutschsprachige Sammlung Eliasscher Texte von Bartels (1995) und die Produktionen für den anglo-amerikanischen Markt von Goudsblom/Mennell (1998) und Mennell/ Goudsblom (1998). In günstiger zeitlicher Koinzidenz wird im Jahr 1998 „Über den Prozeß der Zivilisation" auf der ISA-Liste der zehn wichtigsten soziologischen klassischen Werke des 20. Jahrhunderts plaziert. Ergebnis einer entsprechenden Befragung der ISA (*International Sociological Association*) unter ihren Mitgliedern war folgende Reihung: 1. Weber „Wirtschaft und Gesellschaft", 2. Mills „Kritik der soziologischen Denkweise", 3. Merton „Social Theory and Social Structure", 4. Weber „Die protestantische Ethik und der Geist des Kapitalismus", 5. Berger/Luckmann „Die gesellschaftliche Konstruktion der Wirklichkeit", 6. Bourdieu „Die feinen Unterschiede", **7. Elias „Über den Prozeß der Zivilisation"**, 8. Habermas „Theorie des kommunikativen Handelns", 9. Parsons „The Structure of Social Action" und 10. Goffman „Wir alle spielen Theater".

Elias wird häufig ausschließlich als Begründer der Zivilisationstheorie rezipiert, aber er ist mehr als das. Er hat zu sehr verschiedenen Fragen der soziologischen Theoriebildung und zu Fragen gegenwärtiger Gesellschaften Stellung genommen: Analyse moderner Gesellschaften

— zur Wissenschaftstheorie und Wissenschaftsgeschichte,
— zur spezifisch gesellschaftlichen Situation, in der man sich als Soziologin oder Soziologe befindet,
— zum sozialen Wandel und seiner Widersprüchlichkeit,
— zur historisch gewordenen ‚Struktur' der Weltgesellschaft,
— zur Frage, welche soziologischen Begriffe und Instrumente man heute benötigt, um eine umfassende Perspektive auf die Entwicklung der Menschheit und des Menschen zu gewinnen.

Elias' Antworten auf diese Fragen sollen innerhalb dieser Lektion vorgestellt werden. Die theoretischen Anregungen, die Elias gegeben hat, sollen mit konkreten Analysen (seinen eigenen und denen, die in Anlehnung an Elias entstanden sind) verbunden werden. Der Schwerpunkt liegt auf den Arbeiten, die seit den 1960er Jahren veröffentlicht wurden. Mitte der 1980er bis Anfang der 1990er Jahre erschienen nach und nach die bisher nicht veröffentlichten bzw. nicht ins Deutsche übersetzten Arbeiten von Elias unter der Herausgeberschaft von Michael Schröter. Im Anschluss werden nun nach und nach die *Gesammelten Schriften* von Elias zusammengestellt und ediert. 1997, zum 100. Geburtstag, erschien die Neuausgabe von „Über den Prozess der Zivilisation" (Elias, 1997). Weitere Neueditionen und Neuaufnahmen innerhalb der *Gesammelten Schriften* (vgl. Hinweise im Informationsteil) und als eigenständige Bände (vgl. Elias, 1999) folgten und folgen. Die Edition der Gesammelten Schriften von Norbert Elias im Suhrkamp Verlag erfolgt im Auftrag der *Norbert Elias Stichting* (Amsterdam) durch Reinhard Blomert, Heike Hammer, Johan Heilbron, Annette Treibel (Geschäftsführung) und Nico Wilterdink. Sie ist im Jahr 2007 abgeschlossen. Gesammelte Schriften von Elias

Die weitere Darstellung nimmt ihren Ausgangspunkt von der These, die Elias bereits seinem Buch „Über den Prozeß der Zivilisation" (Elias, 1976; 1997) zugrundegelegt hat: die gesellschaftliche Entwicklung, die sog. Soziogenese, und die Individualentwicklung, die sog. Psychogenese, können nicht getrennt, sondern nur im Zusammenhang untersucht werden. Die **Zusammenschau von Soziogenese und Psychogenese** ‚erzwingt' geradezu einen soziologischen Ansatz, der den Mikro-Makro-Dualismus überwindet.

2. Soziologie der Menschenwissenschaften und Begründung der Prozesssoziologie

Elias hat seine Auffassung von Soziologie vor allem in drei Veröffentlichungen entwickelt: in dem Buch „Was ist Soziologie?" (Elias, 1970), in dem Aufsatz „Zur Theorie sozialer Prozesse" (Elias, 1977b) und in der Studie über „Engagement und Distanzierung" (Elias, 1983).

Stellung der Soziologie

Elias betrachtet Wissenschaften und Gesellschaften analog, nämlich als historische Prozesse. Er unterscheidet die sog. physikalischen (Natur)Wissenschaften (Biologie, Physik, Medizin, Mathematik u.a.) von den sog. **Menschenwissenschaften**. Zu letzteren gehören die Soziologie, Sozialpsychologie, Geschichte, Psychologie u.a. Elias erhebt für die von ihm vertretene Soziologie als Hauptzielsetzung das Prinzip der **relativen Autonomie**. Als Teil der Gesellschaft und der historischen Entwicklung ist Soziologie nie völlig autonom; eine relativ autonome Position gegenüber verschiedenen Einflüssen verhilft ihr jedoch zu aussagefähigen Analysen (vgl. Elias, 1970: 46ff.; 62).

Für Elias besteht kein Anlass, die Soziologie als eine Wissenschaft ‚im Schatten' etwa von Philosophie, Ökonomie oder Psychologie zu betrachten; eine Perspektive wie die von George Caspar Homans (siehe Bd. 2), der die Soziologie der Psychologie unterordnet, käme für ihn nicht in Frage, denn Soziologie ist innerhalb der Menschenwissenschaften relativ autonom, ist vielleicht sogar die Menschenwissenschaft *par excellence*. Soziologie muss und kann sich von ihren Minderwertigkeitskomplexen, eine weniger ‚wissenschaftliche' und etablierte Wissenschaft als die Naturwissenschaften zu sein, lösen. Soziologie soll zum einen gegenüber anderen Wissenschaften und zum anderen dem politischen Tagesgeschehen gegenüber relativ autonom sein.

methodische Prämissen der soziologischen Forschung

Dies kann jedoch nur gelingen, wenn die Menschen, die diese Soziologie betreiben, ihre Position verändern und eine neue Balance zwischen zwei grundsätzlichen Einstellungsformen finden, zwischen **Engagement** und **Distanzierung**. Während in der Alltagssprache ‚Engagement' eher positiv und ‚Distanzierung' eher negativ besetzt ist, hält Elias aus wissenschaftstheoretischer und wissenssoziologischer Sicht Distanzierung für die erstrebenswerte Einstellungsform, an der es der Soziologie noch mangelt.

Nach Elias fragen engagierte Beobachterinnen und Beobachter: „Was ist die Bedeutung dieses Ereignisses für uns?"; demgegenüber fragen distanzierte Beobachterinnen und Beobachter: „Was ist der immanente Mechanismus dieses Ereignisses?" (vgl. Elias, 1983: 98). Dieser Unterscheidung ordnet er die Gegensatzpaare von Irrationaliät und Rationalität bzw. von Subjektivität und Objektivität zu. Darüberhinaus geht es ihm jedoch weniger um eine genaue Festlegung dieser Dichotomien als um das Verhältnis von Engagement und Distanzierung im historischen Kontext verschiedener Gesellschaften. Insbesondere spielen Engagement und Distanzierung für Elias beim Zugang zur gesellschaftlichen Wirklichkeit und beim Wissenserwerb in den Menschenwissenschaften eine entscheidende Rolle.

Im Gegensatz zu anderen Soziologinnen und Soziologen erkennt Elias die besondere Situation der eigenen Gruppe an. Ein völliger Verzicht auf Engagement sei nicht möglich und auch gar nicht wünschenswert:

„Das Problem, vor dem Menschenwissenschaftler stehen, läßt sich also nicht einfach dadurch lösen, daß sie ihre Funktion als Gruppenmitglieder zugunsten ihrer Forscherfunktion aufgeben. Sie können nicht aufhören, an den sozialen und politischen Angelegenheiten ihrer Gruppen und ihrer Zeit teilzunehmen, können nicht vermeiden, von ihnen betroffen zu werden. Ihre eigene Teilnahme, ihr Engagement ist überdies eine der Voraussetzungen für ihr Verständnis der Probleme, die sie als Wissenschaftler zu lösen haben. Denn während man, um die Struktur eines Moleküls zu verstehen, nicht zu wissen braucht, wie man sich als eines seiner Atome fühlt, ist es für das Verständnis der Funktionsweise menschlicher Gruppen unerläßlich, auch als Insider zu wissen, wie Menschen ihre eigene und andere Gruppen erfahren; und man kann es nicht wissen ohne aktive Beteiligung und Engagement" (Elias, 1983: 30).

Soziologinnen und Soziologen befinden sich in dem Dilemma, einerseits dem Druck sozialer Probleme, andererseits dem Vorbildcharakter und der Dominanz der Naturwissenschaften ausgesetzt zu sein. Elias hält eine Aufhebung dieses Dilemmas für notwendig und auch für möglich – wenn folgende Prämissen berücksichtigt werden:

– Aktive Beteiligung und Engagement sind notwendig, aber nicht ausreichend. Es ist noch keine Wissenschaft, sich auf die Rolle eines „engagierten Exponenten sozialer Ereignisse" (Elias, 1983: 25) zu beschränken.
– Sozialwissenschaftlerinnen und Sozialwissenschaftler müssen ihre beiden Funktionen als Beteiligte mit „vorgefaßten und unerschütterlichen Gruppenidealen" (Elias, 1983: 34) einerseits und als Forscher andererseits auseinanderhalten.
– Sozialwissenschaft sollte möglichst frei von „heteronomen Wertungen" , d.h. von sozialen oder politischen Überzeugungen sein. Heteronome Wertungen sind für Elias „Wertungen, die von außerhalb, von der Parteinahme in Konflikten der weiteren Gesellschaft, in die wissenschaftliche Arbeit einströmen" (Elias, 1983: 59).

Elias fordert von Soziologinnen und Soziologen eine größere Distanz und Autonomie sowohl gegenüber den Problemstellungen und -lösungen, die in Gesellschaft und Politik gegenüber sozialen Ereignissen angewandt werden, als auch gegenüber dem Modell der machtstärkeren Gruppe der Naturwissenschaften. Für das Selbstverständnis und die Erkenntnisziele der Wissenschaft ist ein – wenn auch schwierig festzulegendes – **Mindestmaß an Distanzierung** notwendig.

Ähnlich wie im Symbolischen Interaktionismus und der Phänomenologie (siehe Lektion IV) macht Elias keinen grundsätzlichen Unterschied zwischen der Erkenntnisleistung einzelner Individuen und der Entwicklung von gesellschaftlichem und wissenschaftlichem Wissen, sondern er versteht „Erkenntnis" – gleichgültig von wem – „als kollektive Distanzierungsleistung" (Fröhlich, 1991: 101).

Die Gefahr einer **Pseudo-Distanzierung**, wie Elias es nennt, ist jedoch dann gegeben, wenn einfach die Methoden der Naturwissenschaften kopiert und deren Gesetzmäßigkeits-Ideale auf die Menschenwissenschaften übertragen werden. Eine scheinbar ‚objektive‘ Methode

die Soziologie braucht eigene Methoden

„dient oft als ein Mittel, um Schwierigkeiten, die aus dem spezifischen Dilemma der Menschenwissenschaftler erwachsen, zu umgehen, ohne sich ihm zu stellen; in vielen Fällen schafft sie ein Fassade von Distanzierung, hinter der sich eine höchst engagierte Einstellung verbirgt" (Elias, 1983: 35).

Elias nimmt **drei Abgrenzungen** gegenüber anderen Soziologien – Mikro- wie Makroansätzen – vor:

Wissenschaft versus Wissenschaften

Als **erste Abgrenzung** lehnt Elias die Theorie und Programmatik des **Kritischen Rationalismus** und die soziologischen Ansätze des **methodologischen Individualismus** (siehe Lektion VI) vehement ab. In zugespitzter und etwas überzogener Form hat er diese Kritik in dem Aufsatz „Wissenschaft oder Wissenschaften? Beitrag zu einer Diskussion mit wirklichkeitsblinden Philosophen" (Elias, 1985) zusammengefasst. ‚Wirklichkeitsblind' sind für ihn diejenigen, die ein Konzept der Einheitswissenschaft (als ‚Dach' sowohl für Natur- wie Sozialwissenschaft) vertreten, zeit- und raumlose Gesetze aufstellen und damit der Vielfalt gesellschaftlicher Entwicklungen und der besonderen Fragestellung der Menschenwissenschaften nicht gerecht würden.

Zustandssoziologie versus Prozesssoziologie

Eine **zweite Abgrenzung** nimmt Elias gegenüber der Systemtheorie vor: die Theorie von Talcott Parsons sci, so stellt Elias bereits im Vorwort zu „Über den Prozeß der Zivilisation" (Elias, 1976) fest, bloße **Zustandssoziologie**, sei ein harmonistischer Ansatz. (Die *direkte* Auseinandersetzung mit Niklas Luhmann [siehe Lektion II], während Elias' Bielefelder Jahren sein räumlicher Nachbar und gelegentlicher Gesprächspartner, hat Elias im Übrigen jedoch nicht gesucht.) Demgegenüber entwickelt er eine **Prozesssoziologie**, die sich aus seiner Grundthese eines permanenten Wandels von Gesellschaften ergibt. Soziologische Theorien wie die Systemtheorie gehören für Elias noch in eine Vorphase des Wissens: sie repräsentieren einen partikularisierenden Ansatz, während sein Ziel eine generalisierende Synthese (vgl. Elias, 1984: 5) ist. Die Langzeitentwicklung des menschlichen Wissens zeigt, so Elias, dass Menschen zur Synthese, d.h. zur Verknüpfung von Ereignissen, fähig sind:

„Menschen orientieren sich weniger als jedes andere Lebewesen, das wir kennen, mit Hilfe ungelernter Reaktionen und mehr als jedes andere Lebewesen mit Hilfe von Wahrnehmungen, die durch Lernen, durch vorangegangene Erfahrungen nicht nur jedes individuellen Menschen, sondern darüber hinaus einer langen Kette menschlicher Generationen geprägt sind" (Elias, 1984: 1).

Die Systemtheorie werde diesem menschlichen Potential zur Synthese und der Komplexität von Gesellschaften nicht gerecht.

Mythenproduktion versus Mythenjagd

Drittens grenzt sich Elias – wenn auch weniger scharf – gegenüber betont **gesellschaftskritischen und marxistischen Ansätzen** ab: Diese produzieren, entgegen Elias' Postulat der Soziologie als **Mythenjagd**, selbst (neue) Mythen. Kollektivistisch-marxistische Ansätze seien zwar weniger ahistorisch als die systemtheoretischen, argumentierten aber zu monokausal entlang ökonomischer Kategorien (vgl. Elias, 1970: 188ff.).

Seine Kritik lässt sich wie folgt zusammenfassen: die bisherige Soziologie sei ahistorisch, treffe falsche Grundannahmen über das ‚Wesen' ‚des' Menschen und habe ihr Erklärungspotential durch die Aufsplitterung in Mikro- und Makrotheorie selbst eingeschränkt. Sein Ziel ist die Überwindung des theoretischen Dualismus von Individualismus und Kollektivismus, ist der Wechsel von einer Zustands- zur Prozesssoziologie. Dies will er durch eine neue Synthesestufe erreichen (vgl. Korte, 1988: 162-169). Elias rechnet sich das Verdienst zu,

> „selbständig und unbekümmert um die älteren Autoritäten weiter zu denken und zu beobachten" (Elias, 1977a: 67).

Elias verwendet viele Begriffe anders, als es in der Soziologie üblich ist. Er bevorzugt, von ‚Menschen' statt von ‚dem Menschen' zu sprechen (Soziologie im Plural) und plädiert für ein sog. **Fürwörtermodell**:

> „Um zu verstehen, worum es in der Soziologie geht, muß man ... in der Lage sein, seiner selbst als eines Menschen unter anderen gewahr zu werden. Das hört sich zunächst wie eine Trivialität an. Dörfer und Städte, Universitäten und Fabriken, ..., kommunistische und kapitalistische Staaten – sie alle sind Netzwerke von Individuen. Zu diesen Individuen gehört man auch selbst. Wenn man sagt ‚mein Dorf, meine Universität, meine Klasse, mein Land', dann bringt man das zum Ausdruck. Aber sowie man heute von der Alltagsebene, auf der solche Ausdrücke ganz gebräuchlich und verständlich sind, auf die Ebene der wissenschaftlichen Reflexion hinaufsteigt, bleibt die Möglichkeit, von allen gesellschaftlichen Gebilden ‚mein', ‚dein', ‚sein' oder auch ‚unser', ‚euer' oder ‚ihr' zu sagen, außer Betracht. Statt dessen spricht man von allen diesen Gebilden gewöhnlich so, als ob sie nicht nur außerhalb und jenseits der eigenen Person, sondern außerhalb und jenseits von einzelnen Personen überhaupt existierten. Bei diesem Typ der Reflexion erscheint die Vorstellung: „Hier bin ,Ich'" oder auch: „Hier sind die einzelnen Individuen und dort sind die gesellschaftlichen Gebilde, die ‚soziale Umwelt', die mich selbst, die jedes einzelne ‚Ich' überhaupt ‚umgeben" ,, als unmittelbar einleuchtend" (Elias, 1970: 12).

Im folgenden Abschnitt werden zwei Eliassche Schlüssel-Begriffe erläutert, der Begriff der Figuration und der damit in engem Zusammenhang stehende Begriff der Macht(-Balance).

3. Figurationswandel und Machtbalancen

Menschen kommen für Elias, wie oben ausgeführt, nur im Plural vor: in Abgrenzung zum Individualismus lehnt er es ab, von ‚dem Individuum' zu sprechen. Ebensowenig akzeptiert er übergreifende Einheiten oder Gruppen als ‚per se' handelnde Instanzen. In der Soziologie und der Alltagssprache ist häufig z.B. von ‚dem Betrieb' oder ‚der Familie' die Rede – als ob es sich dabei um selbständig handelnde Einheiten handele. Diese Praxis ist für Elias ein Symptom der allgegenwärtigen Verdinglichung und Objektivierung der Welt.

Das Handeln von Menschen ist nicht auf ein ‚Wesen' ‚des' Menschen zurückführbar, sondern ist nur verständlich, wenn man dieses Handeln im konkreten Zusammenhang – vor allem des Handelns anderer Menschen – betrachtet. Johan Goudsblom (geb. 1932), der Elias und seine Soziologie in den Niederlanden bekannt gemacht hat, betont, dass dies keineswegs eine sprachliche Marotte ist:

> „Es ist durchaus nicht überflüssig, wenn der Plural ‚Menschen' unterstreicht, daß die Soziologie über Männer, Frauen und Kinder handelt, und nicht über den Menschen im Singular" (Goudsblom, 1979: 140).

Ein Instrument, um die plurale Existenz von Menschen soziologisch zum Ausdruck zu bringen, ist der Begriff der **Figuration**. In ihm findet das Verhältnis von Individuum und Gesellschaft, das Elias mehr interessiert als Individuum und Gesellschaft für sich betrachtet, seinen Ausdruck. Menschen sind keine gesellschaftslosen Individuen und Gesellschaften keine menschenlosen ‚Systeme'. Mit dem Figurations-Begriff kann man der „traditionellen Zwickmühle der Soziologie" (hier Individuum, dort Gesellschaft) entgehen (vgl. Elias, 1986: 91). Gesellschaften sind nicht nur die Anhäufung von Personen:

> „Das Zusammenleben von Menschen in Gesellschaften hat immer, selbst im Chaos,
> im Zerfall, in der allergrößten sozialen Unordnung eine ganz bestimmte Gestalt. Das
> ist es, was der Begriff Figuration zum Ausdruck bringt" (Elias, 1986: 90).

Figurationen sind Beziehungsgeflechte von Menschen, die mit der wachsenden gegenseitigen Abhängigkeit der Menschen untereinander immer komplexer werden. Die Mitglieder einer Figuration sind durch viele solcher gegenseitiger Abhängigkeiten (**Interdependenzketten**) aneinander gebunden. Figurationen sind soziale Prozeßmodelle.

In seinem Buch „Was ist Soziologie?" hat Elias den Figurations-Begriff erstmalig eingeführt. Dort finden sich auch die folgenden Abbildungen, mit denen Elias seine Perspektive veranschaulicht:

Abbildungen: Figur 1 und Figur 2 (Elias, 1970: 10f.)

Figur 1: Grundschema des egozentrischen Gesellschaftsbildes

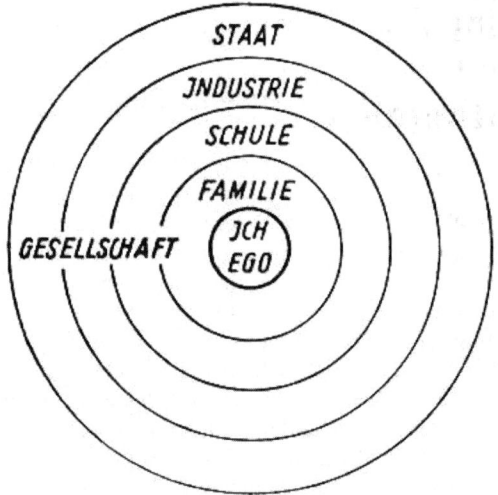

Figur 2: Eine Figuration interdependenter Individuen
("Familie", "Staat", "Gruppe", "Gesellschaft" usw.)

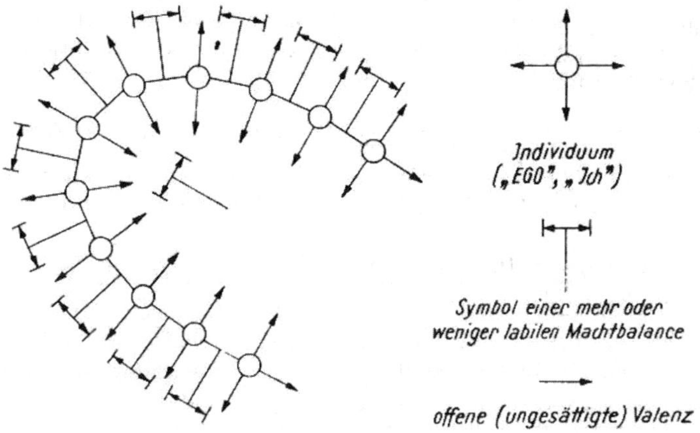

Individuum
("EGO", "Ich")

Symbol einer mehr oder
weniger labilen Machtbalance

offene (ungesättigte) Valenz

Valenz bedeutet allgemein Wertigkeit. Elias bezeichnet damit den Aufforderungscharak-
ter, den Objekte der Wahrnehmung besitzen (vgl. Elias, 1970:11; 146ff.):

> „Das kann man sich modellartig am besten vergegenwärtigen, wenn man sich jeden
> Menschen zu einer gegebenen Zeit als ein Wesen mit vielen Valenzen vorstellt, die
> sich auf andere Menschen richten, von denen einige in anderen Menschen ihre feste
> Bindung und Verankerung gefunden haben, andere dagegen, frei und ungesättigt, auf
> der Suche nach Bindung und Verankerung in anderen Menschen sind" (Elias, 1970:
> 147).

Elias benutzt vor allem den Begriff der affektiven Valenz bzw. affektiven Bindung.

Während die einzelnen Bereiche in Figur 1 säuberlich und hermetisch voneinander abgegrenzt sind, und vom kleinsten, inneren Kreis (dem mehr oder weniger
isolierten, für sich stehenden Individuum) ausgehend, in konzentrischen Kreisen
zugeordnet sind, wird in Figur 2 die gegenseitige Bezugnahme und Abhängigkeit
der Individuen abgebildet. Ob es sich dabei um die ‚Einheit Familie' oder ‚Gesellschaft' handelt, ist gleichgültig.

Hermann Korte (geb. 1937) weist in seiner Elias-Biographie auf Missverständnisse des Figurations-Begriffes hin (vgl. Korte, 1988: 58f.): ‚Figuration' ist
eben nicht einfach ein anderer Begriff für Gruppe, die man sich als ein mehr oder
weniger statisches Gebilde vorstellen muss, sondern ein Beziehungsbegriff, ein
Modell eines sozialen Prozesses. Nur Menschen können Figurationen bilden;
diese entstehen dadurch, dass Menschen eine bestimmte, gesellschaftsspezifische
‚Sprache' erlernen, zu der eine Reihe von Symbolen gehört (etwa der Umgang
mit ‚Zeit'; siehe Abschnitt 6). **Soziale Prozesse** wie den Figurationswandel versteht Elias immer als langfristig; ihre angemessene soziologische Analyse muss
nach seiner Vorstellung **mindestens drei Generationen** umfassen (vgl. Elias,
1986: 234).

Prozesssoziologie
erfasst
gesellschaftlichen
Wandel

Da sich die gesellschaftliche Wirklichkeit, das Wissen und damit die Symbole
von Gesellschaften permanent ändern, bleiben auch Figurationen nicht statisch:

„Gewöhnlich nehme ich als einfachstes Beispiel einer fließenden Figuration ein Fuß-ballspiel. In einem Fußballspiel ist es auch so, daß Sie die Figuration, die das eine Team bildet, nicht verstehen können, wenn Sie nicht die Verzahnung in die Handlungen des anderen Teams sehen. Die Figuration ist nicht die eine Seite und nicht eine andere Seite, sondern die Verzahnung zwischen den verschiedenen Seiten. So steht im Kern einer Figuration sehr oft eine Spannung und sogar ein Konflikt" (Elias, 1987a: 6).

Kerngedanke des Figurations-Konzeptes ist, dass Menschen nicht völlig auto-nom, aber auch nicht völlig abhängig sind; Elias spricht von „semiautonomen" Individuen (vgl. Elias, 1970: 11; siehe auch die ‚relative Autonomie der Soziologie'; Abschnitt 2).

> Für Elias sind die Individuen nicht Opfer gesellschaftlicher Verhältnisse, aber sie sind eben auch nicht völlig autonom wie im Utilitarismus (siehe Lektion VI), sondern nur relativ autonom: sie halten sich gegenseitig ‚in Schach' und sind wechselseitig voneinander abhängig.

dynamischer Machtbegriff Elias' Grundauffassung, dass Menschen immer ‚ein bisschen' autonom sind, wirkt sich auch auf seinen Macht-Begriff aus. **Macht** versteht Elias als monopol-artige Kontrolle über Ressourcen (vgl. Bogner, 1991: 50; Treibel, 1997; Ernst, 1999; Kunze 2005). Sie gehört zu *allen* menschlichen Beziehungen und ist für Elias' Figurationssoziologie unverzichtbar. Auch Macht ist nichts Statisches, ist nicht per se vorhanden, und sie ist nicht nur für besonders mächtige Menschen verfügbar. Vielmehr geht Elias davon aus, dass selbst die sonst als machtlos be-zeichneten Menschen (z.B. Sklavinnen und Sklaven) Macht haben. Zur Macht gehört immer Gegenmacht. Schon für die höfische Gesellschaft hatte Elias darauf hingewiesen, dass Feudalherren in ihren Entscheidungen nicht völlig autonom, sondern auch abhängig vom Verhalten ihrer Untergebenen seien. Auch die Mächtigen sind in der Ausübung ihrer Macht nicht frei.

Es gibt nie nur einseitige Abhängigkeiten, sondern stets **Machtbalancen**, die für Elias der Kern zwischenmenschlicher Beziehungen sind. Diese sind ein Indi-kator der gegenseitigen Abhängigkeiten, in der sich Menschen befinden: Spann-ungen und Konflikte zwischen Menschen, Menschengruppen und auch zwischen Staaten sind einem ständigen Wandel unterworfen.

> In den kontinuierlichen Macht- und Konkurrenzkämpfen unter den Menschen sind die Chancen nicht immer gleich verteilt: wer heute relativ machtlos ist, kann morgen schon relativ mächtig sein bzw. einen Machtzuwachs erfahren haben und dadurch die **Machtbalance** zu seinen oder ihren Gunsten verän-dern.

Der **Wandel** von Figurationen und Machtbalancen ist von Elias selbst und vielen seiner Schüler und Schülerinnen an verschiedenen Beispielen untersucht worden (siehe Abschnitt 4). Im sechsten Kapitel von „Was ist Soziologie?" hat sich Elias *allgemein* zum Figurationswandel geäußert. Dieses Kapitel trägt die Überschrift

„Das Problem der ‚Notwendigkeit' gesellschaftlicher Entwicklungen" (Elias, 1970: 175-195). Elias diskutiert hier die für ihn problematische Grundannahme vieler Gesellschaftstheorien, dass gesellschaftliche Entwicklung zwangsläufig eine bestimmte Richtung nehmen müsse, auf Ursache-Wirkungs-Zusammenhänge zurückgeführt werden könne und eine bestimmte Prognose bezüglich der weiteren Entwicklung nahelege. In Abgrenzung hiervon versteht Elias gesellschaftliche Entwicklung als „Figurationsstrom", der eine ungeplante und nicht vorhersehbare Richtung nimmt.

Ausgehend davon, dass Aufgabe von Wissenschaft sowohl Diagnose, Erklärung wie Prognose sein solle, stellt Elias fest: Man müsse sich bewusst sein, ob man – rückblickend – eine Diagnose bzw. Erklärung (wie Figuration B, z.B. die UNO, aus Figuration A, verschiedenen Nationalstaaten, entstanden ist) oder – vorausschauend – eine Prognose (dass höchstwahrscheinlich aus Figuration A Figuration B entstehen muss) anstrebt. Das Wissen über einen in der Vergangenheit stattgefundenen Figurationswandel lässt keine Aussage darüber zu, dass dieser Wandel sich genauso wieder ereignen *muss*. Deshalb zweifelt Elias die „‚Notwendigkeit' gesellschaftlicher Entwicklung" und die auf dieser These aufbauenden soziologischen Konzeptionen an.

Für Elias haben Figurationen die Eigenschaft der Plastizität. Jede relativ komplexe, differenziertere und höher integrierte Figuration von Menschen hat weniger komplexe, weniger differenzierte und weniger integrierte Figurationen zur Voraussetzung. Aber es ist nicht möglich, für diesen Prozess einen absoluten Anfang anzugeben.

> „Mit relativ undifferenzierten, wenn auch für viele Menschen gefühlsmäßig befriedigenden Begriffspolaritäten, wie ‚Determiniertheit' oder ‚Undeterminiertheit' wird man der Differenziertheit der Probleme, mit denen man es bei den von Individuen gebildeten Figurationen und deren Wandlungstendenzen zu tun hat, kaum gerecht" (Elias, 1970: 182).

Es besteht keine Notwendigkeit, allenfalls eine große Wahrscheinlichkeit, dass sich Figurationen in einer bestimmten Weise entwickeln, also z.B. von einer einzelgesellschaftlichen, kleineren zu einer weltgesellschaftlichen, größeren Einheit. Elias misst den sog. **nicht-beabsichtigten Folgen menschlichen Handelns** eine große Bedeutung zu. Die in einer Figuration miteinander verflochtenen Individuen bringen zwar soziale Entwicklungen in Gang, durchschauen diese aber nicht immer und können diese auch nicht kontrollieren; der Gang der Ereignisse entgleitet ihnen. Die Mitglieder einer Figuration haben Schwierigkeiten, sich von ‚ihrer' Figuration zu distanzieren.

Elias plädiert für den Gebrauch neuer Begriffe, um herkömmliche, dichotome Denkmuster zu durchbrechen und den Menschenwissenschaftlerinnen und Menschenwissenschaftlern einen prozesssoziologischen Zugriff und den Menschen generell einen distanzierteren, weniger gefühlsbetonten und den eigenen Zwängen weniger verhafteten Zugang zu ihrer Wirklichkeit zu ermöglichen.

Figurationswandel und Machtbalance sind, so betont Elias, nicht nur auf innerstaatlicher, sondern auch auf zwischenstaatlicher Ebene zu untersuchen: die beiden Prozesse verschmelzen immer mehr miteinander (vgl. Elias, 1970: 189). Soziale und politische Probleme entstehen sowohl durch eine Veränderung der Machtbalance wie durch eine Verhinderung einer solchen Veränderung.

Bedeutung unbeabsichtigter Folgen menschlichen Handelns

Im folgenden Abschnitt gehe ich exemplarisch auf solche Machtkonstellationen ein, auf einen Figurationstyp, den Elias offensichtlich in Bezug auf gegenwärtige Gesellschaften für repräsentativ ansieht, die Figuration von Etablierten und Außenseitern. Spannungen und Konflikte sind kein Merkmal bestimmter Personen oder Personengruppen, sondern gehören zur Eigendynamik von Figurationen. Die Komplexität menschlicher Figurationen kommt in einem ständigen Auf und Ab an Gruppenspannungen, Machtproben, Konflikten und Interdependenzen zum Ausdruck.

4. Etablierte-Außenseiter-Figurationen am Beispiel von Einheimischen und Neuankömmlingen

Elias' figurationssoziologischer Ansatz ist geeignet, **Macht als sozialen Prozess** zu untersuchen. Seine Auffassung, dass in Figurationen eben nicht die völlig Mächtigen säuberlich von den völlig Machtlosen (siehe Abschnitt 3) geschieden werden können, hat er anhand verschiedener Verflechtungszusammenhänge analysiert. Dieser Ansatz geht auf eine empirisch-theoretische Untersuchung zurück, die Elias gemeinsam mit John L. Scotson, einem Schüler, 1958/9 während seiner Dozententätigkeit an der Universität Leicester durchgeführt hat. Die Bevölkerung einer kleinen Ortschaft in der Nähe von Leicester, die sie Winston Parva nennen, verstehen Elias und Scotson als Etablierten-Außenseiter-Figuration – wobei die Langansässigen die Etabliert(er)en und die Neuankömmlinge die Außenseiter sind.

Ein weiterer, und aufgrund des Biologisch-aufeinander-ausgerichtet-Seins der beiden beteiligten Gruppen ganz besonderer Typ einer Etablierten-Außenseiter-Figuration ist das Geschlechterverhältnis (vgl. Elias, 1987c; Treibel, 1990; Klein/Liebsch, 2001; Hammer, 1997).

An dieser Stelle sei auf die Gemeindestudie von Elias/Scotson (vgl. Elias/Scotson, 1990), auf das später von Elias alleine verfasste theoretische Essay zur „Theorie von Etablierten- Außenseiter-Beziehungen" (Elias, 1990) und auf die Untersuchungen zur Migrationssoziologie eingegangen, die sich auf die Etablierten-Außenseiter-Untersuchung beziehen (vgl. Treibel 1999 und 2003; Kißler/Eckert, 1992; Dangschat, 2000).

Beispiel einer Etablierten-Außenseiter-Figuration

In Winston Parva gab es zum Zeitpunkt der Untersuchung Ende der 1950er Jahre drei Gruppen, die in verschiedenen Zonen wohnen. Die altansässigen Familien wohnten in Zone 1 und Zone 2, die sozial Verachteten in Zone 3, die abfällig als „Rattengasse" bezeichnet wurde. Die sozialen Unterschiede zwischen den beiden Hauptgruppen (Zone 2 und Zone 3) waren gering: beides waren Familien von Arbeiterinnen und Arbeitern. Die eher bürgerlichen Familien aus Zone 1 spielten in dem Konflikt nur eine geringe Rolle. Die Grenze verlief nicht entlang der Klassenunterschiede (zwischen Zone 1 und den beiden übrigen), sondern zwischen den alten und den neuen Familien. So bildete sich eine ‚Koalition' zwischen Zone 1 und 2 auf der einen Seite gegen Zone 3 auf der anderen Seite. Das **Verhältnis zwischen alten und neuen Familien** ist für Elias/Scotson eine Grundfiguration menschlicher Beziehungen:

> „Man kann Varianten derselben Grundfiguration, Zusammenstöße zwischen Gruppen von Neuankömmlingen, Zuwanderern, Ausländern und Gruppen von Alteingesessenen überall auf der Welt entdecken" (Elias/Scotson, 1990: 229).

> In ihrer Untersuchung des sozialen Netzwerkes in Winston Parva stellen Elias und Scotson eine deutliche Hierarchie fest, eine ‚**Rangordnung' der Familien**. In dieser Figuration sind die Einheimischen die Etablierten und die Neuankömmlinge die Außenseiter. In diese Rollen können sie nur gelangen, weil sie gegenseitig voneinander abhängig sind: Die Neuen wollen ihre Situation verbessern, die Alten ihre erhalten.

Die Altansässigen sehen durch die Neuankömmlinge ihren Status und ihre Normen gefährdet. In Winston Parva gefährdeten die Neuankömmlinge den gerade erreichten sozialen Aufstieg eines Teils der dortigen Arbeiterklasse. Die alten, d.h. längeransässigen Familien installierten neue Kriterien, die über das Ansehen in der Gemeinde entschieden, eine Statusideologie (vgl. Elias/Scotson, 1990: 218ff.):

(Randnotiz: Interdependenz von Etablierten und Außenseitern)

- Dauer der Anwesenheit der Familien: mindestens zwei oder drei Generationen (soziologisches Alter);
- größerer Zusammenhalt, Zusammengehörigkeitsgefühl; Kanonvererbung;
- ein höheres Maß an Selbstkontrolle, an Umsicht und Ordentlichkeit;
- Errichtung von Tabus, z.B.: nicht-berufliche Kontakte zu den Neuen;
- gemeinsame Geschichte und (tatsächliche oder scheinbare) Intimität, die auch auf Feindschaft beruhen kann.

Der eine Teil der Etablierten-Außenseiter-Figuration in Winston Parva waren **die alten Familien**. Diese schlossen sich, so verfeindet sie untereinander auch (gewesen) sein mögen, gegen die neuen Familien zusammen. Sie hielten die neuen Familien auf Distanz, behandelten sie mit Verachtung und lehnten Kontaktversuche rigoros ab. Versuchte jemand, entgegen dem Tabu, Kontakt zu den Neuen aufzunehmen, wurde er oder sie durch Statusminderung sanktioniert. Es wurde versucht, die Neuankömmlinge von allen Möglichkeiten, die zu einem Machtzuwachs führen könnten, auszuschließen. Macht wurde monopolisiert; um ihren Erhalt wurde – gegebenenfalls auch mit Mitteln der üblen Nachrede und des Klatsches – gekämpft. Die sog. alten Familien bildeten dadurch, dass in ihrem Kreis eine bestimmte Hierarchie und Verhaltenscodes galten, eine Figuration. Ihre jeweiligen Codes erforderten ein hohes Maß an Selbstdisziplin und Gruppenzusammenhalt; die aus diesen Kontrollanstrengungen resultierenden Frustrationen wurden durch Macht- und Statusgewinne kompensiert. Denn die Einheimischen, die im Statusgefüge der Gesamtgesellschaft keineswegs zu den Etablierten gehörten, stiegen in der Figuration mit den Neuankömmlingen auf. Als längeransässige und untereinander enger verbundene Gruppe nutzten sie Diffamierung und Abgrenzung, um die Neuankömmlinge auf Distanz zu halten und ihren eigenen Status abzusichern bzw. aufzuwerten.

(Randnotiz: Statussicherung durch Abgrenzung)

Der andere Teil der Etablierten-Außenseiter-Figuration von Winston Parva waren die **Neuankömmlinge**. Diese waren im Gegensatz zu den Ansässigen keine Gruppe mit einem Wir-Gefühl; sie kamen aus unterschiedlichen Regionen nach Winston Parva und bilden untereinander keine Gemeinschaft. Zu Beginn ihrer Ansiedelung in Winston Parva waren sie entwurzelte Menschen. In den Augen der Einheimischen fügten sie sich nicht genügend ein. Mit der Zeit verinnerlichten die Neuankömmlinge das schlechte Image, das ihnen die Etablierten aufdrückten; sie blieben Außenseiter und nahmen sich selbst als Außenseiter wahr. Ein Teil der Jugendlichen wurde sozial auffällig und/oder delinquent (straffällig). Nachdem einige der sog. Problemfamilien Winston Parva verlassen hatten, ging die relativ hohe Delinquenz-Rate in Zone 3 (die ursprünglich den Anstoß zu der Untersuchung gegeben hatte), zurück.

(Randnotiz: Zuwanderer verinnerlichen negative Zuschreibung)

Das Zusammenspiel von zwei Zuschreibungsprozessen verstärkt das Machtgefälle zwischen den beiden Gruppen: das eine ist die Zuschreibung eines **Gruppencharismas**, das andere die Zuschreibung einer **Gruppenschande**. Das Gruppencharisma ist mit einem überhöhten Wir-Ideal verbunden: die Mitglieder der betreffenden Gruppe halten sich für die besseren Menschen, z.B. mit den besseren Manieren. Das negative Pendant ist die Gruppenschande, ein Etikett, mit dem Außenseiterinnen und Außenseiter belegt werden und das häufig in ihre Selbstwahrnehmung einfließt.

Zur Statusideologie der alten Familien in Winston Parva gehörte, sich als ordentlicher und respektabler (netter) einzustufen als die Neuankömmlinge. Elias/Scotson stellten fest, dass die Standards der Selbstbeherrschung und Selbstkontrolle bei den Altansässigen höher waren als bei den Neuankömmlingen. Ein hohes Maß an gegenseitiger Kontrolle, Selbstkontrolle und Konformität war notwendig, um das Gruppencharisma (hier: Zugehörigkeit zu den alten, respektablen Familien) aufrechtzuerhalten.

Für Elias ist ein höheres Maß an Selbstkontrolle, der gesellschaftliche Zwang zum Selbstzwang, das zentrale Merkmal des Zivilisationsprozesses (vgl. Elias, 1976, Bd.2: 312ff.): an den alten Familien von Winston Parva lässt sich die Ambivalenz dieses Prozesses gut beobachten. Die alten Familien waren so „distanzlos in ihrem eigenen Werte- und Glaubenssystem befangen" (Elias/Scotson 1990: 96), ihr Gruppenglaube war so starr, dass sie nicht erkennen konnten und wollten, dass die Mehrheit der Bewohnerinnen und Bewohner von Zone 3 nicht anders als sie selbst ruhige, mit sich beschäftigte Leute waren. Diese **Starrheit des Gruppenglaubens** ist die andere Seite der Medaille, sie zeigt das verkrampfte Festhalten am Gruppencharisma.

Ethnische Beziehungen als eine Etablierten-Außenseiter-Figuration

Die tatsächlichen Eigenschaften der Zugewanderten spielen nur eine untergeordnete Rolle; dies gilt auch und gerade für den Bereich der Beziehungen zwischen Menschen unterschiedlicher Hautfarbe und/oder ethnischer Herkunft:

> „Was man ‚Rassenbeziehungen' nennt, sind also im Grunde Etablierten-Außenseiter-Beziehungen eines bestimmten Typs. Daß sich die Mitglieder der beiden Gruppen in ihrem körperlichen Aussehen unterscheiden oder daß eine von ihnen die Sprache, in der sie kommunizieren, mit einem anderen Akzent und anderer Flüssigkeit spricht, dient lediglich als ein verstärkendes Schibboleth (Erkennungswort; A.T.), das die Angehörigen der Außenseitergruppe leichter als solche kenntlich macht" (Elias, 1990: 26).

Wie weitreichend Etablierten-Außenseiter-Beziehungen auf ganz unterschiedlichen Ebenen sind und wie notwendig es ist, die Bedeutung der in öffentlich-politischen Diskussionen so betonten ‚rassischen' und ethnischen Unterschiede zu relativieren, sollen zwei abschließende Hinweise illustrieren.

Mechthilde Kißler und Josef Eckert haben in ihrer figurationssoziologischen **Untersuchung zur Kölner Südstadt** eine der nach Elias und Scotson zentralen Kriterien einer Etablierten-Außenseiter-Figuration, das soziologische Alter, bestätigt gefunden (vgl. Kißler/Eckert, 1992). Vordergründig gibt es in diesem traditionsreichen, ‚typisch Kölschen' Stadtteil Gruppen ausländischer (vor allem italienischer und türkischer) Herkunft und Gruppen deutscher Herkunft, die sog. Einheimischen. Kißler/Eckert stellten fest, dass die Verflechtungszusammenhänge wesentlich komplizierter sind, da die ‚deutsche Gruppe' in zwei Teile zerfalle: in Traditionelle, die schon seit Generationen in der Südstadt ansässig oder zumindest dort geboren waren, und in die zugereisten Mitglieder der Alternativszene. Die Abgrenzungen und Zugehörigkeiten in der Südstadt laufen quer zu den ethnischen Gruppierungen. Man kann hier – wie in der bundesrepublikanischen Gesamtgesellschaft – von einer großen Gruppe einheimischer Etablierter, einer nicht minder großen Gruppe einheimischer Außenseiter, einer relativ kleinen Gruppe ausländischer Etablierter und einer großen Gruppe ausländischer Außenseiter ausgehen. In der Fallstudie ist es offensichtlich gerade die Alternativszene, die sich stark abschottet. Andererseits habe man, so Kißler/Eckert, auch noch nach Jahrzehnten kaum eine Chance, ‚aufzurücken‘:

> „Daß dabei jedoch in jedem Fall in langfristigen Zeiträumen gedacht werden muß, wird spätestens dann klar, wenn – wie mehrfach geschehen – seit mehreren Jahrzehnten ansässige, jedoch erst als Erwachsene eingewanderte deutsche Bewohner des traditionellen kölschen ‚Quartiers‘, ein Interview mit dem Argument verweigern, man komme von außerhalb und sei daher fremd" (Kißler/Eckert, 1992: 472).

Der zweite Hinweis bezieht sich auf meine eigenen Überlegungen zur Migrationstheorie (vgl. Treibel, 1993 und 2003). Das Etablierten-Außenseiter-Modell lässt sich auf die zwischenstaatliche Ebene übertragen. Man kann das weltgesellschaftliche Staatensystem als **Etablierten-Außenseiter-Figuration im großen Maßstab** verstehen. Diese Figuration befindet sich gegenwärtig im Umbruch. Bisherige Dichotomien und Muster der Ideologie-Produktion sind aufgebrochen und werden durch (scheinbar) neue überlagert: danach hat der Nord-Süd-Konflikt wieder an Brisanz gewonnen, nachdem der Ost-West-Konflikt entschärft worden ist. Das Gefälle zwischen etablierteren und randständigen oder Außenseiter-Regionen ist Hauptursache für Wanderungen. Allerdings greift es zu kurz, den Norden oder Westen als die Etablierten und den Süden bzw. Osten als die Außenseiter zu begreifen. Der Süden weist intern viele etablierte(re) Regionen auf, die Ziel von Arbeitsmigranten und Flüchtlingen werden. Nur ein Bruchteil der Migrantinnen und Migranten aus dem Süden geht in den Norden.

Das Pendant zu der zwischenstaatlichen Ebene sind die innergesellschaftlichen Etablierten-Außenseiter-Figurationen, also die **Etablierten-Außenseiter-Figurationen im kleineren Maßstab**. Sie sind Folgeerscheinungen der Zuwanderung. Auch sie sind im Umbruch: Machtbalancen verändern sich, manchmal zugunsten der Außenseiter, häufiger aber zugunsten der Etablierten. In den Figurationen von Etablierten und Außenseitern sind Macht und Ohnmacht nicht mehr eindeutig verteilt: viele Zuwanderinnen und Zuwanderer, die immer weniger bereit waren, das Etikett der ‚Gruppenschande‘ zu akzeptieren oder sich sogar gerade dazugehörig fühlten, müssen nun resignierend mitansehen, wie sie aus dem ‚Wir‘ wieder ausgestoßen werden, und viele Einheimische schlagen – buchstäblich in ohnmächtiger Wut – um sich, um ihre Zugehörigkeit zum einheimischen ‚Wir‘ (der sie sich nicht sicher sind) zu verteidigen. Die Figuration von Westdeutschen und Ostdeutschen im ‚neuen Deutschland‘ illustriert die Eliassche These, wonach Neuankömmlinge sich immer ‚hinten anstellen‘ müssen (vgl. hierzu auch Neckel, 1997). Allerdings scheint es so, als würde das „verstärkende Schibboleth" (Elias, 1990: 26) einer anderen Haut- oder Haarfarbe immer mehr in den Vordergrund gedrängt. Die ‚Reihenfolge‘ der Ankunft, das soziologische Alter, wird immer häufiger zugunsten ethnischer Merkmale bzw. rassistischer Argumentationen außer Kraft gesetzt.

Übertragung der Etablierten-Außenseiter-Figuration auf zwischengesellschaftliche Prozesse

... und auf innergesellschaftliche Prozesse

5. Gesellschaft der Individuen: Wir-Ich-Balancen

Die wachsende Individualisierung, auch für Elias ein Kennzeichen der Moderne, ist gegenwärtig offensichtlich ins Hintertreffen geraten. Stattdessen nehmen Gruppenorientierungen, die eher für traditionelle Gesellschaften typisch sind, an Bedeutung zu. Das Spannungsverhältnis zwischen Wir-Gefühlen und Ich-Idealen nennt Elias die **Wir-Ich-Balance**. Diese hat er in einem seiner neueren Aufsätze mit dem Titel „Wandlungen der Wir-Ich-Balance" untersucht. Dieser Aufsatz wurde innerhalb eines Buches und zusammen mit einem anderen Text veröffentlicht, der dem Buch den Namen gab und den Elias selbst als die theoretisch orientierte Fortsetzung von ‚Über den Prozeß der Zivilisation' bezeichnet hat, die **„Gesellschaft der Individuen"** (vgl. Elias, 1987b). Die zentralen Thesen dieser Veröffentlichung sollen in diesem Abschnitt vorgestellt werden.

Enge Verflechtung von Individuen und Gesellschaft

Der Titel „Gesellschaft der Individuen" ist Programm für die **neuere** Eliassche Figurations- und Prozesssoziologie. Im Gegensatz etwa zu individualistischen Ansätzen, die – wenn überhaupt – von ‚Mensch *und* Gesellschaft' sprechen, ansonsten aber ‚die Gesellschaft' vernachlässigen oder im Gegensatz zu makrotheoretischen Ansätzen, die nur von ‚Gesellschaft' sprechen, als handele es sich um ein menschenloses Gebilde, macht Elias die enge Verflechtung der beiden deutlich. Gesellschaft ist ohne Individuen nicht denkbar:

> „... das, was hier als ‚Verflechtung' bezeichnet wird, und damit das ganze Verhältnis von Individuum und Gesellschaft, kann niemals verständlich werden, solange man sich, wie es heute oft der Fall ist, die ‚Gesellschaft' im wesentlichen als eine Gesellschaft von Erwachsenen vorstellt, von ‚fertigen' Individuen, die niemals Kinder waren und niemals sterben. Eine wirkliche Klarheit über das Verhältnis von Individuum und Gesellschaft vermag man erst dann zu gewinnen, wenn man das beständige Werden von Individuen inmitten einer Gesellschaft, wenn man den Individualisierungsprozeß in die Theorie der Gesellschaft mit einbezieht" (Elias, 1987b: 46).

Universalität von Individualisierung

Individualisierungen hat es schon immer gegeben: Einzelpersonen oder Gruppen haben sich aus den Kontexten, in die sie hineingeboren wurden, gelöst und haben einen eigenen, ‚individuellen' Weg eingeschlagen. Vermutlich haben sie sich dann auch als relativ autonome Individuen wahrgenommen. Das heißt, dass wir uns auch sog. traditionale bzw. weniger zivilisierte Gesellschaften nicht so vorstellen sollten, als würde der Mensch als Einzelwesen dort nichts gegolten haben. Sie oder er galt etwas, aber primär aufgrund bestimmter Zugehörigkeiten wie Geschlecht, Kaste, Religion u.ä. **Individualisierung** war und ist gleichbedeutend mit einer Verabschiedung aus dem Kollektiv oder aus Kollektiven. Heute ist allein das Ausmaß an Individualisierung anders: es nimmt in moderneren Gesellschaften tendenziell zu (siehe entsprechend Ulrich Becks Argumentation; Lektion X).

Zunehmende Individualisierung als Kennzeichen moderner Gesellschaften

Die **These von einer fortschreitenden Individualisierung** gehört zu den Grundgedanken der Soziologie: alte Gemeinschaftsbindungen zerfallen (vgl. Georg Simmel, Ferdinand Tönnies; siehe Band 2, Lektion V), Positionsrekrutierungen erfolgen anhand erworbener, nicht anhand zugeschriebener Merkmale, ‚individualisierte', moderne Menschen sind weniger von Verwandtschaftsbeziehungen abhängig und weniger einer sozialen Kontrolle unterworfen. Ohne Individualisierungen ist sozialer Wandel überhaupt nicht denkbar. Elias geht aber über diese generelle Annahme hinaus: er spricht von Individualisierungs-Schüben, die für viele moderne Gesellschaften typisch und in ihrer Tragweite historisch einzigartig seien.

Für Elias gibt es keinen absoluten Neubeginn, keinen Zeitpunkt, vor dem es keine und nach dem es nur noch Individualisierungen gibt. Individualisierungen sind für ihn notwendige Bestandteile eines jeden Zivilisationsprozesses. Fremdzwänge werden geringer, Selbstzwänge nehmen zu. Individualisierungsschübe sind insbesondere ein Merkmal heutiger Gesellschaften. In „so eigentümlich individualisierten Gesellschaften wie den unseren" (Elias, 1987b: 454) treffen diese Schübe vor allem auf bisher unterdrückte oder randständige Gruppen wie Frauen, Gastarbeiterinnen und Gastarbeiter u.a. zu.

> „Die Individualisierungsschübe selbst ... sind nicht Folgen einer plötzlichen Mutation im Innern einzelner Menschen oder einer zufälligen Zeugung von besonders vielen begabten Menschen, sondern gesellschaftliche Ereignisse, etwa Folgen eines Aufbrechens älterer Verbände oder einer Veränderung in der sozialen Position des Handwerker-Künstlers, Folgen, kurz gesagt, einer spezifischen Umlagerung in der Struktur der menschlichen Beziehungen" (Elias, 1987b: 43).

Auf folgende **Begleiterscheinungen von Individualisierungsschüben** macht Elias aufmerksam (vgl. Elias, 1987b: 166ff.):

- ein höheres Maß an Selbstregulierung;
- wachsende Mobilität;
- wachsende Entscheidungsmöglichkeiten und Spielräume;
- Menschen sind in weit höherem Maße auf sich gestellt, treten aus Schutzverbänden heraus;
- die Entwicklung der Ich-Identität wird gestärkt, die der Wir-Identität geschwächt;
- viele Wir-Beziehungen (also Partnerschaften, Freundschaften) sind auswechselbar und freiwillig.

Die Eliassche Figurations-Konzeption verbietet es, von isolierten, ausschließlich ich-bezogenen Menschen auszugehen. Auch eine starke Individualisierung ändert nichts an der „natürlichen Abstimmung eines Menschen auf das Zusammenleben mit anderen" (Elias, 1987b: 259). Allerdings ist diese ‚natürliche Abstimmung' momentan sehr in Frage gestellt. Elias weist unmissverständlich auf die Unverzichtbarkeit von Wir-Gefühlen hin: seine übergeordnete Perspektive ist die Wir-Ich-Balance. Die problematischen Begleiterscheinungen der Individualisierung sind für Elias eng an diesen Balance-Akt gebunden. Im historischen Rückblick stellt er fest:

> „Mehr und mehr Menschen lebten in wachsender Abhängigkeit voneinander, während jeder Einzelne zugleich verschiedener von allen anderen wurde" (Elias, 1987b: 185).

Das Problem ist, dass diese Verschiedenheit immer mehr zu einer sozialen Norm wird, zu einem Wert an sich.

Das neue Ich-Ideal ist mit einem **Zwang zur Individualität** verbunden. Gleichwohl hat der gesellschaftliche **Konformitäts-Druck** nicht oder nur wenig nachgelassen. Der Wunsch, nicht aufzufallen, kollidiert mit dem Wunsch, etwas Besonderes zu sein.

Heute ist die Wir-Ich-Balance tendenziell zu einer Ich-Wir-Balance geworden, die Balance hat sich zugunsten des Ichs verlagert: das ‚moderne Selbst' (Kuzmics, 1990) muss und will viele Entscheidungen selbst treffen. Diesem modernen Selbst wird von Kulturkritikerinnen und -kritikern häufig vorgeworfen, oberflächlich, egoistisch und hedonistisch (genußsüchtig) zu sein, also zu sehr dem Ich-Ideal, einer verantwortungslosen Selbstverwirklichung zu huldigen. Elias selbst wie auch Helmut Kuzmics weisen auf den Preis der Ich-Wir-Balance hin. Moderne, individualisierte Menschen sind in zahlreiche neue Zwänge verstrickt, sind nur scheinbar freier und zwangloser als frühere Menschen.

> „Der gegenwärtige Prozeß der Informalisierung macht es dem einzelnen schwer, zu gut begründeten Entscheidungen in den sozialen Verkehrsformen zu kommen (es gibt hier heute große Unsicherheiten – wie redet man z.B. korrekt seine Ex-Schwiegermutter an?). Es gibt wohl keine Regel, aber ein Problem (= Fremdzwang) – das gilt generell auch für ökonomische und andere Siutationen der Unsicherheit. Wenn Hedonismus und Liberalität oft mit dem Fehlen klarer Regeln assoziiert werden, die Ansprüche und Wünsche begrenzen ..., so bedeutet die Abwesenheit von Regeln noch nicht die Abwesenheit von (Fremd-)Zwängen" (Kuzmics, 1990: 246).

Elias führt die Vereinsamungs- und Entwurzelungs-Tendenzen vieler Menschen darauf zurück, dass neue Wir-Identitäten (die ‚wir' nun einmal brauchen) noch nicht gefunden seien. Wir-Identitäten sind nicht so ohne weiteres austauschbar. Elias' Konzept der Wir-Ich-Balance und sein Blick auf innergesellschaftliche Unstimmigkeiten trägt den Ambivalenzen der Individualisierung Rechnung:

> „ ... das eigentümliche Kreuzgeflecht von Unabhängigkeit und Abhängigkeit, von der Notwendigkeit und der Möglichkeit, für sich selbst und allein zu entscheiden, und der Unmöglichkeit, für sich selbst und allein zu entscheiden, von Selbstverantwortlichkeit und Gehorsam, kann erhebliche Spannungen hervorrufen. Hand in Hand mit dem Wunsch, etwas ganz für sich zu sein, dem die Gesellschaft der anderen als etwas Äußeres und Behinderndes gegenübertritt, geht oft der Wunsch, ganz innerhalb seiner Gesellschaft zu stehen" (Elias, 1987b: 204).

6. Moderne Zeiterfahrung als soziales Symbol

Elias hat sich in einer bisher wenig beachteten Veröffentlichung Gedanken „Über die Zeit" (Elias, 1984) gemacht. Diese lassen sich – und so sind sie auch herausgegeben – als Beiträge zur Wissenssoziologie begreifen. Auch hier beschäftigt sich Elias mit den grundlegenden Fragen, wie alltägliches Wissen zustande kommt und wie es sich mit veränderten gesellschaftlichen Bedingungen wandelt. Elias' Zeit-Untersuchung reicht über den eigentlichen Untersuchungsgegenstand hinaus und ist eine Analyse der Gegenwartsgesellschaft. In einer kürzlich erschienenen Arbeit wird die Zeit-Studie von Elias im Kontext seines Werkes untersucht (vgl. Rosemann, 2003).

Man könnte denken, ‚Zeit' sei ein Phänomen, das für eine soziologische Betrachtung ungeeignet sei und besser der Physik, Mathematik oder Philosophie überlassen werden sollte. Elias' Zeitanalyse ist jedoch dadurch überzeugend, dass sie ‚Zeit' – wie Elias selbst es nennen würde – auf einer neuen Synthesestufe darstellt:

> **Zeit'** ist kein objektivierbarer, äußerlicher Faktor, der unabhängig von Individuen als ,Ding' existiert. Der moderne, gegenwärtige Umgang mit Zeit ist sowohl eine individuelle Erfahrung wie ein sozialer Prozeß.

Das, was wir heute unter Zeit verstehen, ist nicht einfach ,da', sondern muss in einem **mehrjährigen Lernprozess** angeeignet werden:

> „Ein Kind, das in einer der hoch zeitregulierten und industrialisierten Staatsgesellschaften des 20. Jahrhunderts aufwächst, braucht sieben bis neun Jahre, um ,die Zeit zu lernen', d.h. um das komplizierte Symbolsystem der Uhren und Kalender exakt zu lesen und zu verstehen und um sein eigenes Fühlen und Verhalten entsprechend zu regulieren. Wenn sie aber diesen Lernprozeß hinter sich gebracht haben, scheinen die Mitglieder solcher Gesellschaften zu vergessen, daß sie die ,Zeit' lernen mußten" (Elias, 1984: 120).

Der heutige rationale, durchorganisierte und institutionalisierte Umgang mit Zeit (der sowohl Ursache, Begleiterscheinung wie Folge von Industrialisierung ist), ist nur dann denkbar, wenn Gesellschaften und die in ihnen lebenden Menschen zu einem neuen Ausmaß an **Synthese** fähig sind:

> „Die Entwicklung des Standards der menschlichen Betätigungen und Vorstellungen im Umkreise dessen, was wir heute als ,Zeit' begreifen, ist selbst ein gutes Beispiel für die Entwicklung menschlicher Symbole im Sinne einer sich allmählich ausweitenden Synthese. Für die Art der Zeitbestimmung von Gesellschaften auf einer früheren Stufe der Entwicklung ist etwa eine Aussage wie ,Wenn wir uns kalt fühlen' charakteristisch. Auf einer etwas späteren Stufe besitzt eine Menschengruppe vielleicht schon das weniger persönliche Symbol ,Winter'. Heute benutzt man über die ganze Erde hin einen Kalender, der anzeigt, in welchem Monat der Winter beginnt; und diesen Kalender gebrauchen auch Menschen in Erdteilen, wo es in den ,Wintermonaten' recht warm ist" (Elias, 1984: 113).

Wie andere Wissens- und Traditionsbestände, z.B. die Sprache, versteht Elias Zeit als **Symbol**. Verglichen mit anderen Symbolen ist die Zeit ein reines Beziehungssymbol, ein Symbol von Beziehungen auf einer hohen Abstraktionsstufe. Dies wird deutlich, wenn man ,unsere' heutigen Gesellschaften mit früheren vergleicht. Diese besaßen häufig ein solches Symbol nicht, sie brauchten es nicht. Treffen Mitglieder westlicher Gesellschaften etwa auf Mitglieder indianischer Gesellschaften, so ist es oder war es sehr wahrscheinlich, dass der moderne Zeitbestimmungswunsch, der selbstverständliche Rückgriff auf Uhren, ins Leere läuft, wie eine Studie zum gegensätzlichen Zeiterleben von Amerikanern und Puebloindianern illustriert (vgl. Elias, 1984: 118ff.). Selbst in vergleichbar strukturierten Gesellschaften sind der Zeitbegriff und der Umgang mit Zeit häufig ein anderer. Zwischen und innerhalb dieser Gesellschaften gibt es beträchtliche soziale und kulturelle Differenzen. So sind ,die Deutschen' für einen besonders peniblen und bürokratischen Umgang mit Zeit bekannt.

Ein Blick auf die gesellschaftliche Entwicklung zeigt, wie eng Zeitkonzeptionen und technischer Wandel zusammenhängen. Der Hochleistungssport etwa wäre ohne eine ausdifferenzierte Zeitmesstechnik, die Unterschiede nicht nur nach Zehntel-, sondern nach Hundertstel-Sekunden machen kann, undenkbar.

Zeit als Symbol

Zusammenhang von Zeitkonzeption und technischem Wandel

Wie wirkt sich auf der anderen Seite diese Zeitgestaltung im Individuum aus? Ein Blick auf die individuellen Alltagspraktiken zeigt etwa, wie hilflos jemand ist, dessen Uhr kaputtgegangen ist und der oder dem auch kein Radio bzw. Telefon für die Zeitansage zur Verfügung steht. Dieser Mensch sieht sich plötzlich ‚gezwungen‘, nach Indizien zu suchen, die die Uhr ersetzen könnten (Stand der Sonne, Temperatur, Verkehrsaufkommen u.ä.) oder sich gar auf ‚sein‘ oder ‚ihr‘ Gefühl zu verlassen‘.

Zeit als Hilfsmittel und als Zwang

Am Beispiel der verschiedenen Reaktionen, die ein Blick auf die Bahnhofsuhr nach sich zieht, macht Elias deutlich, wie eng Fremdregulierung und Selbstregulierung ineinandergreifen (vgl. Elias, 1984: XLVf.). ‚Die Zeit‘ ist auch nicht gesamtgesellschaftlich einheitlich strukturiert, sondern der einzelne Mensch muss sein Verhalten „auf die etablierte ‚Zeit‘ der jeweiligen Gruppe abstimmen, der er angehört" (Elias, 1984: 99).

Selbst diejenigen, die sich auf keine anderen Individuen einstellen (müssen), sind nicht ‚außerhalb‘ der Gesellschaft, wie Helga Nowotny in ihrem Buch „Eigenzeit" (Nowotny, 1989) feststellt:

> „Denn Zeit, dieses zutiefst kollektiv gestaltete und geprägte symbolische Produkt menschlicher Koordination und Bedeutungszuschreibung, behält ihren Bezug zu anderen Menschen selbst in den Momenten ausgeprägten individuellen Empfindens" (Nowotny, 1989: 9).

7. Der unendliche Prozeß der Zivilisation: Zivilisierung und Dezivilisierung

Die wesentlichen Merkmale der Eliasschen Soziologie und die Anknüpfungspunkte für weitere figurations- und prozesssoziologische Analysen seien in **drei Stichworten** zusammengefasst:

1. Stichwort: Soziologie als relativ autonome Wissenschaft
Elias plädiert für eine selbstbewusstere Soziologie. Diese soll sich von ihren Minderwertigkeitskomplexen, eine weniger ‚wissenschaftliche‘ und etablierte Wissenschaft als die Naturwissenschaft zu sein, lösen. Es besteht kein Grund, die physikalischen Wissenschaften zur absoluten Norm zu erheben. Soziologie soll zum einen gegenüber anderen Wissenschaften und zum anderen gegenüber dem politischen Tagesgeschehen relativ autonom sein. Eine absolute Autonomie ist nicht vorstellbar, da Soziologie als Teil der Menschenwissenschaft zu der Gesellschaft gehört, die sie untersucht, noch ist sie wünschenswert. Die meisten Ansätze der bisherigen Soziologie, so Elias, haben ihr Erklärungspotential durch die Aufsplitterung in Mikrotheorie und Makrotheorie selbst unnötig eingeschränkt.

2. Stichwort: Von den Dichotomien zu Balancen
Einfache Gegenüberstellungen und Dichotomisierungen wie ‚Natur‘ vs. ‚Gesellschaft‘, ‚zivilisiert‘ vs. ‚unzivilisiert‘, ‚mächtig‘ vs. ‚machtlos‘ oder ‚engagiert‘ vs. ‚distanziert‘ lehnt Elias ab. Sie sind für ihn Symptome der gegenwärtigen Desintegration in Wissenschaft und Gesellschaft. Die Eliassche Theorie ist keine monokausal arbeitende Theorie. Was z.B. den Macht-Begriff angeht, so geht sie

nicht davon aus, dass es zwischen Machthabern und Machtlosen ein gleichbleibendes Gefälle gibt. Was viele Menschen als sog. ‚Sachzwang' empfinden, ist nichts anderes als die zahlreichen Zwänge, die viele Menschen entsprechend ihrer gegenseitigen Abhängigkeit aufeinander ausüben. Im Begriff der **Machtbalance** kommt das Eliassche Menschen- und Gesellschaftsbild zum Ausdruck: Individuen sind relativ autonom und wechselseitig voneinander abhängig. Das begriffliche Bindeglied zwischen Individuum und Gesellschaft ist der Begriff der **Figuration**. Mit Modellen wie dem der Etablierten-Außenseiter- Figuration können soziale Prozesse auf inner- wie auf zwischenstaatlicher Ebene untersucht werden.

3. Stichwort: Gesellschaft als Prozess

Gesellschaften und die sie bildenden Individuen sind für Elias etwas Prozesshaftes und nichts Statisches. Deshalb plädiert er für einen Wechsel von einer Zustands- zu einer **Prozesssoziologie**. Soziale Prozesse werden von Elias nie unabhängig von individuellen Handlungen betrachtet; sie sind langfristige, mindestens drei Generationen umfassende Wandlungen von Figurationen (siehe auch Bd. 1, Lektion X.4).

> „Aus dieser ständigen Verflechtung ergeben sich immer wieder langfristige Veränderungen des gesellschaftlichen Zusammenlebens der Menschen, die kein Mensch geplant und wohl auch niemand vorausgesehen hat" (Elias, 1986: 239).

Mit dieser Perspektive ist auch die Einsicht in die **Umkehrbarkeit** sozialer Prozesse verbunden. Auf dieses Phänomen weisen Begriffe wie Zivilisierung und Dezivilisierung oder Integration und Desintegration hin.

Hierauf sei abschließend anhand des Verhältnisses von Zivilisierung und Dezivilisierung, das Elias vor allem in den „Studien über die Deutschen" (Elias, 1989) untersucht hat, eingegangen.

In der Entwicklung menschlicher Interaktionsmuster und Verflechtungen gibt es stets Bewegung und Gegenbewegung, d.h. sozialer Wandel ist **keine unilineare Entwicklung**. Dies gilt auch und gerade für den Zivilisationsprozess: weder gibt es eine Garantie dafür, dass dieser Prozess durch eine stetige Zunahme an Zivilisierung und Selbstzwängen gekennzeichnet ist, noch bedeutet dieses Konzept, dass frühere oder weniger moderne Gesellschaften keine Selbstzwänge kannten oder kennen. Was sich geändert hat, ist lediglich das Verhältnis von Fremd- und Selbstzwängen:

> „Was sich de facto im Laufe eines Zivilisationsprozesses wandelt, ist nicht einfach die Qualität von Menschen, sondern die Struktur ihrer Persönlichkeit" (Elias, 1984: 130).

In seiner 1961/62 anlässlich des Eichmann-Prozesses entstandenen Untersuchung über den „Zusammenbruch der Zivilisation" (vgl. Elias, 1989) analysiert Elias Nationalsozialismus und Holocaust als einen zwar entsetzlichen, aus soziologischer Sicht jedoch nachvollziehbaren Prozess: für einen Moment sei der Vorhang gelüftet worden, der die dunklere Seite zivilisierter Menschen zu verdecken pflege (vgl. Elias, 1989: 396). Bezogen auch auf Gewalt und Kriege der Gegenwart stellt Elias fest, dass Menschen mit einem hohen Ausmaß an Selbstkontrolle nicht zwangsläufig besonders zivilisiert sein müssen. Hier komme es auf die allerdings schwierig festzulegende Balance von einem Zuviel und einem Zuwenig an Selbstkontrolle an. Diese Balance gelingt vielleicht eher, wenn man sich an eine zentrale Eliassche These erinnert – die der Unverzichtbarkeit von Wir-Gefühlen. Das ‚Wir', die Notwendigkeit von kollektiven Zugehörigkeiten, ist auch in modernen Gesellschaften nicht verschwunden, sie ist nur inoffizieller geworden.

Informationsteil

Primärliteratur

Elias, Norbert: Was ist Soziologie? München 1970
– Über den Prozeß der Zivilisation. Sozio- und psychogenetische Untersuchungen. 2 Bde. Frankfurt/M. 1976 (Erstausgabe Basel 1939); Neuausgabe 1997 (s. Elias, 1997)
– Adorno-Rede: Respekt und Kritik. In: Elias, Norbert/Wolf Lepenies: Zwei Reden anläßlich der Verleihung des Theodor W. Adorno-Preises. Frankfurt/M. 1977, S. 33-68 (1977a)
– Zur Grundlegung einer Theorie sozialer Prozesse. In: *Zeitschrift für Soziologie*, Jg. 6, 1977, S. 127-149 (1977b)
– Zivilisation und Gewalt. Über das Staatsmonopol der körperlichen Gewalt und seine Durchbrechungen. In: Joachim Matthes (Hg.): Lebenswelt und soziale Probleme. Verhandlungen des 20. Deutschen Soziologentages zu Bremen. Frankfurt/M.; New York 1981, S. 98-122
– Engagement und Distanzierung. Arbeiten zur Wissenssoziologie I. Hg. und übersetzt v. Michael Schröter. Frankfurt/M. 1983 (TB-Ausgabe 1987) (Neuausgabe in den *Gesammelten Schriften* als Bd. 8, Frankfurt/M. 2003; bearbeitet v. Johan Heilbron)
– Über die Zeit. Arbeiten zur Wissenssoziologie II. Hg. v. Michael Schröter. Frankfurt/M. 1984 (TB-Ausgabe 1988)
– Wissenschaft oder Wissenschaften? Beitrag zu einer Diskussion mit wirklichkeitsblinden Philosophen. In: *Zeitschrift für Soziologie*, Jg. 14, 1985, S. 268-281
– ‚Figuration'; ‚Prozesse, soziale'; ‚Zivilisation'. In: Bernhard Schäfers (Hg.): Grundbegriffe der Soziologie. Opladen 1986 (8., überarb. Auflage 2002)
– Norbert Elias über die Begriffe der Figuration und der sozialen Prozesse. Einführende Bemerkungen zu einem Colloquium über den historischen Charakter der Gesellschaft und die soziologische Theorie am 12. Mai 1987 in der Technischen Universität Berlin, veranstaltet vom Institut für Soziologie. Diskussionsbeiträge IS/TUB 6, 1987 (1987a)
– Die Gesellschaft der Individuen. Hg. v. Michael Schröter. Frankfurt/M. 1987 (1987b) (Neuausgabe in den *Gesammelten Schriften* als Bd. 10, Frankfurt/M. 2001; bearbeitet v. Annette Treibel)
– Vorwort. In: Bram van Stolk/Cas Wouters: Frauen im Zwiespalt. Beziehungsprobleme im Wohlfahrtsstaat. Eine Modellstudie. Frankfurt/M. 1987, S. 9-16 (1987c)

– ‚Wir sind die späten Barbaren'. Der Soziologe Norbert Elias über den Zivilisationsprozeß und die Triebbewältigung. Spiegel-Gespräch. In: *Der Spiegel*, Nr. 21, 1988, S. 183-190
– Studien über die Deutschen. Machtkämpfe und Habitusentwicklung im 19. und 20. Jahrhundert. Hg. v. Michael Schröter. Frankfurt/M. 1989 (Neuausgabe in den *Gesammelten Schriften* als Bd. 11, Frankfurt/M. 2005; bearbeitet von Nico Wilterdink)
– Zur Theorie von Etablierten-Außenseiter-Beziehungen. In: ders./Scotson, 1990, S. 7-56 (1990a)
– Norbert Elias über sich selbst. Frankfurt/M. 1990 (1990b)
– Die Ballade vom Armen Jacob. Mit einem Nachwort von Hermann Korte. Frankfurt/M.; Leipzig 1996
– Über den Prozeß der Zivilisation. 2 Bde. Neuausgabe. Bearbeitet v. Heike Hammer. Frankfurt/M. 1997 (*Gesammelte Schriften*; Bd. 3)
– Watteaus Pilgerfahrt zur Insel der Liebe. München 1999
– Frühschriften. Bearbeitet v. Reinhard Blomert. Frankfurt/M. 2002 (*Gesammelte Schriften*; Bd. 1)
– Die höfische Gesellschaft. Bearbeitet v. Claudia Opitz. Frankfurt/M. 2002 (*Gesammelte Schriften*; Bd. 2)
– Über die Einsamkeit der Sterbenden in unseren Tagen. Humana Conditio. Bearbeitet v. Heike Hammer. Frankfurt/M. 2003 (*Gesammelte Schriften*; Bd. 6)
– Sport und Spannung im Prozeß der Zivilisation. Bearbeitet v. Reinhard Blomert. Frankfurt/M. 2003 (*Gesammelte Schriften*; Bd. 7)
– Mozart. Soziologie eines Genies. Hg. v. Michael Schröter. Bearbeitet von Reinhard Blomert. Frankfurt/M. 2005 (*Gesammelte Schriften*; Bd. 12) (2005a)
– Autobiographisches und Interviews (mit CD). Bearbeitet von Hans-Peter Waldhoff und Michael Fischer. Frankfurt/M. 2005 (*Gesammelte Schriften*; Bd. 17) (2005b)
– /John L. Scotson: Etablierte und Außenseiter. Hg. u. übersetzt v. Michael Schröter. Frankfurt/M. 1990 (TB-Ausgabe 1993) (engl. Original 1965) (Neuausgabe in den *Gesammelten Schriften* als Bd. 4, Frankfurt/M. 2002; bearbeitet v. Nico Wilterdink)

Weitere Literatur und Sekundärliteratur

Anders, Kenneth: Die unvermeidliche Universalgeschichte. Studien über Norbert Elias und das Teleologieproblem. Opladen 2000 (*Figurationen*; Bd. 3)
Bartels, Hans-Peter (Hg.): Menschen in Figurationen. Ein Norbert-Elias-Lesebuch. Opladen 1995
Baumgart, Ralf/Volker Eichener: Norbert Elias zur Einführung. Hamburg 1991
Blomert, Reinhard: Psyche und Zivilisation. Zur theoretischen Konstruktion bei Norbert Elias. Münster 1989 (2. Aufl.) (*Zivilisationstheorie*; Bd. 3)
– Intellektuelle im Aufbruch. Karl Mannheim, Alfred Weber, Norbert Elias und die Heidelberger Sozialwissenschaften der Zwischenkriegszeit. München 1999
– /Helmut Kuzmics/Annette Treibel (Hg.): Transformationen des Wir-Gefühls. Studien zum nationalen Habitus. Frankfurt/M. 1993
Bogner, Arthur: Die Theorie des Zivilisationsprozesses als Modernisierungstheorie. In: Kuzmics/Mörth, 1991, S. 33-58

Dangschat, Jens: Integration – Eine Figuration voller Probleme. Warum die Integration von Migrant/Innen so schwierig ist. In: Klein/Treibel, 2000, S. 185-208

Duerr, Hans Peter: Die Tatsachen des Lebens. Der Mythos vom Zivilisationsprozess, Bd. 5. Frankfurt/M. 2002

Engler, Wolfgang: Gegenwartskapitalismus und Zivilisation. Fragen an Norbert Elias' Zivilisationstheorie. In: *Berliner Journal für Soziologie*, Jg. 7, H. 2/1997, S. 217-225

Ernst, Stefanie: Machtbeziehungen zwischen den Geschlechtern. Wandlungen der Ehe im ‚Prozeß der Zivilisation'. Wiesbaden 1996

– Geschlechterverhältnisse und Führungspositionen. Eine figurationssoziologische Analyse der Stereotypenkonstruktion. Opladen und Wiesbaden 1999

Esser, Hartmut: Figurationssoziologie und Methodologischer Individualismus. Zur Methodologie des Ansatzes von Norbert Elias. In: *Kölner Zeitschrift für Soziologie und Sozialpsychologie*, Jg. 36, 1984, S. 667-702

Fletcher, Jonathan: Violence & Civilization. An Introduction to the Work of Norbert Elias. Cambridge (UK) 1997

Fröhlich, Gerhard: ‚Inseln zuverlässigen Wissens im Ozean menschlichen Nichtwissens'. Zur Theorie der Wissenschaften bei Norbert Elias. In: Kuzmics/Mörth, 1991, S. 95-111

Goudsblom, Johan: Soziologie auf der Waagschale. Frankfurt/M. 1979 (niederländ. Original von 1974)

– /Stephen Mennell (eds.): The Norbert Elias Reader. A Biographical Selection. Oxford (UK); Cambridge (Mass.; USA) 1998

Hackeschmidt, Jörg: Von Kurt Blumenfeld zu Norbert Elias. Die Erfindung einer jüdischen Nation. Hamburg 1997

Hammer, Heike: Figuration, Zivilisation und Geschlecht. Eine Einführung in die Soziologie von Norbert Elias. In: Klein/Liebsch, 1997, S. 39-76

Heerma van Voss, A.J./A. van Stolk: Biographisches Interview mit Norbert Elias. In: Elias, 1990b, S. 7-101

Hinz, Michael: Der Zivilisationsprozess: Mythos oder Realität? Wissenschaftssoziologische Untersuchungen zur Elias-Duerr-Kontroverse. Opladen 2002 (*Figurationen*; Bd. 4)

Kißler, Mechthilde/Josef Eckert: Multikultur und ethnische Vielfalt. Überlegungen angesichts gewandelter städtischer Lebensweisen. In: *Soziale Welt*, Jg. 43, 1992, S. 462-475

Klein, Gabriele: Frauen Körper Tanz. Eine Zivilisationsgeschichte des Tanzes. Weinheim; Berlin 1992

– /Katharina Liebsch (Hg.): Zivilisierung des weiblichen Ich. Frankfurt/M. 1997

– /Katharina Liebsch: Egalisierung und Individualisierung. Zur Dynamik der Geschlechterbalancen bei Norbert Elias. In: Gudrun-Axeli Knapp/Angelika Wetterer (Hg.): Soziale Verortung der Geschlechter. Gesellschaftstheorie und feministische Kritik. Münster 2001, S. 225-255

– /Annette Treibel (Hg.): Skepsis und Engagement. Festschrift für Hermann Korte. Münster; Hamburg 2000

Korte, Hermann: Norbert Elias. Vom Werden eines Menschenwissenschaftlers. Frankfurt/M. 1988 (Neuausgabe Opladen 1997)

– Norbert Elias (1897-1990). In: Dirk Kaesler (Hg.): Klassiker der Soziologie. Bd. 1. Von Auguste Comte bis Norbert Elias. München 1999, S. 315-333

– (Hg.): Gesellschaftliche Prozesse und individuelle Praxis. Bochumer Vorlesungen zu Norbert Elias' Zivilisationstheorie. Frankfurt/M. 1990

van Krieken, Robert: Norbert Elias. London; New York 1997

Kunze, Jan-Peter: Das Geschlechterverhältnis als Machtprozess. Die Machtbalance der Geschlechter in Westdeutschland seit 1945. Wiesbaden 2005 (*Figurationen*; Bd. 6)

Kuzmics, Helmut: Das ‚moderne Selbst' und der langfristige Prozeß der Zivilisation. In: Korte, 1990, S. 216-255

– /Roland Axtmann: Autorität, Staat und Nationalcharakter. Der Zivilisationsprozeß in Österreich und England 1700-1900. Opladen 2000 (*Figurationen*; Bd. 2)

– /Ingo Mörth (Hg.): Der unendliche Prozeß der Zivilisation. Zur Kultursoziologie der Moderne nach Norbert Elias. Frankfurt/M.; New York 1991

Mennell, Stephen: Norbert Elias. An Introduction. Oxford (UK); Cambridge (USA) 1992
- /Johan Goudsblom (eds.): Norbert Elias on Civilization, Power, and Knowledge. Selected Writings. Chicago; London 1998
Merz-Benz, Peter-Ulrich: Ideologiekritik oder Entideologisierung der Gesellschaft. Karl Mannheim und Norbert Elias. In: *Berliner Journal für Soziologie*, Jg. 7, H. 2/1997, S. 183-196
Neckel, Sighard: Etablierte und Außenseiter und das vereinigte Deutschland. Eine rekonstruktive Prozeßanalyse mit Elias und Simmel. In: *Berliner Journal für Soziologie*, Jg. 7, H. 2/1997, S. 205-215
Nowotny, Helga: Eigenzeit. Entstehung und Strukturierung eines Zeitgefühls. Frankfurt/M. 1989
- /Klaus Taschwer (Hg.): Macht und Ohnmacht im neuen Europa. Zur Aktualität der Soziologie von Norbert Elias. Wien 1993
Oesterdieckhoff, Georg W.: Zivilisation und Strukturgenese. Norbert Elias und Piaget im Vergleich. Frankfurt/M. 2000
Rehberg, Karl-Siegbert (Hg.): Norbert Elias und die Menschenwissenschaften. Studien zur Entstehung und Wirkungsgeschichte seines Werkes. Frankfurt/M. 1996
Reicher, Dieter: Staat, Schafott und Schuldgefühl. Was Staatsaufbau und Todesstrafe miteinander zu tun haben. Opladen 2003 (*Figurationen*; Bd. 5)
Rosemann, Lutz: Die Zeit als Paradigma in der Wissenssoziologie von Norbert Elias. Münster u.a. 2003 (*Zivilisationstheorie*; Bd. 5)
Schröter, Michael: Erfahrungen mit Norbert Elias. Frankfurt/M. 1997
Sontheimer, Kurt: Ein Nicht-Postmoderner. Norbert Elias erhält den ersten europäischen Soziologiepreis. In: *Süddeutsche Zeitung* v. 21.6.1988, S. 11
Treibel, Annette: Engagierte Frauen, distanzierte Männer? Anmerkungen zum Wissenschaftsbetrieb. In: Korte, 1990, S. 179-196
- Transformationen des Wir-Gefühls. Nationale und ethnische Zugehörigkeiten in Deutschland. In: Blomert/Kuzmics/Treibel, 1993, S. 313-345
- Norbert Elias und Ulrich Beck – Individualisierungsschübe im theoretischen Vergleich. In: Rehberg, 1996, S. 424-433
- Das Geschlechterverhältnis als Machtbalance. Figurationssoziologie im Kontext von Gleichstellungspolitik und Gleichheitsforderungen. In: Klein/Liebsch, 1997, S. 306-336
- Figurationen von Etablierten und Außenseitern im Vereinigungsprozeß. In: *Berliner Debatte INITIAL*, Jg. 10, 1999, H. 4/5, S. 151-156
- Migration in modernen Gesellschaften. Soziale Folgen von Einwanderung, Flucht und Gastarbeit. Weinheim, München 2003 (3. Aufl.) (*Grundlagentexte Soziologie*)
- /Helmut Kuzmics/Reinhard Blomert (Hg.): Zivilisationstheorie in der Bilanz. Opladen 2000 (*Figurationen*; Bd. 1)
Waldhoff, Hans Peter: Fremde und Zivilisierung. Wissenssoziologische Studien über das Verarbeiten von Gefühlen der Fremdheit. Probleme der modernen Peripherie-Zentrums-Migration am türkisch-deutschen Beispiel. Frankfurt/M. 1995
Wouters, Cas: Informalisierung und Formalisierung der Geschlechterbeziehungen in den Niederlanden. In: *Kölner Zeitschrift für Soziologie und Sozialpsychologie*, Jg. 38, 1986, S. 510-528
- Wandlungen der Lustbalance: Sexualität und Liebe seit der sexuellen Revolution. In: Klein/Liebsch, 1997, S. 272-305
- Informalisierung. Norbert Elias' Zivilisationstheorie und Zivilisationsprozesse im 20. Jahrhundert. Opladen und Wiesbaden 1999

Theory, Culture & Society, Vol. 12, No. 3, August 1995: Special Section on Norbert Elias
Berliner Journal für Soziologie, Jg. 7, 1997, H. 2: Figurationen – biographisch und systematisch. Norbert Elias zum 100. Geburtstag.
Buchreihe *Figurationen. Schriften zur Zivilisations- und Prozeßtheorie* (Hg. v. Annette Treibel in Zusammenarbeit mit Helmut Kuzmics und Reinhard Blomert) im Verlag Leske + Budrich (ab 2004: VS Verlag für Sozialwissenschaften)

Seit 1994 erscheint der Informationsdienst der Elias-Stiftung, Amsterdam (mit Hinweisen auf Tagungen, Neuerscheinungen zur Theorie und Weiterentwicklung des Ansatzes von Norbert Elias):

Figurations. Newsletter of the Norbert Elias Foundation

(Herausgeber ist Stephen Mennell, University College Dublin; Bezug über SISWO [The Netherlands' Universities Institute for Coordination of Research in Social Sciences], Plantage Muidergracht 4, 1018 TV Amsterdam, Niederlande).

Lektion IX
Kultur, Ökonomie, Politik und der Habitus der Menschen (Bourdieu)

Inhalt

1. Einleitung

Die Analysen des französischen Soziologen Pierre Bourdieu, mit dem sich diese Lektion befasst, sind anregend und desillusionierend. Als Kultursoziologe beschäftigt sich Bourdieu mit vielen ‚Nichtigkeiten' des Alltags, wie dem Gebrauch der Photographie oder der Kleidungswahl. Diese Analysen sind kein detailverliebter Selbstzweck, sondern schärfen den Blick für nur scheinbar Nebensächliches, z.B. Essensgewohnheiten oder Kleidung. Gleichzeitig sind sie für das Selbstbild vieler Menschen vernichtend: sie rauben einer oder einem die Illusion, dass die Benutzung von unterschiedlichen Kulturgütern (z.B. bei der ‚Vorliebe' für Baumwolle oder Synthetik) aus jeweils *individuellen* Vorlieben, aus einem persönlichen Geschmack resultiert. ‚Geschmäcker' sind für Bourdieu etwas rein Gesellschaftliches, denn ihre Verschiedenheit ist berechenbar und absolut nicht zufällig (siehe Abschnitt 5). Auch gesellschaftspolitisch wirken Bourdieus Analysen häufig desillusionierend – insbesondere dann, wenn man entweder an das ganz oder relativ autonome Individuum bzw. an die reformerische oder gar revolutionäre Veränderungsmöglichkeit von Gesellschaften und den in ihr lebenden Menschen denkt. In den 1990er Jahren wird Bourdieus Ton jedoch kämpferischer, und er mischt sich stärker in gesellschaftliche Auseinandersetzungen ein, so ruft er 1998 zur Solidarisierung mit Erwerbsloseninitiativen auf.

In der (west-)deutschen Soziologie begann eine intensivere **Rezeption Bourdieus** erst von Anfang der 1980er Jahre an. Die Schwierigkeiten einer Übertragung der Bourdieuschen Theorie rühren auch daher, dass diese auf die französische Gesellschaft zugeschnitten ist und dass die meisten Veröffentlichungen Bourdieus wegen der häufig extrem langen, verschachtelten Sätze nicht leicht zu verstehen sind. In den letzten Jahren sind allerdings eine ganze Reihe von Interviews, Gesprächen und Vorträgen erschienen, die den Zugang zu Bourdieu sehr erleichtern (siehe Informationsteil). Diese Veröffentlichungen, in denen Bourdieu meist sehr anschaulich, auch ironisch, seine Werke, zentralen Thesen und politischen Auffassungen kommentierte, sind eine wahre Fundgrube – die auch für diese Lektion genutzt worden ist.

Pierre Bourdieu
(1930-2002)

Pierre Bourdieu wurde 1930 in Denguin im Béarn (Pyrénées Atlantiques) geboren. Von 1950 an studierte er in Paris; er immatrikulierte sich an der Faculté des Lettres und bewarb sich gleichzeitig an der *Ecole Normale Supérieure*, einer der berühmten französischen Bildungseinrichtungen, die als ‚Intellektuellen-Schmiede' gilt. 1954 erwarb Bourdieu dort die Agrégation in Philosophie. Von 1955 bis 1957 war er als Gymnasiallehrer am Lycée de Moulins tätig. Als Assistent an der Faculté des Lettres in Algier (1958 bis 1960) qualifizierte er sich für die Forschung. Seit 1964 war er Professor für Kultursoziologie an der *Ecole Pratique des Hautes Etudes en Sciences Sociales*, seit 1968 Direktor des Centre de Sociologie Européenne in Paris. 1982 erhielt Bourdieu die Berufung an das *Collège de France*, Paris. Bourdieu starb am 23.1.2002 in Paris.

Bourdieus Ausbildungs- und Karriereweg ist ein zunächst untypischer, dann aber musterhafter Aufstieg innerhalb der französischen Sozialwissenschaften. Von der Bundesrepublik aus gesehen, wo es dieses System der Eliteschulen und Elitehochschulen nicht gibt, ist kaum nachvollziehbar, wie spektakulär der Durchmarsch durch die sog. Grandes Ecoles von jemandem wie Bourdieu einzuschätzen ist, der durch seine Herkunft aus der ‚rückständigen' Peripherie von einer solchen Karriere ausgeschlossen schien. „Frankreichs besonders markant ausgeprägte Sozialschichtung, die noch immer in regelrechte

‚Kulturkreise' abgeschottet bleibt" (Schmeiser, 1986: 167), wehrt solche Eindringlinge meist ab. Die Wege zum renommierten ‚Forschungsprofessor' sind in der Regel an bestimmte Schulen gebunden, für Soziologen an das *Centre National de la Recherche Scientifique* (CNRS) in Paris (vgl. zum französischen Hochschulsystem den Überblicksartikel von Schwibs, 1988).

Bourdieu tritt als Soziologe, Kulturphilosoph und Zeitkritiker in Erscheinung, der wiederholt seine eigene Position im französischen Hochschulsystem – in dem er mittlerweile eine der mächtigsten und prominentesten Positionen innehat – und die Position von Intellektuellen allgemein reflektiert. An ihnen verdeutlicht er eine seiner Grundpositionen, die er beispielsweise mit Elias, Giddens oder den Ansätzen zur Geschlechtersoziologie teilt, dass **Macht** nämlich immer zwei Seiten hat. Zu den Intellektuellen, mit denen Bourdieu sich seit Ende der 1960er Jahre bis heute ausführlich beschäftigt hat und beschäftigt, stellt er fest, dass sie „als Beherrschte Teil der Herrschenden" (Bourdieu, 1989: 31) seien. D.h., Intellektuelle sitzen nicht unmittelbar an den ‚Schalthebeln der Macht', aber da sie als Meinungsführer und bürgerliche Gruppierung Macht und Einfluss besitzen, gehören sie dennoch zu den Herrschenden. In sehr ähnlicher Weise wie Norbert Elias (siehe Lektion VIII) kommentiert Bourdieu das Dilemma der Sozialwissenschaften:

Stellung der Intellektuellen in der Gesellschaft

> „Ohne in die Einzelheiten der Analyse einzutreten, läßt sich feststellen, daß die Sozialwissenschaften in doppelter Hinsicht eine beherrschte Stellung einnehmen: sowohl im Hinblick auf die sich immer stärker durchsetzende Hierarchie der Naturwissenschaften als auch im Hinblick auf die althergebrachte Hierarchie, die heute gerade durch die aufkommenden Naturwissenschaften und den Anstieg ihrer Kurse an der Börse der wissenschaftlichen Werte in ihrem Bestand nachhaltig bedroht ist. Das erklärt natürlich auch, warum die Sozialwissenschaften immer noch als Zufluchtsfächer für den wenig oder mittelmäßig erfolgreichen Nachwuchs des Bürgertums dienen" (Bourdieu, 1988: 202f.).

Die ambivalente Einschätzung gerade auch der eigenen Position resultiert aus Bourdieus unkonventioneller Karriere durch die ‚kleine' Tür, wie Martin Schmeiser es in seiner sehr informativen „bio-bibliographischen Einführung" (Schmeiser, 1986) zu Bourdieu nennt.

In Deutschland wird Bourdieu in der zweiten Hälfte der 1990er Jahre weniger als Soziologe, sondern als kritischer Zeitgenosse rezipiert. 1997 erhält er den Ernst-Bloch-Preis (die Laudatio hält Ulrich Beck; siehe Lektion X), und als prominente Stimme ist seine Kritik am Neoliberalismus (vgl. Bourdieu, 1998c) Gegenstand zahlreicher Interviews und öffentlicher Auftritte. Große Aufmerksamkeit erhält auch die gemeinsam mit einem 17köpfigen Forscherteam erarbeitete monumentale Studie „Das Elend der Welt" (Bourdieu et al., 1997; vgl. Reeh, 1998; siehe auch Lektion III.1). Unter den unzähligen Nachrufen sei auf die *Hommage an Pierre Bourdieu* von Franz Schultheis und Michael Vester (Schultheis/Vester, 2002) hingewiesen. Schultheis und Vester gehören, neben Beate Krais u.v.a. (siehe Informationsteil) zu denjenigen Soziologinnen und Soziologen, die die Rezeption von Bourdieu in Deutschland wesentlich beeinflusst haben.

2. Überwindung von Objektivismus und Subjektivismus: Bourdieus Theorie der Praxis

Bourdieu begann seine wissenschaftliche Laufbahn als Ethnologe der maghrebinischen Gesellschaften (Nordalgerien, Marokko, Tunesien). Außerdem hat er sich sehr intensiv mit den soziologischen und philosophischen Klassikern auseinandergesetzt. Resultat dieser Verbindung von ethnologischer Feldforschung und Bestimmung des theoretischen Standortes ist das Buch „Entwurf einer Theorie der Praxis auf der ethnologischen Grundlage der kabylischen Gesellschaft" (Bourdieu, 1979). Der erste Teil dieses Buches gibt die Feldstudien wieder, die Bourdieu in der Kabylei, einem nordalgerischen Gebirgszug unter den dortigen Bewohnerinnen und Bewohnern, der Berbergesellschaft der Kabylen, durchgeführt hatte. Im zweiten Teil begründet und erläutert Bourdieu zentrale Begriffe, auf denen seine weiteren Werke aufbauen, vor allem den Habitus-Begriff (siehe Abschnitt 3).

Als ‚Parallel‘-Buch hierzu ist acht Jahre später das Werk „Sozialer Sinn. Kritik der theoretischen Vernunft" (Bourdieu, 1987b) erschienen. Hier werden die Untersuchungen zur Kabylei erneut dargestellt, zentrale Begriffe diskutiert, frühere Positionen und Abgrenzungen aber auch selbstkritisch in Frage gestellt. Für Leserinnen und Leser, denen die französischen Debatten in Philosophie, Linguistik und Politik nicht vertraut sind, sind diese beiden grundlegenden Werke schwer zugänglich und Bourdieus Position schlecht nachvollziehbar. Aus diesem Grund seien im folgenden die Hauptauseinandersetzungen, auf die Bourdieu Bezug nimmt (insbesondere der Strukturalismus), kurz skizziert.

theoretischer Hintergrund

Bourdieu knüpft an zahlreichen Klassikern der Soziologie und Philosophie an: explizit führt er z.B. immer wieder Karl Marx, Max Weber, Emile Durkheim (siehe Bd. 2, Lektionen III, IV und VI), Edmund Husserl (siehe Lektion IV) oder den Sprachphilosophen Ludwig Wittgenstein (1889-1951) an. Zur Bestimmung seiner eigenen Position setzt er sich besonders mit zwei französischen Autoren auseinander, die die intellektuell-wissenschaftliche Szene im Frankreich der 50er und 1960er Jahre beherrschten: Claude Lévi-Strauss (geb. 1908) auf der einen und Jean-Paul Sartre (1905-1980) auf der anderen Seite (vgl. Bourdieu 2002).

Der Ethnologe Lévi-Strauss gilt als Begründer des **Strukturalismus**, einer Forschungsrichtung, die von einem engen Zusammenhang zwischen den Sprachstrukturen und der Kultur einer Gesellschaft ausgeht (vgl. auch Meleghy, 1999). Der Strukturalismus geht auf die Arbeiten, insbesondere auf die zwischen 1906 und 1911 gehaltenen Vorlesungen, des Genfer Linguisten Ferdinand de Saussure (1857-1913) zurück. Lévi-Strauss ging in seiner ‚strukturalen Anthropologie‘ davon aus, dass allen Kulturen eine bestimmte Struktur zugrunde liege, dass es totale soziale Phänomene gäbe. Neben Lévi-Strauss gilt der Schweizer Psychologe Jean Piaget (1896-1980) als Hauptvertreter des Strukturalismus, der in Frankreich während der 60er Jahre nach dem Niedergang des Existentialismus Ende der 50er Jahre zur herrschenden Denk- und Forschungsrichtung in den Sozialwissenschaften wurde. In der Bundesrepublik wurde der Strukturalismus häufig als spezifisch französische ‚Mode‘ abqualifiziert und nicht weiter rezipiert. Herausragende und vielleicht einflussreichste Vertreter dieser Denkrichtung waren Louis Althusser (1908-1990) und Michel Foucault (1926-1984; siehe Lektion III).

Abgrenzung vom Strukturalismus

Vom Strukturalismus Lévi-Strauss’scher Prägung hat Bourdieu viel gelernt. Er grenzt sich aber in vielen Veröffentlichungen (teilweise polemisch) von ihm ab. Bourdieus Studien zur Symbolstruktur, zum Alltagsleben und den sozialen Räumen der Kabylen sind für ihn der Aufhänger, sich mit den strukturalistischen Untersuchungen, deren Grundannahmen und blinden Flecken auseinanderzusetzen. Ein solcher ‚blinder Flecken‘ ist z.B. die Annahme, dass im Maghreb Hei-

222

raten im engeren Verwandtenkreis gang und gäbe seien. Dieses Vorurteil hielt der Überprüfung durch Bourdieu nicht stand. Vielmehr stellte sich heraus, dass diese Form der Heirat eher die Ausnahme war und als solche bestimmte (ökonomisch-strategische bzw. soziale) Funktionen übernahm. Die zugrundeliegenden Ursachen sind nicht metaphysischer Art, sondern werden von Bourdieu als Elemente reiner Tauschwirtschaft zwischen den Geschlechtern und den Generationen verstanden.

Bourdieu strebt einen, wie er sagt, „soziologischen Strukturalismus" an:

> „Der Strukturalismus ist aus dem Versuch hervorgegangen, symbolische Systeme in den Griff zu bekommen, erst die Sprache, dann die mythisch-kulturellen Systeme, später die Literatur usw. Mein Beitrag bestand darin, von diesem, wenn man will, ‚symbolischen' Strukturalismus, der die Strukturen symbolischer Systeme aufzudekken sucht, überzugehen zu einem gewissermaßen ‚soziologischen' Strukturalismus, der dem Zusammenhang zwischen der Struktur der symbolischen Systeme und den gesellschaftlichen Strukturen nachgeht. (...) Es gibt nicht die Gesellschaft und dann den Symbolismus. Die Gesellschaft ist zwangsweise symbolisch, weil die Menschen verschieden sind. Nur lassen sich diese Unterschiede nicht ausschließlich auf der symbolischen Ebene erklären." (Bourdieu, 1989: 34)

Der Strukturalismus ist für Bourdieu eine der Hauptrichtungen der Soziologie. Er bezeichnet sie als **Objektivismus**. Eine soziologische Perspektive, die ausschließlich objektivistisch ist, hält er für unzureichend. Dies bedeutet nicht, dass er Instrumente des Objektivismus ablehnt; vielmehr weist er in seinen Studien immer auch selbst auf die in einer Gesellschaft vorhandenen und durch Sozialforschung messbaren objektiven Strukturen hin. Unter **objektiven Strukturen** versteht Bourdieu empirische Faktoren wie Scheidungsraten, Häufigkeit von Museumsbesuchen, also alles statistisch Messbare. Er richtet seine Aufmerksamkeit vor allem auf die **sozial ungleichen Strukturen** (siehe Bd. 1, Lektion IX):

(Margin note: Kritik an der ‚objektivistischen' Richtung der Soziologie)

> „Die objektiven Strukturen, die die Wissenschaft in Form statistischer Regelmäßigkeiten erfaßt (flüchtig aufgezählt: Beschäftigungsrate, Einkommenskurven, Wahrscheinlichkeiten des Besuchs weiterführender Schulen, Häufigkeit der Urlaube usw.) und die einem sozialen Umfeld dessen spezifische *Physiognomie* aufprägen, dieser kollektiven Landschaft also mit ihren ‚verbauten' Karrieren, ihren unerreichten ‚Plätzen', ihren ‚begrenzten' Horizonten, generieren, vermittels stets konvergenter direkter oder indirekter Erfahrungen, jene Art von ‚Kunst, die Wahrheitsähnlichkeiten zu beurteilen'" (Bourdieu, 1979: 187; Hervorh. im Original).

Für Bourdieu sind Strukturen nicht per se vorhanden; er kritisiert die Personifizierung von Kollektiven. Es sind die handelnden Individuen, die die Strukturen ausmachen und aufrecht erhalten. Deshalb lehnt er auch den verbreiteten öffentlich-politischen Sprachgebrauch ab, der etwa von einem Ministerium als handelnder Instanz ausgeht:

(Margin note: Verhältnis Individuum – Struktur)

> „Das ‚Mysterium' des ‚Ministeriums' stellt einen jener Fälle von gesellschaftlicher Magie dar, bei der sich eine Sache oder Person in etwas anderes verwandelt und ein einzelner ... mit einer Gesamtheit von Menschen, dem Volk, der Arbeiterschaft usw., oder mit einem sozialen Verband – Staat, Kirche, Partei – ... identifiziert wird" (Bourdieu, 1985: 38).

Die technokratisch-objektivistische Richtung des Objektivismus bezeichnet Bourdieu auch als **Sozialphysik**, ein Begriff, der von Saint-Simon und Comte stammt (siehe Bd. 2, Lektion II).

Die andere Tradition in der Soziologie und Philosophie, von der Bourdieu sich abgrenzt, ist der **Subjektivismus**. Zu diesem zählt er die Phänomenologie (Schütz u.a.), die Ethnomethodologie (Garfinkel) (siehe die Lektionen IV bzw. V) und vor allem Sartre. Zusammenfassend nennt er diese Ansätze Sozialphänomenologie. Für ihn sind diese Ansätze unzureichend, weil sie zu sehr von politischen und philosophischen Voreingenommenheiten bestimmt seien (vgl. Bourdieu, 1987a: 330, wo er Sartre für seine zu generelle Entfremdungs-Perspektive kritisiert) bzw. wie die Ethnomethodologie zu wenig vom Alltagswissen abstrahieren würden. Die ,Fehler' des Subjektivismus sind für Bourdieu allerdings nicht so gravierend wie die des Objektivismus:

> „Der objektivistische Bruch mit den Vorbegriffen, den Ideologien, der Spontansoziologie, den *folk theories*, ist ein unvermeidlicher, notwendiger Moment wissenschaftlichen Vorgehens – diesen Bruch nicht zu vollziehen, wie der Interaktionismus, die Ethnomethodologie und alle Formen der Sozialpsychologie, die sich an eine phänomenale Sicht der sozialen Welt halten, geht nur um den Preis gravierender Irrtümer. Aber es ist noch ein weiterer, noch schwierigerer Bruch mit dem Objektivismus zu vollziehen, indem in einer zweiten Phase wieder eingeführt wird, was zur Konstruktion der objektiven Wirklichkeit zunächst beiseite gelassen werden mußte" (Bourdieu, 1992a: 143).

Für Bourdieu ist das Wissen der Akteurinnen und Akteure, ihr ,sens pratique' (so der französische Titel des „Sozialen Sinns"; Bourdieu, 1987b), Ausgangspunkt jeder sozialen Erkenntnis. Der praktische Sinn ist die Schaltstelle zwischen Wissen und praktischem Handeln. Allerdings reicht das Wissen der Akteurinnen und Akteure für eine soziologische Analyse alleine nicht aus, sondern muss um eine wissenschaftliche Wissens-Perspektive erweitert werden (vgl. Bourdieu, 1991: 275).

Die von Bourdieu als **praxeologisch** bezeichnete Erkenntnisweise kann und soll die Errungenschaften von Objektivismus und Subjektismus durchaus nutzen, soll jedoch stets die dialektische Beziehung beider berücksichtigen. Die Wahrnehmung der sozialen Welt hat eine objektive wie eine subjektive Seite. Die von Bourdieu angestrebte allgemeine Anthropologie „muss in eine Analyse des Prozesses münden, über den die Objektivität in der subjektiven Erfahrung und durch diese verankert wird" (Bourdieu, 1983: 15).

Soziologie ist für Bourdieu mehr als die **Rekonstruktion objektiver Beziehungen**. Sie orientiert sich ebenso an den **subjektiven Erfahrungen und Orientierungen** der Akteurinnen und Akteure in ihrem ,Feld'. Allerdings geht Bourdieu davon aus, dass die Entfaltungsmöglichkeiten des Individuums begrenzt sind: das Individuum ist für ihn vor allem **Habitus-Träger** (siehe Abschnitt 3).

Bourdieu fordert zu deutlichen Brüchen, wie er es wiederholt bezeichnet, mit soziologischen, methodischen und philosophischen Traditionen auf und erhebt den Anspruch, den Mikro-Makro-Dualismus zu überwinden. Als Konzept hierfür dient an vorderster Stelle der Begriff und das Konzept des sog. Habitus (siehe Abschnitt 3).

Seit den 1960er Jahren führte Bourdieu zusammen mit Jean-Claude Passeron u.a. umfangreiche Untersuchungen zu den Funktionsprinzipien des **Bildungs- und Erziehungswesens** in Frankreich durch. Die erste Untersuchung ist ein Blick hinter die Fassaden der in den 1960er Jahren verbreiteten Ideologie ‚Emanzipation durch Bildung' und trägt deshalb den Titel „Die Illusion der Chancengleichheit" (Bourdieu/Passeron, 1971). Bourdieu und Passeron konnten hier zeigen, dass ein sehr enger Zusammenhang zwischen der Verfügung über sog. kulturelles Kapital (siehe Abschnitt 4) und dem Schulerfolg bestand – und immer noch besteht. Das Bildungssystem ist eine der entscheidenden, wenn nicht sogar die entscheidende gesellschaftliche Institution, die zur Reproduktion der herrschenden Ordnung beiträgt.

Bourdieu baute seine Perspektive immer weiter zu einer **Ethnologie Frankreichs** in den „Feinen Unterschieden" (Bourdieu, 1987; siehe Abschnitt 5) aus. Bourdieu versteht sich als Ethnologe seiner eigenen Gesellschaft. Als Soziologe sei er ein „Experimentator, der sich der natürlichen Welt nähert wie der Ethnologe der Gesellschaft" (Bourdieu, 1983a: 13). Bourdieu als Ethnologe der eigenen Gesellschaft

Eine Parteinahme für die, die sich selbst nicht zu Wort melden, hält Bourdieu – empört über gesellschaftliche Missstände, etwa in den französischen ‚banlieues' – für legitim und notwendig. Aber gerade ein solches, politisches Engagement erfordere zunächst den Versuch, die persönliche und gesellschaftliche Lage der Betroffenen zu verstehen: politisches Engagement und Verstehen

> „Ich habe auf Anhieb dem Zufall dafür gedankt (später habe ich verstanden, daß es der Freundschaft zu verdanken war), daß ich Ali und Francois *zusammen* begegnet bin. (...) Der ‚Einwanderer' und der ‚Einheimische' ... haben dieselben Probleme, dieselben Schwierigkeiten, die gleiche Sicht der Welt, die von denselben Erfahrungen, den Kämpfen der Kindheit, den Verdrießlichkeiten und Enttäuschungen der Schule, der Stigmatisierung durch die ‚verdorbene' Wohngegend und der Zugehörigkeit zu einer Problemfamilie geformt wurde ..." (Bourdieu et al., 1997: 89; Hervorh. im Original).

Bourdieu betrachtet die Soziologinnen und Soziologen als Teil-Gruppe der Intellektuellen, die ihr traditionelles Minderwertigkeitsgefühl aufgeben sollte, mit dem sie sich nur selbst lähmte. Von Soziologinnen und Soziologen seien weder prophetische Qualitäten noch Service-Leistungen für Industrie und/oder Politik zu erwarten. Bourdieu plädiert für eine neue Orientierung – die so neu gar nicht ist –, die einer **Versöhnung von Wissenschaft und Militanz**:

> „Ich glaube, daß die Zeit der Intellektuellen als *Propheten* vorbei ist. Ich glaube auch, daß wir die Rolle als *Experten* zur Lösung von *Management*-Problemen nicht akzeptieren können. Man müßte es fertigbringen, Wissenschaft und Militanz zu versöhnen, den Intellektuellen die Rolle von *Militanten der Vernunft* wiederzugeben, die sie etwa im 18. Jahrhundert innehatten. Dazu ist den Intellektuellen wieder Vertrauen in ihre ‚Mission' einzuflößen, in ihre Aufgabe, ihren Beruf. Wie so viele andere auch, verurteilen sie sich selber zur Ohnmacht, weil sie machen wollen, was sie nicht machen können, und weil sie nicht machen können, was sie machen wollen. Die Intellektuellen müssen dazu kommen, sich selber zu akzeptieren als Gruppe mit eigenen Interessen, die nicht besser und nicht schlechter sind als die anderer *corporate bodies*" (Bourdieu, 1985: 48f.; Hervorh. im Original).

Bourdieu hält es für zwingend erforderlich, dass alle, die soziologisch arbeiten wollen, vorher eine Soziologie der Soziologie betreiben. Erst dann, wenn man sich über die eigene gesellschaftliche Position, die Begriffe, die man kennt und Aufruf zu kritischer Hinterfragung des eigenen Fachs auf die man bewusst und unbewusst zurückgreift (diese Begriffe nennt Bourdieu ‚Prä-Konstruktionen'), und die eigenen Abhängigkeiten reflektiert, kommt man zu einer Theorie der Praxis:

> „Bei vielen soziologischen Arbeiten, die ich lese, finde ich es bedauerlich, daß Leute, deren Beruf es doch ist, die soziale Welt zu objektivieren, so wenig in der Lage sind, sich selbst zu objektivieren und nicht sehen, daß das, was aus ihren vermeintlich wissenschaftlichen Reden spricht, eben nicht das Objekt ist, sondern vielmehr ihre Beziehung zum Objekt, Ressentiment, Neid, soziale Begierde, unbewußte Strebungen, eine Menge nicht analysierter Dinge" (Bourdieu, 1989: 12).

3.　Habitusformen und soziale Räume

Der zentrale Begriff im gesamten Werk Bourdieus ist der des **Habitus** bzw. der Habitusformen. Diesen Begriff entwickelte Bourdieu bereits in den frühen Untersuchungen, insbesondere in den theoretischen Überlegungen, die im Zusammenhang der Kabylei-Studien entstanden (vgl. Bourdieu, 1979) und in den Studien über die „Sozialen Gebrauchsweisen der Photographie" (vgl. Bourdieu, 1983a). In der Einleitung zu „Die Regeln der Kunst" (Bourdieu, 1999) erläutert Bourdieu die Entstehungsgeschichte seines Habitus-Begriffs.

Habitus-Begriff　　In der Alltagssprache versteht man unter Habitus das Aussehen und vor allem das Erscheinungsbild, das Auftreten eines Menschen. Der Begriff weist auf die Besonderheiten eines persönlichen Verhaltensstiles hin, die – so Bourdieu – gerade eben nicht persönlich, sondern gesellschaftlich sind. Der Habitus-Begriff dient Bourdieu dazu, der „Dialektik von objektiven und einverleibten Strukturen" (Bourdieu, 1979: 164ff.) gerecht zu werden und damit eine Überwindung der aus seiner Sicht künstlichen Spaltung zwischen Objektivismus und Subjektivismus zu erreichen.

> Im **Habitus** eines Menschen kommt das zum Vorschein, was ihn zum gesellschaftlichen Wesen macht: seine Zugehörigkeit zu einer bestimmten Gruppe oder Klasse und die ‚Prägung', die er durch diese Zugehörigkeit erfahren hat.

Vereinfacht ausgedrückt: niemand kann aus seiner oder ihrer Haut. Wer als Kind einer Bauersfamilie im Hunsrück geboren ist, ‚hat' einen völlig anderen Habitus als das Kind einer Unternehmerinnenfamilie in Hamburg.

Bourdieu definiert den **Habitus-Begriff** nirgendwo kurz und bündig, sondern er ‚umkreist' ihn und erläutert ihn mit immer wieder anderen Formulierungen. Als ‚roter Faden' zieht sich jedoch ein weiterer Begriff durch alle Habitus-Erläuterungen, der der **Dispositionen**, also der Anlagen zu einem bestimmten Verhalten:

> „Die für einen spezifischen Typus von Umgebung konstitutiven Strukturen (etwa die eine Klasse charakterisierenden materiellen Existenzbedingungen) ... erzeugen *Habitusformen*, d.h. Systeme dauerhafter *Dispositionen*, strukturierte Strukturen, die geeignet sind, als strukturierende Strukturen zu wirken" (Bourdieu, 1979: 164f.; Hervorh. im Original).

226

An anderer Stelle heißt es:

„Indem der Habitus als ein zwar subjektives, aber nicht individuelles System verinnerlichter Strukturen, als Schemata der Wahrnehmung, des Denkens und Handelns angesehen wird, die allen Mitgliedern derselben Gruppe oder Klasse gemein sind ...“ (Bourdieu, 1979: 187f.).

Der Habitus ist das Bindeglied zwischen der Geschichte und der gesellschaftlichen Eingebundenheit einerseits und dem konkreten Verhalten, Denken etc. von Individuen andererseits. Er wird durch Verinnerlichung vor allem während der familiären Sozialisation geprägt, wird zur ‚zweiten Natur‘ (vgl. Schmeiser, 1986: 176) und ist somit relativ dauerhaft (vgl. auch Bourdieu, 1998b: 25).

In einem Interview hat Bourdieu das Habitus-Konzept folgendermaßen erläutert:

„Mein Versuch geht dahin, zu zeigen, daß zwischen der Position, die der einzelne innerhalb eines gesellschaftlichen Raums einnimmt, und seinem Lebensstil ein Zusammenhang besteht. Aber dieser Zusammenhang ist kein mechanischer, diese Beziehung ist nicht direkt in dem Sinne, daß jemand, der weiß, wo ein anderer steht, auch bereits dessen Geschmack kennt. Als Vermittlungsglied zwischen der Position oder Stellung innerhalb des sozialen Raumes und spezifischen Praktiken, Vorlieben usw. fungiert das, was ich Habitus nenne, d.h. eine allgemeine Grundhaltung, eine Disposition gegenüber der Welt, die zu systematischen Stellungnahmen führt – die dabei aber, weil sie ein Niederschlag des bisherigen Lebenslaufs ist, relativ unabhängig von der im fraglichen Zeitpunkt eingenommenen Position sein kann. Es gibt mit anderen Worten tatsächlich, und das ist nach meiner Meinung überraschend genug, einen Zusammenhang zwischen höchst disparaten Dingen: wie einer spricht, tanzt, lacht, liest, was er liest, was er mag, welche Bekannte und Freunde er hat usw. All das ist eng miteinander verknüpft“ (Bourdieu, 1989: 25).

Mit dieser Erläuterung widerspricht Bourdieu der Auffassung, es gäbe eine Art ‚Mechanik‘ zwischen der Klassenzugehörigkeit eines Menschen auf der einen Seite und seiner Wahrnehmung und seinem Handeln auf der anderen Seite. Ganz offensichtlich scheint es eine solche Mechanik jedoch zu geben, denn Bourdieu hält daran fest, dass der Habitus meist **Klassenhabitus** sei. Durch den Habitus werden objektive Klassenlagen reproduziert:

„Es kann zwar ausgeschlossen werden, daß *alle* Mitglieder ein und derselben Klasse (oder selbst nur zwei von ihnen) dieselben Erfahrungen – und zumal in gleicher zeitlicher Ordnung – gemacht haben; ebenso sicher ist aber auch, daß jedes Mitglied derselben Klasse sich mit einer größeren Wahrscheinlichkeit als jedes Mitglied einer anderen Klasse in seiner Eigenschaft als Akteur oder Zeuge den für die Mitglieder dieser Klasse häufigsten Situationen konfrontiert sieht“ (Bourdieu, 1979: 187; Hervorh. im Original; vgl. auch Bourdieu, 1987: 585).

Der Habitus kann auch als kollektives Klassen-‚Unbewusstsein‘ bezeichnet werden (vgl. Eder, 1989: 29; Bourdieu, 1985: 17). Indikatoren der Klassenlage sind der Beruf, die Berufsrolle und das sog. kulturelle Kapital (siehe Abschnitt 4). Aber die Klassenzugehörigkeit alleine reicht nicht aus, um den Habitus zu bestimmen – wenn es auch eine relativ große Wahrscheinlichkeit gibt, dass Mitglieder derselben Klasse denselben Habitus an den Tag legen. Bourdieu weist darauf hin, dass der Habitus durch mehrere Faktoren determiniert wird, nämlich durch Geschlecht, soziale Stellung, soziale Herkunft und ethnische Zugehörigkeit (vgl. Bourdieu, 1993b: 81). In einer Stellungnahme zur Frauen- und Geschlechterforschung macht er klar, dass für ihn das Geschlecht nicht *die*, aber doch „eine ganz fundamentale Dimension des Habitus" (Bourdieu, 1997b: 222) ist.

Erweiterung des Klassenbegriffs Der **Begriff der Klasse** ist für Bourdieu nicht zentral, denn er hält ihn für missverständlich und zu eng gefasst. Er verwendet – gerade auch mit Blick auf die Individuen und deren Selbstwahrnehmung – stattdessen lieber den Begriff des **sozialen Raumes**:

> „Die Wahrnehmungskategorien resultieren wesentlich aus der Inkorporierung der objektiven Strukturen des sozialen Raumes. Sie sind es folglich, die die Akteure dazu bringen, die soziale Welt so wie sie ist hinzunehmen, als fraglos gegebene, statt sich gegen sie aufzulehnen und ihr andere, wenn nicht sogar vollkommen konträre Möglichkeiten entgegenzusetzen: Der Sinn für die eigene soziale Stellung als Gespür dafür, was man ‚sich erlauben' darf und was nicht, schließt ein das stillschweigende Akzeptieren der Stellung, einen Sinn für Grenzen (‚das ist nichts für uns'), oder, in anderen Worten, einen Sinn für Distanz, für Nähe und Ferne, die es zu signalisieren, selber wie von seiten der anderen einzuhalten und zu respektieren gilt..." (Bourdieu, 1985: 17f.)

Ähnlich Peter L. Berger (siehe Lektion IV) betont Bourdieu, wie wenig wahrscheinlich es ist, über die Grenzen des sozialen Raumes bzw. der Klasse hinaus zu heiraten:

> „Konkret heißt das: Wer ‚oben' beheimatet ist, dürfte wohl in den seltensten Fällen jemanden von ‚unten' heiraten. Zunächst einmal sind die Aussichten generell gering, daß sie sich überhaupt treffen. Sollte das einmal geschehen, dann wahrscheinlich nur en passant, kurz, auf einem Bahnhof oder in einem Zugabteil. Von einem wirklichen Zusammentreffen läßt sich da schwerlich reden. Und sollten sie tatsächlich einmal ins Gespräch kommen, werden sie sich wohl nicht wirklich verstehen, sich kaum eine richtige Vorstellung voneinander machen können. Nähe im sozialen Raum begünstigt soziale Annäherung" (Bourdieu, 1989: 28).

Die Klasse, wie sie theoretisch von Karl Marx konstruiert wurde, muss nicht einer real existierenden Gruppe entsprechen. Bourdieu spricht bevorzugt von **wahrscheinlichen Klassen** (vgl. Bourdieu, 1985: 12). Statt von ‚herrschender Klasse' spricht Bourdieu von **Macht-Feld** (vgl. Bourdieu, 1989: 30), zu dem Unternehmer, Politiker und Intellektuelle gehören.

In welchem sozialen Raum jemand sich aufhält und welchen Habitus jemand einnimmt, ist von der Verfügung über und von der Akkumulation von Kapital abhängig. Das klassisch ‚ökonomische' oder ‚materielle' Kapital interessiert Bourdieu dabei weniger als die indirekter wirkenden Mechanismen der anderen Kapitalformen.

4. ‚Geld alleine genügt nicht': ökonomisches, kulturelles und soziales Kapital

Kapital ist normalerweise ein ökonomischer Begriff: in der Alltagssprache bezeichnet er die Geld- und Sachwerte, die der Gütererzeugung und dem Güterumlauf dienen. In der Theorie von Karl Marx (siehe Bd. 2, Lektion III) ist ‚Kapital' das Eigentum an Produktionsmitteln (Betriebsmittel, Grund und Boden), dessen Besitzer Lohnarbeit ausbeutet. Bourdieu, für den auch und gerade die kulturelle Sphäre gegenwärtiger Gesellschaften nach ökonomischen Prinzipien organisiert ist, weitet den Kapitalbegriff aus: Kapital gibt es für ihn in mehreren Erscheinungsformen, eben nicht nur in der Ökonomie. Ähnlich George C. Homans (siehe Bd. 2) ist der Austausch von Waren für Bourdieu nur ein spezieller Fall unter mehreren möglichen Formen von sozialem Austausch. *Ausweitung des Kapitalbegriffs*

Das Kapital im herkömmlichen Sinne bezeichnet Bourdieu als **ökonomisches Kapital**. Diese Form (materieller Besitz von Geld und Eigentum) ist für Bourdieu quasi selbstverständlich: er lässt keinen Zweifel daran, wie zentral die Verfügung über ökonomisches Kapital auch in gegenwärtigen ‚spät-kapitalistischen' Gesellschaften noch ist. Die Funktionsprinzipien des ökonomischen Kapitals interessieren Bourdieu jedoch nicht im Detail, denn er geht davon aus, dass gesellschaftliche und politische Macht inzwischen auch von subtileren, aber nicht minder wirksamen Mechanismen abhängt. *materieller Besitz*

> **Ökonomisches** Kapital garantiert für sich alleine genommen noch keine Machtposition bzw. keine Machtposition mehr: erst dann, wenn es mit den beiden anderen Kapitalformen einhergeht, kann jemand wirkliche Macht ausüben. Diese beiden anderen Kapitalformen nennt Bourdieu das **kulturelle** Kapital und das **soziale** Kapital.

Von diesen beiden Formen hält er das kulturelle Kapital für das wichtigere. Als **kulturelles Kapital** bezeichnet Bourdieu dasjenige Kapital, über das ein Mensch durch seine oder ihre schulische Ausbildung verfügt. Kulturelles Kapital ist vor allem Bildungskapital. Je höher die Bildungs- und Ausbildungstitel sind (Besuch einer Eliteschule, Agrégation an der E.N.S. [siehe Bourdieus Biographie in Abschnitt 1] etc.), desto größer ist das kulturelle Kapital. *Kapitalerwerb durch Bildung, Ausbildung und Sozialisation*

Das kulturelle Kapital ist keine nur individuelle Größe: es ist durch **Familientradition** vererbbar und vermehrbar. Sind in einer Familie höhere Schulbildung und Universitäts-Studium seit Generationen selbstverständlich, so verbinden sich hiermit ein ebenso ‚selbstverständlicher', quasi ‚natürlicher' Umgang mit Bildungsinstitutionen und kulturellen Einrichtungen: mit der Verfügung über kulturelles Kapital ist ein bestimmter Habitus (einschließlich einer bestimmten Sprache oder Kleidung) verbunden. Diese Indizien haben einen hohen Erkennungswert, dienen der Selbstvergewisserung nach innen und der Abgrenzung nach außen (vgl. ähnlich schon Simmel [Bd. 2, Lektion V]; siehe auch Abschnitt 5). Das kulturelle Kapital wird durch das Unterrichtssystem einer Gesellschaft (Schule, Universitäten etc.) und familiäres Erbe immer wieder neu reproduziert. Zwar nimmt die Bedeutung des ökonomischen Kapitals verglichen mit dem kulturellen Kapital ab – da Ausbildungswege immer länger und differenzierter werden –, dennoch bildet das ökonomische Kapital das notwendige Fundament. Eine Familie, die einmal reich gewesen ist, wird irgendwann auch weniger kulturelles Kapital anhäufen können, wenn ihr das ökonomische Kapital ‚ausgeht'.

In dem zentralen Aufsatz, in dem Bourdieu sich mit den verschiedenen Kapitalformen beschäftigt – „Ökonomisches Kapital, kulturelles Kapital, soziales Kapital" (Bourdieu, 1983b) – differenziert er zwischen verschiedenen **Ausprägungen des kulturellen Kapitals**, zwischen Inkorporationen, Objektivationen und Institutionen.

Ausprägungen des kulturellen Kapitals

Mit **Inkorporationen** des kulturellen Kapitals ist die **Verinnerlichung** gemeint, die erforderlich ist, damit sich jemand kulturelles Kapital aneignet – was vor allem Zeit erfordert. Diese Inkorporation ist von jedem Individuum immer wieder neu zu vollziehen, sie kann nicht delegiert werden. Dies bedeutet jedoch nicht, dass sie bewusst verläuft: Kinder, die von ihren Eltern in Museen oder Opern ‚geschleppt' werden, erhalten eine Menge an kulturellem Kapital, indem sie solche Gebäude schon einmal betreten haben und wissen, wie man sich in ihnen bewegt – selbst wenn sie sich für die jeweilige bildlichen oder musikalischen Darstellungen nicht interessieren oder sie gar verabscheuen.

Kulturelles Kapital wird außerdem häufig **objektiviert**: damit ist z.B. der Kauf von Gemälden gemeint. In seiner objektivierten Form ist kulturelles Kapital besonders eng an das ökonomische Kapital gebunden: ohne einen bestimmten Reichtum ist die ‚Vorführung' von kulturellem Kapital, seine Objektivierung, nicht möglich.

Die dritte Ausprägung von kulturellem Kapital ist ihre **Institutionalisierung**, vor allem in Form schulischer Titel (in der Bundesrepublik: Hauptschulabschluss, mittlere Reife, Abitur; Max Weber sprach von „Bildungspatenten").

> „Der schulische Titel ist ein Zeugnis für kulturelle Kompetenz, das seinem Inhaber einen dauerhaften und rechtlich garantierten konventionellen Wert überträgt" (Bourdieu, 1983b: 190).

Auch der Titel steht in enger Verbindung zum ökonomischen Kapital und zwar in einer doppelt engen bzw. gegenseitigen Verbindung:

> „Weil der Titel das Produkt einer Umwandlung von ökonomischem in kulturelles Kapital ist, ist die Bestimmung des kulturellen Werts eines Titelinhabers im Vergleich zu anderen unauflöslich mit dem Geldwert verbunden, mit dem er auf dem Arbeitsmarkt getauscht werden kann; denn die Bildungsinvestition hat nur Sinn, wenn die Umkehrbarkeit der ursprünglichen Umwandlung von ökonomischem in kulturelles Kapital zumindest teilweise objektiv garantiert ist" (Bourdieu, 1983b: 190).

soziale Beziehungen als Kapitalform

Neben dem ökonomischen und dem kulturellen Kapital führt Bourdieu noch eine dritte Kapitalform ein, das **soziale Kapital**. Damit sind die **Beziehungen** gemeint, auf die jemand zurückgreifen kann. Im Gegensatz zum ökonomischen und auch zum kulturellen Kapital (in seiner objektivierten Ausprägung) funktioniert das soziale Kapital rein symbolisch und immateriell. Bourdieu bezeicht diese Kapitalform auch als **symbolisches Kapital** (vgl. Bourdieu, 1979: Kapitel 5 „Symbolisches Kapital und Herrschaftsformen"). In der genannten Untersuchung hatte er symbolisches Kapital als die „Reproduktion bestehender Beziehungen"

(Bourdieu, 1979: 335) definiert, die durch Heirat(sstiftungen), Geschenke u.a. er-reicht – Bourdieu nennt es ‚erarbeitet‘ – werden muss.

Das symbolische oder soziale Kapital wirkt als „Kapital an Ehre und Presti-ge" (Bourdieu, 1979: 348) bzw. als Kreditwürdigkeit im weitesten – eben nicht nur im materiellen – Sinne (vgl. Bourdieu, 1983b: 191), die einem oder einer deshalb ‚zustehen‘, weil man zu einer bestimmten Gruppe gehört. Die Akkumu-lierung dieses Kapitals ist mit **Institutionalisierungsarbeit** verbunden, wie Bourdieu an den Wissenschaftlern zeigt. Auch die Gruppe der Wissenschaftler ist in diesem Zusammenhang wie die der Kapitalisten tätig:

> „ ... jedes Feld ist Ort der Entstehung einer besonderen Form von Kapital. Wie ich seit langem, seit 1975 dargelegt habe ..., ist das wissenschaftliche eine besondere Art symbolischen Kapitals (von dem man weiß, daß es immer aus Akten des Erkennens und Anerkennens entsteht), das auf der Anerkennung (oder dem Kredit) beruht, den die Gesamtheit der gleichgesinnten Wettbewerber innerhalb des wissenschaftlichen Feldes gewährt (die Zahl der Erwähnungen im *citation index* ist hier ein guter Indi-kator, den man noch verbessern kann, ... indem man solche Zeichen der Anerkennung und Weihe einbezieht wie den Nobelpreis, oder auf nationaler Ebene die Medaillen des CNRS, oder auch Übersetzungen in andere Sprachen)" (Bourdieu, 1998b: 22f.; Hervorh. im Original).

Das symbolische oder soziale Kapital ist die Kapitalform, die vorkapitalistische Gesellschaften wie die der Kabylen (vgl. Bourdieu, 1979 und 1987b) mit kapita-listischen oder spätkapitalistischen Gesellschaften gemeinsam haben.

> In allen Gesellschaften wird das symbolische Kapital dazu genutzt, ökonomi-sche Macht zu verschleiern.

Zwischen den verschiedenen Kapitalformen und den Herrschaftsformen einer Gesellschaft besteht ein enger Zusammenhang. Was Bourdieu für die Kabylei feststellt, lässt sich unmittelbar auf gegenwärtige Gesellschaften übertragen. Symbolische Formen der Herrschaft und gar der Gewalt sind heute nur noch raf-finierter und subtiler: — Bestimmung der Machtposition durch die Verfügung über Kapital

> „Sanft und verschleiert ist die Ausbeutung des Menschen durch den Menschen immer dann, wenn die direkte und brutale Ausbeutung unmöglich ist" (Bourdieu, 1979: 370).

Symbolisches Kapital, das nicht zwangsläufig gewaltsam genutzt werden muss, ist nichts anderes als ein Mittel der Unterscheidung (Distinktion; siehe Abschnitt 5), der Anerkennung durch eine Gruppe (vgl. Bourdieu, 1985: 22f.).

Bourdieu versteht seine Untersuchungen zu den verschiedenen Kapitalformen als Beitrag zu einer „Wissenschaft von der Ökonomie der Praxis" (Bourdieu, 1983b: 196). Kapital in allen seinen Formen ist ungleich verteilt: die Ökonomie durchzieht alle Lebensbereiche, was gerade deshalb so wirksam ist, weil es heute subtilere Mechanismen gibt, um ökonomischer Macht zum Durchbruch zu ver-helfen. — Soziale Ungleichheit

Die verschiedenen Kapitalformen sind nach Bourdieu gegenseitig konvertier-bar, d.h. ökonomisches kann in kulturelles Kapital umgewandelt werden – und umgekehrt.

231

„Das beste Maß für kulturelles Kapital ist zweifellos die Dauer der für seinen Erwerb aufgewendeten Zeit. D.h., die Umwandlung von ökonomischem in kulturelles Kapital setzt einen Aufwand an Zeit voraus, der durch die Verfügung über ökonomisches Kapital ermöglicht wird. Oder, genauer gesagt, das kulturelle Kapital, das in Wirklichkeit ja in der Familie weitergegeben wird, hängt nicht nur von der Bedeutung des in der häuslichen Gemeinschaft verfügbaren kulturellen Kapitals ab, das nur um den Preis der Verausgabung von Zeit akkumuliert werden konnte, es hängt vielmehr auch davon ab, wieviel nutzbare Zeit (vor allem in Form von freier Zeit der Mutter) in der Familie zur Verfügung steht, um die Weitergabe des Kulturkapitals zu ermöglichen und einen verzögerten Eintritt in den Arbeitsmarkt zu gestatten. Das in der Familie verfügbare ökonomische Kapital spielt dabei eine entscheidende Rolle" (Bourdieu, 1983b: 196f.).

Dieses Zitat verdeutlicht, dass Bourdieus besonderes Interesse – ähnlich Elias – den **weltlichen Oberschichten** (Elias, 1976, Bd. 1; siehe Bd. 2, Lektion IX) gilt. So ähnlich, wie sich früher die führenden Kreise der höfischen Gesellschaft nach Elias durch verfeinerte Manieren ‚nach unten‘ abgrenzten, so nutzen die sog. besseren Kreise heute ihr kulturelles Kapital in Verbindung mit ökonomischem Kapital zur Abgrenzung. Die kulturellen Praktiken der heutigen Oberschichten dienen als **Distinktionsmittel** (siehe Abschnitt 5). Entsprechend Bourdieus Analysen können nur die besseren Kreise Frankreichs Kapital konvertieren – da nur sie überhaupt über welches verfügen. Bourdieus Arbeiten zur Bildungssoziologie, die im nächsten Abschnitt vorgestellt werden, stehen mit der Ausweitung des Kapital-Begriffs in engem Zusammenhang. Bourdieu hat sich in zahlreichen Untersuchungen mit der Frage beschäftigt, wo und wie soziales und vor allem kulturelles Kapital weitergegeben wird.

5. ‚Alles eine Frage des Geschmacks?!‘ – Die feinen Unterschiede

Das Buch „Die feinen Unterschiede. Kritik der gesellschaftlichen Urteilskraft" (Bourdieu, 1987a) ist Bourdieus Hauptwerk. Es ist eine empirisch und theoretisch sehr aufwendige Studie, die ab 1963 vorbereitet und 1979 abgeschlossen wurde. In den „Feinen Unterschieden" fließen die verschiedenen Aspekte und die verschiedenen Bourdieuschen Themen empirisch wie theoretisch zusammen. Dieses Buch ist bereits heute ein Klassiker – trotz seiner 900 Seiten und trotz der Tatsache, dass es nicht leichtfällt, sich durch die Materialfülle hindurchzufinden.

Zahlreiche Autorinnen und Autoren haben die Frage der Übertragbarkeit dieser Studie auf andere Gesellschaften als die französische diskutiert und ihre Aussagekraft relativiert. Bourdieu selbst hat sich zur Übertragbarkeit, etwa auf die japanische oder auf die DDR-Gesellschaft, mehrfach geäußert, und in diesem Zusammenhang sein Erkenntnisinteresse in Kurzform erläutert (vgl. Bourdieu, 1998a: 15-32). In der Bundesrepublik Deutschland haben als Pendant- bzw. Gegenstudien zu Bourdieu die umfangreiche Untersuchung von Gerhard Schulze, „Die Erlebnisgesellschaft" (Schulze, 1992), und die Arbeiten von Michael Vester u.a. (1993; 1995) mit ihren Milieumodellen für lebhafte Diskussion gesorgt (vgl. zusammenfassend Funke, 1997; vgl. in jüngerer Zeit Vester/ Gardemin, 2001).

Bourdieu verfolgt mit den „Feinen Unterschieden" vor allen Dingen das Ziel, die auf Immanuel Kant (1724-1804) zurückgehende bürgerliche Ideologie zu entlarven, wonach es einen aufgeklärten, wahren oder ästhetischen Geschmack auf der einen Seite und einen minderwertigen, ‚barbarischen' Geschmack auf der anderen Seite gebe. Entsprechend ist auch der Untertitel des Buches „Kritik der *gesellschaftlichen* Urteilskraft" (Hervorh. von mir; A.T.) als Korrektur des Kantschen Titels von 1790, „Kritik der Urteilskraft", zu verstehen. Bourdieu versteht die ‚Feinen Unterschiede' außerdem als Kampfschrift gegen die traditionalistischen Marxisten. Darüberhinaus widerlegt er auch viele Annahmen des individualistischen Programms.

Geschmack als Ausdruck der Klassenlage

> **Geschmack**, so Bourdieus zentrale Aussage, ist nie etwas Individuelles und schon gar kein persönliches Verdienst, sondern muß **immer** als **etwas Gesellschaftliches** betrachtet werden.

Streng genommen müsste es deshalb auch nicht „Die feinen Unterschiede", sondern „Die feinen Unterscheidungen" heißen – um zum Ausdruck zu bringen, dass diese Unterschiede nicht natürlich, sondern ‚gemacht sind': es ist eben nicht zufällig, was und wie jemand isst, wie man sich einrichtet, mit wem man befreundet ist – also, mit wem und was man sich umgibt! Vielmehr bestehen nach Bourdieu zwischen allen diesen Dingen und Praktiken enge Zusammenhänge:

> „Die Champagner-Trinker stehen den Whisky-Trinkern gegenüber, auch, freilich auf andere Weise, den Rotwein-Trinkern; bei den Champagner-Trinkern ist nun die Chance größer als bei den Whisky-Trinkern – ganz zu schweigen von den Rotwein-Trinkern –, im Besitz alter Möbel zu sein, Golf zu spielen, zu reiten, Boulevard-Theater zu besuchen usw." (Bourdieu, 1992a: 146).

Der verbindende Zusammenhang ist die Zugehörigkeit zu einem sozialen Raum, die soziale Herkunft, zu der ein bestimmter Habitus gehört. Bei der Untersuchung dieser engen Zusammenhänge lässt Bourdieu nichts aus, er untersucht den „schichtspezifischen Gebrauch von Pantoffeln, Regenmänteln oder Bananen" (Schmeiser, 1986: 178).

Bourdieu unterschiedet **drei Geschmacks-Dimensionen**, die mit entsprechenden sozialen Räumen bzw. Klassenzugehörigkeiten verbunden sind:

Einteilung des Geschmacks nach sozialen Räumen

– den legitimen Geschmack,
– den mittleren Geschmack und
– den ‚populären' Geschmack.

Die Unterschiede zwischen diesen drei ‚Geschmäckern' illustriert Bourdieu z.B. anhand des Befragungs-Ergebnisses ‚Lieblingsmusik'. Für den sog. legitimen, etablierten Geschmack des Bildungsbürgertums ist Bachs „Wohltemperiertes Klavier", für den sog. mittleren Geschmack der Angestellten und technischen Berufe ist Gershwins „Rhapsody in Blue" und für den sog. populären Geschmack des Kleinbürgertums und der Arbeiterinnen und Arbeiter ist Johann Strauß' „An der schönen blauen Donau" typisch (vgl. Bourdieu, 1987a: 36-41). Die **kulturelle Praxis des Musikhörens** und vor allem **des Musik-Ausübens** ist für Bourdieu einer der aufschlussreichsten Indikatoren für Klassengrenzen, da Musik „die am meisten vergeistigte aller Geisteskünste", „Verleugnung der Welt" (Bourdieu, 1987a: 41f.) ist:

> „Wer in einer Familie aufwächst, in der z.B. Musik nicht nur per Radio oder Stereogerät gehört, sondern auch praktiziert wird – die ‚musizierende Mutter' aus den bürgerlichen Autobiographien –, gar von Kindesbeinen auf mit einem ‚vornehmeren' Musikinstrument wie dem Klavier zu spielen lernt, der verfügt zumindestens über einen vertrauteren Umgang mit Musik" (Bourdieu, 1987a: 134).

Die „Feinen Unterschiede" sind von unzähligen, anschaulichen Alltagsbelegen für die Grundthese durchzogen, dass Kunst weder autonom noch Kunstwahrnehmung spontan ist. Kulturelle Bedürfnisse als solche gibt es für Bourdieu nicht – sie sind immer sozialisationsbedingt:

> „Von Bedeutung und Interesse ist Kunst einzig für den, der die kulturelle Kompetenz, d.h. den angemessenen Code besitzt" (Bourdieu, 1987a: 20).

Neben dem Umgang mit Musik hat Bourdieu weitere Kulturbereiche wie Theater, Konzerte, Filme, Einrichtung, Essen und Trinken, Kleidung untersucht. Alle kulturellen Praktiken (von der Frage, welche Motive als photographiewürdig gelten bis zu der Frage, ob normaler oder ungeschälter Reis gegessen wird) manifestieren und stabilisieren die sozialen Unterschiede in einer Gesellschaft, die sich in den drei Geschmäckern zeigt.

Bourdieus Beitrag zu einer *Soziologie des Essens* im Vergleich mit Norbert Elias, Georg Simmel und David Bell wird auf einer sehr ansprechenden CD, die 2002 bei tonkombinat erschienen ist (ISBN 3-936173-02-8), verdeutlicht.

Mit der Unterscheidung dieser drei ‚Geschmäcker' begründet Bourdieu ein neues Klassifikationssystem, eine ‚neue' Klassentheorie, die Klasse bewusst nicht nur an der ökonomischen Position, sondern auch am kulturellen Konsum festmacht. (Allerdings hält Bourdieu in seiner Terminologie am Klassenbegriff fest, wenn er von ‚unteren' bzw. von ‚Mittelklassen' spricht.) Den Lebensstil einer Klasse liest Bourdieu u.a. an deren Mobiliar und Kleidungsstil ab.

Im folgenden werden die drei verschiedenen Geschmacks-Dimensionen im Detail vorgestellt.

Geschmack der herrschenden Klasse

Der **legitime Geschmack** bzw. die legitime Kultur bezeichnet die kulturelle Praxis des Bildungsbürgertums und Großbürgertums, die zusammen die **herrschende Klasse** bilden. Bourdieu unterscheidet in dieser Gruppe Intellektuelle und Bourgeoisie. In letzterer ist der Konsum am aufwendigsten und prestigereichsten. In dieser werden das Gespür für die richtige Anlage kultureller Investitionen sowie die entsprechenden distinktiven Merkmale (Statur, Haltung, angenehmes Äußeres, Aussprache, Anspielungs-Reichtum etc.) ausgebildet. Diese ‚habituellen' Grundlagen gelten mehr als das reine Schulwissen (vgl. Bourdieu, 1987a: 159). Als besonderes Zeichen geistiger Bildung gilt musikalische Bildung und musische Kompetenz. Die ästhetisierende Einstellung des Bildungsbürgertums erklärt die Funktion des Dargestellten zur Nebensache. Symbolische Übertretungen, Verfremdungen und Zweckfreiheit werden – zumindest verbal – befürwortet. Es besteht der Anspruch, ein Werk ‚unabhängig von seinem Inhalt' zu würdigen (vgl. Bourdieu, 1987a: 100).

Der kulturelle Konsum und der Umgang mit Kunstwerken werden als Ritual des Wiedererkennens und Einordnens, als „Spiel der gebildeten oder ‚weltläufigen' Anspielungen" (Bourdieu, 1987a: 99) inszeniert. Man stelle sich z.B. die endlosen Warteschlangen vor der Cézanne-Ausstellung in Tübingen im Frühjahr 1993 vor, wo die Wartenden sich in Gesprächen die Stichworte zuwerfen: dass man bei Caspar David Friedrich in Hamburg oder bei Turner in London noch viel länger habe warten müssen etc. Das Gefühl, dabei und gleichzeitig unter sich zu sein, verbunden mit der anregenden Konkurrenz um die größere kulturelle Kompetenz und Weitgereistheit, die Demonstration der Distinktion, entschädigen offensichtlich für stundenlanges Anstehen draußen und drangvolle Enge drinnen. Außerdem stärken weitere soziale Abgrenzungen das Selbstwertgefühl derjenigen, die sich im Besitz des ‚legitimen Geschmacks' fühlen, z.B. dadurch, dass man sich über die ‚Busladungen' mit den ‚einfacheren' Museumsbesuchern erhebt.

Die Sicherheit im Umgang mit Kultur, die Fähigkeit zur ästhetisierenden Kommentierung, ist Produkt einer häufig unbewussten Aneignung während der familiären Sozialisation:

„Es verleiht mit der Gewißheit, im Besitz der kulturellen Legitimität zu sein, Selbstsicherheit und jene Ungezwungenheit, an der man die herausragende Persönlichkeit zu erkennen meint; es schafft jenes paradoxe Verhältnis der Sicherheit aus (relativer) Ignoranz und der Ungezwungenheit aus Vertrautheit, das den alteingesessenen Bourgeois im Umgang mit der Kultur und Bildung, einer Art Familiengut, als dessen legitimen Erbe er sich betrachtet, kennzeichnet" (Bourdieu, 1987a: 121).

Für die Angehörigen der herrschenden Klasse(n) werden die Unterschichten nur als eine Art **Kontrastfolie** gebraucht:

„Die im objektiven wie im subjektiven Sinn ästhetischen Positionen, die ebenso in Kosmetik, Kleidung oder Wohnungsausstattung zum Ausdruck kommen, beweisen und bekräftigen den eigenen Rang und die Distanz zu anderen im sozialen Raum" (Bourdieu, 1987a: 107).

Umgekehrt wird die **Distinktion**, also das Verhalten, das Unterschiede setzt, von den ‚unteren Schichten' als ein Auf-Distanz-Halten verstanden.

Der **mittlere** und vor allem der **populäre Geschmack** sind von einer strikten Orientierung an der **Funktion**, Substanz und Praktikabilität gekennzeichnet. Der sog. mittlere Geschmack ist für die Gruppen der technischen Angestellten, Grundschullehrerinnen und -lehrer, Verkäuferinnen und Verkäufer typisch. Zu den Gruppen, für die der ‚populäre Geschmack' typisch ist, zählen nach Bourdieu Arbeiterinnen und Arbeiter bzw. Bäuerinnen und Bauern. Von beiden Gruppen, so stellt er fest, werden naturalistische und realistische Darstellungen bevorzugt:

mittlerer und populärer Geschmack

„Manier und Stil ignorierend oder schlicht ablehnend, vollzieht die ‚Ästhetik' (an sich) der unteren und der kulturell benachteiligten Schichten der Mittelklassen als ‚hübsch', ‚niedlich', ‚reizend' (eher denn ‚schön') im Grunde nur nach, was in dieser Form bereits in der ‚Ästhetik' der illustrierten Monatskalender und Postkarten Eingang gefunden hat – als Sonnenuntergang oder mit der Katze spielendes Mädchen, als Volkstanz oder klassisches Gemälde, als Erstkommunion oder Kinderkreuzzug" (Bourdieu, 1987a: 107f.).

Es gilt das **Primat der Form** – weit vor dem Inhalt, es ist der **Geschmack am Notwendigen**. Abweichungen und Experimente werden häufig emotional oder moralisch kommentiert, wie Bourdieu bereits in seinen Photographie-Studien, die er in den 1960er Jahren im Béarn, seiner Herkunftsregion, durchgeführt hatte, he-

rausfand. Photographie ist, so Bourdieu, der „Inbegriff von ‚mittlerer' Kunst"
(Bourdieu, 1987a: 110); von den Mitgliedern der ‚legitimen Kultur' wird sie häufig als ‚illegitim', als zu gebrauchswertorientiert abgewertet.

Essen und Trinken als Distinktionsmittel An den Essensgewohnheiten der sog. ‚kleinen Leute' verdeutlicht Bourdieu,
dass die legitime Kultur nicht immer als absoluter Maßstab fungiert und nachge-
ahmt wird. ‚Das Volk', also Arbeiterinnen und Arbeiter sowie kleinere Ange-
stellte, hat eine Neigung zur unmittelbaren Bedürfnisbefriedigung, zu Materialismus und Realismus. Der populäre Geschmack ist durch ein Bekenntnis zum
freimütigen Essen (vgl. Bourdieu, 1987a: 313) gekennzeichnet. Hier wird die
sonstige Maxime des populären Geschmacks als **Notwendigkeitsgeschmack** außer Kraft gesetzt:

> „Die Eß- und Trinkkultur ist sicher einer der wenigen Bereiche, wo die unteren
> Schichten der Bevölkerung in einem expliziten Gegensatz zur legitimen Lebensart
> stehen. Der neuen Verhaltensmaxime der Mäßigung um der Schlankheit willen, deren
> Grad der Anerkennung mit steigender sozialer Stufenleiter wächst, setzt der Bauer
> und nicht zuletzt der Arbeiter seine *Moral des guten Lebens* gegenüber. Einer der gut
> zu leben vermag: das ist nicht nur, wer gut essen und trinken mag. Das ist der, dem es
> gegeben ist, in eine generöse und *familiäre*, will heißen in eine schlichte und freie Be-
> ziehung zu treten, die durch gemeinschaftliches Essen und Trinken begünstigt und
> zugleich symbolisiert wird, in der alle Zurückhaltung und alles Zögern, Aufweis der
> Distanz durch die Weigerung, sich zu beteiligen und gehenzulassen, wie von selbst
> verschwindet" (Bourdieu, 1987: 292f.; Hervorh. im Original).

Demgegenüber werden die Essensgewohnheiten der Bourgeoisie eben nicht als
gemeinschaftliches Ereignis, sondern als gesellschaftliche Zeremonie inszeniert.
Es handelt sich nicht um einen Notwendigkeits-, sondern um einen **Luxusge-
schmack**: Essen soll **nicht freimütig, sondern formvollendet** sein. Eine Zwi-
schenform stellt die Esspraxis der Intellektuellen dar; für diese sind die maßlosen
‚Neureichen' die Hauptgegner:

> „Die höheren Lehrkräfte und Professoren schließlich, mit größerem kulturellen als
> ökonomischem Kapital und aus diesem Grunde auch in allen Bereichen zu asketi-
> schem Konsumverhalten gedrängt, heben sich quasi mit voller Absicht und im Bemü-
> hen um Originalität zu geringsten finanziellen Unkosten, das sie zu kulinarischem
> Exotismus (italienische, chinesische Küche, etc.) und Populismus verleitet (Bauern-
> platten), von den (Neu-)Reichen und deren reichhaltigerer Nahrung ab, von den Käu-
> fern und Konsumenten des ‚großen Fressens', jenen, die man zuweilen die ‚Dicken'
> nennt, weil dick an Körperfülle und grobschlächtig im Geist, die über die materiellen
> Mittel verfügen, mit einer als ‚vulgär' wahrgenommenen Überheblichkeit an einem
> Lebensstil festzuhalten, der – was materiellen und kulturellen Konsum angeht – dem
> der einfachen Schichten der Bevölkerung weithin ähnlich geblieben ist" (Bourdieu,
> 1987a: 301).

Vorbildcharakter des legitimen Geschmacks Das Problem einer weiteren Gruppe, der des **Kleinbürgertums** (der Gruppe mit
dem, wenn man so will, am wenigsten ‚gesicherten' sozialen Raum) ist, dass es
sich meist an der legitimen Kultur orientiert und diese zum Maßstab nimmt:

> „Was mich bei meinen empirischen Arbeiten überrascht hat, ist das enorme Ausmaß,
> in dem die herrschende Kultur von denen anerkannt wird, die nicht über sie verfügen.
> Man nimmt gemeinhin an, daß die kulturelle Enteignung Gleichgültigkeit gegen die
> Kultur im Gefolge hat, daß die Leute, die nichts von klassischer Musik verstehen, von

der Malerei, wie man sie in Museen findet usw., gegenüber alldem gleichgültig eingestellt sind. In Wirklichkeit ist, zunächst einmal beim Kleinbürgertum, die der Kultur
entgegengebrachte Anerkennung geradezu phantastisch ..." (Bourdieu, 1989: 17).

Das **Kleinbürgertum** besteht nach Bourdieu aus folgenden Gruppierungen:

- dem absteigenden Bürgertum (Handwerker, Kleinunternehmer): diese weisen
  alles „Neumodische" zurück und mögen „die sowohl überholtesten als traditionell beliebtesten Sänger" (Bourdieu, 1987: 541);
- dem exekutiven Kleinbürgertum (Büroangestellte, Techniker, Volksschulleh-
  rer): diese kaufen ihre Möbel in Kaufhäusern und finden Gefallen an improvi-
  sierten Mahlzeiten;
- dem neuen Kleinbürgertum (Handels- und Werbeagenten, neue Kulturschaf-
  fende): diese sehen z.B. intellektuelle Filme.

Emporkömmlinge befinden sich nach Bourdieu in einer besonders problematischen Situation: Weder Überanpassung noch Protesthaltung verhilft ihnen dazu,
sich ganz in die Gruppe des ‚guten Stils' einzugliedern. Sie werden nie ganz die
Rituale der sog. legitimen Kultur beherrschen.

Als zentrales Ergebnis der „Feinen Unterschiede" lässt sich festhalten, dass
Bourdieu seine Grundannahme, wonach Geschmack keine individuelle Eigenschaft und vor allem kein persönliches Verdienst, sondern gesellschaftlich konstruiert ist, zig-fach bestätigt fand. Die ‚Geschmäcker' sind je nach Klassen- bzw.
Gruppenzugehörigkeit mit großer Wahrscheinlichkeit vorhersehbar; diese Zuordnung funktioniert auch umgekehrt: ‚sag' mir, was du isst, welchen Sport du – wenn
überhaupt – treibst, wie deine Wohnungseinrichtung ist etc., und ich sage dir, ob du
zum Groß-, Bildungsbürger-, Kleinbürgertum oder – wie Bourdieu es etwas vereinfachend nennt – zu den unteren Schichten einer Gesellschaft gehörst.'

Anhand der kulturellen Praktiken wird die ausgesprochen **ständische** Organisation gegenwärtiger Gesellschaften deutlich. Die Grenzen zwischen oben und
unten sind immer noch ziemlich ausgeprägt – vor allem ‚von oben' gesehen.
Danach gibt es nur einen ‚guten' und einen ‚schlechten' Geschmack.

Geschmack ist immer in Gegensätzen strukturiert:

> „Kein Bereich, bis hin zu den primären Geschmacksnerven, der nicht nach diesem
> fundamentalen Gegensatz gegliedert wäre – mit den Antithesen von Quantität und
> Qualität, Materie und Manier, Substanz und Form" (Bourdieu, 1987a: 288).

Bourdieu hat wiederholt kritisiert, dass die Soziologie selbst zur Konstruktion
von Wirklichkeit beiträgt und Begriffe (er)findet, die dann auch die Wahrnehmung steuern (so z.B. der Marxsche Klassenbegriff, ohne den sich vielleicht
viele Proletarier gar nicht als solche empfunden und definiert hätten?). Bourdieu
betrachtet das Wissenschafts-‚Feld' als Spiel, in dem sich wissenschaftliche und
öffentliche Sprache allerdings immer mehr vermischen:

Konstruktion von Wirklichkeit durch Begriffsbildung in der Soziologie

> „Die Worte des Soziologen tragen dazu bei, daß die sozialen Objekte entstehen. In der
> sozialen Welt ist mehr und mehr verdinglichte Soziologie anzutreffen" (Bourdieu,
> 1985: 73).

Bourdieu selbst bleibt jedoch von diesem Prozess, der sowohl Beeinflussung durch Soziologie wie Vereinnahmung durch Soziologie ist, nicht verschont. Er stellt selbstironisch fest, dass seine Fraktionierungen der Klassen und seine Beschreibung des sozialen Raumes in den „Feinen Unterschieden" von staatlichen Stellen aufgegriffen worden seien (vgl. Bourdieu, 1992a: 73). In den 1990er Jahren attackiert Bourdieu die ökonomischen und gesellschaftspolitischen Leitvorstellungen des sog. Neoliberalismus, dem ‚Linke' wie ‚Rechte' gleichermaßen huldigten. Diese haben für ihn die sozialen Unterschiede zementiert und „Das Elend der Welt" (Bourdieu et al., 1997) produziert:

> „Auch wenn das augenfälligste Leid bei den Mittellosesten anzutreffen ist, findet sich weniger augenfälliges Leiden auf allen Ebenen der sozialen Welt. Die modernen Gesellschaften – und das ist eine ihrer Haupteigenschaften – haben sich in eine Vielzahl von Subräumen, voneinander unabhängigen sozialen Mikrokosmen ausdifferenziert. Jeder hat seine eigenen Hierarchien, seine Herrschenden und Beherrschten. Man kann einem angesehenen Universum angehören, dort aber eine unscheinbare Position bekleiden, dieser im Orchester verlorene Musiker sein, der in Patrick Süskinds Stück ‚Der Kontrabaß' gezeigt wird. Die relative Inferiorität derjenigen, die unter den Erfolgreichen die Unterlegenen, unter den Ersten die Letzten sind, ist das, was das Elend der Stellung definiert, das nicht auf das Elend der Lage zurückführbar, aber ebenso real und tief ist. Dieses relative Elend ist nicht relativierbar" (Bourdieu, 1997c: 149f.).

6. Zusammenfassung

Zunächst sei die Bourdieusche Position in **vier Stichworten** zusammengefasst:

1. Stichwort: Zusammenhang von Kultur und Ökonomie

Das ökonomische Prinzip der Akkumulation von Kapital durchzieht die gesamte Gesellschaft. Es liegt auch der Produktion und Nutzung von kulturellen Gütern zugrunde. Es gibt keine Zone der Gesellschaft, die nicht von diesem Prinzip durchdrungen wäre. Die Kapitalformen des **kulturellen Kapitals**, d.h. der Schulausbildung, und des **sozialen Kapitals**, der förderlichen Beziehungen, überlagern das ‚alte' ökonomische Kapital. Die Ausbeutungsstrategien und die Mechanismen der Macht sind heute verschleierter als im klassischen Kapitalismus. Als wirklich demokratisch und pluralistisch kann man die meisten Gegenwartsgesellschaften nicht bezeichnen. Dazu sind die Machtunterschiede zwischen den verschiedenen ‚Klassen' bzw. sozialen Räumen, wie Bourdieu es nennt, zu groß.

2. Stichwort: Differenz der sozialen Räume

Ökonomische und politische Macht, etwa als Unternehmer, sind nicht mehr nur an materiellen Besitz geknüpft: nichts scheinen z.B. die ‚alten, großen' Familien Frankreichs stärker abzuwehren als die ‚Neureichen', die keine Tradition, keine Kultur (kurz: kein kulturelles Kapital) besitzen. Die **sozialen Räume** der gegenwärtigen Gesellschaften (zwischen Groß- und Bildungsbürgertum, Kleinbürgertum, Arbeiterschicht u.a.) sind sehr stark voneinander abgegrenzt. So legen Intellektuelle Wert auf die Darstellung (als solche), ‚das Volk' auf das Dargestellte. Die ‚oberen' Kreise haben das Vorrecht, den legitimen Geschmack zu definieren:

„Die herrschende Kultur zeichnet sich immer durch einen Abstand aus. Nehmen wir ein einfaches Beispiel: Skifahren war früher ein eher aristokratisches Vergnügen. Kaum war es populär geworden, kam Skifahren außerhalb der eingefahrenen Pisten auf. Kultur, das ist im Grunde auch immer etwas ‚außerhalb der Piste‘. Kaum bevölkern die breiten Massen die Meeresstrände, flieht die Bourgeoisie aufs Land" (Bourdieu, 1992b: 34f.).

Über die kulturellen Praktiken hat sich die Klassengesellschaft unter moderneren Bedingungen neu formiert. Kultur produziert und reproduziert soziale Ungleichheit.

3. Stichwort: Beziehung von sozialen Strukturen und symbolischen Formen

Bourdieu überwindet die traditionelle Aufspaltung in Mikrotheorien und Makrotheorien, indem er immer wieder auf die enge Verbindung von objektiven Strukturen und subjektiven Orientierungen verweist. Die subjektive Alltagspraxis ist für ihn nur begrenzt variabel – zu eng sind die Individuen an ‚ihre‘ Sozialräume und die Regeln, die dort gelten, gebunden. Andererseits sind objektive Strukturen als solche für ihn uninteressant. Er bindet sie immer an die Alltagspraxis konkreter Individuen (die er jedoch ausschließlich als Repräsentantinnen und Repräsentanten einer Gruppe mit bestimmten sozio-ökonomischen Merkmalen versteht) zurück.

4. Stichwort: Versöhnung von Wissenschaft und Militanz

Bourdieu beschäftigt sich auffallend intensiv mit der Position der Intellektuellen, zu denen er auch die Soziologinnen und Soziologen zählt (eine aus bundesrepublikanischer Sicht unübliche Zuordnung). Soziologinnen und Soziologen sollen sich, so Bourdieu, über ihre eigenen Interessen Klarheit verschaffen und das eigene Tun kritisch reflektieren – aber wenn ihnen dies gelungen ist, können und sollen sie sich durchaus einmischen. Allerdings sollen sie sich bewusst sein, dass sie dies nicht von außerhalb der Gesellschaft, als ‚freie Intellektuelle‘ (nach Sartres Vorstellung), tun könnten. Bourdieu fordert zu einer selbstkritischen, selbstbewussten und vernünftigen Militanz von Soziologinnen und Soziologen auf.

Bourdieus Soziologie-Verständnis steht – wie er selbst bestätigt – in Zusammenhang mit seinem eigenen Werdegang. Er erhielt die Disposition zum ethnologischen Blick auf die eigene Gesellschaft durch seine ‚untypische‘ Bildungs-Biographie, die von der Peripherie ins Zentrum verlief. Bourdieu blieb dem Zentrum gegenüber aber immer distanziert:

> „... ich denke, daß der Umstand, an eine Eliteschule gekommen zu sein, ohne über den entsprechenden Habitus zu verfügen, zwar Anpassungsschwierigkeiten schafft, einem aber auch in vielerlei Hinsicht die Augen öffnet" (Bourdieu, 1989: 36).

Bourdieu verbindet mikrosoziologische Ansätze der Phänomenologie und Wissenssoziologie mit makrosoziologischen Ansätzen zur (Spät-)Kapitalismus-Analyse (siehe Bd. 2). Der französische Soziologe Raymond Boudon (geb. 1934), der ebenfalls einen integrativen Ansatz vertritt, jedoch stärker dem individualistischen Programm verpflichtet ist, hat die Nähe Bourdieus zum Neomarxismus folgendermaßen zusammengefasst:

Verknüpfung von Mikro- und Makroebene

„In diesem Zusammenhang hat Pierre Bourdieu zweifellos eine der hervorragensten Arbeiten vorgelegt: Wozu sind Kultur, Schule, Museen, Sprache, Religion oder Sport eigentlich gut? Zur Reproduktion der herrschenden Klasse. Welcher Mechanismus ist dafür zuständig? Der *Habitus*. Der Habitus bewirkt, daß man in der herrschenden Klasse Beethoven liebt, auf die Ecole Polytechnique (rennomierte Hochschule zur Ausbildung von Ingenieuren in Paris; Anm. d.Ü.) gehen will und sich gewählt ausdrückt, während man in der beherrschten Klasse Tango und billige Reproduktionen bevorzugt, sich nicht sehr gewählt ausdrückt und handwerkliche Berufe ergreift. So bleibt jeder an seinem Platz. Die Gesellschaftsordnung ist gerettet" (Boudon, 1988: 214; Hervorh. im Original).

Voraussetzung für Veränderungen

In vielen Kritiken wird Bourdieu vorgeworfen, dass sein Ansatz die „Lernprozesse in einer Gesellschaft" völlig ausklammere (vgl. Eder, 1989: 39f.), dass sein Ansatz zu statisch sei, dass er Individuen für nicht lernfähig und flexibel und Strukturen für nicht wandelbar halte. Dies ist so nicht richtig – allerdings setzt Bourdieu für eine Umgestaltung der Gesellschaft **informierte, kompetente und selbstkritische Individuen** voraus, die sich der eigenen Widersprüche und Eitelkeiten bewusst sind – vor allem dann, wenn sie öffentlich das Wort ergreifen:

„Gerade die Intellektuellen mit ihrer Neigung, alle Welt zu schulmeistern, haben nicht die besten Voraussetzungen, die Stellvertreter des allgemeinen Interesses darzustellen, zu repräsentieren. Was ich sage, ist widersprüchlich. Ich bin mir dessen bewußt. Einerseits fordere ich die Intellektuellen auf, zu intervenieren, andererseits baue ich lauter Gründe auf, die mit Mißtrauen gegenüber solchen Interventionen erfüllen müssen. Ich will aber auf ein Intervenieren hinaus, das die spezifischen Kompetenzen der Intellektuellen ins Spiel bringt. Bei einem Vorgang wie dem Fernfahrerstreik in Frankreich käme es darauf an, daß die Intellektuellen, die dazu in der Lage sind, die Ökonomie und die Soziologie des Problems zu studieren, dies tun und sich in die Lage versetzen, sich mit ihren Analysen Gehör zu verschaffen. Wobei sie immer versuchen müssen, der schrecklichen Versuchung des Narzißmus zu entgehen, sich vor den Fernsehkameras aufzubauen und aus eigener Vollkommenheit zu sprechen. Sie müssen an sich selbst arbeiten, um durch die Selbstkritik sich selbst erst zur Kritik an anderen zu befähigen" (Bourdieu, 1997c: 185f.).

Informationsteil

Primärliteratur

Bourdieu, Pierre: Entwurf einer Theorie der Praxis auf der Grundlage der kabylischen Gesellschaft. Frankfurt/M. 1979 (frz. Original von 1972)
– Eine illegitime Kunst. Die sozialen Gebrauchsweisen der Photographie. Frankfurt/M. 1983 (frz. Original von 1965) (als Ko-Autor) (1983a)
– **Ökonomisches Kapital, kulturelles Kapital, soziales Kapital. In: Reinhard Kreckel (Hg.): Soziale Ungleichheiten (Soziale Welt; Sonderband 2). Göttingen 1983, S. 183-198 (1983b) (auch abgedruckt in Bourdieu, 1992b)**
– Sozialer Raum und ‚Klassen'. Zwei Vorlesungen. Frankfurt/M. 1985
– Die feinen Unterschiede. Kritik der gesellschaftlichen Urteilskraft. Frankfurt/M. 1987 (frz. Original von 1979) (1987a)
– Sozialer Sinn. Kritik der theoretischen Vernunft. Frankfurt/M. 1987 (frz. Original von 1980) (1987b)

- Homo Academicus. Frankfurt/M. 1988 (frz. Original von 1984)
- Satz und Gegensatz. Über die Verantwortung des Intellektuellen. Berlin 1989 (als Fischer-TB 1993)
- ‚Inzwischen kenne ich alle Krankheiten der soziologischen Vernunft‘. Pierre Bourdieu im Gespräch mit Beate Krais. In: Pierre Bourdieu u.a.: Soziologie als Beruf. Wissenschaftstheoretische Voraussetzungen soziologischer Erkenntnis. Berlin; New York 1991, S. 269-283
- Rede und Antwort. Frankfurt/M. 1992 (1992a)
- Die verborgenen Mechanismen der Macht. Schriften zu Politik & Kultur 1. Hamburg 1992 (1992b)
- Soziologische Fragen. Frankfurt/M. 1993 (frz. Original von 1980) (1993a)
- Sagten Sie ‚populär‘? In: Gebauer/Wulf, 1993, S. 72-92 (1993b)
- Die männliche Herrschaft. In: Dölling/ Krais, 1997, S. 153-217 (1997a)
- Eine sanfte Gewalt. Pierre Bourdieu im Gespräch mit Irene Dölling und Margareta Steinrücke. In: Dölling/Krais, 1997, S. 218-230 (1997b)
- **Der Tote packt den Lebenden. Schriften zu Politik & Kultur 2. Hamburg 1997 (1997c)**
- Praktische Vernunft. Zur Theorie des Handelns (1998a)
- Vom Gebrauch der Wissenschaft. Für eine klinische Soziologie des wissenschaftlichen Feldes. Konstanz 1998 (1998b)
- Gegenfeuer. Wortmeldungen im Dienste des Widerstands gegen die neoliberale Invasion. Konstanz 1998 (1998c)
- Die Regeln der Kunst. Genese und Struktur des literarischen Feldes. Frankfurt/M. 1999 (frz. Original von 1992)
- Ein soziologischer Selbstversuch. Frankfurt/M. 2002
- Männliche Herrschaft. Frankfurt/M. 2005
- /Jean-Claude Passeron: Die Illusion der Chancengleichheit. Stuttgart 1971 (frz. Original von 1967)
- /Loic J.D. Wacquant: Reflexive Anthropologie. Frankfurt/M. 1996 (frz. Original von 1992)
- et al.: Das Elend der Welt. Zeugnisse und Diagnosen alltäglichen Leidens an der Gesellschaft. Konstanz 1997 (frz. Original von 1993)

Als Bibliographie der Arbeiten von Bourdieu sei auf die Dokumentation von Ingo Mörth und Gerhard Fröhlich hingewiesen, die über das Internet zugänglich ist (vgl. auch Frankfurter Rundschau vom 1.2.2000, S. 10):
http://www.iwp.uni-linz.ac.at/lxe/sektktf/bb/HyperBourdieu.htm

Weitere Literatur und Sekundärliteratur

Berger, Peter A./Michael Vester (Hg.): Alte Ungleichheiten. Neue Spaltungen. Opladen 1998
Bohn, Cornelia/Alois Hahn: Pierre Bourdieu. In: Dirk Kaesler (Hg.): Klassiker der Soziologie. Bd. 2. Von Talcott Parsons bis Pierre Bourdieu. München 1999, S. 252-271
Boudon, Raymond: Ideologie. Geschichte und Kritik eines Begriffs. Reinbek 1988
Dölling, Irene/Beate Krais (Hg.): Ein alltägliches Spiel. Geschlechterkonstruktion in der sozialen Praxis. Frankfurt/M. 1997
Eder, Klaus: Klassentheorie als Gesellschaftstheorie. Bourdieus dreifache kulturtheoretische Brechung der traditionellen Klassentheorie. In: ders. (Hg.): Klassenlage, Lebensstil und

kulturelle Praxis: Beiträge zur Auseinandersetzung mit Pierre Bourdieus Klassentheorie. Frankfurt/M. 1989, S. 15-43

Engler, Steffani/Barbara Friebertshäuser: Die Macht des Dominanten. In: Angelika Wetterer (Hg.): Profession und Geschlecht. Über die Marginalität von Frauen in hochqualifizierten Berufen. Frankfurt/M; New York 1992, S. 101-120

Engler, Steffanie/Beate Krais (Hg.): Das kulturelle Kapitel und die Macht der Klassenstrukturen. Sozialstrukturelle Verschiebungen und Wandlungsprozesse des Habitus. Weinheim; München 2004

Frerichs, Petra/Margareta Steinrücke (Hg.): Soziale Ungleichheit und Geschlechterverhältnisse. Opladen 1993

Fuchs-Heinritz, Werner/Alexander König: Pierre Bourdieu. Eine Einführung. Konstanz 2005

Funke, Harald: Erlebnisgesellschaft. In: Georg Kneer u.a. (Hg.): Soziologische Gesellschaftsbegriffe. Konzepte moderner Zeitdiagnosen. München 1997, S. 305-331

Gebauer, Gunter/Christoph Wulf (Hg.): Praxis und Ästhetik. Neue Perspektiven im Denken Pierre Bourdieus. Frankfurt/M. 1993

Gilcher-Holtey, Ingrid: Kulturelle und symbolische Praktiken: das Unternehmen Pierre Bourdieu. In: Wolfgang Hardtwig/Hans-Ulrich Wehler (Hg.): Kulturgeschichte heute. Göttingen 1996 (*Geschichte und Gesellschaft*; Sonderheft 16), S. 111-130

Hartmann, Michael: Der Mythos von den Leistungseliten. Spitzenkarrieren und soziale Herkunft in Wirtschaft, Politik, Justiz und Wissenschaft. Frankfurt/M.; New York 2002

Hasenjürgen, Brigitte: Soziale Macht im Wissenschaftsspiel. Sozialwissenschaftlerinnen und Frauenforscherinnen an der Hochschule. Münster 1996

Illouz, Eva: Der Konsum der Romantik. Liebe und die kulturellen Widersprüche des Kapitalismus. Frankfurt/M.; New York 2003

Krais, Beate: Über die Vorzüge der kleinen Form. In: *Soziologische Revue*, Jg. 22, H. 1/1999, S. 8-14

–   /Gunter Gebauer: Habitus. Bielefeld 2002 (*Einsichten*)

Meleghy, Tamás: Der Strukturalismus: Claude Lévi-Strauss. In: Julius Morel u.a.: Soziologische Theorie. Abriß der Ansätze ihrer Hauptvertreter. München; Wien 1999, S. 116-146

Mörth, Ingo/Gerhard Fröhlich (Hg.): Das symbolische Kapital der Lebensstile. Zur Kultursoziologie der Moderne nach Pierre Bourdieu. Frankfurt/M.; New York 1994

Müller-Rolli, Sebastian (Hg.): Das Bildungswesen der Zukunft. Stuttgart 1987

Papilloud, Christian: Bourdieu lesen. Einführung in eine Soziologie des Unterschieds. Mit einem Nachwort von Loic Wacquant. Bielefeld 2003

Raphael, Lutz: Forschungskonzepte für eine ‚reflexive Soziologie' – Anmerkungen zum Denk- und Arbeitsstil Pierre Bourdieus. In: Stefan Müller-Doohm (Hg.): Jenseits der Utopie. Theoriekritik der Gegenwart. Frankfurt/M. 1991, S. 236-266

Reeh, Martin: Die groben Unterschiede. Der Pariser Soziologe Pierre Bourdieu hat versucht, das Leiden im Neoliberalismus zu verstehen – mit einem präzisen Blick für soziale Hierarchien, der Ulrich Beck fehlt. In: *die tageszeitung* vom 24.2.98, S. 19

Schmeiser, Martin: Pierre Bourdieu. Von der Sozio-Ethnologie Algeriens zur Ethno-Soziologie der französischen Gegenwartsgesellschaft. Eine bio-bibliographische Einführung. In: Ästhetik und Kommunikation, 16, 1986, S. 167-183

Schultheis, Franz/Kristina Schulz (Hg.): Gesellschaft mit begrenzter Haftung. Zumutungen und Leiden im deutschen Alltag. Konstanz 2005

Schultheis, Franz/ Michael Vester: Soziologie als Beruf. Hommage an Pierre Bourdieu. In: Mittelweg 36, Jg. 11, 2002, H. 5, S. 41-58

Schulze, Gerhard: Die Erlebnisgesellschaft. Kultursoziologie der Gegenwart. Frankfurt/M.; New York 1992

Schwibs, Bernd: Erläuterungen zum französischen Hochschulsystem. In: Bourdieu, 1988, S. 437-455

Schwingel, Markus: Pierre Bourdieu zur Einführung. Hamburg 1998 (2. Auflage)

Shusterman, Richard (ed.): Bourdieu. A Critical Reader. Oxford; Malden 1999

Vester, Michael/Daniel Gardemin: Milieu, Klasse und Geschlecht. Das Feld der Geschlechterungleichheit und die ‚protestantische Alltagsethik'. In: Bettina Heintz (Hg.): Geschlechterso-

242

ziologie (*Kölner Zeitschrift für Soziologie und Sozialpsychologie*; Sonderheft 41/2001), S. 454-486

Vester, Michael u.a.: Soziale Milieus im gesellschaftlichen Strukturwandel. Zwischen Integration und Ausgrenzung. Köln 1993

– Soziale Milieus in Ostdeutschland. Gesellschaftliche Strukturen zwischen Zerfall und Neubildung. Köln 1995

– Die Soziologie des Essens. Pierre Bourdieu – Norbert Elias – Georg Simmel – David Bell. Hg. u. kommentiert von Heinrich Epskamp. Tonkombinat 2002

Lektion X
Individualisierung und Strukturierung in einer globalisierten Welt
(Beck, Giddens, Castells, Hardt/Negri)

Inhalt

1. Dualität statt Dualismus

Zwei ‚Überwindungs-
theoretiker‘

Die Zusammenschau von Mikro- und Makrotheorie, d.h. die Verknüpfung des Handlungs- und des Strukturaspektes in Gesellschaften, ist das erklärte Ziel zweier Soziologen, die seit Mitte der 1980er Jahre bekannt geworden sind und seit Mitte der 1990er Jahre kooperieren – des britischen Soziologen Anthony Giddens und des deutschen Soziologen Ulrich Beck. Beide begannen ihre soziologische Arbeit mit sozialstrukturell-makrotheoretischen Analysen und nahmen nach und nach Mikroperspektiven mit auf, wobei letzteres für Giddens noch stärker gilt als für Beck.

Anthony Giddens vertritt explizit das Ziel, den Dualismus von Mikro- und Makrotheorie zu überwinden: er ist der Auffassung, dass gesellschaftliche Strukturen als solche den Handlungen individueller Akteure nicht gegenüberstehen, sondern unmittelbar in diese Handlungen miteinfließen, und umgekehrt die Handlungen von Akteuren Strukturen ‚schaffen‘. Dies nennt er die Dualität von Handlung und Struktur oder auch nur die Dualität von Struktur (siehe Abschnitt 5). Der traditionelle Dualismus, also der scharfe Gegensatz von Handlung und Struktur, soll durch ein Dualitäts-Konzept ersetzt werden. Handlung und Struktur sollen nicht jeweils für sich betrachtet, sondern in ihrer gegenseitigen Beziehung analysiert werden.

Dieser ‚versöhnende‘ Charakter der Giddensschen Methode, der sich im Übrigen mit der Versöhnlichkeit und integrativen Ausrichtung seines Menschenbildes und seiner politischen Stellungnahmen deckt, steht in Kontrast zu der Soziologie Ulrich Becks. Diese ist von ihrer Grundkonzeption weniger versöhnlich und in ihrer politischen und fachwissenschaftlichen Ausrichtung häufig sogar bewusst provokativ. Die Dualität von Handlung und Struktur kann jedoch auch bei Beck als – wenn auch implizit – formuliertes Ziel seiner Analyse der westlichen Gegenwartsgesellschaft verstanden werden. Becks Blick auf die Nachfolgerin der Industriegesellschaft (siehe Abschnitt 2) schließt den Blick auf die Individuen mit ein. Existentielle Angst bzw. Identifikation mit dem ‚System‘ ist für ihn nicht nur eine Frage der ökonomischen, politischen und ökologischen Rahmenbedingungen, sondern auch Ausfluss der Biographie, Lebensplanung und der jeweiligen Beziehungs-‚Strukturen‘ von Individuen. Trotz des makrotheoretischen ‚Primär‘-Interesses (siehe die Begründung des Begriffs der Risikogesellschaft) sind für Beck Individuen bzw. Gruppen und die Zwänge, denen sie ausgesetzt sind und denen sie sich aussetzen, entscheidender als die Frage nach System- oder Strukturprinzipien.

Anthony Giddens wurde 1938 in London geboren. Er studierte Soziologie in Hull (Yorkshire) und der renommierten London School of Economics and Social Politics (Kurzbezeichnung: LSE), an der er über ‚Sport und Gesellschaft im gegenwärtigen England‘ promovierte. Von 1961 bis 1970 unterrichtete Giddens an der Universität Leicester (mit Zwischenaufenthalten in Kanada und den Vereinigten Staaten). In Leicester gab er Kurse in Sozialpsychologie und nahm selbst an Kursen von Norbert Elias (siehe Lektion VIII) und Ilya Neustadt, den damals führenden Soziologen in Leicester, teil. Die Frage, wieviel Giddens dem Einfluss von Elias und Neustadt verdankt, lässt sich nicht eindeutig beantworten (vgl. Bryant/Jary, 1991: 4f.). 1970 ging Giddens als Dozent an die Universität von Cambridge und als Fellow an das dortige King‘s College. Von 1986 an war er weiterhin Fellow am King‘s College und Professor am Social and Political Sciences Commitee an

Anthony Giddens
(geb. 1938)

der University of Cambridge. Seit 1997 ist er Direktor des LSE (s.o.). Außerdem gehört er zum Beraterkreis des britischen Labour-Chefs und Premierministers Tony Blair.

Giddens ist gegenwärtig der bekannteste britische Soziologe. Dies liegt nicht zuletzt in seiner schier unglaublichen Veröffentlichungs-Tätigkeit begründet: alleine im Zeitraum von 1971 bis 1989 hat er 23 Bücher veröffentlicht. In der britischen und US-amerikanischen Soziologie tritt er vor allem auch als Herausgeber von Readern und Grundlagentexten in Erscheinung. In Großbritannien ist Giddens nicht nur der bekannteste, sondern auch der meistdiskutierte Soziologe der Gegenwart. Das soziologische Fachpublikum ist gespalten: die einen halten ihn für einen Eklektiker, die anderen für ein Genie. Skeptisch sind viele, wie Byrant und Jary in ihrer ,kritischen Würdigung' anmerken, noch aus einem anderen Grund: „In manchen britischen Kreisen besteht auch ein Widerwille dagegen, einzuräumen, dass wir einen Star in unserer Mitte haben, so sehr haben wir uns an die Vorstellung gewöhnt, dass große Namen, besonders in der Theorie, immer ausländisch sind – zuerst europäisch (bis auf Spencer), dann amerikanisch und jetzt wieder europäisch" (Bryant/Jary, 1991: 1).

Im deutschen Sprachraum ist Giddens einem größeren soziologischen Publikum mit der Übersetzung seines bisherigen Hauptwerkes „The Constitution of Society. Outline of the Theory of Structuration" bekannt geworden. Die „Konstitution der Gesellschaft" (Giddens, 1988) steht auch im Mittelpunkt des ,Giddens-Teils' dieser Lektion (siehe Abschnitte 5 und 6). In dem im Jahr 2000 erschienenen Kompendium zu den *Hauptwerken der Soziologie* (Kaesler/Vogt, 2000) ist Giddens mit diesem Werk bereits vertreten (vgl. Sigmund, 2000).

Als Berater von Tony Blair, durch seine politischen Essays und die Zusammenarbeit mit Ulrich Beck fand bzw. findet Giddens auch in den deutschen Medien starke Beachtung (vgl. Giddens, 1997b).

Ulrich Beck wurde 1944 in Stolp/Pommern geboren. Er studierte Soziologie, Politikwissenschaft, Psychologie und Philosophie in München. Nach der Promotion 1972 und der Habilitation 1979 (beides in München) wurde er Professor für Soziologie an der Universität Münster. Von 1981 bis 1992 hatte er eine Professur für Soziologie in Bamberg. Seither ist Beck Professor und Direktor für Soziologie an der Universität München. Er ist seit *1980* geschäftsführender Herausgeber der „Sozialen Welt", einer der wichtigsten sozialwissenschaftlichen Zeitschriften in der Bundesrepublik. Von 1995 bis 1997 war er Mitglied der Kommission für Zukunftsfragen der Freistaaten Bayern und Sachsen. 1997 erscheinen die ersten Bände der von ihm herausgegebenen ,Regenbogen'-Reihe des Suhrkamp-Verlags, der „Edition Zweite Moderne". In diesem Jahr bekam er den kulturellen Ehrenpreis der Stadt München verliehen. Das Jahr 1997 stellt den Höhepunkt dar, was die Menge an Texten von und zu Beck in den überregionalen Medien angeht. Seither ist Ulrich Beck regelmäßiger Autor der Süddeutschen Zeitung. Vergleichbar Giddens ist neben der Wissenschaft die Politikberatung Becks zweites Standbein. Die Aufmerksamkeit für beide war durch den Wechsel der Regierungen in Großbritannien (1997) und Deutschland (1998) gestiegen. Gegenwärtig scheint die Aufmerksamkeit für Becks Überlegungen größer zu sein, wie die Einladung, anlässlich der Anschläge vom 11. September 2001 vor der russischen Staatsduma zu sprechen, zeigt (vgl. Beck, 2002b).

Ulrich Beck
(geb. 1944)

Beck verfasste zunächst Arbeiten zur Wissenschaftstheorie, zum Theorie-Praxis-Verhältnis und vor allem zur Arbeits- und Betriebssoziologie. Der ,Durchbruch' zu einer Rezeption über die Soziologie hinaus gelang ihm 1986 mit seinem Buch „Risikogesellschaft. Auf dem Weg in eine andere Moderne" (Beck, 1986). Die „Risikogesellschaft" wurde zum geflügelten Wort und das Buch zum Bestseller. Sie hat schon Eingang in die Sozialkunde-Schulbücher gefunden (vgl. Christian Bosse u.a. [Hg.] Lernbereiche Sozialwissenschaften 12. Kurshefte für die Jahrgangsstufen 11-13: Sozialstaat – Politische Partizipation – Wirtschaftspolitik. Stuttgart 1990) und gehört zum kanonisierten Bestand der Soziologie (vgl. Bonß, 2000; Volkmann, 2000).

In den folgenden beiden Abschnitten fasse ich die wichtigsten Thesen der Beckschen Zeit- und Gesellschaftsdiagnose zusammen, wie er sie in der „Risikogesellschaft" (Beck, 1986), den „Gegengiften" (Beck, 1988) und seinem Eröffnungsreferat zum Frankfurter Soziologentag 1990 unter dem Titel „Der Konflikt der zwei Modernen" (Beck, 1991b) entwickelt hat. In die Beckschen Hauptthemen – Zivilisationsgefährdungen und Individualisierung – sind immer wieder Wissenschaftskritik und Hinweise auf die Zusammenhänge von Wissenschaft, Technologie und Politik eingeflochten.

Anschließend gehe ich in vier Abschnitten auf die Soziologie von Anthony Giddens ein, bevor ich in Abschnitt 7 beide Ansätze zusammenfassend vergleiche. Neuere Beiträge zur Globalisierungsdiskussion sind dann Gegenstand der Abschnitte 8 und 9.

2. Von der Risikogesellschaft zur Zweiten Moderne (Beck)

ökologisches
Bewusstsein und
Soziologie

Ulrich Beck fordert von der gegenwärtigen soziologischen Theorie, dass sie sich für die **ökologische Frage** öffnet. Aus seiner Sicht sind die klassischen Fragen der Soziologie durch die globalen Gegenwartsprobleme wie Atomenergie, Luftverschmutzung, Ozonloch, Gentechnologie u.a. ausgehebelt worden. ‚Alte' Ungleichheiten wie die zwischen Zentren und Peripherien, zwischen Arm und Reich, zwischen Einheimischen und Neuankömmlingen oder zwischen Frauen und Männern verlieren durch die ökologischen Gefahren und technologischen Umwälzungen (und in jüngerer Zeit durch terroristische Anschläge) an Bedeutung. Sie haben eine nivellierende Wirkung.

Angesichts ökologischer Bedrohungen und Selbstgefährdungen des Menschen in modernen Gesellschaften ist es relativ gleichgültig, ob der soziale Status hoch oder niedrig ist, ob jemand als Ärztin Rezepte unterzeichnet oder als Artist im Zirkus auftritt – Tschernobyl ‚erwischt' jede(n). Für Beck sind diese globalen Gefährdungen so neuartig, dass sie eine **neue Gesellschafts-Bezeichnung** rechtfertigen. Beide, die Ärtzin genauso wie der Artist, leben in derselben **Risikogesellschaft**: ‚Not ist hierarchisch, Smog ist demokratisch.' Diese Situation ist völlig anders als die bisheriger Industrie- oder spätkapitalistischer Gesellschaften.

> „Gesellschaften, die zunächst verdeckt, dann immer offensichtlicher mit den Herausforderungen der selbstgeschaffenen Selbstvernichtungsmöglichkeiten allen Lebens auf dieser Erde konfrontiert sind, nenne ich *Risikogesellschaften*" (Beck, 1988: 109; Hervorh. im Original).

Die **Risikogesellschaft** ist ein neuzeitlicher Typ der Industriegesellschaft, in dem der industrielle **Reichtum** mit **Risiken** einhergeht. Im Gegensatz zur ‚klassischen Industriegesellschaft', die ihre Probleme noch in nationalstaatlichen Grenzen lösen konnte (so die Modellannahme), ist die Risikogesellschaft per se Weltgesellschaft. Beck betont das egalisierende Moment der globalen Bedrohungen: wir leben in einer **Weltgefahrensgemeinschaft**. Nach den Anschlägen vom 11. September 2001 spricht Beck denn auch von einer **Weltrisikogesellschaft**.

Universalität von
Risiken und Gefahren

Die verschiedenen nationalen Risikogesellschaften sind auf internationale Zusammenarbeit zwingend angewiesen. Becks moralischer Bezugspunkt ist das

248

Überleben der **Menschheit**. Das Gefährdungspotential, dem sich die Menschheit aussetzt, sei mit früheren Gefährdungen nicht zu vergleichen. Die Menschheit, so Beck, steht vor der drohenden Selbstvernichtung und sitzt auf einem „zivilisatorischen Vulkan" (Beck, 1986: X). Die Gefährdungen sind universal und grenzüberschreitend; Menschen, Tiere und Pflanzen können dadurch, dass sie etwa in einer Gesellschaft mit einer umweltbewußteren Gesetzgebung leben, noch nicht ‚gerettet' werden. Wo man lebt, ist letztendlich gleichgültig:

> „Angesichts der Universalität und Übernationalität des Schadstoffverkehrs wird das Leben des Grashalms im Bayerischen Wald letztlich vom Schließen und Einhalten internationaler Abkommen abhängig" (Beck, 1986: 30).

Die Mitglieder dieser Gesellschaften müssen nicht nur mit **Risiken**, die für Beck noch kalkulierbar und unter Umständen vermeidbar sind, sondern mit überindividuellen **Großgefahren** rechnen. Diese sind für den einzelnen Menschen nicht kalkulierbar – auch für die beteiligte und eigentlich verantwortliche Industrie und Politik nicht.

Übersicht: (Beck, 1988: 121f.)

	Risiken und Gefahren		
	vorindustrielle Hochkulturen	klassische Industriegesellschaft	industrielle Risikogesellschaft
Art und Beispiel	Gefahren, Naturkatastrophen, Pest	Risiken, Unfälle (Beruf, Verkehr)	Selbstgefährdungen, künstliche Katastrophen
entscheidungsabhängig entstanden	nein externalisierbar (Götter, Dämonen)	ja: industrielle Entwicklung (Ökonomie, Technik, Organisation)	ja: atomare, chemische, genetische Industrien und politische Sicherheitsgarantien
Freiwilligkeit (individuell vermeidbar?)	nein: zugewiesen, vorgegeben	ja (z.B. Rauchen, Auto, Skifahren, Beruf)	nein: Kollektiventscheidung, individuell nicht vermeidbare Gefahren
	externes Schicksal	regelgeleitete Zurechenbarkeit	ja und nein („organisierte Unverantwortlichkeit")
Reichweite, Betroffenheit	Länder, Völker, Kulturen	örtlich, zeitlich, sozial begrenzte Ereignisse und Zerstörungen	unabschließbare „Unfälle"
Kalkulierbarkeit (Ursache-Wirkung, Risiko-Versicherung)	offene Unsicherheit; politisch neutral, da Schicksal	kalkulierbare Unsicherheit (Wahrscheinlichkeit, Entschädigung)	politisch hochbrisante Gefahren, die die Grundlagen der Kalkulation und Vorsorge in Frage stellen

Charakteristisch für die Risikogesellschaft ist deshalb eine „organisierte Unverantwortlichkeit" – so der Untertitel des Buches „Gegengifte" (Beck, 1988), der ‚Fortsetzung' der „Risikogesellschaft" (Beck, 1986). Unverantwortlich verhalten sich die Entscheidungsträgerinnen und -träger in den politischen Institutionen und den Unternehmen. Aber Beck verschont auch die Kritikerinnen und Kritiker der Risikogesellschaft nicht mit seiner Kritik. Mit ironischer Schärfe analysiert Beck den Sprachgebrauch der verschiedenen Institutionen, die am ökologischen

Kritik an der herrschenden und an der alternativen Politik

Diskurs beteiligt sind – der Industrie, Medien und auch der Ökologiebewegung. Alle jonglierten mit einem scheinbar neutralen, ungesellschaftlichen, ‚natürlichen' Natur-Begriff; vgl. auch Blasberg, 1999. Diese Natur gäbe es längst nicht mehr:

> „Der ‚Naturverschnitt', die naturlose, runderneuerte Natur, mit der wir es heute zu tun haben, ist die gesellschaftlich verinnerlichte, durch Arbeit, Produktion, Verwaltung, Wissenschaft rekonstruierte, normierte und an *diesen* Maßstäben gefährdete und zerstörte Außen-Innen-Ausstattung der zivilisierten Welt" (Beck, 1988: 64; Hervorh. im Original).

Ungleichverteilung von Risiken

Trotz der globalen Ausbreitung sind die ‚Chancen', von Risiken und Gefahren getroffen zu werden, **ungleich verteilt**. Die Länder der sog. Dritten Welt oder überhaupt periphere Regionen werden von Katastrophen in der Regel noch härter getroffen. Auch innergesellschaftlich sind die Risiken nicht gleich verteilt: Bewohnerinnen und Bewohner des Essener Südens müssen weniger damit rechnen, dass ihre Kinder Pseudo-Krupp-Anfälle bekommen als die des wesentlich stärker von Immissionen belasteten Essener Nordens. Wichtiger bleibt für Beck jedoch die **Universalität der Gefährdung**:

> „Auch hier gibt es Ungleichheiten: Not zieht Gefahr an. Aber diese nehmen im globalen Einfluß der Gefahren ab. Schadstoffe im Trinkwasser machen auch nicht halt vor den Trinkwasserhähnen der Generaldirektoren" (Beck, 1991b: 187).

Streng genommen, so Beck, gibt es niemanden, der von den universalen Risiken nicht betroffen ist; es gibt allenfalls „Noch-Nicht-Betroffene". Allerdings unterscheidet Beck zwischen Risikoverlierern und Risikogewinnern:

> „Gerade mit der Entfaltung der Risikogesellschaft entfalten sich daher die Gegensätze zwischen denjenigen, die von den Risiken *betroffen* sind, und denjenigen, die von ihnen *profitieren*. Ähnlich wächst die soziale und politische Bedeutung des *Wissens*, und damit die Verfügung über die Medien, das Wissen zu gestalten (Wissenschaft und Forschung) und zu verbreiten (Massenmedien). Die Risikogesellschaft ist in diesem Sinne auch die *Wissenschafts-*, *Medien-* und *Informations*gesellschaft. In ihr tun sich damit neue Gegensätze auf zwischen denjenigen, die Risikodefinitionen produzieren, und denjenigen, die sie konsumieren" (Beck, 1986: 61f.; Hervorh. im Original).

Entsprechend den Grundannahmen der Wissenssoziologie Berger/Luckmanns (siehe Lektion IV) stellt Beck fest, wie unsicher, widersprüchlich und abhängig gesellschaftliche Risikowahrnehmungen und -definitionen sind:

> „Es ist nie klar, ob sich die Risiken verschärft haben oder unser *Blick* für sie. Beide Seiten fallen zusammen, bedingen sich, verstärken sich, sind, weil Risiken Risiken *im Wissen* sind, nicht zwei, sondern ein und dieselbe Sache" (Beck, 1986: 73; Hervorh. im Original).

Die klassische Unterscheidung zwischen den Besitzern und den Nicht-Besitzern von Produktionsmitteln der marxistischen Theorie ist nach Beck hinfällig geworden. Selbst das liebgewordene Klischee vieler Anhängerinnen und Anhänger der Grünen, wonach etwa die Beschäftigten in der Chemieindustrie fortschrittsgläubig und gegenüber ökologischen Gefährdungen unsensibel seien, da sie an ihren Arbeitsplätzen ‚kleben', ist überholt (vgl. Beck, 1988: 243). Eine Gesellschaft, in der Medien, Wissenschaft und ‚normale' Gesellschaftsmitglieder so sehr für Gefahren, Risiken und Krisen sensibilisiert sind, sollte für Reformen oder auch gewaltsame Veränderungen prädestiniert sein. Eigentlich für möglich gehaltene Revolutionen ‚versickern‘ jedoch:

> „Die Risikogesellschaft ist also keine revolutionäre Gesellschaft, sondern mehr als das: eine *Katastrophengesellschaft*. In ihr droht der *Ausnahme- zum Normalzustand* zu werden" (Beck, 1986: 105; Hervorh. im Original).

Gleichgültig, wie katastrophal die Situation immer wieder ist, man kehrt zur Tagesordnung zurück; dies führt Beck auf die menschliche Fähigkeit des Wegguckens und des Nichtdarübernachdenkens (vgl. Beck, 1988: 132) zurück. Die Risikogesellschaft ist politisch überraschend stabil. Beck selbst vertritt jedoch – vor allem in den „Gegengiften" (Beck, 1988) – eine gesellschaftspolitische Utopie. Er plädiert in der für ihn charakteristischen Terminologie, die auf Wortschöpfungen und häufig auf Provokationen setzt, für eine neue Form des Industrialismus unter aufgeklärten Vorzeichen:

> „Vielleicht sind die Gefahren und alle Schrecken, die sie verbreiten, auch Weltnachhilfestunden in der Geschichtlichkeit des Industrialismus? Vielleicht leiten sie – gegen alle herrschenden Vermutungen von der Endzeit und der Selbstgenügsamkeit des Industrialismus – von dem *Steinzeitindustrialismus* der Vergangenheit in einen aufgeklärten *Handlungsindustrialismus* der Zukunft über, in dem die Grundfragen des ‚Fortschritts‘ aus der Anonymität der organisierten Unverantwortlichkeit herausgelöst und neue Institutionen der Zurechnung, Verantwortung und Mitbestimmung geschaffen werden" (Beck, 1988: 130f.; Hervorh. im Original)?

Die herrschende wissenschaftlich-technische Rationalität, so Beck, hat versagt; in der Gesellschaftsanalyse, Gesellschaftskritik und Politik müssen neue Wege beschritten werden. Beck spricht sich für eine Fortsetzung der Modernisierung und Rationalisierung unter neuen, aufgeklärten Vorzeichen aus. Rationalisierung müsste erneut rationalisiert, Modernisierung erneut modernisiert werden. Auf dem Soziologentag von 1990 in Frankfurt am Main, der selbst den Titel „Die Modernisierung moderner Gesellschaften" trug, bezeichnet Beck dies (in Anlehnung an Luhmanns Begriff der „reflexiven Mechanismen") als **reflexive Modernisierung**. Diese Formel wird programmatisch diskutiert in einem Sammelband gleichnamigen Titels, den Beck mit Giddens und Scott Lash (Professor für Soziologie in Lancaster) 1994 in englischer und 1995 in deutscher Sprache herausbringt (vgl. Beck/Giddens/Lash, 1995). Hier wird auch der Begriff der Zweiten Moderne eingeführt:

Modernisierung als (Selbst-)Reflexion

> „Was manche als Abschied von der Soziologie beklagen, könnte also tatsächlich ihre Wiederbelebung, ihr Aufbruch in das unentdeckte ‚Amerika‘ der *zweiten Moderne* werden. Diese Wortbildung beinhaltet ein Programm: nicht *Post*-Moderne, auch nicht das intellektuelle und politische Auf-der-Stelle-Treten der *Weiter-so*-Modernisierer (was ja auch die Soziologen und ihr schwindendes Publikum zum ständigen Gähnen verpflichtet). Die Autoren dieses Buches stimmen über alle Gegensätze hinweg darin überein, daß knapp hinter, unter oder neben dem Gejammere über ‚Auflösung‘ und ‚Ende‘ eine neue Sicht der Welt, der Moderne entsteht" (Beck/Giddens/Lash, 1995: 10; Hervorh. im Original).

Erste Moderne und Zweite Moderne

Mit der Buchreihe **Edition Zweite Moderne** erhält die Gegenwartsdiagnose Becks eine optimistischere Tonlage. Im Gegensatz zur sog. Ersten Moderne, die als nationalstaatlich-klassenzentrierte, später wohlfahrtsstaatliche Industriegesellschaft charakterisiert werden kann, ist die sog. Zweite Moderne globalisiert bzw. transnational und außerdem mit der bisherigen, erwerbszentrierten Sozialpolitik, so Beck und seine Kollegen, schlecht für die Zukunft gerüstet. Der progagierte Umbau des Sozialstaates wird vor allem damit begründet, dass nicht mehr von linearen Biographien ausgegangen werden können – weder beruflich, noch privat (siehe den nächsten Abschnitt). Die zweite Moderne ist für Beck unsicherer, aber auch freiheitlicher als die erste Moderne. Seine gesellschaftliche Zielvorstellung lautet: Sich-Arrangieren mit der diskontinuierlichen Erwerbsarbeit und dafür sog. **Bürgerarbeit** fördern.

> In der **Zweiten Moderne** transformieren die Bürgerinnen und Bürger die Risikogesellschaft durch Reflexion und Engagement. Der Begriff der ‚Zweiten Moderne‘ dient als Sammelbezeichnung und Zielprojektion für eine neue Gesellschaftspolitik. Auf diese Weise wandelt sich die **Weltgefahrensgemeinschaft** zu einer **Weltbürgergesellschaft**.

Becks Beitrag zur gegenwärtigen Globalisierungsdebatte wird in Abschnitt 8 erläutert.

3. Individualisierung und Standardisierung

Das zweite wichtige Theorem der „Risikogesellschaft" (Beck, 1986) ist die These einer neuen Qualität von Individualisierung (ähnlich auch Elias; siehe Lektion VIII). Im Idealfall ist Gesellschaft für ihn eine „soziale Bewegung der Individuen" (Beck, 1991b: 187), die – selbst in der Risikogesellschaft – durch neue Gemeinsamkeiten verbunden sind. Gegenwärtig ist für ihn eine solche Gesellschaft jedoch (noch) nicht in Sicht. Die westlichen Gesellschaften sind durch zwei Merkmale bestimmt: zum einen durch den Kontinuitätsbruch in der Gesellschaftsentwicklung (nämlich zwischen der alten Industrie- und der neuen Risikogesellschaft), und zum anderen durch wachsende Individualisierung.

Industriegesellschaft als moderne Ständegesellschaft

Die Industriegesellschaft ist nichts anderes als eine moderne Ständegesellschaft, also noch ‚schlimmer‘ oder antiquierter als die Klassengesellschaft – ein „Kapitalismus *ohne* Klassen" (Beck, 1986: 117; Hervorh. im Original). Dies gilt vor allem bezüglich des **Geschlechterverhältnisses** (siehe hierzu näher die Lektionen V und XI), mit dem sich Beck im Vergleich zu anderen Gegenwartssoziologen relativ ausführlich beschäftigt:

> „Parallel mit der Entstehung der Industriegesellschaft im 19. Jahrhundert wurde die *moderne* Geschlechtsständeordnung errichtet. In diesem Sinne geht im 19. Jahrhundert Modernisierung einher mit *Gegen*modernisierung. Die epochalen Unterschiede und Gegensätze von Produktion und Familie werden etabliert, gerechtfertigt, zu Ewigkeiten verklärt. Ein Bündnis aus männlich inspirierter Philosophie, Religion und Wissenschaft verknotet – wenn schon, denn schon – das Ganze mit dem ‚Wesen‘ der Frau und dem ‚Wesen‘ des Mannes" (Beck, 1986: 179f.; Hervorh. im Original).

Beck bekräftigt hiermit eine der klassischen Thesen der Frauen- und Geschlechterforschung (siehe Bd. 2, Lektion XIII), wonach die enge Verknüpfung von Produktion und Reproduktion und die ‚Erfindung' der Hausfrau für die bürgerliche Gesellschaft unverzichtbar seien. Gerade das Geschlechterverhältnis macht die Widersprüche moderner Gesellschaften deutlich, es belegt die These von einer, wie Beck es nennt, **halbierten Moderne**.

Individualisierung gehörte und gehört zu Modernisierung hinzu. Beck spricht von einer **dreifachen Individualisierung**: der Herauslösung aus traditionalen Bindungen, dem Verlust von traditionalen Sicherheiten und einer neuen Art von sozialer Einbindung (vgl. Beck, 1986: 206). Die individualisierten Individuen werden frei – erster Aspekt – und gleichzeitig unsicherer – zweiter Aspekt (siehe hierzu auch den Begriff der „doppelten Freisetzung" des Proletariats bei Marx). Diese Unsicherheit wird jedoch durch neue Zugehörigkeiten aufgefangen (dritter Aspekt); somit sind individualisierte Individuen nicht völlig orientierungslos oder entwurzelt.

Individualisierung als wichtiges Kennzeichen der Moderne

Individualisierung versteht Beck vor allem als Veränderung von Lebenslagen und von Biographiemustern. Lebenswege werden durcheinander gewirbelt. In vielen gegenwärtigen Gesellschaften, so auch in der Bundesrepublik, forderten und förderten kapitalistisch-marktwirtschaftliche Prinzipien ein individualistisches Persönlichkeitsprofil. Mobilität, Unabhängigkeit von familiären Bindungen und offensive Selbstdarstellung sind Voraussetzungen für den sozialen Aufstieg. Beck spricht von einer **Pluralisierung der Lebensstile**, die sich manchmal – wie Sighard Neckel ironisch kommentiert – in ein und derselben Person niederschlagen: wenn ich „tagsüber ‚aufstiegsorientiert', abends ‚links-alternativ' und am Wochenende ein hedonistisches [genussorientiertes; A.T.] Ungeheuer bin" (Neckel, 1989: 58). Gemeinsam mit Elisabeth Beck-Gernsheim vertritt Ulrich Beck die These, dass **Arbeitsmarkt-Individualisierungen** einen neuartigen Trend markieren:

> „Invidualisierung meint ...: Die Biographie der Menschen wird aus traditionellen Vorgaben und Sicherheiten, aus fremden Kontrollen und überregionalen Sittengesetzen herausgelöst, offen, entscheidungsabhängig und als Aufgabe in das Handeln jedes einzelnen gelegt. Die Anteile der prinzipiell entscheidungsverschlossenen Lebensmöglichkeiten nehmen ab, und die Anteile der entscheidungsoffenen, selbst herzustellenden Biographie nehmen zu" (Beck/Beck-Gernsheim, 1990: 12f.).

Becks Ansatzpunkt ist die Individualisierung sozialer Ungleichheit. „Jenseits von Klasse und Schicht" (Beck, 1986: 121ff.) haben sich „Lebenswelten der vereinzelten Einzelnen" herausgebildet. Wo und wie jemand lebt, ist weitgehend unabhängig von traditionellen Klassenbildungen. Damit verblassen auch traditionale soziale Identitäten. An die Stelle von Normalbiographien treten Wahlbiographien, Klassen emanzipieren sich aus regionalen und partikularen Beschränkungen. Mit Blick auf die stetige Zunahme der Ein-Personen-Haushalte spricht Beck von einer „vollmobilen Single-Gesellschaft" (Beck, 1986: 199). Diese werden auf die hohen Scheidungsquoten und diese wiederum auf die Emanzipations-Prozesse von Frauen zurückgeführt. Individualisierung ist eine grundsätzliche Tendenz gegenwärtiger Gesellschaften, und nach Beck betrifft sie immer mehr Menschen – und unter diesen immer häufiger Frauen.

Wahlbiographie statt Normalbiographie

Individualisierung bezieht sich sowohl auf die objektive Lebenslage wie auf das subjektive Bewußtsein: die modernen Individuen sind mehr auf sich gestellt. **Jenseits von Klasse und Schicht**, wie Beck es nennt, sind sie aus kollektiven Bindungen und Identitäten **freigesetzt**. Individualisierung macht sich in der Sozialstruktur einer Gesellschaft und der Lebensweise vieler ihrer Mitglieder bemerkbar. Wohlgemerkt: auch früher gab es schon Individualisierungen, gegenwärtig ist diese Tendenz nur besonders auffallend und hat gravierende Konsequenzen.

Infolge der kapitalistischen Modernisierung und in einer späten Phase wohlfahrtsstaatlicher Entwicklung kam es und kommt es zu **Individualisierungsschüben** (siehe auch Lektion VIII). Kernstück dieser Individualisierung ist der sog. **Fahrstuhl-Effekt**: die Klassengesellschaft wird insgesamt eine Etage höher gefahren, allen geht es besser. Den Einwand, dass man gegenwärtig eher von einem ‚Fahrstuhl-Effekt nach unten' sprechen müsse, lässt Beck zwar gelten, bleibt jedoch – im Gegensatz zu Bourdieu (siehe Lektion IX) – bei seiner Skepsis gegenüber dem Klassenkonzept:

> „Allerdings würde ich nicht ohne weiteres von Klassen sprechen. Ich sehe drei Gruppen. Als erstes die Globalisierungsgewinner, denen sich extreme Profitmöglichkeiten eröffnen. Dann gibt es eine Leistungselite, die den Globalisierungsgewinnern zuarbeitet, die zwischen Beschäftigung, Nicht-Beschäftigung oder Unterbeschäftigung wechselt, aber wahrscheinlich immer noch relativ gut zurechtkommt. Und schließlich die wachsende Gruppe derjenigen, die nicht mehr gebraucht werden. Es ist absehbar, daß die Arbeitsplätze für relativ Unqualifizierte wegfallen, wegrationalisiert oder in andere Länder exportiert werden. So stehen erhebliche Einbrüche in der Sozialstruktur bevor. Diese Phänomene sind im Lichte der Individualisierung zu sehen, die Selbstzuschreibung verbindlich macht. Ein Klassenbewußtsein im alten Sinne kann deshalb kaum entstehen" (Beck, 1999: 61).

Die Besonderheit des Individualisierungsschubes in der Bundesrepublik liegt für Beck darin, dass Individualisierung paradoxerweise mit einer zunehmenden **Standardisierung** einhergeht:

> „Die freigesetzten Individuen werden arbeitsmarktabhängig und deshalb bildungsabhängig, konsumabhängig, abhängig von ... Möglichkeiten und Moden in der medizinischen, psychologischen und pädagogischen Betreuung" (Beck, 1986: 210).

Gerade hoch individualisierte Biographien sind abhängig von verschiedenen Institutionen und Serviceleistungen, denn Individuallagen sind institutionenabhängig. Diese Paradoxie wird verstärkt durch bestimmte **Gegenbewegungen** zur Individualisierung: Während die lebensweltliche Identität sozialer Klassen „wegschmilzt" (einfacher ausgedrückt: Arbeiter und Arbeiterinnen haben kein Klassenbewusstsein mehr; siehe auch Habermas, Lektion VIII), **verschärfen sich gleichzeitig soziale Ungleichheiten**. Nicht nur Chancen werden individualisiert, sondern auch Risiken. Versagen wird als persönliche Schuld gewertet. Massen-Arbeitslosigkeit führt nicht zu Massen-Protest, sondern zu tausenden von unglücklichen Einzelschicksalen. Diese werden nicht im Kollektiv bewältigt – weder emotional, noch in Form politischer Handlungen. Durch die Individualisierung von Risiken wird die Ideologie der Leistungsgesellschaft ins Unermessliche gesteigert.

Auflösung der Klassengrenzen

Ambivalenz des Individualisierungsprozesses

„Verschärfung *und* Individualisierung sozialer Ungleichheiten greifen ineinander. In der Konsequenz werden Systemprobleme in persönliches Versagen abgewandelt und politisch abgebaut. In den enttraditionalisierten Lebensformen entsteht eine neue *Unmittelbarkeit von Individuum und Gesellschaft*, die Unmittelbarkeit von Krise und Krankheit in dem Sinne, daß gesellschaftliche Krisen als individuelle erscheinen und in ihrer Gesellschaftlichkeit nur noch sehr bedingt wahrgenommen werden können" (Beck, 1986: 117f.; Hervorh. im Original).

Verschärfung und Individualisierung gesellschaftlicher Krisen

Individualisierung bleibt **ambivalent**; dies macht Beck wiederum am Geschlechterverhältnis fest. Die Brüchigkeit von Beziehungen und die Scheidungs-‚Freudigkeit' gehen nämlich meistens zu Lasten der alleinerziehenden Frauen (vgl. Beck, 1986: 183). Auch in der Perspektive ‚der Männer' stellt sich wirkliche Partnerschaft ambivalent dar. Individualisierung ist gerade in bezug auf Liebe und Beziehung (vor allem letzteres) ambivalent – nach dem Motto ‚Mehr Mobilität, aber höhere Ansprüche' mündet sie in ein neues Liebesideal (vgl. auch H. Weiss, 1995):

"Doch die Individualisierung, die die Lagen von Männern und Frauen auseinanderdividiert, treibt sie umgekehrt auch in die Zweisamkeit hinein. *Mit der Ausdünnung von Traditionen wachsen die Verheißungen der Partnerschaft.* Alles, was verlorengeht, wird unverhofft in dem anderen gesucht. (...) In den Idealisierungen des modernen Liebesideals spiegelt sich noch einmal der Weg der Moderne. Die Überhöhung ist das Gegenbild zu den Verlusten, die diese hinterläßt. Gott nicht, Priester nicht, Klasse nicht, Nachbar nicht, dann wenigstens Du. Und die Größe des Du ist die umgedrehte Leere, die sonst herrscht" (Beck, 1986: 187f.; Hervorh. im Original).

Liebesideal als Spiegel der Entwicklung der Moderne

Als gelungene Illustration – im wörtlichen Sinne – seiner Individualisierungsthesen hat Beck zusammen mit Wilhelm Vossenkuhl, Ulf Erdmann Ziegler und dem Fotografen Timm Rautert einen Band mit biographischen Porträts veröffentlicht, der den Titel „Eigenes Leben" (Beck u.a., 1997) trägt. Obwohl der Band ziemlich ‚gestylt' daherkommt, wird gleichwohl deutlich, dass Individualisierung keine rein (bildungs-)bürgerliche und städtische Angelegenheit ist, sondern heute überall, in jedem Dorf, stattfindet und sich die Lebensformen und die Beziehungskonstellationen von Erwachsenen und Kindern stark ausdifferenziert haben (vgl. kritisch hierzu Hondrich, 1998).

Beck verfolgt makro- und mikrotheoretische Aspekte nicht nur analytisch, sondern inhaltlich: er sieht die enge Verflechtung von Individuum und Gesellschaft als spezifisches Merkmal der Gegenwartsgesellschaft.

4. Von der Soziologie zur Sozialtheorie (Giddens)

1971 erschien Giddens' erste größere Arbeit, eine Auseinandersetzung mit Marx, Durkheim und Max Weber mit dem Titel „Capitalism and Modern Social Theory" (Giddens, 1971), 1973 dann seine Analyse der „Klassenstruktur fortgeschrittener Gesellschaften" (Giddens, 1984a). Diese beiden Bücher sind charakteristisch für die thematischen Orientierungen und Methoden, die Giddens zu Beginn verfolgt hat. Ähnlich Jürgen Habermas (siehe Lektion VII) arbeitet Giddens klassische und zeitgenössische Theorien auf und entwickelt in der Auseinandersetzung mit diesen seine eigene Position.

Mittlerweile stellt man bei der Durchsicht der Giddensschen Veröffentlichungen fest, dass es kaum eine soziologische Theorie gibt, mit der Giddens sich *nicht* beschäftigt hätte. Neben die Rezeption von Marx, Durkheim, Weber, Parsons und Habermas tritt die von Pareto und Simmel, aber auch von Freud, Foucault, den Symbolischen Interaktionisten und Ethnomethodologen u.v.a. Ian Craib spricht deshalb in seiner ironisch gehaltenen Giddens-Einführung vom „theoretischen Omelette", dem Giddens ‚verdorbene Eier' (u.a. Positivismus, Funktionalismus), aber auch ‚neue und ungewöhnliche Zutaten' (Sprachphilosophie, Phänomenologie und Ethnomethodologie u.a.) beimische (Craib, 1992: Kap. 2). In seinem alltagsnah gehaltenenen, umfangreichen Einführungskompendium „Soziologie" gibt Giddens als wesentliche Klassiker Comte, Marx, Durkheim und Weber und als zentrale Autoren der Gegenwart Foucault und Habermas an (vgl. Giddens, 1999b:16).

Bezug zu Marx In der zeitgleich mit Habermas' „Legitimationsproblemen im Spätkapitalismus" – nämlich 1973 – entstandenen „Klassenstruktur fortgeschrittener Gesellschaften" (Giddens, 1984a) werden die starken Marx-Bezüge deutlich. Die Frage ‚Kann man noch von Klassen sprechen oder nicht?', die seit Ende der 1960er Jahre viele Soziologinnen und Soziologen (u.a. Ulrich Beck) beschäftigt hat, interessiert Giddens nicht so sehr. Ihm geht es vielmehr um Typen und Stufen der **Klassenstrukturierung** (der Begriff der Strukturierung taucht in seinem Hauptwerk „Die Konstitution der Gesellschaft" [Giddens, 1988a] in einer veränderten Fassung wieder auf; siehe Abschnitt 5): hierfür ist weniger die ökonomische Struktur als die Einstellung, das ‚Wir-Gefühl' der Mitglieder einer Klasse ausschlaggebend – was Giddens aber nicht mit dem Marxschen Konzept der ‚Klasse für sich' (siehe Bd. 2, Lektion III) gleichgesetzt wissen will:

> „... wenn Klassen soziale Realitäten werden, muß sich das in der Bildung gemeinsamer Verhaltens- und Einstellungsmuster manifestieren" (Giddens, 1984a).

Bezüglich gemeinsamer Einstellungsmuster kann man, so Giddens, an der klassischen, dichotomen Unterscheidung von Bourgeoisie und Proletariat nicht mehr festhalten. Giddens ersetzt die Dichotomie durch eine Dreier-Gruppierung von Oberklasse, Mittelklasse und Unter- oder Arbeiterklasse.

Drei-Klassen-Struktur moderner westlicher Gesellschaften Nach Giddens erliegen viele Theoretiker der Gegenwartsgesellschaft dem Irrtum des 19. Jahrhunderts, wonach der Staat der Wirtschaftsordnung nachgeordnet bzw. von ihr abhängig sei. Ein Begriff wie der der ‚postindustriellen Gesellschaft' sei zu sehr an Ökonomie und Industrie fixiert; die klassische Trennung von Ökonomie und Politik sei veraltet.

Die Orientierung an einer von Marx inspirierten Makrotheorie hat Giddens beibehalten, allerdings um die Auseinandersetzung mit anderen Autoren ergänzt. Auch in den 1980er Jahren, so Giddens, ist die **Klassenstruktur** in den westlichen Gesellschaften noch von zentraler Bedeutung. Auf Ulrich Becks Thesen angesprochen und im Kontrast zu diesem stellt er fest: „Auch die Risikogesellschaft bleibt wesentlich Klassengesellschaft" (Giddens, 1988b: 294). Die Arbeiterklasse wachse zwar nicht zu einem ‚gigantischen Proletariat' heran, sei aber auch nicht verschwunden (vgl. Giddens, 1985: 121).

Eine **Umorientierung** von der marxistisch-makrotheoretischen Perspektive zu der – wenn auch zunächst noch sehr kritischen – Auseinandersetzung mit mikrotheoretischen Ansätzen vollzieht Giddens mit seinem 1976 erschienenen Buch „New Rules of Sociological Method", das auf deutsch unter dem missverständlichen Titel „Interpretative Soziologie. Eine kritische Einführung" (Giddens, 1984b) erschien. Der Titel knüpft an Emile Durkheims klassische, 1895 erschienene, „Regeln der soziologischen Methode" (siehe Bd. 2, Lektion IV.3) an, die Giddens als „berühmtes soziologisches Manifest" (Giddens, 1984b: 196) bezeichnet. Hauptsächlicher Anreiz, sich mit den interpretativen Ansätzen zu beschäftigen, ist die nach Ansicht von Giddens allzu dominante positivistisch orientierte Soziologie.

Auseinandersetzung mit interpretativen Ansätzen

Am **interpretativen Programm** reizt Giddens der andere Blick auf die Individuen, ihr anderes – wenn man so will, positiveres – Menschenbild:

> „Sie [die interpretativen Theorien; A.T]. sind gerade deshalb von großer Bedeutung, weil sie uns als das thematisieren, was wir sind: Vernunftbegabte, zweckgerichtet oder intentional handelnde Subjekte, die prinzipiell wissen, was sie tun. Freilich würde ich gleich hinzufügen wollen, daß wir zwar wissen, was wir tun, daß uns als praktisch Handelnden die Inhalte unseres Tuns aber immer nur in den Kategorien der Alltagssprache zugänglich sind und daß wir nur eine geringe Kenntnis von den verzweigten Konsequenzen unseres Handelns haben" (Giddens, 1988b: 288).

Auf der anderen Seite kritisiert Giddens an den interpretativen Ansätzen, dass sie „Probleme der institutionellen Organisation, der Macht und des Konflikts als wesentliche Grundzüge gesellschaftlichen Lebens" (Giddens, 1984b: 111) nicht in den Griff bekommen. Dieses Defizit ist der Ansatzpunkt für Giddens' ‚neue Regeln der soziologischen Methode' einerseits und für seine eigene soziologische Arbeit andererseits (siehe Abschnitt 5).

Im Lauf der letzten 20 Jahre hat sich Giddens immer mehr mit den Aufgaben der Soziologie und mit metatheoretischen Fragestellungen beschäftigt. Eine Beispiel hierfür sind seine Überlegungen am Ende der „Konstitution der Gesellschaft", in dem Abschnitt „Die praktische Bedeutung der Sozialwissenschaften" (Giddens, 1988a: 405-427). Ähnlich Elias oder Bourdieu (siehe die Lektionen VIII und IX) betont Giddens die spezifische Situation von Sozialwissenschaftlerinnen und Sozialwissenschaftlern, die einerseits ‚normale' Gesellschaftsmitglieder sind und andererseits als wissenschaftlich arbeitende Personen von dieser normalen Mitgliedschaft abstrahieren müssen:

Methodologische Überlegungen

> „Die Sozialwissenschaften stehen anders als die Naturwissenschaften unvermeidlich in einer Subjekt-Subjekt-Beziehung zu ihrem Gegenstand" (Giddens, 1988a: 405).

Dieses Problem zieht ein weiteres nach sich, wie Giddens in den ‚neuen Regeln' erläutert. Denn die Begriffe, mit denen man in der Soziologie arbeitet, sind durch die Alltagssprache meist ‚vorbelastet', und umgekehrt wirken die soziologischen Konstruktionen auf die alltägliche Wirklichkeit zurück. Dieses Problem bezeichnet Giddens als **doppelte Hermeneutik** (Hermeneutik bedeutet allgemein Lehre der Auslegung):

> „Die Soziologie ... hat es mit einer Welt zu tun, die schon innerhalb von Bedeutungsrahmen durch die gesellschaftlich Handelnden selbst konstituiert ist, und sie reinterpretiert diese innerhalb ihrer eigenen Theoriekonzepte, indem sie normale und Theoriesprache vermittelt. Diese doppelte Hermeneutik ist von beachtlicher Komplexität, da sich die Beziehung nicht bloß in einer Richtung bewegt (wie es Schütz anzudeuten scheint); es gibt ein fortwährendes Abrutschen der in der Soziologie geschaffenen Begriffe in den Sprachschatz derer, deren Verhalten mit ihnen eigentlich analysiert werden sollte, was leicht dazu führt, daß diese Begriffe damit wesentliche Grundzüge *die-*

ses Verhaltens bestimmen; dadurch wird in der Tat der ursprüngliche Gebrauch solcher Begriffe innerhalb der Terminologie der Sozialwissenschaft potentiell gefährdet" (Giddens, 1984b: 199; Hervorh. im Original).

> Das Problem der doppelten Hermeneutik hält Giddens für die zentrale Herausforderung an soziologisches Arbeiten: Die Auslegung im Alltag einerseits und die Auslegung durch die Soziologie andererseits sind zwei verschiedene Bedeutungsrahmen. Die ständige Überschneidung dieser beiden Bedeutungen stellt die Soziologie vor spezifische Probleme.

Ergänzend stellt Giddens in einer Veröffentlichung der 1980er Jahre **vier Soziologie-Gebote** auf. Soziologinnen und Soziologen neigen häufig zu vorschnellen Schlussfolgerungen, da sie sich der Grenzen ihrer Wahrnehmung nicht bewusst sind. Giddens warnt vor

Fehler
soziologischer
Theorie

– Überverallgemeinerungen auf der Grundlage kurzer Zeitspannen;
– Überverallgemeinerungen auf der Grundlage einer einzigen Gesellschaft;
– ausschließlicher Orientierung an immanenten Entwicklungen in *einer* Gesellschaft;
– Vernachlässigung des internationalen Kontextes sozialer Strukturen und Prozesse.

Dieses letzte ‚Gebot' erläutert Giddens – mit offensichtlich stark biographisch-selbstkritischem Anteil:

> „Wenn man heute die Soziologie der sechziger Jahre überblickt, fällt auf, mit welcher Selbstverständlichkeit man damals so schrieb, als seien Gesellschaften isolierte Einheiten. Derartige Schriften wurden von Leuten verfaßt, die z.B. in Großbritannien saßen und mit Stiften schrieben, die in Frankreich hergestellt waren, die Kleider aus Hongkong trugen und deren Bücher auf japanischen Maschinen gedruckt wurden. Heute dagegen ist die Theorie des Weltsystems mit vollem Recht ein zentraler Bestandteil der Soziologie geworden" (Giddens, 1983: 16).

In seinen Veröffentlichungen der 1990er Jahre nimmt Giddens auf Immanuel Wallersteins (geb. 1930) Weltsystemansatz und andere Erörterungen der Globalisierung noch stärker Bezug und entwickelt eine Systematik der **Dimensionen der Globalisierung** (vgl. Giddens, 1995: 92-101).

Giddens geht es nicht um die Formulierung einer Soziologie (ein Begriff, der in Großbritannien vor allem mit empirischer Forschung in Verbindung gebracht wird), sondern um eine Sozialtheorie. Während Soziologie ausschließlich Analyse der Gegenwartsgesellschaft sei, was für Giddens eine Einschränkung darstellt, sei **Sozialtheorie** umfassender:

> „Unter Sozialtheorie verstehe ich die theoretische und gewiß abstrakte Auseinandersetzung mit dem menschlichen Akteur, mit seinem Bewußtsein und Handeln, mit den strukturellen Bedingungen und Konsequenzen dieses Handelns sowie mit den institutionellen Formen und kulturellen Symbolen, die aus diesem hervorgehen" (Giddens, 1988b: 287).

Sozialtheorie kommt, so Giddens, ohne Philosophie nicht aus. Eine **zeitgemäße Sozialtheorie** braucht nach Giddens beides, Makrotheorie und Mikrotheorie, in seinen Worten: Objektivismus und Subjektivismus. Allerdings geht es ihm nicht nur um eine bloße Kombination von beidem, sondern um die „Suche nach einem neuen Ausgangspunkt" (Giddens, 1988b: 288). Dieser neue Ausgangspunkt stellt die Theorie der Strukturierung dar.

5. Grundbegriffe der Theorie der Strukturierung

In diesem Abschnitt werden die grundlegenden Begriffe und Thesen erläutert, die Giddens in seinem (bisherigen) Hauptwerk „Die Konstitution der Gesellschaft. Grundzüge einer Theorie der Strukturierung" (Giddens, 1988b) entwickelt hat. Giddens' Ziel ist hier die Entwicklung einer Theorie, die die grundlegenden Merkmale menschlichen Handelns erfasst – eben einer eigenständigen Sozialtheorie.

Aufbau und Intention dieses Buches sind mit Habermas' „Theorie des kommunikativen Handelns" (siehe Lektion VII) vergleichbar. Auch Giddens geht es um eine Rekonstruktion der klassischen und zeitgenössischen Sozialtheorie und um die Überwindung der jeweils für sich bleibenden subjektivistischen und objektivistischen Traditionen. Ähnlich Habermas erläutert er seine Anschlüsse an andere Theorien in mehreren Exkursen. Bereits beim Blick ins Personenregister fällt auf, dass bestimmte Theoretiker besonders häufig zitiert werden: an erster Stelle Goffman, dann Marx, Durkheim, Parsons, Foucault, Freud, Weber. Diese Autoren werden teils zustimmend, teils kritisch zitiert. Goffman wird von Giddens für einen unterschätzten und keineswegs nur mikrosoziologischen Autor gehalten.

Vergleich mit Habermas

Giddens räumt ein, dass sein Werk zahlreiche Neologismen (sprachliche Neubildungen) enthält; diesbezüglich sind das Sachregister und insbesondere das „Glossar. Zur Begrifflichkeit der Theorie der Strukturierung" (Giddens, 1988a: 429-432) sehr hilfreich.

In den 1990er Jahren wird Giddens' Theorie der Strukturierung von zahlreichen Autorinnen und Autoren aufgegriffen, und zwar zur ‚Strukturierung' ihres eigenen soziologischen Ansatzes, so etwa von Schimank in seiner „Einführung in die akteurtheoretische Soziologie" (Schimank, 2000).

Im folgenden werden der Handlungs-, der Strukturbegriff und die These von der Dualität der Struktur erläutert.

Das Bild, das Giddens von den Gesellschaftsmitgliedern hat, erinnert stark an das des Symbolischen Interaktionismus und der Phänomenologie (siehe Lektion IV). Giddens' ‚menschliche Wesen' sind sich ihrer selbst bewusst, sind wach, aktiv und (selbst-)reflexiv.

Giddens' Menschenbild

> „Die Handelnden oder Akteure – ich benutze diese beiden Begriffe synonym – besitzen als integralen Aspekt dessen, was sie tun, die Fähigkeit, zu verstehen, was sie tun, während sie es tun" (Giddens, 1988a: 36).

In Giddens' **Akteurs- und Handlungsbegriff** kommt sein Anspruch der Überwindung des Dualismus von Mikro- und Makrotheorie zugespitzt zum Ausdruck. Die phänomenologische Perspektive ist seiner Meinung nach hilfreich, aber nicht ausreichend:

> „Alle kompetenten Gesellschaftsmitglieder sind in der praktischen Durchführung sozialer Aktivitäten beträchtlich qualifiziert und ‚soziologische' Experten. Ihr Wissen bleibt der fortwährenden Strukturierung des sozialen Lebens nicht äußerlich, sondern

fließt integral darin ein. Dieser Hinweis ist entscheidend, wenn die Fehler des Funktionalismus und des Strukturalismus vermieden werden sollen ... (...) Aber es ist ebenso wichtig, nicht in den gegenteiligen Irrtum der hermeneutischen Ansätze und verschiedenen Versionen der Phänomenologie zu verfallen, die dazu neigen, die Gesellschaft als eine beliebig formbare Schöpfung menschlicher Subjekte zu betrachten" (Giddens, 1988a: 78).

> Die Akteure wachsen im Laufe der Sozialisation zu relativ autonomen, erwachsenen Menschen heran. Sie besitzen die Fähigkeit zur **Reflexivität** und zur Selbstreflexivität.

In enger Anlehnung an Goffman und Garfinkel (siehe Lektion V) betont Giddens, dass gerade in den gegenwärtigen komplexen Gesellschaften die Individuen ohne ihre Fähigkeit zur **Routinisierung** des Alltags nicht überleben könnten. Die meisten Handlungen zeigen einen Wiederholungscharakter.

Routinisierung als Bedingung für menschliches Leben

„Wir können uns die psychologische Relevanz von Routinisierungsprozessen vor Augen führen, wenn wir die Ergebnisse von Situationen betrachten, in denen die eingefahrenen Formen des gewöhnlichen Alltagslebens ausgehöhlt oder erschüttert werden – das heißt mit anderen Worten, wenn wir ,kritische Situationen' untersuchen" (Giddens, 1988a: 112).

Etwas ,ernsthafter' als Garfinkel illustriert Giddens die Störanfälligkeit unseres Alltags an einem extremen Beispiel, der Situation der Häftlinge der Konzentrationslager, wie sie der Psychologe Bruno Bettelheim in seiner Studie über den „Aufstand gegen die Masse" analysiert hatte. Ungewohnte, demütigende Situationen, wo das selbstverständliche Maß an Rücksichtnahme völlig ausgehebelt ist und es keine Rückzugsmöglichkeiten und keine Intimsphäre mehr gibt, stürzen die betroffenen Individuen in Angst und Verzweiflung. Nimmt die Angst überhand, löst sich die für menschliches Überleben unabdingbare Seinsgewissheit auf, wird zur **Seinsungewissheit** (vgl. Giddens, 1988a: 112-115).

vertraute Beziehungen zwischen Menschen

In seinem interaktionistisch inspirierten Blick hebt Giddens auf die ständige Anwesenheit von anderen Menschen, mit denen ein Mensch zu tun hat, ab. Dies nennt er mit Goffman **Kopräsenz**. Kopräsenz ist mehr als ,Präsenz', mehr als bloße Anwesenheit; sie ist durch Nähe und Vertrautheit bestimmt. Ein unmittelbarer (Augen-)Kontakt ist für diese durch die modernen Kommunikationstechnologien gar nicht mehr erforderlich (vgl. auch Giddens, 1995: 106):

„Auch wenn ,die vollen Bedingungen für Kopräsenz' nur beim unmittelbaren Kontakt zwischen solchen Akteuren gegeben sind, die sich physisch gegenüber stehen, haben heutzutage die elektronischen Kommunikationsweisen, allen voran das Telefon, Kontaktmöglichkeiten geschaffen, die, bis zu einem gewissen Maße, die für Situationen von Kopräsenz typische Intimität zu vermitteln vermögen" (Giddens, 1988a: 120).

Für Giddens' Akteurs- und Handlungsverständnis ist der Begriff des **praktischen Bewusstseins** (practical consciousness) zentral. Mit ihm betont Giddens die Bedeutung des Wissens und der Kompetenz der Akteure. Aber so zentral dieses Bewusstsein auch ist, so ist es doch auch begrenzt, da Menschen die Folgen ihres Handelns häufig nicht abschätzen (können).

Das praktische Bewusstsein selbst, so Giddens, ist nicht **diskursiv**; d.h., die Akteurinnen und Akteure reflektieren und problematisieren ihre Handlungen in der Regel nicht. ‚Normalerweise' besitzen sie keine Distanz zu ihrem Umfeld und kein Bedürfnis, Situationen argumentativ zu durchleuchten. Dies bedeutet jedoch nicht, dass es kein **diskursives Bewusstsein** (das, „was die Akteure über soziale Zusammenhänge, einschließlich der Bedingungen ihres eigenen Handelns sagen oder verbal ausdrücken können"; Giddens, 1988a: 429) gibt. Zum „Diskurs" zählt Giddens auch Verständigungs- bzw. Verfremdungsmethoden wie Humor, Sarkasmus und Ironie.

nichtintendierte Folgen menschlichen Handelns

Der Begriff der **Struktur** ist das Pendant zum Handlungs-Begriff. Unter Strukturen versteht Giddens die „Regeln und Ressourcen", die in die Produktion und Reproduktion sozialer Systeme eingehen. Strukturen sind die institutionellen, dauerhafteren Gegebenheiten, mit denen die Individuen konfrontiert werden, in denen sie sich bewegen und mit denen sie ‚leben' und sich auseinandersetzen müssen: z.B. die Studierenden mit der Hochschule. Strukturen sind zwar durch die „Abwesenheit des Subjekts" (Giddens, 1988a: 77) gekennzeichnet, sind den Individuen aber dennoch nicht äußerlich; vielmehr werden die Strukturen erst im Handeln real. Die Akteurinnen und Akteure beziehen die Strukturen in ihr Handeln mit ein, die Strukturen verleihen dem Handeln auch Sicherheit und Kontinuität.

Strukturen als „Regeln und Ressourcen"

Doppelseitigkeit von Struktur

So wissen die Studierenden über ein Seminar, dass es grundsätzlich eineinhalb Stunden dauert, Anfang und Ende jedoch von den Dozentinnen und Dozenten unterschiedlich gehandhabt werden: manche dulden das Zu-Spät-Kommen oder kommen selbst zu spät, andere schicken die Nachzügler weg.

> „Struktur darf nicht mit Zwang gleichgesetzt werden; sie schränkt Handeln nicht nur ein, sondern ermöglicht es auch. Dennoch kann man sagen, daß die strukturellen Momente sozialer Systeme so weit in Raum und Zeit ausgreifen, daß sie sich der Kontrolle eines jeden individuellen Akteurs entziehen" (Giddens, 1988a: 78).

Unter den **Regeln**, dem einen Element der Strukturen, versteht Giddens die Techniken und Verfahren, die vor allem im praktischen Bewusstsein zum Ausdruck kommen (vgl. Giddens, 1988a: 71ff). Unter dem zweiten Element von Strukturen, den **Ressourcen**, versteht Giddens die (Hilfs-)Mittel, die zusätzlich zu den Regeln notwendig sind, um soziale Systeme herzustellen und zu erhalten (Produktion und Reproduktion von Systemen).

Struktur ermöglicht Handeln und schränkt es gleichzeitig ein. Ohne Strukturen wären wir ständig desorientiert und somit in unserer Alltagsbewältigung ‚aufgeschmissen'. Andererseits setzen Strukturen unserem Handeln Grenzen.

Diese Doppelseitigkeit von Strukturen verdeutlicht Giddens am Beispiel des Spracherwerbs:

> „Da jede Sprache das Denken (und Handeln) einschränkt, insofern sie nämlich auf einer Reihe geformter, regelgeleiteter Muster aufbaut, zieht der Prozeß des Spracherwerbs dem Denken und Handeln gewisse Grenzen. Auf der anderen Seite freilich erweitert das Erlernen einer Sprache die kognitiven und praktischen Fähigkeiten eines Individuums ungemein" (Giddens, 1988a: 224).

Giddens setzt den Strukturbegriff in Zusammenhang mit dem System-Begriff: **Systeme** haben eine den Individuen tatsächlich übergeordnete ,Struktur'. Struktur ist für Giddens dem Handeln nicht entgegensetzt; seine Theorie „ersetzt den Dualismus von ,Individuum' und ,Gesellschaft' durch die **Dualität von Handlung und Struktur**" (Giddens, 1988a: 215; Hervorh. von mir, A.T.); häufig spricht Giddens auch nur von der **Dualität von Struktur**.

> **Struktur und Handeln** sind zwei Dimensionen derselben Sache und keine radikalen Gegenbegriffe. **Handeln** ist die nicht immer zielgerichtete, aber kompetente Aktivität von Individuen. **Struktur** ist den Individuen nicht ,äußerlich', sie ist nicht gleichbedeutend mit Zwang, ist nicht etwas, was dem Handelnden extern wäre.

Zusammenfassend beschreibt Giddens seine Grundthese, die für ihn zu einer **Theorie der Strukturierung** führt, folgendermaßen:

> „Die Begriffe ,Struktur' und ,Handeln' bezeichnen so die allein *analytisch* unterschiedenen Momente der Wirklichkeit strukturierter Handlungssysteme. Strukturen selbst existieren gar nicht als eigenständige Phänomene räumlicher und zeitlicher Natur, sondern immer nur in der Form von Handlungen oder Praktiken menschlicher Individuen. Struktur wird immer nur wirklich in den konkreten Vollzügen der handlungspraktischen *Strukturierung* sozialer Systeme, weshalb ich auch meinen Ansatz ,Theorie der Strukturierung' genannt habe" (Giddens, 1988b: 290; Hervorh. im Original).

6. Raum und Zeit

Gesellschaften, Individuen und die Gesellschaft der Individuen (Elias) sind ohne Raum- und Zeitbezüge nicht vorstellbar. Die Dauer, der gesellschaftlich-geschichtliche Ort (feudale oder moderne Gesellschaft) und der räumliche Bezug einer Handlung (Haushalt oder Fabrik) spielen für Giddens Soziologie eine entscheidende Rolle.

Diese Faktoren sind eigentlich selbstverständlich für eine soziologische Analyse: so denkt man bei ,Familie' nicht nur an eine Gruppe von Erziehungsberechtigten mit einem oder mehreren Kindern, sondern auch an eine *räumliche* Einheit, an einen gemeinsamen Haushalt (zumindest in der Modellvorstellung).

Raum- und Zeitbezüge als unabdingliche Strukturen

Sobald Zeit vergeht, entsteht Geschichte: Für Giddens ist der Raum-Zeit-Aspekt sowohl für Handlungen wie für Strukturen zentral. An ihm wird besonders plausibel, wie sinnvoll und notwendig die Verknüpfung von Mikro- und Makrotheorie ist. Räumlichkeit und Zeitlichkeit sind keineswegs nur Randbedingungen oder ,äußere' Faktoren, sondern grundlegend für soziales Handeln, wie Giddens immer wieder, aber vor allem im Kapitel über „Zeit, Raum und Regionalisierung" (Giddens, 1988a: 161-213) deutlich macht. Er orientiert sich dabei vor allem an Zeitanalysen des norwegischen Geographen Torsten Hägerstrand und wiederum an Goffman.

„Die Bedeutung des Goffmanschen Werks verdankt sich in keinem geringen Grad seiner Beschäftigung mit der räumlichen und zeitlichen Ordnung sozialen Handelns. Er ist einer der wenigen Soziologen, die die Raum-Zeit-Beziehungen als fundamental für die Produktion und Reproduktion des gesellschaftlichen Lebens behandeln, statt sie als ‚Grenzen‘ sozialen Handelns zu betrachten, die getrost den ‚Spezialisten‘ – den Geographen und Historikern – überlassen werden können" (Giddens, 1988a: 90).

Giddens unterscheidet drei Formen der Räumlichkeit:

1. die Regionen (im Goffmanschen Sinne die vorder- und rückseitigen Regionen; z.B. in einem Restaurant die vorderseitige Region des Gastraums und die rückseitige Region der Küche);
2. die räumlichen Aspekte des Körpers, der Bewegung in Zeit und Raum;
3. die örtlichen Gegebenheiten von Institutionen und Konventionen (z.B. die Konvention, daß Ehen auf dem Standesamt und/oder der Kirche geschlossen werden).

Die interne Differenzierung von Gesellschaften spiegelt sich in der **Regionalisierung** wieder. Die alltäglichen, routinisierten Handlungen (Schlafen, Essen, Arbeiten etc.) spielen sich in verschiedenen Räumen ab.

Räumlichkeit und **Zeitlichkeit** vermischen sich in gegenwärtigen Gesellschaften, da für die verschiedenen Aktivitäten bestimmte Zeiten an einem bestimmten Ort vorgesehen und eingeübt sind.

„Die Häuser in zeitgenössischen Gesellschaften sind regionalisiert in Stockwerke, Flure und Zimmer. Aber die verschiedenen Zimmer des Hauses sind im Raum wie auch in der Zeit in unterschiedlicher Weise in Zonen aufgeteilt. Die Zimmer im Erdgeschoß werden charakteristischerweise meistens in den Tagesstunden benutzt, während bei Nacht die Individuen sich in die Schlafräume ‚zurückziehen'" (Giddens, 1988a: 171).

Allerdings ist diese Separierung in vielen Haushalten, die sich nicht in einem Haus, sondern in einer Etagenwohnung befinden, und in denen z.B. jemand in Nachtschicht arbeitet, nicht durchzuhalten. Dennoch gilt auch in gegenwärtigen westeuropäischen Gesellschaften Abend- und Nachtarbeit als Abweichung. Wohnungs- oder Hausgrundrisse, aber auch Öffnungszeiten oder die Betriebsdauer von Bahnen und Bussen sind an der ‚Tages'-Norm orientiert.

Bezogen auf den **Zeitaspekt** rezipiert Giddens vor allem philosophische Beiträge, die des französischen Philosophen Henri Bergson (1859-1941) und von Martin Heidegger (1889-1976). Von Bergson und Lévi-Strauss stammt der Ausdruck der durée, der Dauer. Giddens unterscheidet die (kürzere) ‚durée' der alltäglichen Aktivität von der ‚longue durée' der Institutionen.

Auch **Zeitlichkeit** hat nach Giddens **drei Formen**: den Lebenslauf, die tagtägliche Wiederholung sozialer Aktivitäten (durée) und die ‚longue durée' der Institutionen. Unterschiedliche Zeiterfahrungen ergeben verschiedenartige Handlungen. Als Beispiel führt Giddens die familiäre Sozialisation an: hier ‚vermischen' sich zwei Zeithorizonte, die des Kindes und die der Eltern.

Nach Giddens kann eine soziologische Theorie nur dann Prozesse wie die Verstädterung moderner Gesellschaften erklären, wenn sie über einen Raum-

Zeit-Bezug verfügt. Alle Gesellschaften bestehen aus Zeit-Raum-Zonen: jede Koordinierung von Handlungen im Raum bezieht Zeit mit ein. Für moderne Gesellschaften ist eine große **Raum-Zeit-Ausdehnung** charakteristisch. Während in vormodernen Gesellschaften eine große Distanz (viel Raum) zwischen zwei Orten auch viel Zeit zwischen diesen Orten bedeutete, ist dieser Automatismus heute aufgebrochen. In gegenwärtigen Gesellschaften ist es vielen Menschen eher möglich, in kurzer Zeit auf einen anderen Kontinent zu kommen als in einen abgelegenen Ort des Heimatlandes. Die aus der Analyse der Weltgesellschaft und der Ungleichheitsforschung bekannte Unterscheidung zwischen **Zentrum und Peripherie** kann auf ganz verschiedene, innergesellschaftliche Situationen angewandt werden:

> „So wie die Weltwirtschaft ihre Zentren hat und Städte ihre Zentren haben, so auch die Wege der individuellen Akteure durch ihren Alltag. In modernen Gesellschaften bilden, zumindest für die Mehrheit der Männer, die Wohnung und der Arbeitsplatz die zwei Hauptzentren, in denen gewöhnlich die täglichen Aktivitäten konzentriert sind" (Giddens, 1988a: 184).

Die Differenz zwischen Zentrum und Peripherie hat, wie Giddens unter Bezug auf Elias' und Scotsons Untersuchung (siehe Lektion VIII) feststellt, auch eine Zeitdimension. Denn die Etablierten können über ihren schon lange andauernden Zugriff auf Ressourcen gegenüber Neuankömmlingen diese als Außenseiter abwehren.

> An beiden Kontexten, der Räumlichkeit und der Zeitlichkeit, werden die **beiden Aspekte von Struktur** (Ermöglichung von Handlung einerseits und Zwang oder Einschränkung andererseits) erneut sichtbar.

Die Möglichkeiten der Menschen, sich in Raum und Zeit zu bewegen, sind durch verschiedene Faktoren, durch die „Gesamtorganisation der Fähigkeits- und Koordinierungszwänge" (Giddens, 1988a: 167) begrenzt. Die Lebens-‚Wege' der Akteure werden durch eine Trennung, eine neue Arbeitsstelle u.ä. beeinflusst. In welchem Ausmaß, ist ihnen meist nicht bewusst, vor allem dann nicht, wenn sich schon Routinisierung eingestellt hat.

In seinem Buch „Konsequenzen der Moderne" bringt Giddens die vieldiskutierte Globalisierung auf den Begriff der „raumzeitlichen Abstandvergrößerung":

> „Der begriffliche Rahmen der raumzeitlichen Abstandvergrößerung lenkt unsere Aufmerksamkeit auf die komplexen Beziehungen zwischen *lokalen Beteiligungsweisen* (Situationen gleichzeitiger Anwesenheit) und der *Interaktion über Entfernungen hinweg* (den Verbindungen zwischen Anwesenheit und Abwesenheit). In der Moderne ist das Niveau der raumzeitlichen Abstandvergrößerung sehr viel höher als in irgendeinem früheren Zeitalter, und die Beziehungen zwischen örtlichen und entfernten sozialen Formen und Ereignissen werden dementsprechend ‚gedehnt'" (Giddens, 1995: 85; Hervorh. im Original).

Merkmal moderner Gesellschaften

7. Machtbeziehungen und gesellschaftliche Entwicklung

Der interaktions- und akteursbezogene soziologische Blick von Giddens wirkt sich auch auf seine Macht-Konzeption aus. Da er die Individuen für relativ kompetent, eigenverantwortlich und zu fairem, taktvollem Umgang miteinander für fähig und die Strukturen nicht für autonom hält, betrachtet er auch die Ausübung von Macht und auch Zwang nicht als einseitigen sozialen Prozess. Ähnlich Elias und Foucault ist Giddens der Auffassung, dass **niemand völlig machtlos ist**:

> „Macht innerhalb sozialer Systeme, die sich einer gewissen Kontinuität über Raum und Zeit hinweg erfreuen, setzt geregelte Beziehungen von Autonomie und Abhängigkeit zwischen Akteuren oder Kollektiven in sozialen Interaktionskontexten voraus. Aber alle Formen von Abhängigkeit stellen gewisse Ressourcen zur Verfügung, mit denen die Unterworfenen die Aktivitäten der ihnen Überlegenen beeinflussen können. Dies nenne ich die in soziale Systeme eingelassene *Dialektik der Herrschaft*" (Giddens, 1988a: 67; Hervorh. im Original).

dynamischer Machtbegriff

Macht haben also nicht nur die im klassischen Sinne Mächtigen, sondern alle Akteurinnen und Akteure. Auch die Abhängigen können die Herrschenden beeinflussen. Macht bleibt jedoch eine Frage von Fähigkeiten und Ressourcen.

Zwang versteht Giddens zunächst als – im Gegensatz zur ‚Ermöglichung' durch Struktur – Einschränkung durch Struktur. Er grenzt sich von denjenigen Ansätzen in der Soziologie ab, für die Zwang unmittelbarer Bestandteil gesellschaftlicher Strukturen ist. Ist dies der Fall, so spricht er ausdrücklich von strukturellem Zwang (in Abgrenzung von materiellem Zwang) oder (negativen) Sanktionen:

Zwang als Einschränkung durch Struktur

Übersicht: Drei Bedeutungen von Zwang (Giddens, 1988a: 230)

Materieller Zwang	(Negative) Sanktionen	Struktureller Zwang
Zwang, der aus den Gegebenheiten der materiellen Welt und den physischen Merkmalen des Körpers herrührt	Zwang, der aus bestrafenden Reaktionen einiger Handelnder anderen gegenüber abgeleitet ist	Zwang, der in den Kontextualität des Handelns gründet, d.h. in der „Vorgegebenheit" der Strukturmomente gegenüber Handelnden in einer Situation

Auch im Hinblick auf Macht und Zwang, die für Giddens zentrale soziologische Begriffe sind, hält er an seiner grundlegenden These von der Dualität von Struktur fest. Strukturen ziehen immer beides nach sich – Ermöglichung und Zwang. Diese Auffassung führt zu folgender lapidarer Feststellung:

> „So asymmetrisch die Beziehung von Kapital und Lohnarbeit auch sein mag, es ziehen doch beide Seiten aus ihr ihren Lebensunterhalt" (Giddens, 1988a: 231).

Giddens betont so auch das widerständige, gegenmächtige Potential von Subkulturen – Aspekte, die bei Habermas oder Bourdieu vernachlässigt werden. Gesellschaftliche Institutionen wie Schule, Gefängnisse oder auch Staaten insgesamt fasst Giddens als **Machtbehälter** auf.

Subkulturen als ‚Gegenmacht'

Eine ähnlich ‚ausgewogene' Perspektive wie auf Machtbeziehungen hat Giddens bei seiner Diskussion **gesellschaftlicher Entwicklung** im Allgemeinen. Er grenzt sich – teilweise etwas vereinfachend – vom Evolutionismus in der Soziologie des 19. Jahrhunderts (siehe Bd. 2, Lektion X.2.1) und vom Funktionalismus ab. Er hält evolutionäre Modelle zur Menschheitsgeschichte für unbrauchbar und plädiert für ihre **Dekonstruktion**: Geschichte sei keine relativ kontinuierliche ‚world-growth-story‘, sondern mindestens ebenso durch Diskontinuität bestimmt. In Abgrenzung von Freud oder Elias stellt er fest, dass z.B. schriftlose Kulturen nicht weniger zivilisiert seien. In der modernen Welt habe der soziale Wandel allerdings eine außerordentliche Geschwindigkeit bekommen (vgl. Giddens, 1988a: 255).

Evolutionsmodell

Giddens zieht die Rede von ‚der Gesellschaft‘ oder die vorherrschende Meinung, dass die Grundeinheit soziologischer Analyse zwangsläufig ‚eine Gesellschaft‘ sein müsse, in Zweifel. Entsprechend der Weltsystem-Analyse Wallersteins oder der Verweise von Luhmann oder Habermas auf die Weltgesellschaft als notwendige Bezugsgröße, weist auch Giddens darauf hin, dass Nationalstaaten nur *eine* mögliche Form von sozialen Systemen darstellen. Und Gesellschaften selbst sind nicht notwendig einheitliche Kollektive, sie bestehen aus unterschiedlichen Gemeinschaften und Organisationen. Auch der Begriff der Weltgesellschaft selbst ist für Giddens ein zu harmonischer, verharmlosender Begriff; Giddens betont die Bedeutung von **Diskontinuität** (vgl. auch Giddens, 1995: 12ff.):

> „Muß man nochmals eigens betonen, daß die Herausbildung des Weltsystems von Nationalstaaten keineswegs mit einer Zunahme von Zusammenhalt und Konsens einhergeht? Denn dieselben Entwicklungen, die zugleich diese typisch moderne Form der Gesellschaft, den Nationalstaat und seine Verflechtung in ein weltweites System neuen Typs hervorbrachten, haben eben auch zu Gegensätzen geführt, die im Zeitalter der Atombombe schließlich gar das Überleben der gesamten Menschheit als solche bedrohen“ (Giddens, 1988a: 239).

Zurückhaltung bei normativen Fragen

In normativen Fragen zeigt Giddens – im Gegensatz vor allem zu Habermas (siehe die Lektion VII) – eine auffallende Zurückhaltung.

Zu Habermas nimmt er direkt Stellung, distanziert sich von dessen normativ-moralischer Konzeption, dessen gesellschaftskritischer Orientierung. Für Giddens ist eine kritische Sozialwissenschaft nur bis zu einer bestimmten Grenze erstrebenswert:

> „Es gibt prinzipiell keine sichere moralische Basis dafür, existierende Gesellschaften zu kritisieren. Was wir von Habermas lernen können, ist die Einsicht in die entscheidende Bedeutung öffentlicher Diskussion. Aber ich sehe nicht, wie man Kritikmaßstäbe endgültig begründen könnte“ (Giddens, 1988b: 293).

Giddens hält eine sehr weitgehende Identifikation oder Zustimmung mit ‚der Gesellschaft‘ durch die Individuen nicht für erforderlich:

> „Zwischen den Mitgliedern der Gesellschaften müssen Gefühle verbreitet sein, die eine wie auch immer ausgedrückte oder geoffenbarte Art gemeinsamer Identität betreffen. Diese Gefühle können sich sowohl im praktischen als auch im diskursiven Bewußtsein manifestieren, und sie setzen keinen ‚Wertkonsens‘ voraus. Individuen können sich darüber bewußt sein, daß sie einer bestimmten Gemeinschaft angehören, ohne gleichzeitig zu meinen, dies sei notwendigerweise gut und richtig“ (Giddens, 1988a: 218).

neues politisches Engagement

In den 1990er Jahren gibt Giddens die Zurückhaltung in normativen Fragen zusehends auf. Als Berater Tony Blairs und als einer der Hauptinitiatoren der Diskussion eines sog. Dritten Weges für die europäische Sozialdemokratie nach dem

Ende des real existierenden Sozialismus (vgl. Giddens, 1997a und Giddens, 1999a) tritt er als Vertreter einer **neuen Kritischen Theorie** in Erscheinung, die er selbst als „Kritische Theorie der Spätmoderne" (Giddens, 1992) kennzeichnet. Er mischt sich jedoch, gerade auch in der Begrifflichkeit, deutlich zurückhaltender in den politischen Diskurs ein als Ulrich Beck.

Beck selbst greift den Begriff der Neuen Kritischen Theorie offensiv in neueren Veröffentlichungen zur Beschreibung seines eigenen Ansatzes auf. Im folgenden Abschnitt sollen wichtige Veröffentlichungen von der Wende des 20. zum 21. Jahrhundert vorgestellt werden, die den gesellschaftlichen Wandel auf globaler Ebene zu beschreiben und zu erklären suchen.

8. Analysen und Kritik der Globalisierung (Beck, Castells, Hardt/Negri)

In früheren Veröffentlichungen hielt Beck sich mit zustimmenden Verweisen auf andere Autoren zurück. In seiner jüngsten größeren Veröffentlichung „Macht und Gegenmacht im neuen Zeitalter. Neue weltpolitische Ökonomie" (Beck, 2002a) stellt er sich selbst in eine Traditionslinie, nämlich die durch Jürgen Habermas (siehe Lektion VII) begründete *Neue Kritische Theorie*. Habermas ist sein Referenzautor, und laut der Danksagung auch ein wichtiger Diskusssionspartner. An anderer Stelle nennt Beck Habermas ausdrücklich sein Vorbild: „Jürgen Habermas ist für mich ein Vorbild, auch deswegen, weil er sich in den letzten Jahren wieder verstärkt mit den neuen gesellschaftlichen Problemen befasst hat" (Beck, 1999: 55).

In Erweiterung seine Rede vor der russischen Duma (Beck, 2002b) analysiert Beck die Ursachen und Folgen des 11. September 2001. Die Anschläge sind, ähnlich der Katastrophe von Tschernobyl, für ihn ein Indikator der „Weltrisikogesellschaft". Die Gesellschaften der Welt seien – im Guten wie im Schlechten – näher zusammengerückt, und die *Erste Moderne* mit ihren Nationalstaaten und ihrer zunächst klassenzentrierten, dann wohlfahrtsstaatlichen Struktur sei nun definitiv durch die *Zweite Moderne* abgelöst.

Wer einmal einen welt- oder kosmopolitischen Blickwinkel eingenommen hat, so Beck, kann nicht mehr in den alten Kategorien forschen:

> „Im globalen Zeitalter ergibt sich insofern für eine Neue Kritische Theorie in kosmopolitischer Absicht eine Schlüsselaufgabe: Sie muß die in den Kategoriesystemen und Forschungsroutinen eingebaute Mauer des methodologischen Nationalismus der Sozialwissenschaften aufdecken und aufbrechen, um beispielsweise die legitimatorische Rolle des Nationalstaates im System der großen Ungleichheiten ins Blickfeld zu rükken" (Beck, 2002a: 66).

Seine Erläuterungen laufen darauf hinaus, dass die heutige Welt nicht wiederzuerkennen sei. Infolgedessen fordert Beck auf der politischen wie auf der wissenschaftlichen Ebene einen grundsätzlichen Richtungswechsel und attackiert die aus seiner Sicht veraltete Soziologie:

> „Die Zombie-Wissenschaft des nationalen Blicks, die in Kategorien von internationalem Handel, internationalem Dialog, nationaler Souveränität, nationalen Gemein-

schaften, dem ‚Staatsvolk' etc. denkt und forscht, wird zur Unwirklichkeitswissenschaft einer ‚Nationalsoziologie': Ebenso wie die Nationalökonomie ist die Nationalsoziologie am Ende ihres Lateins. Denn verkannt wird und unerforscht bleibt, in welchem Ausmaß bereits transnationale Lebensformen, Transmigranten, globale Eliten, supranationale Organisationen und Dynamiken die Verhältnisse in und zwischen den nationalstaatlichen Machtbehältern bestimmen" (Beck, 2002a: 52).

Offensichtlich in der Absicht, eine weltgesellschaftliche Soziologie als *Neuheit* stärker ins Bewusstsein zu rufen, geht Beck hier nicht näher auf bereits vorliegende Untersuchungen, etwa von Immanuel Wallerstein (vgl. Wallerstein, 1974) oder Saskia Sassen (vgl. Sassen, 1996 und 2000) ein.

Als einer der Protagonisten einer neueren Soziologie der Weltgesellschaft sei im folgenden Manuel Castells vorgestellt. Dieser hat sich längst als Stadtsoziologe und in den 1990er Jahren als Autor einer voluminösen Studie zur Weltgesellschaft, die er als Netzwerkgesellschaft begreift, einen Namen gemacht.

Manuel Castells
(geb. 1942)

Informationszeitalter
und
Netzwerkgesellschaft

Politische und
wissenschaftliche
Selbstverortung

Manuel Castells wurde 1942 in Spanien geboren. Er studierte Wirtschaft und Jura in Barcelona von 1958 bis 1962. Als Aktivist gegen die Diktatur von Franco musste er aus Spanien fliehen. Er setzte sein Studium in Paris an der Sorbonne fort und erwarb seinen PhD in Soziologie (1967) und ein Doctorat d'Etat in Geisteswissenschaften. Seine akademische Karriere begann er 1967 in Paris mit einer Assistentenstelle in Soziologie. Anschließend war er Associate Professor in Soziologie an der Ecole des Hautes Etudes en Sciences Sociales (Paris, 1970-1979). Von 1988 bis 1993 war er Professor und Direktor am Instituto de Sociologia de Nuevas Tecnologias an der Universidad Autonoma in Madrid. Seit 1996 ist er Research Professor an der Consejo Superior de Investigaciones Cientificas in Barcelona, seit 1997 Professor für Soziologie an der University of California, Berkely. Manuell Castells nahm zahlreiche Gastprofessuren in verschiedenen Ländern wahr und ist seit langer Zeit beratend für die UNO und weitere Institutionen und Ausschüsse der internationalen Politik tätig.

Als Summe von 25jähriger Forschung hat Castells in den 1990er Jahren ein dreibändiges Werk veröffentlicht, das seit 2003 vollständig in deutscher Übersetzung vorliegt: „Das Informationszeitalter" (Castells, 2000ff.: Castells I, II, III). Castells' zentrale Bezugsautoren sind Karl Marx, Anthony Giddens und der französische Soziologe Alain Touraine. Er geht zustimmend und ausführlich auf die weltweit durchgeführten Forschungen zum gesellschaftlichen Wandel ein und widmet der Darstellung von Einzeluntersuchungen, die seine eigenen Fragen illustrieren können, breiten Raum. Aufgrund dieser Struktur sind die drei Bände vor allem als Kompendium nutzbar. „Das Informationszeitalter" ist eine Fundgrube bezüglich des Zustandes der Welt zu Beginn des 21. Jahrhunderts:

„Castells' Studie hat trotz ihres kompilatorischen Charakters und ihrer ausuferenden Materialfülle das Zeug zum soziologischen Klassiker. Die Metapher der Netzwerkgesellschaft stellt zwar keine neue Welterklärungsformel dar, sie ist jedoch besonders gut geeignet, den widersprüchlichen und komplexen Entwicklungen unserer Zeit Ausdruck zu verleihen. Die ‚informierte Verwirrtheit', von der Castells am Ende spricht, ist das Schicksal des 21. Jahrhunderts. Zu ihrer notwendigen Entwirrung trägt dieses gewichtige Werk bei" (Heidbrink, 2003).

Eine Anmerkung noch zur ‚Tonlage' der Studie: Es wird immer wieder deutlich, dass Castells die Soziologie mit Leidenschaft und unter der Prämisse einer starken Sympathie für soziale Bewegungen betreibt. Soziale Bewegungen sind für Castells „Befreiungsbewegungen", wie die Bewegung der Lesben und Schwulen

268

(vgl. Castells, II: 217-236). Castells will „Theorie durch die Analyse von Praxis ... vermitteln" (Castells, II: 5). Aufschluss über Castells' Gesellschaftsbild gibt seine Abgrenzung gegenüber Foucault (siehe Lektion III):

> „Unsere Gesellschaften sind keine geordneten Gefängnisse, sondern ungeordnete Dschungel" (Castells, II: 318).

Gesellschaft als Dschungel

In einem Aufsatz, in dem er in Reaktion auf die Kommentare zum ‚Informations-zeitalter' seine zentralen Überlegungen zusammenfasst, erläutert Castells, was er unter *Informationszeitalter* versteht und weshalb er den Begriff einer neuen Ära für gerechtfertigt hält:

> *„Informationszeitalter* ... bezeichnet eine historische Epoche menschlicher Gesell-schaften. Das auf mikroelektronisch basierten Informations- und Kommunikations-technologien sowie der Gentechnologie beruhende technologische Paradigma, wel-ches diese Epoche charakterisiert, ersetzt bzw. überlagert das technologische Para-digma des *Industriezeitalters*, das primär auf der Produktion und Distribution von Energie beruht" (Castells, 2001a: 423; Hervorh. von mir; A.T.).

Informationszeitalter

Zur Bezeichnung des gesellschaftlichen Wandels im Zuge der informationstech-nologischen Revolution haben sich die Begriffe der „Informationsgesellschaft", „Kommunikationsgesellschaft" oder „Wissensgesellschaft" eingebürgert (vgl. Spinner, 2003), auf die Castells auch zurückgreift. Sein zentraler Begriff ist je-doch der der „Netzwerkgesellschaft".

Für Castells sind die Umwälzungen auf dem technologischen, ökonomischen, politischen und sozialen Sektor weltweit so gravierend, dass er die Bezeich-nung eines neuen Zeitalters (**Informationszeitalter**) für gerechtfertigt hält. Diese Veränderungen haben mit den 1980er Jahren begonnen und sich sukzes-sive beschleunigt. Für Castells **hat der soziale Wandel** *selbst* **eine neue Form erhalten** (vgl. Castells, II: 13). Die Menschen, so Castells, reagieren auf den rapiden Wandel mit einer (Über-)Betonung ihrer regionalen und psy-chosozialen Identität.

Für die globale *Makro*-Perspektive benutzt Castells vor allem den Begriff des In-formationszeitalters. Für die *Mikro*-Perspektive und die Frage, wie sich neue Makrostrukturen auf die Identitäten der Menschen auswirken, verwendet er einen weiteren zentralen Begriff – den der Netzwerkgesellschaft. Allerdings betont Castells, dass er auf *kollektive* und weniger auf individuelle Identität abhebe (vgl. Castells, II: 9).

Castells charakterisiert die Netzwerkgesellschaft durch die „systemische Trennung des Lokalen und des Globalen ..., die für die meisten Individuen und Gruppen Gültigkeit besitzt" (Castells, II: 13). Für Castells haben Gemeinschafts-organisationen, in denen Menschen Widerstand gegen den Prozess der Individua-lisierung und sozialen Atomisierung leisten, eine zentrale Funktion in den Netz-werkgesellschaften des Informationszeitalters.

Netzwerkgesellschaft

> „Wenn Netzwerke Zeit und Raum auflösen, verankern sich Menschen in Orten und rufen ihr historisches Gedächtnis auf" (Castells, II: 71).

Diesen selbstorganisierten Netzwerken, die ihrerseits wiederum global agieren können, widmet Castells im zweiten Band breiten Raum. Er untersucht zwei Ausdrucksformen des sozialen Wandels: 1. unterschiedliche soziale Bewegungen und 2. unterschiedliche Formen der Identität.

Beispiele für soziale Bewegungen

Sein Anschauungsmaterial für soziale Bewegungen unterschiedlichsten Typs findet Castells bei

- islamischen und christlichen Fundamentalisten,
- lesbischen und schwulen Bewegungen,
- dem ‚Geschlechterkrieg‘, wie er es nennt,
- sozialen und politischen Bewegungen wie den Zapatisten in Mexiko
- oder der Aum-Sekte in Japan.

Angesichts dieser Auflistung überrascht es nicht, dass Castells auch die al-Qaida als soziale Bewegung interpretiert:

> „Im konkreten Fall ging es für al-Qaida darum, mit dem WTC nicht nur einen Knoten zu eliminieren, sondern in die Medien als einem Schlüsselnetzwerk zu intervenieren. Die vielen Toten haben sie dabei billigend in Kauf genommen. Es ging ihnen vor allem um unser Bewusstsein, um die Auferlegung ihrer eigenen Sichtweise davon, wie ihre Religion und kulturelle Identität marginalisiert, ihre Wirtschaft benachteiligt und ihr heiliger Boden beschmutzt wird. Auf einer rein analytischen Ebene können wir von einer sozialen Bewegung sprechen. Denn nicht zuletzt war die Attacke auch Ausdruck davon, wie Menschen dagegen mobilisieren, dass ihre zentralen Werte, wie z.B. das Patriarchat, an Boden verlieren" (Castells, 2001b).

Lokale Gemeinschaften als solche, so Castells, rufen keine *spezifische* Identität hervor, es gibt unter ihnen keine Einheitlichkeit. Gemeinsam sei ihnen jedoch, dass „diese Identitäten … in den meisten Fällen defensive Reaktionen gegen die Zumutungen der globalen Unordnung und des unkontrollierbaren, schnellen Wandels" sind (Castells, II: 70). So kann der Rückgriff auf Ethnizität Teil eines Abwehrmechanismus sein, den man inhaltlich nicht überbewerten solle.

Frauen auf dem Vormarsch

Den Wandel des Geschlechterverhältnisses untersucht Castells detailliert in dem Kapitel über „Das Ende des Patriarchalismus" (Castells, II: 147-258). Schon der Titel signalisiert, dass Castells auch hier einen epochalen Wandel konstatiert. Die Geschlechter- und Generationenbeziehungen, vergleiche man sie mit den Prozessen noch vor wenigen Jahrzehnten, unterliegen für Castells einer „atemberaubenden Transformation" (Castells, II: 149). Er diagnostiziert das „Ende der Familie, wie wir sie bis jetzt gekannt haben" (Castells, II: 152). Die schlichte Tatsache, dass „Frauen Gehälter mit nach Hause bringen" (II, 187) habe eine revolutionäre Wirkung. Die explosionsartige Zunahme der Frauenerwerbstätigkeit, so Castells, ist der Hauptfaktor für das Ende des Patriarchalismus.

Zum Abschluss dieser Lektion sei auf das viel und leidenschaftlich diskutierte Buch von Michael Hardt und Antonio Negri „Empire. Die neue Weltordnung" (2002) eingegangen. Es ist weniger wissenschaftliche Analyse als politisches Manifest und Reflexion über den Zustand der Welt an der Jahrtausendwende.

Die Studie kommt, was ihr politisches Anliegen und ihren Jargon betrifft, ‚links‘ im Sinne von postmarxistisch, aufgeklärt und an Aufklärung interessiert und radikal daher. Gegen dieses Etikett verwahren sich die Autoren jedoch. Hardt/Negri interessieren sich nicht für aufgeklärte Bürger, eine revolutionäre Arbeiterklasse oder für die gemäßigte Spielart von

Sozialreformen im Sinne etwa des Dritten Weges von Anthony Giddens. Sie unternehmen einen Durchgang durch die europäische Geschichte seit dem 16. Jahrhundert und setzen sich dabei mit Spinoza, Weber, Foucault, Sartre, Wallerstein und zahlreichen anderen Autoren auseinander. Ihre besondere Sympathie gehört Karl Marx und Deleuze/Guattari. Die Bewegung der Postmodernisten, wie sie sie nennen, findet ihre besondere Kritik; gegen diese verteidigen sie die Aufklärung, welche aber wiederum selbst nicht ‚ungeschoren' davonkommt.

Es ist der ‚Mix', der den Reiz dieser Studie ausmacht. „Empire" verbindet intellektuellen Esprit, wenn Begriffs- und Theoriediskussionen und historische Entwicklungen unbefangen kombiniert werden (Untergang des Römischen Reiches, Leninismus, New Deal etc.), revolutionäres Pathos und plakative Passagen wie „Die Frage der Regierung verwandelt sich in die Frage der Kommandos" (Hardt/Negri, 2002: 351) oder gewagte Begriffsverbindungen wie „Konzentrationslager, Gulags, Ghettos" (358). Hardt und Negri argumentieren unbekümmert um Autorschaften und Interpretationen; so interessiert es sie weniger, ob sie Marx richtig wiedergegeben haben, was Kritiker scharf monieren (vgl. z.B. Berger, 2003). Für neuere soziale Bewegungen wie die Globalisierungskritiker von *Attac* schließt das Buch „Empire" eine intellektuelle Lücke: Es versucht, eine linke Praxis wieder zu beleben bzw. neu zu begründen, zeichnet große Linien, bietet reichlich Diskussionsstoff und durch den emotionalen Grundtenor Identifikationsmöglichkeiten. In dieser Hinsicht ist die Resonanz von Hardt/Negri mit der von Butler (siehe Lektion V) zu vergleichen (vgl. zur bisherigen Rezeption http://www.rosaluxemburgstiftung.de).

[Randnotiz: Faszination von ‚Empire']

Hardt und Negri sind der Auffassung, dass die westlichen Gesellschaften die Herrschaft übernommen haben, was sie jedoch nicht (wie noch die 1968er Linken) als Imperialismus bezeichnen, sondern als **Empire**. Das Empire sei eine Regime ohne Grenzen: Es handele sich um eine „neue globale Form der Souveränität" von „nationalen und supranationalen Organismen" (Hardt/Negri, 2002: 10). Die Autoren selbst halten sich ebenso wenig wie das von ihnen beschriebene Empire an Grenzen der wissenschaftlichen Disziplinen, sozialen und politischen Bewegungen und der Diskurse.

[Randnotiz: Grundannahmen von ‚Empire']

Was ist nun das **Empire** genau? Im Grunde ist es eine Metapher für die politische, ökonomische und soziale Konstellation der heutigen (Welt-)Gesellschaft. Hinter dem Empire verbergen sich keine real existierenden Personen, Regierungen oder Nationalstaaten – wenn auch die USA innerhalb des Empire eine privilegierte Position einnehme. Man kann es weder räumlich noch zeitlich genauer lokalisieren. Das Empire ist eine „universelle Republik" (Hardt/Negri, 2002: 178), eine „Netzwerk-Macht" (ebd.) und ein „Nicht-Ort" (202): „Das Empire ist der Nicht-Ort der Weltproduktion, an dem Arbeitskraft ausgebeutet wird" (222). Diese Arbeit wird in wachsendem Umfang in der Wissens- und Informationsproduktion (vgl. Castells) und in Form von Dienstleistungen geleistet. Die Gesellschaft, in der dies stattfindet, ist nicht in kapitalistischer Manier in Bourgeoisie und Proletariat, sondern vielfältig und damit unübersichtlicher gespalten:

[Randnotiz: Das Empire als ‚Nicht-Ort']

> „In verschiedenen Nationalstaaten und Regimen finden sich Anteile von so genannter Erster Welt und Dritter Welt, Zentrum und Peripherie, Norden und Süden in unterschiedlichem Ausmaß" (Hardt/Negri, 2002: 344).

Sowohl die inneren als auch die äußeren Grenzen betrachten Hardt/Negri als fließend. Die Macht des Empire ist für sie mit Händen zu greifen und gleichwohl nicht dingfest zu machen: „Kontingenz, Mobilität und Flexibilität sind die wahre Macht des Empire" (Hardt/Negri, 2002: 212). Die politische Zielsetzung von

Hardt und Negri lautet Widerstand gegen und Befreiung vom Empire. Eine solche Befreiungsbewegung muss wie das Empire global agieren und soll in einen „neuen Gesellschaftskörper" münden; ihre Mittel sind subversiver Natur, z.B. könne man „als Männer in Frauenkleidung auftreten" (Hardt/Negri, 2002: 227).

Multitude

Die zentralen Kategorien bei Hardt und Negri sind Glück, Begehren und Arbeit in einem erweiterten Sinn. Als zentrale politische Instanz sehen Hardt und Negri die sog. **Multitude**, die Menge. In seinem Glossar erläutert Negri der „Multitude" den Begriff wie folgt:

> „Wenn wir über das Konzept der Menge allein sprechen wollen, ist es vielleicht nützlich zu präzisieren, dass in diesem Konzept *drei Bedeutungen* zusammenlaufen. Die *erste* wäre philosophisch und eine positive Bestimmung: Die Menge ist definiert als eine Vielheit, eine Vielheit von Subjekten. (…) Zum *zweiten* ist Menge ein Klassenkonzept: es bezeichnet die Klasse der produktiven Singularitäten, die Klasse der ‚Operateure' der immateriellen Arbeit. Eine Klasse, die nicht homogen ist, sondern die Gesamtheit der schöpferischen Potenzen der Arbeit umfasst. (…) Und der *dritte* Aspekt: Die Menge ist eine ontologische Potenz. Das bedeutet, dass die Menge ein Dispositiv verkörpert, das darauf zielt, die Wünsche zu repräsentieren und die Welt zu verändern. Besser: Die Menge will die Welt nach ihrem Bild und ihren Vorstellungen neu erbauen, um einen offenen Horizont zu schaffen, der es den Subjektivitäten ermöglicht, sich auszudrücken und ein Gemeinwesen freier Menschen zu konstituieren" (Negri, 2003: 127f.; Hervorh. von mir; A.T.).

Möglicherweise ist es vor allem die Kategorie der Multitude, durch die „Empire" Furore macht: Sie fungiert als Instanz politischer und persönlicher Emanzipation in einer als unfrei und von globalen Mechanismen abhängig empfundenen Existenz. So wird es auch im zweiten Empire-Band von Hardt und Negri, so die Ankündigung, vor allem um die „Multitude" gehen (vgl. *Freitag. Die Ost-West-Wochenzeitung* v. 16.1.2004).

Auseinandersetzung mit den Globalisierungs-theorien

Stellvertretend für die Kritik an einer soziologischen Bearbeitung der Globalisierung sei auf den Aufsatz „Globalisierung und soziale Klassen" des britischen Soziologen John H. Goldthorpe (geb. 1935) hingewiesen. In seinem Beitrag (vgl. Goldthorpe, 2003) stellt er die empirische Richtigkeit und die theoretische Reichweite der von Beck, Giddens, Castells und anderen Autoren formulierten Thesen in Frage. Er bezweifelt vor allem deren durchgängige Diskontinuitäts-Annahme. Von einem dramatischen Wandel der Weltgesellschaft im Sinne eines Bedeutungsverlustes von Nationalstaaten und Klassenstrukturen könne keine Rede sein:

> „Die durch die Globalisierung ausgelösten Veränderungen sind, soweit sie sich überhaupt nachweisen lassen, bei weitem nicht so dramatisch und stärker durch nationale Unterschiede bedingt, als die … Autoren annehmen" (Goldthorpe, 2003: 316).

Wandel oder Kontintuität?

Auf politischer, ökonomischer und sozialer Ebene gebe es ebenso viele Indikatoren für Kontinuität und für die Bedeutung des Nationalstaats wie für Diskontinuität und Bedeutung transnationaler Institutionen und Akteure. Diskontinuierlich, so Goldthorpe, verlaufe jedoch in der Tat die Entwicklung im Bereich der sexuellen und familiären Beziehungen und des Verhältnisses zwischen den Geschlechtern. Beck, Giddens und vor allem Castells haben diese Veränderung als einen von vielen Aspekten des grundlegenden sozialen Wandels in den vergangenen Jahrzehnten thematisiert. Die sich anschließende Lektion hat diejenigen soziologischen Arbeiten zum Gegenstand, für die das Verhältnis der Geschlechter paradigmatisch für die heutige Gesellschaft ist. Die Frage von Wandel oder Kontinuität wird dort wieder aufgegriffen.

9. Zusammenfassung

Abschließend möchte ich die wesentlichen Thesen von Beck, Giddens und den weiteren Autoren in **fünf Stichworten** zusammenfassen und auf Parallelen und Unterschiede zwischen den Ansätzen hinweisen.

1. Stichwort: Ermöglichung und Zwang – die Dualität von Struktur

Gegenwärtige Gesellschaften können nach Giddens nur dann angemessen analysiert werden, wenn man das Handeln der Individuen und die gesellschaftlichen Strukturen nicht mehr als Gegensätze, sondern als Wechselbeziehung betrachtet. Man könnte dies als Ansatz einer ,Gesellschaft in den Individuen' bezeichnen. Der **Raum-Zeit-Bezug** stellt eine Möglichkeit dar, die häufig überörtlich und zeitlos scheinenden Analysen des Symbolischen Interaktionismus und der Ethnomethologie besser in den Gegenwartsgesellschaften zu verankern, die Kontextualität des gesellschaftlichen Lebens (vgl. Giddens, 1988a: 185) zu erfassen. Die Dualität von Struktur zeigt sich auch in einem der wichtigsten sozialen Prozesse überhaupt, den **Machtbeziehungen**: Macht ist niemals bloß Zwang, sondern auch Ermöglichung.

2. Stichwort: Kompetenz vs. Verunsicherung der Akteurinnen und Akteure

Giddens geht von kompetenten und wissenden Akteurinnen und Akteuren aus. In Anlehnung an Goffman orientiert er sich an dem ,normalerweise' in Begegnungen zwischen Menschen vorhandenen Taktgefühl. Beck betont, dass die Menschen in den gegenwärtigen westlichen Gesellschaften zwar ,freigesetzt' (Abschied von der Klassengesellschaft, von der Kleinfamilie etc.) und damit autonomer, jedoch häufig sehr verunsichert seien und professionelle Krisenhilfe benötigten: **Individualisierung**, so Beck, geht mit **Standardisierung** einher. Beck wie Giddens betonen die **unbeabsichtigten Folgen** menschlichen Handelns. Beck richtet den Blick dabei vor allem auf die politischen und ökonomischen Institutionen und die Massenmedien, Giddens auf die individuellen Akteurinnen und Akteure und auf deren ,automatische', d.h. nicht-bewusste, Eingriffe in die Struktur. In den 1990er Jahren kommt eine Diskussion über die empirische und theoretische Relevanz von Individualisierung in Gang, die bis heute anhält (vgl. zum Überblick Kron, 2000).

3. Stichwort: Ambivalenz der Moderne

Giddens wie Beck vertreten (ähnlich wie Habermas oder Elias) die Auffassung, dass die gegenwärtigen Gesellschaften durch die Gleichzeitigkeit von Fort- und Rückschritten gekennzeichnet seien. So betont Beck die Schattenseiten der Individualisierung und die globalen Selbstgefährdungen der **Risikogesellschaften**. In neueren Veröffentlichungen greift Giddens Becks ,Risikogesellschaft' auf. Für ihn sind gegenwärtige Gesellschaften durch die von Beck betonten allumfassenden Risiken jedoch nur unvollständig charakterisiert. Giddens betont die Bedeutung von Vertrauen (trust), das wir – trotz allem! – in die gesellschaftliche Organisation des Alltags haben und grenzt sich damit auch gegen Habermas' These von der ‚Kolonialisierung der Lebenswelt' ab. Während bei Beck die Gesellschaftskritik gelegentlich die Gesellschaftsanalyse dominiert, neigt Giddens dazu, destruktive und gewalttätige Aspekte in gegenwärtigen Gesellschaften zu unterschätzen. Im Gegensatz zu Beck relativiert Giddens die eigene Bedeutung als Soziologe immer wieder und betont die Nähe zwischen sog. Laien auf der einen Seite und den Forschenden auf der anderen Seite: Letztere wissen gar nicht so viel mehr als erstere.

4. Stichwort: Soziologie und Politik in der (zweiten) Moderne

Sowohl Giddens wie Beck plädieren dafür, dass die Soziologie in engem Kontakt zu den sozialen Bewegungen und zu den politischen Entwicklungen stehen sollte. Vergleicht man die 1980er mit den 1990er Jahren, so plädiert Beck zunächst für eine **radikale Umgestaltung** der bisherigen organisierten Unverantwortlichkeit zu verantwortlicher, ökologischer Politik und Ökonomie, während Giddens das Konzept eines **utopischen Realismus** vertritt, zu dem emanzipatorische Politik auf der einen Seite und Selbstverwirklichung (self-actualization) auf der anderen Seite gehören (vgl. Giddens, 1991b: 211f.). Vielleicht hält Giddens die **Frauenbewegung** aus diesem Grund in heutiger Zeit für einflussreicher als die Arbeiterbewegung:

> „Menschliche Subjekte sind immer geschlechtsspezifische Subjekte, entweder Männer oder Frauen. Wenn ich heute *The Constitution of Society* noch einmal zu schreiben hätte, würde ich diese Differenz mitsamt ihren gesellschaftstheoretischen Konsequenzen in stärkerem Maße berücksichtigen" (Giddens, 1988b: 294).

Beck und Giddens weisen betont auf den Wandel der privaten Beziehungen und die Vielfalt der Lebensformen hin: unter dem Motto „Eigenes Leben" bei Beck (vgl. Beck u.a., 1997) bzw. als „Wandel der Intimität" (Giddens, 1993) kommt die **Seite der Akteurinnen und Akteure** zur Sprache. Ein besonders starkes Gewicht erhält die Frauenbewegung in den Analysen von Manuel Castells: dort ist sie diejenige Kraft, die für gravierende Veränderung steht. Insofern kann man Castells als denjenigen Soziologen betrachten, der die ‚Lücke bei Giddens' geschlossen hat.

Durch ihre Kommentare und Empfehlungen zur gesellschaftlichen Entwicklung nach dem Ende der Ost-West-Konfrontation (Themen: Globalisierung, Bürgerarbeit, Umbau des Sozialstaats, Kritik am Neoliberalismus) werden Beck und Giddens selbst zu ‚öffentlichen Figuren'. In diesem Zusammenhang wenden sich beide wieder mehr den gesellschaftlichen Institutionen (also der **Seite der Strukturen**) zu, die sie zu stärkerer Reflexivität anhalten wollen. Im Unterschied zu Beck, der mit seiner „Edition Zweite Moderne" (vgl. kritisch J. Weiss, 1998) ein neues Label kreiert, hält Giddens in seinen soziologisch-theoretischen Veröffentlichungen an der ‚Moderne' fest, wenn seine politischen Essays auch in Becks Edition erscheinen.

5. Neue Betonung der Makroperspektive und des politischen Engagements

Unter den hier vorgestellten Autoren sind es gegenwärtig insbesondere Ulrich Beck und Manuel Castells, die sich zum politischen Geschehen äußern. Beck vertritt diese Strategie im Wissen um die Kritik aus der soziologischen Zunft offensiv.

„Ich bin ein Soziologe, der bewußt die Öffentlichkeit sucht, um für die Soziologie Interesse zu wecken. Dabei balanciere ich meist auf dem schmalen Grad zwischen fachlichem Diskurs und öffentlicher Auseinandersetzung, immer auf die Gefahr hin, dabei abzustürzen" (Beck, 1999: 54).

Becks zentraler Begriff in seinen wissenschaftlichen wie journalistischen Äußerungen ist der des **methodologischen Nationalismus** (vgl. zuletzt Beck, 2004). Dieser sei sowohl in der Soziologie als auch in der Politik verantwortlich dafür, dass neue gesellschaftliche Konstellationen weder erkannt noch in eine „transnationale Politik" überführt werden könnten.

In der Tendenz sind die neueren Arbeiten zur Individualisierung und Globalisierung eher makrotheoretisch orientiert. Dies zeigt etwa der Untertitel von Becks „Macht und Gegenmacht im globalen Zeitalter. Neue weltpolitische Ökonomie" (Beck, 2002a). Demgegenüber versucht Castells in seiner umfassenden Schrift zum „Informationszeitalter" die globalen Entwicklungen mit denen der Identität(en) zu verbinden. Hardt und Negri wiederum lassen sich in ihrem Manifest ,Empire' kaum auf eine theoretische Grundorientierung festlegen: Soziologisch betrachtet ergeben sich Parallelen zu Marx, Foucault und dem feministischen Dekonstruktionsansatz. Politisch propagieren sie „einen neuen Gesellschaftskörper jenseits des Empire", der sich „einzig und allein aus der Praxis ergeben" könne (Hardt/Negri, 2002: 218) und global agieren müsse.

Insgesamt betrachtet, hat die starke Hinwendung zur Globalisierung eine neue Fokussierung auf Makrostrukturen und eine Abschwächung der Mikro-Makro-Perspektive erbracht.

Informationsteil

Primärliteratur

Beck, Ulrich: Objektivität und Normativität. Die Theorie-Praxis-Debatte in der modernen deutschen und amerikanischen Soziologie. Reinbek 1974
– Folgeprobleme der Modernisierung und die Stellung der Soziologie in der Praxis. In: ders. (Hg.): Soziologie und Praxis, Göttingen 1982, S. 1-23
– **Risikogesellschaft. Auf dem Weg in eine andere Moderne. Frankfurt/M. 1986** (16. Nachdruck 2001) (engl. Ausgabe *World Risk Society*. Cambridge 2001)
– Gegengifte. Die organisierte Unverantwortlichkeit. Frankfurt/M. 1988
– Politik in der Risikogesellschaft. Frankfurt/M. 1991
– Einleitung. In: ders., 1991, S. 9-29 (1991a)
– **Der Konflikt der zwei Modernen (Vortrag auf dem Soziologentag 1990 in Frankfurt am Main). In: ders., 1991, S. 180-195 (1991b)**
– Das große Expertsystem. Wie unmodern ist die moderne Gesellschaft? In: *Frankfurter Allgemeine Zeitung* vom 10.7.91 (Beck über Giddens) (1991c)
– Die ,Individualisierungsdebatte'. In: Bernhard Schäfers (Hg.): Soziologie in Deutschland. Entwicklung – Institutionalisierung und Berufsfelder – Theoretische Kontroversen. Opladen 1995, S. 185-198

- Die feindlose Demokratie. Ausgewählte Aufsätze. Leipzig 1995
- Was hält hochindividualisierte Gesellschaften zusammen? In: *Mittelweg 36*, Jg. 5, H.1, 1996, S. 33-48
- (Hg.): Kinder der Freiheit. Frankfurt/M. 1997 (*Edition Zweite Moderne*)
- Was ist Globalisierung? Irrtümer des Globalismus – Antworten auf Globalisierung. Frankfurt/M. 1997 (*Edition Zweite Moderne*)
- (Hg.): Perspektiven der Weltgesellschaft. Frankfurt/M. 1998 (*Edition Zweite Moderne*)
- Die Risikogesellschaft. ,Auf dem Weg in eine andere Moderne'. In: Armin Pongs (Hg.): In welcher Gesellschaft leben wir eigentlich? Gesellschaftskonzepte im Vergleich. Bd. 1. München 1999, S. 47-66
- Macht und Gegenmacht im globalen Zeitalter. Neue weltpolitische Ökonomie. Frankfurt/M. 2002 (2002a)
- Das Schweigen der Wörter. Über Terror und Krieg. Rede vor der Staatsduma Moskau, November 2001. Frankfurt/M. 2002 (2002b)
- Individualisierung. In: Günter Endruweit/ Gisela Trommsdorff (Hg.): Wörterbuch der Soziologie. Stuttgart 2002, S. 227-229 (2002c)
- Das Eigene, das Fremde und die Kommunikationsströme. Identitäten im Zeitalter der Informationsgesellschaft. In: *Neue Zürcher Zeitung* v. 10.11.2003
- Orwell lässt grüßen. ,Rückschritt ist Innovation'. In: *Süddeutsche Zeitung* v. 16.1.2004
- /Elisabeth Beck-Gernsheim: Das ganz normale Chaos der Liebe. Frankfurt/M. 1990
- /Elisabeth Beck-Gernshein (Hg.): Riskante Freiheiten. Individualisierung in modernen Gesellschaften. Frankfurt/M. 1994 (5. Aufl. 2002)
- **/Anthony Giddens/Scott Lash: Reflexive Modernisierung. Eine Kontroverse. Frankfurt/M. 1996**
- /Andre Kieserling (Hg.): Ortsbestimmungen der Soziologie. Wie die kommende Generation Gesellschaftswissenschaften betreiben will. Baden-Baden 2000
- / Johannes Willms: Freiheit oder Kapitalismus. Gesellschaft neu denken. Ulrich Beck im Gespräch mit Johannes Willms. Frankfurt/M. 2000
- u.a.: Eigenes Leben. Ausflüge in die unbekannte Gesellschaft, in der wir leben. München 1997 (mit Fotos von Timm Rautert)
- Die Risikogesellschaft. ,Auf dem Weg in eine andere Moderne'. In: Armin Pongs: In welcher Gesellschaft leben wir eigentlich? Gesellschaftskonzepte im Vergleich, Bd. 1. München 1999, S. 47-66

Castells, Manuel: Die kapitalistische Stadt. Ökonomie und Politik der Stadtentwicklung. Hamburg 1977
- Das Informationszeitalter Wirtschaft. Gesellschaft. Kultur. Teil I: Der Aufstieg der Netzwerkgesellschaft. Opladen 2001 (engl. Original unter dem Titel *The Information Age, Vol. 1: The Rise of the Network Society* von 1996) (Castells, I)
- Die Internet-Galaxie. Internet, Wirtschaft und Gesellschaft. Opladen 2002
- Das Informationszeitalter, Teil II: Die Macht der Identität. Opladen 2002 (engl. Original unter dem Titel *The Information Age, Vol. 2: The Power of Identity* von 1997) (Castells, II)

- Das Informationszeitalter, Teil III: Jahrtausendwende. Opladen 2002 (engl. Original unter dem Titel *The Information Age, Vol. 3: End of Millennium* von 1998) (Castells, III)
- **Bausteine einer Theorie der Netzwerkgesellschaft. In: Berliner Journal für Soziologie, Jg. 11, H. 4, 2001, S. 423-439 (2001a)**
- ‚Netzwerke morden und küssen'. Interview von Jan Engelmann mit Manuel Castells. In: *die tageszeitung* v. 28.11.2001 (2001b)

Giddens, Anthony: Capitalism and Modern Social Theory. An Analysis of the Writings of Marx, Durkheim and Max Weber. Cambridge 1971
- Klassenspaltung, Klassenkonflikt und Bürgerrechte. Gesellschaft im Europa der achtziger Jahre. In: Reinhard Kreckel (Hg.): Soziale Ungleichheiten (Sonderband 2 der *Sozialen Welt*). Göttingen 1983, S. 15-33
- Die Klassenstruktur in fortgeschrittenen Gesellschaften. Frankfurt/M. 1984 (engl. Original von 1973) (1984a)
- Interpretative Soziologie. Eine kritische Einführung. Frankfurt/M.; New York 1984 (engl. Original unter dem Titel „New Rules of Sociological Method" von 1976) (1984b)
- The Nation-State and Violence. Volume Two of a Contemporary Critique of Historical Materialism. Cambridge 1985
- Das Ende der Arbeiterklasse? Oder: Die Gefahren der Gelehrsamkeit. In: John H. Goldthorpe/Hermann Strasser (Hg.): Die Analyse sozialer Ungleichheit. Kontinuität, Erneuerung, Innovation. Opladen 1985, S. 112-128
- **Die Konstitution der Gesellschaft. Grundzüge einer Theorie der Strukturierung. Frankfurt/M.; New York 1988 (engl. Original von 1984) (1988a)** (Studienausgabe 1992)
- **Die ‚Theorie der Strukturierung'. Ein Interview mit Anthony Giddens (geführt von Bernd Kießling). In:** *Zeitschrift für Soziologie*, **Jg. 17, 1988, S. 286-295 (1988b)**
- Modernity and Self-Identity. Self and Society in the Late Modern Age. Oxford 1991 (1991a)
- **Structuration theory: past, present and future. In: Byrant/Jary, 1991, S.201-221 (1991b)**
- Kritische Theorie der Spätmoderne. Wien 1992 (Vortrags-Text)
- Wandel der Intimität. Sexualität, Liebe und Erotik in modernen Gesellschaften. Frankfurt/M. 1993 (engl. Original von 1992)
- **Konsequenzen der Moderne. Frankfurt/M. 1995 (engl. Original von 1990)**
- Jenseits von Links und Rechts. Die Zukunft radikaler Demokratie. Frankfurt/M. 1997 (*Edition Zweite Moderne*) (1997a)
- ‚Man hat keine Wahl, außer zu wählen.' Ein Gespräch mit Anthony Giddens über die Zukunft von Moral und Politik in einer Gesellschaft, losgelöst von Natur und Tradition. In: *Die Zeit* Nr. 17 v. 18. April 1997, S. 49f. (1997b)
- Der dritte Weg. Die Erneuerung der sozialen Demokratie. Frankfurt/M. 1999 (*Edition Zweite Moderne*) (1999a)
- Soziologie. Hg. von Christian Fleck und H.G. Zilian. Graz; Wien 1999 (engl. Original – 3. Auflage – von 1997; 1. Auflage von 1989) (1999b)

- Die Frage der sozialen Ungleichheit. Frankfurt/M. 2001 (engl. Original *The Third Way and its critics* von 2000)
- Entfesselte Welt. Wie die Globalisierung unser Leben verändert. Frankfurt/M. 2001 (engl. Ausgabe *Runaway World* von 1999)
- /Jonathan Turner (eds.): Social Theory Today. Cambridge 1987

Weitere Literatur und Sekundärliteratur

Atzert, Thomas/ Jost Müller (Hg.): Kritik der Weltordnung. Globalisierung, Imperialismus, Empire. Berlin 2003

Beer, Ursula: Das Geschlechterverhältnis in der „Risikogesellschaft". Überlegungen zu den Thesen von Ulrich Beck. In: *Feministische Studien*, 10. Jg., 1/1992, S. 99-112

Berger, Johannes: Zwei gegen das Empire. Michael Hardts und Antonio Negris neue Welterklärung. In: *Soziologische Revue*, 2003, H. 3

Blasberg, Annette: Der Diskurs von Ökologie und Risiko. Eine Analyse der programmatischen Aussagen der Grünen. Münster 1999

Böhnisch, Lothar: Pädagogische Soziologie. Eine Einführung. Weinheim; München 1996 (*Grundlagentexte Soziologie*)

Börjesson, Mikael: An introduction to Manuel Castells' The information age. Uppsala 1999

Bonß, Wolfgang: Vom Risiko. Unsicherheit und Ungewißheit in der Moderne. Hamburg 1995
- : Ulrich Beck – Risikogesellschaft. In: Kaesler/Vogt, 2000, S. 25-29

Brock, Ditmar: Die Risikogesellschaft und das Risiko soziologischer Zuspitzung. In: *Zeitschrift für Soziologie*, Jg. 20, 1991, S. 12-24

Bryant, Christopher G.A. (ed.): The Contemporary Giddens: social theory in a globalisizing age. Basingstoke 2001
- /David Jary (eds.): Giddens' Theory of Structuration. A critical appreciation. London 1991
- Introduction: Coming to terms with A. Giddens. In: diess., 1991, S. 1-31

Craib, Ian: Anthony Giddens. London; New York 1992

Dotzler,Bernhard: Die Ära der Information. Manuel Castells' monumentale Analyse. In: *Neue Zürcher Zeitung* v. 22.6.2002

Esser, Hartmut: Verfällt die ‚soziologische Methode'? In: Ulrich Beck (Hg.): Über Soziologie. Jubiläumsheft zum 40. Jahrgang der *Sozialen Welt*. Göttingen 1989, S. 57-75

Goldthorpe, John H.: Globalisierung und soziale Klassen. In: *Berliner Journal für Soziologie*, Jg. 13, H. 3, 2003, S. 301-323

Hardt, Michael/ Antonio Negri: Empire. Die neue Weltordnung. Frankfurt/M.; New York 2002

Heidbrink, Ludger: Wie die Information uns verwirrt. Manuel Castells Trilogie über die Netzwerkgesellschaft liegt nun vollständig auf Deutsch vor. In: *Die Zeit* v. 30.4.2003, S. 43

Hondrich, Karl-Otto: Zur Dialektik von Individualisierung und Rückbindung am Beispiel der Paarbeziehung. In: *Aus Politik und Zeitgeschichte*, B53/98, S. 3-8

Joas, Hans: Einführung. Eine soziologische Transformation der Praxisphilosophie – Giddens' Theorie der Strukturierung. In: Giddens, 1988, S. 9-23 (1988a)
- Das Risiko der Gegenwartsdiagnose. In: *Soziologische Revue*, Jg. 11, 1988, S. 1-12 (1988b)

Kaesler, Dirk/Ludgera Vogt (Hg.): Hauptwerke der Soziologie. Stuttgart 2000

Kießling, Bernd: Kritik der Giddensschen Sozialtheorie. Ein Beitrag zur theoretisch-methodischen Grundlegung der Sozialwissenschaften. Frankfurt/M. 1988

Kilminster, Richard: Structuration theory as a world-view. In: Byrant/Jary, 1991, S.74-115

Kron, Thomas (Hg.): Individualisierung und soziologische Theorie. Opladen 2000
- Die Fahrt mit dem Dschagannath-Wagen – Anthony Giddens' ‚Konsequenzen der Moderne'. In: Schimanck/Volkmann, 2000, S. 199-213

Lemke, Thomas: Biopolitik im Empire. Die Immanenz des Kapitalismus bei Michael Hardt und Antonio Negri. In: *PROKLA* 129, Jg. 32, 2002, S. 619-629

Münch, Richard: Die Zweite Moderne: Realität oder Fiktion? Kritische Fragen an die Theorie der ‚reflexiven Modernisierung'. In: *Kölner Zeitschrift für Soziologie und Sozialpsychologie*, Jg. 54, 2002, H. 3

Neckel, Sighard: Individualisierung und Theorie der Klassen. Zwischenbemerkungen im Paradigmastreit. In: *Prokla*, Jg. 19, 1989, Nr. 3, S. 51-59

Negri, Antonio: Rückkehr. Alphabet eines bewegten Lebens. Frankfurt/M.; New York 2003 (französische Originalausgabe *Du retour. Abédédaire biopolitique* von 2002)

Sassen, Saskia: Metropolen des Weltmarkts. Die neue Rolle der Global Cities. Frankfurt/M.; New York 1996

–   Machtbeben. Wohin führt die Globalisierung? München 2000

Schimank, Uwe: Handeln und Strukturen. Einführung in die akteurtheoretische Soziologie. Weinheim; München 2000 (*Grundlagentexte Soziologie*)

–   / Ute Volkmann (Hg.): Soziologische Gegenwartsdiagnosen I. Eine Bestandsaufnahme. Opladen 2000

Schroer, Markus: Das Individuum in der Gesellschaft. Frankfurt/M. 2001

Seibt, Gustav: Kapitalismus als Lebensform. In: *Merkur*, Jg. 54, H. 3, 2000, S. 249-256

Sigmund, Steffen: Anthony Giddens – The Consequences of Modernity. In: Kaesler/Vogt, 2000, S. 159-162

–   Die Strukturierung der Moderne: Anthony Giddens' Rekonstruktion der Gesellschaftstheorie. Opladen 2001

Spinner, Helmut F.: Informations-, Kommunikations-, Wissensgesellschaft. In: Bernhard Schäfers (Hg.): Grundbegriffe der Soziologie. Opladen 2003, S. 141-149

Steinbicker, Jochen: Zur Theorie der Informationsgesellschaft: ein Vergleich der Ansätze von Peter Drucker, Daniel Bell und Manuel Castells. Opladen 2001

Stork, Volker: Die ‚Gesellschaft der gescheiten Leute'. Kritische Anmerkungen zu Anthony Giddens. In: *Sozialismus* 9/98, S. 16-26

–   Die ‚Zweite Moderne' – ein Markenartikel? Zur Antiquiertheit und Negativität der Gesellschaftsutopie von Ulrich Beck. Konstanz 2001

Volkmann, Ute: Das schwierige Leben in der Zweiten Moderne – Ulrich Becks ‚Risikogesellschaft. In: Schimanck/Volkmann, 2000, S. 23-40

Wallerstein, Immanuel: The Modern World System. New York 1974

Weiss, Hilde: Liebesauffassungen der Geschlechter. Veränderungen in Partnerschaft und Liebe. In: *Soziale Welt*, Jg. 46, 1995, S. 119-137

Weiss, Johannes: Die Zweite Moderne – eine neue Suhrkamp-Edition. In: *Soziologische Revue*, Jg. 21, 1998, S. 415-426

Lektion XI
Konstituierung, Kontinuität und Wandel des Geschlechterverhältnisses
(Bilden, Becker-Schmidt, Knapp, Thürmer-Rohr, Hochschild, Connell u.a.)

Inhalt

1. Begriff und Analyse des Geschlechterverhältnisses (Bilden)

Das Geschlechterverhältnis, also die Beziehung zwischen Frauen und Männern, wurde in den Bänden 1 und 2 des Einführungskurses und in diesem Band mehrfach thematisiert: als Diskriminierung und patriarchale Unterdrückung von Frauen durch Männer, als Ausgrenzung und ‚Hausfrauisierung' von Frauen im kapitalistischen System bzw. als Konstruktion von Frauen als minderwertigen, von der (als) männlich gesetzten Norm abweichenden Wesen. Während innerhalb des Bielefelder Ansatzes das Geschlechterverhältnis per se als asymmetrisch und dichotom verstanden wird, bezweifeln die an die Ethnomethodologie angelehnten Ansätze, ob es so etwas wie eine dichotome Geschlechtlichkeit (Frauen vs. Männer ohne Zwischenformen) überhaupt gibt. Sie stellen den Geschlechterdualismus und die Geschlechterstereotype als soziale Konstrukte heraus. Im ersten Fall wird historisch, weltgesellschaftlich und ökonomisch argumentiert: das, was wir an Frauen-Männer-Beziehungen vorfinden, sei uns oktroyiert; das allumfassende Patriarchat stelle sich im Kapitalismus als besonders schlimm dar. Im zweiten Fall wird symbolisch-interaktionistisch argumentiert: Das, was wir an Frauen-Männer-Beziehungen vorfinden, hätten wir selbst gemacht und konstruierten wir selbst tagtäglich neu.

Die Spannung zwischen Individuen und Gesellschaft, zwischen Handlung und Struktur (Giddens), angewendet auf das Geschlechterverhältnis, ist der Gegenstand dieser Lektion. Drei Ansätze, die den klassischen Dualismus zu überwinden suchen und gleichzeitig die frühere, reine *Frauen*forschung überwunden und eine *Geschlechter*forschung mitbegründet haben, stehen im Mittelpunkt:

Ansätze der Geschlechterforschung, die den Mikro-Makro-Dualismus überwinden

- der sog. Hannoveraner Ansatz, der Sozialstruktur-Analyse, Gesellschaftstheorie in der Tradition der Kritischen Theorie und empirische Forschung, die die Erfahrungen von Akteurinnen und Akteuren berücksichtigt, verbindet (*Abschnitte 2 und 3*);
- die in der bundesrepublikanischen Forschung heftig diskutierte und schon zur Klassikerin gewordene These der Mittäterschaft von Frauen (*Abschnitt 4*);
- die Veränderungen in den gegenwärtigen (Dienstleistungs-)Gesellschaften in Bezug auf die Gefühlsnormen von Frauen und Männern und den neuen Umgang mit der klassischen Problematik der Vereinbarkeit von Familie und Beruf (siehe *Abschnitt 5*).

In *Abschnitt 6* werden neuere Arbeiten zur Geschlechterforschung daraufhin untersucht, wie sie das Verhältnis von Kontinuität und Wandel in den Beziehungen der Geschlechter thematisieren.

Besonderheit des Geschlechterverhältnisses: seine private Dimension

Alle diese Ansätze machen deutlich, dass das **Geschlechterverhältnis ein besonderes soziales Verhältnis** ist. Die Beziehungen zwischen Einheimischen und Zugewanderten z.B. sind weniger komplex, da sie nicht zwangsläufig eine private Dimension haben. Die privaten (intimen, familiären, freundschaftlichen) Beziehungen zwischen Frauen und Männern färben immer auf ihre z.B. beruflichen Umgangsweisen ab: sie sehen sich stets als Frau bzw. Mann, wenn sie als Kollegin bzw. Kollege miteinander umgehen.

> Das **Geschlechterverhältnis** macht die notwendige Verbindung von Mikro- und Makroperspektive besonders dringlich, da es nicht nur durch historisch fundierte und sozialstrukturell fixierte Ungleichheiten, sondern auch durch kulturell und biographisch wandelbare Emotionen, Erwartungen und Stereotype gekennzeichnet ist.

Der emotionale Anteil dieses Verhältnisses wird meist auf Sexualität, Liebe und Beziehungsaspekte und -probleme reduziert und in den Privatbereich abgedrängt. Diese Verengung gilt generell für die soziologische Theorie. Die Rationalitätsprinzipien, die diesen Gesellschaften zugeschrieben werden, spiegeln sich auch in den theoretischen Entwürfen selbst wider. Emotionalität, aber auch die Beschäftigung mit Emotionen, gilt als weiblich – und als unwissenschaftlich (vgl. Hammer, 2000). Nun gibt es in der soziologischen Diskussion eine ,Bewegung', die dies zu korrigieren sucht, die **Soziologie der Emotionen**, die keineswegs selbst ,emotionaler' als andere soziologische Fachgebiete sein muss. Eine der Protagonistinnen dieser Richtung und gleichzeitig Geschlechterforscherin ist die nordamerikanische Soziologin Arlie Russell Hochschild. Ihre Veröffentlichung „Das gekaufte Herz. Zur Kommerzialisierung der Gefühle" (Hochschild, 1990) steht im Mittelpunkt von Abschnitt 5. In ihr werden die individuellen und strukturellen Zusammenhänge und Zwänge gegenwärtiger Gesellschaften und ihre Auswirkungen auf das auch von den Individuen empfundene und reflektierte Geschlechterverhältnis neu konzipiert.

Die Integration von Makro- und Mikroaspekten und die Entwicklung der Frauen- zur Geschlechterforschung wird exemplarisch deutlich an einem wichtigen Überblicksartikel zur Sozialisation und Identität der Geschlechter, der in einer ersten Fassung 1980 und in einer vollständig überarbeiteten Fassung 1991 erschien (vgl. Bilden, 1991; vgl. Brück u.a., 1992: 80). Die zweite Fassung erscheint mir als programmatisch für die Methoden und Fragestellungen der zukünftigen Geschlechtersoziologie. Der Autorin, Helga Bilden, geht es um die Aufarbeitung der „Dynamik des Geschlechterverhältnisses als lebenslange Sozialisationsbedingungen für Frauen und Männer" (Bilden, 1991: 279).

Helga Bilden wurde 1941 in Eschweiler/Rhld. geboren und studierte Psychologie, Soziologie und Pädagogik in Tübingen. 1969 bis 1971 war sie wissenschaftliche Referentin am *Deutschen Jugendinstitut* in München. Seit 1972 arbeitet sie am *Institut für Psychologie (Sozialpsychologie)* der Universität München. Nach der Promotion (1975) und der Habilitation (1987) ist sie dort als apl. Professorin tätig.

Helga Bilden
(geb. 1941)

Ausdrücklich wendet sich Helga Bilden gegen eine Fortsetzung einer alleinigen Beschäftigung mit der *weiblichen* Sozialisation: unter ,geschlechtsspezifischer Sozialisation' wurde in den vergangenen Jahrzehnten überwiegend die Sozialisation von Mädchen verstanden. Bilden greift die immer stärker gewordene Tendenz auf, nicht Frauen-, sondern Geschlechterforschung zu betreiben und ,das' Geschlechterverhältnis nicht als universelle Kategorie aufzufassen. Konsequenterweise spricht sie von Geschlechterverhältnis*sen*, also dem Geschlechterverhältnis im Plural. Außerdem hält Bilden die doppelte Sicht – auf Makro- wie auf Mikrophänomene – für unverzichtbar. Sie favorisiert

„eine *sozialkonstruktivistische* Sichtweise, die *materialistisch* (Geschlechterverhältnis, Arbeitsteilung, Macht/Dominanz ...) und *kultur- und symboltheoretisch* (Kultur als Einheit von materieller und symbolischer Produktion in sozialen Praktiken; Symbolisierung von Männlichkeit/Weiblichkeit auf gesellschaftlicher und psychodynamischer Ebene) fundiert ist. Zentral ist die *Annahme, daß wir unsere Wirklichkeit andauernd in sozialen Praktiken produzieren*" (Bilden, 1991: 280; Hervorh. im Original).

Geschlechterverhältnis als gesellschaftlich-dynamische Kategorie

Das Geschlechterverhältnis ist nichts Statisches: die Hierarchien und Beziehungen zwischen Mädchen und Jungen, Frauen und Männern werden immer wieder neu definiert und festgelegt. Bilden erweitert die Perspektive der ,sozialen Konstruktion von Geschlechtlichkeit' (siehe Lektion V), der sie sich ansonsten anschließt, um den wichtigen Hinweis,

„daß *Aushandlungs- und Veränderungsmöglichkeiten* immer auch eine Frage der *Macht und der materiellen Ressourcen* (vom Einkommen bis zum Kindergartenplatz) sind" (Bilden, 1991: 291; Hervorh. im Original).

Geschlechterverhältnis-Geschlechterverhältnisse

Seit Anfang der 1990er Jahre verändern sich durch die Ausdifferenzierung der Geschlechterforschung auch die Begrifflichkeiten. Viele Forscherinnen plädieren wie auch Bilden dafür, der Pluralität der Geschlechterbeziehungen dadurch Rechnung zu tragen, dass man nur noch von Geschlechter*verhältnissen* spricht. So reflektiert Regina Becker-Schmidt (siehe Abschnitt 2) das Für und Wider von Singular oder Plural:

„Das *Geschlechterverhältnis* beruht also nicht nur auf versachlichten gesellschaftlichen Ordnungsprinzipien (Gesetz, Brauch, Sitte, Verfügungsrechte über Eigentum und Arbeit, Geburtenkontrolle, Formen der Herrschaftssicherung), sondern auch auf persönlichen Beziehungen der Abhängigkeit und Anhänglichkeit. (…) Geschlecht, Klasse und Ethnie wirken in gesellschafts- und kulturspezifischer Weise zusammen. Ich spreche deswegen von *Geschlechterverhältnissen*; es gibt historisch und ethnographisch unterschiedliche Konfigurationen in diesem Herrschaftsgefüge. Dennoch lassen sich – bei aller Differenzierung im Einzelnen – *doch strukturelle Übereinstimmungen quer durch eine Vielzahl von Gesellschaften* aufzeigen. Ich kenne keine, in der die Genusgruppen (Frauen/Männer) in gleichberechtigter Weise sozial integriert sind" (Becker-Schmidt, 2001: 118 [1993]; Hervorh. von mir, A.T.).

Im Anschluss an Positionen wie die von Bilden und Becker-Schmidt möchte ich betonen, dass der Begriff des Geschlechterverhältnisses nicht als statische und universale Kategorie begriffen werden soll. Wenn im folgenden dennoch meist von *dem* Geschlechterverhältnis, und nicht von *den* Geschlechterverhältnis*sen* die Rede sein wird, so geschieht dies aufgrund der grundlegenden Annahme, dass es bestimmte Handlungs- und Strukturelemente der Beziehungen zwischen Frauen und Männern gibt, die bestehenbleiben – ob es nun um die Beziehung zwischen Frauen und Männern der einheimischen (weißen) Unterschicht in der Bundesrepublik oder zwischen Frauen und Männern der schwarzen Mittelschicht in den USA geht. Unter **Geschlechterverhältnis** werden im folgenden die eher öffentlichen Frauen-Männer-Beziehungen (im Beschäftigungssystem, in den Medien etc.) und – im Privatbereich – aussschließlich heterosexuelle Beziehungen verstanden. Homosexuelle Liebesbeziehungen, die eine Neudefinition des Geschlechterverhältnisses als soziologischer Kategorie erforderten (vgl. entsprechend Butler, 1990; hierzu Lektion V), bleiben ausgeklammert.

2. Doppelte Vergesellschaftung der Frauen (Becker-Schmidt)

Der sog. **Hannoveraner Ansatz** in der Frauen- und Geschlechterforschung wurde von zwei Wissenschaftlerinnen entwickelt, Regina Becker-Schmidt und Gudrun-Axeli Knapp. Das Profil von Becker-Schmidt und Knapp und des von ihnen begründeten Hannoveraner Diskussionszusammenhangs dokumentiert der aus einem Symposium zu Regina Becker-Schmidts 60. Geburtstag hervorgegangene Band „Kurskorrekturen. Feminismus zwischen Theorie und Postmoderne" (Knapp, 1998).

Regina Becker-Schmidt wurde 1937 in Rastenburg/Ostpreußen geboren. Sie studierte Soziologie, Philosophie, Sozialpsychologie und Ökonomie. Sie promovierte am Institut für Sozialforschung und am Gesellschaftswissenschaftlichen Fachbereich der Universität Frankfurt am Main und war dort auch Assistentin (von Theodor W. Adorno) dann Dozentin. Von 1973 bis 2002 war sie Professorin am *Psychologischen Institut der Universität Hannover.*

Regina Becker-Schmidt (geb. 1937)

Regina Becker-Schmidts Arbeiten sind an die Kritische Theorie (siehe Bd. 2, Lektion VIII) und an die Psychoanalyse in der Tradition Sigmund Freuds angelehnt. Ihre bevorzugte Methode ist der sog. biographische Ansatz der qualitativen Sozialforschung; ihre Forschung beruht auf ausführlichen, erzählenden (‚narrativen') Interviews (vgl. die langjährige Untersuchung zur Situation von Fabrikarbeiterinnen; Becker-Schmidt, 1984).

Gudrun-Axeli Knapp wurde 1944 in Winterberg geboren. Nach mehrjähriger Berufstätigkeit in den USA und der Bundesrepublik, zuletzt als Journalistin, studierte sie Soziologie und Sozialpsychologie an der Universität Hannover. 1980 erfolgte die Promotion, 1990 die Habilitation an der Universität Bremen. Seit 1991 ist sie Professorin am *Psychologischen Institut der Universität Hannover.*

Gudrun-Axeli Knapp (geb. 1944)

Knapps eigene Publikationen und die, die sie in Kooperation mit anderen Wissenschaftlerinnen veröffentlicht hat, gehören seit den 1990er Jahren zur Standardlektüre der Geschlechterforschung. Neben Regina Becker-Schmidt ist eine weitere Autorin zu nennen, die neben ihren eigenen Publikationen als Ko-Autorin bzw. Ko-Herausgeberin von Knapp in Erscheinung tritt: Angelika Wetterer (s. Informationsteil). Wetterer gehört zwar nicht unmittelbar zum Hannoveraner Ansatz, soll aufgrund ihrer Kooperation mit den ‚Hannoveranerinnen' jedoch an dieser Stelle vorgestellt werden.

Angelika Wetterer studierte Germanistik und Soziologie, war von 1993 bis 1998 wissenschaftliche Koordinatorin der *Internationalen Gastprofessur für Frauenforschung an der Ruhr-Universität Bochum* und habilitierte an der Gesamthochschule Kassel. Seit 2006 ist sie Inhaberin der Professur für Geschlechtersoziologie & Gender Studies am Institut für Soziologie der Universität Graz.

Angelika Wetterer

Wetterers Beiträge zur Geschlechterforschung (insbesondere aus dem Bereich Profession und Geschlecht) und ihre kritischen Reflexionen über die Entwicklung dieses Forschungsbereichs und seine gesellschaftliche Bedeutung wurden und werden intensiv rezipiert.

Regina Becker-Schmidt ist die Urheberin der These von der **doppelten Vergesellschaftung** von Frauen: sie verbindet den Aspekt der Klassen- und der Geschlechtszugehörigkeit (siehe hierzu ausführlich Bd. 1, Lektion V, Abschnitt 2.2). Unter (einfacher) **Vergesellschaftung** wird die Einfügung des modernen Menschen in die Produktionsbedingungen bzw. unter die gesamtgesellschaftlichen Lebensbedingungen verstanden. Für die kritische und die marxistische Theorie ist dieser Begriff unmittelbar an die Klassenzugehörigkeit gebunden: in den (spät-)kapitalistischen Gesellschaften werden die meisten Menschen als Arbeitskräfte, als Personen, die ihre Arbeitskraft an den Produktionsmittelbesitzer (Kapitalisten) verkaufen müssen, vergesellschaftet. So ist der Entwicklungsstand der Produktivkräfte für den Modus der Vergesellschaftung zuständig. Bezüglich des Geschlechterverhältnisses hält Becker-Schmidt die marxistische Theorie für ergänzungsbedürftig:

> „Nach wie vor werden Frauen dahin sozialisiert, die Aufgaben der sozialen Reproduktion zu übernehmen – sowohl die Regeneration von Angehörigen durch psychische und physische Versorgung als auch die Aufzucht und Erziehung der nächsten Generation. Diese gesellschaftliche Arbeit wird in der Regel an die Familie delegiert – und so bleibt diese Institution auch ein wesentlicher Bezugspunkt in der sozialen Verortung von Frauen. Gleichzeitig gehört in historischer Perspektive ihr Arbeitsvermögen zum Bestand des gewerblichen Arbeitskräftereservoirs. Auch für Mädchen gilt es heute als selbstverständlich, eine Ausbildung zu absolvieren. Ihre Qualifikations- und beruflichen Startchancen bleiben aber soweit hinter derjenigen männlicher Konkurrenten zurück, daß die Möglichkeit einer Existenzsicherung auf dem Berufsweg alleine als zu unsicher erscheint und an der Ehe als zusätzlicher bzw. alternativer Unterhaltsgarantie festgehalten wird" (Becker-Schmidt 1987: 21).

> Frauen sind im Gegensatz zu Männern **doppelt vergesellschaftet**, sie werden für zwei Bereiche sozialisiert, die Erwerbsarbeit und die Famlienarbeit.

zwei Dimensionen der Vergesellschaftung

Wie schon in der makrotheoretischen Betrachtung kapitalistisch-patriarchalischer Gesellschaften ausgeführt (siehe Bd. 2, Lektion XIII), besteht die strukturell-ökonomische Raffinesse des modernen Geschlechterverhältnisses darin, dass Frauen nicht nur als Arbeiterinnen in der Produktion, sondern auch – als Hausfrauen – in der Reproduktion ausgebeutet und unterdrückt werden; die Nicht-Arbeiterinnen sind in Bereichen mit stark reproduktiven Tätigkeiten überrepräsentiert (Lehrerinnen, Krankenschwestern, Friseusen u.ä.).

Die Vergesellschaftung hat nicht nur **materiell-ökonomische**, sondern auch **ideologisch-herrschaftliche** Implikationen. Becker-Schmidt gibt Untersuchungen zu den Pionierinnen der Computertechnologie in den USA der 1940er Jahre wieder. Diese wurden nach dem Krieg zugunsten der Männer wieder aus den Forschungslabors verdrängt:

> „Die Verdrängung der Frauen aus den oberen Etagen der Computer-Labors macht etwas Generelles deutlich: Sobald Frauen die Grenzen überschreiten, die männlich definierte Berufsfelder markieren, können wir gegen sie gerichtete Ausgrenzungsmechanismen beobachten" (Becker-Schmidt, 1992: 77f.).

Prägung der Persönlichkeitsstrukturen durch die Gesellschaft

Darüber hinaus hat die Vergesellschaftung von Frauen und Männern individuell-psychische Implikationen – eine wichtige Erweiterung der bis dahin vorherrschenden makrotheoretischen Blickrichtung im Ansatz Becker-Schmidts. In Anlehnung an Theodor W. Adorno nennt Becker-Schmidt dies die **innere Vergesellschaftung**:

> „Meint ‚Vergesellschaftung der Individuen' die Mechanismen, mittels derer die Subjekte in die sozialen Austauschprozesse hineingenommen werden (Verwertung menschlicher Arbeitskraft, Lenkung der Konsumtion, Bewußtseinsbildung, institutio-

nelle und normative Formierung der privaten Lebensäußerungen und Reproduktionsweisen), so zielt die Formulierung ‚innere Vergesellschaftung' auf die Modellierung der psychischen und mentalen Persönlichkeitsstrukturen in kollektivem Ausmaß. (Vergesellschaftung der Trieb- und Affektstruktur, der Denk- und Wahrnehmungsweisen, der Handlungsmuster und Erfahrungsweisen, ja: des Unbewußten). Das Begriffspaar ‚Vergesellschaftung – innere Vergesellschaftung' drückt mehr aus als der Begriff ‚Sozialisation'. Es zielt auf die Übermacht, die die Gesellschaft sowohl über die Sozialisationsagenturen als auch über die Individuen hat" (Becker-Schmidt, 1991: 387f.).

Mit diesem Ansatz betont Becker-Schmidt die überaus starke Prägewirkung, die die Gesellschaft auf die Individuen hat – und insbesondere auf die weiblichen. Sozialisation ist eben keine rein äußerliche Anpassung, sondern erfordert die Entwicklung eines gesellschaftsadäquaten psychischen Apparates. Diese Diagnose zeigt die starke Orientierung Becker-Schmidts an der klassischen Kritischen Theorie.

Becker-Schmidt und Knapp betonen, dass der Patriarchats-Begriff zu einseitig und zu plakativ sei, um das Geschlechterverhältnis gegenwärtiger Gesellschaften angemessen analysieren zu können. Ihr Ansatzpunkt ist die Geschlechterdifferenz: dabei sind ‚Weiblichkeit' bzw. ‚Männlichkeit' immer relationale Begriffe:

„‚Männer' und ‚Frauen' werden ... als soziale Gruppen gedacht, die gerade die *Geschlechterdifferenz in Relation* zueinander setzt" (Becker-Schmidt, 1991: 392; Hervorh. im Original).

Becker-Schmidt weist ausdrücklich darauf hin, dass Frauen ihre doppelte Vergesellschaftung nicht einfach als Addition zweier Unterdrückungsmechanismen erfahren. Die lebensgeschichtliche und psychische Belastung für viele Frauen rührt aus der Tatsache, dass die Vergesellschaftung von Frauen teilweise extrem widersprüchlich verläuft. Viele Frauen empfinden sich nicht als permanent unterdrückt, empfinden neue Freiräume jedoch auch als ambivalent. Sie können sich nie sicher sein:

Widersprüchlichkeit der Vergesellschaftung von Frauen

„Wenn ich in einem Satz zusammenfassen sollte, was die Sozialisation des weiblichen Geschlechts von der des männlichen unterscheidet, so würde ich sagen: die größere Widersprüchlichkeit. In der doppelten Vergesellschaftung von Frauen gibt es keine Partizipation ohne Deklassierung, keine Integration ohne Segregation, keine Ausgrenzung aus einem gesellschaftlichen Bereich ohne Vereinnahmung in einem anderen" (Becker-Schmidt, 1991: 394).

3. Geschlechterdifferenz und vergessene Differenzen (Knapp)

Becker-Schmidt und Knapp illustrieren in ihrem alltags- und erfahrungsorientierten Buch „Geschlechtertrennung – Geschlechterdifferenz" (Becker-Schmidt/ Knapp, 1987), dass eine Flucht aus dem Identitätszwang kaum möglich ist. Dieser Zwang besteht für Frauen immer noch stärker als für Männer, wiewohl letztere ja auch mit Männlichkeitsstereotypen konfrontiert sind (siehe in Abschnitt 5 die Arbeiten von Connell und Kersten):

„Inzwischen sind auch Väter keine Seltenheit mehr, die sich eine Tochter besonders wünschen. Von Verhältnissen aber, in denen es gleichgültig ist, ob ein Mädchen oder Junge geboren wird, sind wir nach wie vor weit entfernt" (Becker-Schmidt/Knapp, 1987: 111).

Schichtspezifische und andere Unterschiede zwischen Frauen ...

Neben der These Regina Becker-Schmidts von der doppelten – äußeren wie inneren – Vergesellschaftung von Frauen ist Gudrun-Axeli Knapps Erinnerung an „Die vergessene Differenz" (Knapp, 1988) das zentrale Element des Hannoveraner Ansatzes. Die vergessene Differenz ist die **Differenz unter Frauen**. Diese stellt ein notwendiges Korrektiv zu der Geschlechterdifferenz, also der Differenz zwischen Frauen und Männern, dar. Die immer wieder ähnlichen und historisch erstaunlich konstanten Unterdrückungspraktiken gegenüber allen Frauen, so Knapp, haben vergessen lassen, wie verschiedenartig die Lebensformen und Praktiken von Frauen im nationalen, schichtspezifischen wie auch im interkulturellen und interethnischen Vergleich sind bzw. sein können. Entsprechend weitet

... und unter Männern

Knapp den ‚**Differenz-Blick**‘ **auch auf Männer** aus:

„Die Schärfung des kategorialen Unterscheidungsvermögens ist notwendig, um etwa die Verbindung aber auch die Differenz zwischen Männern als Individuen, kultureller Konstruktion von ‚Männlichkeit‘, sozialen ‚Rollen‘-Angeboten für Männer und gesellschaftlich-struktureller Dominanz des männlichen Geschlechts in den verschiedenen sozialen Schichtungen, die auch Männer untereinander in Verhältnisse sozialer Ungleichheit versetzen, begreifen zu können" (Knapp, 1992: 296).

Beachte die Frauen- und Geschlechterforschung diese verschiedenen Differenzen nicht, so argumentiert Knapp gegen den Bielefelder Ansatz (siehe Bd. 2, Lektion XIII), so gehe sie nicht weniger stereotyp vor als die patriarchalische Restgesellschaft. Die Idealisierung einer von Teilen der Frauenbewegung als natürlich unterstellten ‚Weiblichkeit‘ sei passé (siehe ähnlich schon Regine Gildemeister; Lektion V):

„Der Status Quo zeigt von hier aus gesehen eine beeindruckende Logizität, seine Statik erscheint solide. Die Frau, die in diese Landschaft passen und sie unverändert lassen würde, trüge nichts als die stereotyp charmanten Züge liebenswerter Weiblichkeit, Einfühlsamkeit und Duldsamkeit; die anschmiegsame soziale Charaktermaske, die uns *zugedacht* ist und verpuppt" (Knapp, 1988: 17; Hervorh. im Original).

In der Folgezeit erschien eine Reihe von Untersuchungen, die sich mit den unterschiedlichen Beziehungen unter Frauen beschäftigten, die keineswegs nur durch Solidarität, sondern auch durch Konkurrenz und durch Generationskonflikte gekennzeichnet sind (vgl. Günter, 1996; zum Überblick Treibel, 1997). Zu Beginn des 21. Jahrhunderts ist es nahezu selbstverständlich, Frauen nicht mehr ‚als solche‘, sondern in einem bestimmten sozialen Raum zu sehen, der durch Klasse, Geschlecht und Ethnizität bestimmt ist. Diese Perspektivenerweiterung geht in Deutschland u.a. auf die Arbeiten von Petra Frerichs und Margaretha Steinrücke (2001 [1995]) und Sedef Gümen (2001 [1998]) zurück.

Knapp plädiert für eine Geschlechterforschung, die zugesteht, dass es einen Unterschied macht, ob man sich in einem weiblichen oder in einem männlichen Körper befindet (obwohl auch das nicht zwangsläufig so sein muss; siehe Lektion V), die aber zurückhaltender mit Kategorien von ‚Weiblichkeit‘ oder ‚Männlichkeit‘ verfährt und nicht ständig bloß *eine* Gesellschaft im Blick hat. In Anlehnung an Norbert Elias' Analyse der Balance von Engagement und Distanzierung im sozialwissenschaftlichen Forschungsprozess (siehe Lektion VIII) hält Knapp einen **reflektierten Umgang mit Parteilichkeit** (hier: für die Ziele ‚der' Frauenbewegung) für dringend erforderlich:

> „Parteilichkeit kann sich auch in der Wahl des Erkenntnis*gegenstandes* (z.B. Gewalt im Geschlechterverhältnis) ausdrücken; darüberhinaus ist die Parteinahme für Frauen unverzichtbarer Bestandteil des Forschungs*motivs*, das mit dem Motiv der praktischen Veränderung dieser Verhältnisse einhergeht. Im Forschungsprozeß selber muß sie allerdings – in einem Wechselspiel von Engagement und Zurücktreten, das sich je nach Forschungstypus unterschiedlich gestaltet – erst produktiv gemacht werden: das, was wir zur Kenntnis nehmen, darf nicht durch die politische Optik vorweg bestimmt sein" (Knapp, 1988: 27; Hervorh. im Original).

Knapp hebt zwar auch vereinzelt auf typische Merkmale des gegenwärtigen Geschlechterverhältnisses ab – etwa auf die lediglich subtiler gewordene Form der Ausgrenzung von Frauen; insgesamt jedoch besteht ihr Beitrag zur neueren Geschlechterforschung in methodologischen und konzeptuellen Grundsatzüberlegungen, etwa zur feministischen Macht- und Herrschaftsdiskussion (vgl. Knapp, 1992). Demgegenüber besteht Becker-Schmidts Beitrag in der Einbindung klassischer Theoriestränge, insbesondere der kritischen Gesellschaftstheorie (vgl. Knapp, 1998). Sie sieht ihre Aufgabe auch darin, die Kategorien und Begrifflichkeit der feministischen Wissenschaft selbst zu problematisieren und auf die unumgängliche Wechselseitigkeit der Beziehungen zwischen Frauen und Männern hinzuweisen:

Kritische Theorie und Geschlechtersoziologie

> „Weiblichkeit/Männlichkeit, Frauenwelten/Männerdomänen, Privatheit/Öffentlichkeit erscheinen in der europäischen Geschichte als Dualismen, die – auch wenn Ideologien von Komplementarität das Gegenteil behaupten – auf entzweienden Vorstellungen beruhen und Trennungen in den Blick rücken. Sie sind überdies ideengeschichtlich und realhistorisch mit Hierarchisierungen verbunden. Trotz der Existenz von Rangordnungen, die soziale Ungleichheit und entfremdende Distanz schaffen, muß jedoch davon ausgegegangen werden, daß zwischen den Polen, die Dichotomien aufrichten, Verbindungslinien verlaufen und daß das, was auseinanderdriftet, gleichwohl auf unterschiedliche Weise miteinander verknüpft ist – durch Paarbeziehungen, durch Knotenpunkte im Netz geschlechtlicher Arbeitsteilung, durch das Zusammenwirken von Abgrenzung und Durchlässigkeit zwischen getrennten Bereichen" (Becker-Schmidt, 1998: 85).

Im folgenden Abschnitt soll eine These vorgestellt werden, die die soziologische Sicht auf das Geschlechterverhältnis und die Selbstwahrnehmung vieler Frauen entscheidend beeinflusst hat.

4.   Täter- und Mittäterschaft und Denken der Differenz (Thürmer-Rohr)

Im Kontext der Frauenbewegungen wurden Frauen als verfolgte, unterdrückte Gruppe betrachtet, die ständiger Gewalt unterworfen sei – direkter Gewalt in Form von Vergewaltigung oder Missbrauch, indirekter (struktureller) Gewalt in

Form ungleicher, niedriger Bezahlung oder Übersehen-Werden. Diese politische Perspektive wurde und wird in der makrotheoretisch und politökonomisch ausgerichteten feministischen Soziologie ausgebaut (siehe Bd. 2, Lektion VIII). Hier wie dort – in der Politik wie in der Soziologie – erscheinen Frauen und Mädchen als Opfer des Patriarchats. Demgegenüber betrachtet die mikrotheoretische Perspektive Frauen und Männer als prinzipiell gleichwertige Konstrukteurinnen und Konstrukteure ihrer und der gesellschaftlichen Wirklichkeit. Das Ungleichheitsverhältnis entsteht dadurch, dass Männer in der Regel die größere Definitionsmacht haben. Aber nicht nur Männer, sondern auch Frauen halten am sog. ‚natürlichen Unterschied‘ fest und übersehen dabei, dass es sich bei ‚Weiblichkeit‘ und ‚Männlichkeit‘ um **Sozialcharaktere** handelt (siehe Lektion V).

Dieser Eigenanteil der Frauen bei der Konstruktion des Geschlechterverhältnisses ist auch der Ansatzpunkt von Christina Thürmer-Rohr, der Autorin, die in der Bundesrepublik die Diskussion über die Mittäterschaft von Frauen am patriarchalischen System vorangetrieben hat.

Die eigentliche Urheberin dieser Debatte war Frigga Haug, die bereits 1980 in einem Vortrag auf der Berliner Volksuniversität die reine Opferrolle für Frauen in Frage gestellt hatte. 1982 wurden mehrere Beiträge zur Diskussion „Frauen – Opfer oder Täter?“ in einer Ausgabe der von Haug mit herausgegebenen Zeitschrift *Das Argument* veröffentlicht. In dem Vortrag von 1980 gab Haug an die Adresse der Feministinnen zu bedenken:

> „Die einzelnen Frauen finden selbstverständlich die Unterdrückungsstrukturen, die gesellschaftlichen Verhältnisse, in die sie hineinwachsen, in denen ihnen eine nichtaufgerichtete Haltung zugemutet wird, zunächst fertig vor. Aber diese Strukturen existieren nur weiter, wenn sie von denen, die in ihnen leben, immer wieder hergestellt werden. Daß dies so ist, heißt auch, daß diese Strukturen, von denen, die sie herstellen, geändert werden können. Dies ist im übrigen die einzige Möglichkeit, in der Veränderung gedacht werden kann“ (Haug, 1982: 8).

Christina Thürmer-Rohr (geb. 1936)

Christina Thürmer-Rohr wurde 1936 in Arnswalde/Pommern (heute Choszczno/Polen) geboren. Sie studierte Philosophie und Psychologie an den Universitäten Freiburg/Brsg. und Heidelberg. Von 1963 bis 1967 war sie wissenschaftliche Assistentin und von 1968 bis 1972 Assistenzprofessorin am Institut für Psychologie der Technischen Universität Berlin (Promotion 1966). Nach der Habilitation war sie an der PH Berlin ordentliche Professorin. Seit 1980 ist sie Professorin am *Fachbereich Erziehungswissenschaften der TU Berlin* mit Schwerpunkt Feministische Forschung.

In einem Artikel zu Thürmer-Rohrs 65. Geburtstag geht Scheub zunächst auf ihre Tätigkeit als Musikerin ein und fasst dann ihre wissenschaftliche und politische Position zusammen: „Unter dem Einfluss von Hannah Arendt und des Dekonstruktivismus wird Thürmer-Rohr … immer misstrauischer gegen jede Art von Kategorisierung. Das Klassifizieren in Rassen und Klassen sei ein ‚Gewaltakt‘, mit dem die jeweils ‚Anderen‘ aussortiert würden“ (Scheub, 2001).

Wie viele Autorinnen der Frauen- und Geschlechterforschung geht auch Thürmer-Rohr davon aus, dass das Geschlechterverhältnis ein Gewaltverhältnis ist. Allerdings hält sie den Opferbegriff mit Blick auf sexuelle Gewalt gegen Frauen für problematisch:

Kritik am Opferbegriff

> „Die moderne Generalisierung des Opferbegriffs hat verniedlichende und verwischende Auswirkungen auf die Analyse des Phänomens, um das es hier geht, die sexuelle Gewalt. Die Generalisierung macht den Opferbegriff zu einer sozialarbeiterischen,

entpolitisierten Kategorie. Das Wort Opfer bezeichnet ursprünglich etwas sehr Spezifisches, Einmaliges. Opfer sind die, *denen es ans Leben* geht, auch die, die selbst ihr Leben zu geben bereit sind, beide für einen politischen, existentiellen Zweck" (Thürmer-Rohr, 1989a: 25; Hervorh. im Original).

Eben diese Bedeutung ist bei sexueller Gewalt ausgeschaltet: sexuelle Gewalt, so Thürmer-Rohr, ist nicht loszulösen von der **strukturellen Gewalt** – ein Begriff, der schon für tot erklärt wurde (siehe Bd. 1, Lektion VII.2.3), für das Geschlechterverhältnis jedoch wieder wichtig geworden ist. Für Thürmer-Rohr stellt die Vergewaltigung ‚nur' die gewaltsamste Erniedrigung von Frauen dar, die konsequent zur strukturellen Gewalt gegenüber Frauen passt:

„Denn der Erweis der Geschlechterordnung, die der Vergewaltiger praktiziert, wird von Männern ununterbrochen erbracht, öffentlich und nicht-öffentlich, verbal und nicht-verbal, sexuell und nicht-sexuell, in abgewetzter oder neu-erfundener Form" (Thürmer-Rohr, 1989a: 26).

Ein Mann, der vergewaltigt, erhält jedoch – so Thürmer-Rohr – keine Anerkennung, und zwar alleine deshalb, weil das Opfer nichts wert sei. Die **Wertlosigkeit der Frau** fällt auf den Vergewaltiger zurück, ruft peinliche Abwehr bei anderen Männern hervor:

„Die Frau unterscheidet sich z.B. vom Kriegsopfer dadurch, daß sie, die Gabe, die geopferte Person, von vornherein nicht den Wert eines Mannesopfers hat wie etwa ein Soldat. Sie ist ein minderwertiges, ein verachtetes Opfer. Ein verachtetes Opfer bekommt keine Opfer-Zuwendung. Es macht damit auch den Opferer nicht zu einem, der sich auf seine Tat in geheimem oder offenem Stolz berufen könnte. Deswegen ist auch der ‚Sittenstrolch' in der Hierarchie der Männer-Gewalttaten ganz unten angesiedelt" (Thürmer-Rohr, 1989a: 27).

Den Opfer-Begriff lehnt Thürmer wegen dieser Implikationen, aber auch deshalb ab, weil damit außerdem dem Bild von ohnmächtigen, nur reagierenden und der männlichen Gewalt hilflos ausgelieferten Frauen entsprochen wird. Zur Korrektur dieser Wahrnehmung, häufig auch der Selbstwahrnehmung von Frauen, benutzt Thürmer-Rohr den Begriff der **Mittäterschaft von Frauen**. Sie spricht bewusst nicht von Mittäter*innen*schaft, da für sie die Täterschaft des Mannes primär bleibt und im Vordergrund steht (wenn sie auch auf Rassismus und Antisemitismus unter Frauen hinweist; vgl. Thürmer-Rohr, 1993). Frauen machen sich zwar der kollektiven Mit-Tat ‚schuldig', sind jedoch keine Täterinnen oder Mittäterinnen im juristischen Sinne. Ihre Mit-Tat ist – ihr meist nicht bewusster – Bestandteil des persönlichen, wie des gesellschaftlichen Geschlechterverhältnisses: Frauen sehen nicht hin, wenn Männer gewalttätig sind, nehmen sie in Schutz, unterstützen ‚selbstlos' seine beruflichen Pläne etc. In einer Art **Stillhalteabkommen** sorgen sie für die Machtermächtigung des Mannes. Tatsächlich zur Mittäter*in* wird die Frau, wenn sie dies erkannt hat und dennoch nicht anders handelt:

> Mitverantwortung der Frauen an der Gestaltung des Geschlechterverhältnisses

„Ihr Beitrag als Hausgenossin und Liebhaberin des Mannes, als Teihaberin und Zuarbeiterin, als Mit-Funktionierende und Männer-Tat-Bejahende, als Protektorin männlicher Vorhaben, Muse männlicher Entwicklung, sorgende Stütze, akzeptierende Mitdenkerin oder Schweigerin, als Dulderin und damit auch Trägerin männlicher Überbewertung und eigener Ich-Losigkeit macht sie zu einem ebenso ausgegrenzten wie zugehörigen Teil des Subjekts der Geschichte; einen Teil, dessen fragwürdiges Gewicht hinter dem Schwergewicht des Mannes verschwunden scheint. Und dies nicht nur im selbstherrlich ignoranten Blick des Mannes, sondern auch in der Neigung der Frauen zur ungenauen Sicht auf sich selbst" (Thürmer-Rohr, 1987b: 146).

Der Begriff der **Mittäterschaft** von Frauen ist das Gegenkonzept zum Opferbegriff, mit dem die scheinbar ‚naturgegebene‘ Schwäche und Hilflosigkeit von Frauen festgeschrieben wurde. Mittäterschaft verweist auf einen gesellschaftlichen Prozeß und auf einen persönlichen Zustand: Frauen gestalten die Geschlechterverhältnisse in gegenwärtigen Gesellschaften selbst mit. Es gibt, so Thürmer-Rohr, keine automatische Prägewirkung ‚der‘ Gesellschaft auf ‚das‘, insbesondere das weibliche, Individuum.

Abgrenzung von den Miesschen Postulaten

‚Mittäterschaft‘ ist für Thürmer-Rohr nicht nur eine inhaltliche, sondern auch eine methodische Kategorie. Sie ermöglicht, neue Fragen zu stellen, und legt den feministischen Forscherinnen nahe, die ‚Frauenfrage‘ nicht bloß zur soziologischen Theorie hinzuzufügen. Wie Knapp grenzt Thürmer-Rohr feministische Forschung deutlich von den Miesschen ‚Postulaten der Frauenforschung‘ (Mies, 1984 [1978]) aus der ersten Phase der Frauenforschung (siehe Bd. 2, Lektion XIII) ab. Betroffenheit, Parteinahme und die Behandlung ‚frauenspezifischer‘ Themen‘ reichen nicht aus; es geht um einen grundlegend anderen, radikalen und gleichzeitig selbstkritischen Blick. Thürmer-Rohr warnt vor der Illusion, als engagierte Forscherin die Distanz und Grenze zu den Beforschten ignorieren zu können: „Betroffenheit ist kein Dauerzustand" (Thürmer-Rohr, 1987a: 129). Ähnlich den Hannoveraner Soziologinnen, jedoch in deutlich schärferer Tonlage, fordert sie dazu auf, sich keine Illusionen über die Gemeinsamkeit von Frauen zu machen und selbstkritisch den eigenen Standpunkt zu relativieren:

> „Die Einwände eingewanderter Frauen, schwarzer Frauen, jüdischer Frauen, Frauen aus ehemals sozialistischen Ländern, lesbischer Frauen, armer Frauen etc. gegen einen ethnozentrischen Feminismus der westlichen Länder, gegen die frauenbewegte Norm der Heterosexualität, gegen die Norm des Mittelschichtsfeminismus, gegen eine egozentrische Beschränkung auf die Eigenerfahrung etc. – all diese Konfrontationen machten es unmöglich, an Vorstellungen festzuhalten, die kurzerhand von ‚der Frau‘ oder von ‚allen Frauen‘ ausgehen und die einmal ein großes Gemeinsames postulierten" (Thürmer-Rohr, 1995: 88).

Nutznießer und Nutznießerinnen der westlichen Gesellschaften

Dies gehört zur Entwicklung der Frauen- zur Geschlechterforschung hinzu: den Eigenanteil von Frauen an der Konstituierung des Geschlechterverhältnisses und die Differenzerfahrungen von Frauen – nicht nur zu Männern, sondern untereinander – zu berücksichtigen. Während der 1990er Jahre geht Thürmer-Rohr von einer feministischen zu einer postfeministischen Position über, die Parallelen für den Ansatz von Judith Butler (siehe Lektion V) aufweist und selbst benennt. In dem oben bereits zitierten Aufsatz zum „Denken der Differenz" (Thürmer-Rohr, 1995) markiert sie die Hauptadressatin politischen Denkens und politischer Praxis, nämlich die ‚westliche Dominanzkultur‘ – die Fremde und Andere ausschließe, was keineswegs nur Angelegenheit von Männern sei:

„Die Praktiken, mit denen die Kultur innerhalb und außerhalb der eigenen Grenzen andere unterwirft, ausnimmt, stigmatisiert, vereinnahmt, einfängt oder nichtet, sind in das Selbstverständnis der Kulturangehörigen eingegangen, bestimmen Denk- und Handlungsweisen im Prinzip auf allen gesellschaftlichen Stufenleitern. Sie realisieren sich nicht nur in den politischen und ökonomischen *Makrostrategien*, sondern in den *Mikrotechniken* von Hinz und Kunz, von jedermann und jederfrau, jedenfalls im Prinzip. Ob wir uns in den modernen Demokratien nun in einer herrenlosen Sklavengemeinde befinden oder in einer sklavenlosen Herrengemeinde – die Ansprüche der westlichen Dominanzkultur, ihre Vorteile und Schäden sind nicht oder nicht mehr und nicht nur klassen- und geschlechtssauber zugeteilt" (Thürmer-Rohr, 1995: 94; Hervorh. von mir; A.T.).

Die Gemeinsamkeit und Differenz zwischen und innerhalb der Geschlechter ist mittlerweile ein zentrales Thema der Geschlechterforschung, das einmal eher politisch-kämpferisch (wie bei Thürmer-Rohr), zum andern eher beschreibend-analytisch angegangen wird – z.B. in der Studie, um die es im nächsten Abschnitt geht: Arlie Russell Hochschild verknüpft ihre grundsätzlichen Thesen zum Geschlechterverhältnis in gegenwärtigen Gesellschaften mit empirischen Studien zum kapitalistischen Anforderungsprofil an die ‚typisch weiblichen' Stewardessen und die ‚typisch männlichen' Inkassoangestellten.

5. Gefühlsnormen und Geschlechterstrategien (Hochschild, Connell)

Dieser Abschnitt gibt die zentralen Begriffe und Thesen wieder, die Arlie Russell Hochschild in ihrer Studie „Das gekaufte Herz. Zur Kommerzialisierung der Gefühle" (Hochschild, 1990) vorgelegt hat.

Arlie Russell Hochschild studierte Ökonomie, Geschichts-, Politikwissenschaft und Soziologie und erwarb ihren PhD in Soziologie 1965 an der University of California in Berkeley (USA). 1969-1971 war sie Assistant Professor an der University of California, Santa Cruz. Seither lehrt sie an der University of California in Berkeley, seit 1983 als Professorin für Soziologie.

Arlie Russell Hochschild

Diese Studie verknüpft empirische und theoretische Forschung und gibt wichtige Anregungen für ein von der Soziologie lange Zeit völlig vernachlässigtes Gebiet – Emotionen oder Gefühle (wie Hochschild verwende ich diese beiden Begriffe im folgenden synonym). Darüberhinaus – und das ist der zentrale Punkt, der hier Beachtung finden soll – wird eine klassische These zur gegenwärtigen Gesellschaft, die These von der **Dienstleistungsgesellschaft**, mikrotheoretisch erweitert. Es wird untersucht, was diese Gesellschaftsstruktur für die Individuen (ihre Arbeitsbedingungen, ihr Privatleben, ihre Gefühle) bedeutet.

Soziologie der Emotionen

Viele westliche Gesellschaften erfahren seit Jahrzehnten eine sog. Tertiarisierung des Beschäftigungssystems, d.h. der tertiäre Sektor (Dienstleistungen) dehnt sich zuungunsten des sekundären Sektors (verarbeitendes Gewerbe) und des sowieso schon marginalen primären Sektors (Landwirtschaft, Bergbau, Forstwirtschaft) immer weiter aus.

Untersuchung der Dienstleistungsgesellschaft

Die Expansion des Dienstleistungssektors wird zwar immer wieder konstatiert und als *das* Merkmal gegenwärtiger, postindustrieller oder spätkapitalistischer

Gesellschaften aufgefasst, was dies für die Beschäftigten, das ‚Anspruchsprofil'
und das Geschlechterverhältnis bedeutet, wurde jedoch noch kaum reflektiert.
Hier setzt Hochschild mit ihrem zentralen Begriff an, der **Gefühlsarbeit**. Sie geht
davon aus, dass in den meisten Dienstleistungsberufen von den Beschäftigten
verlangt wird, dass sie mit ihrem Publikum (also mit den Kundinnen und Kunden,
Klientinnen und Klienten, Patientinnen und Patienten) in einem bestimmten Sinne umgehen, auf es eingehen. Als Paradebeispiel für permanent erforderliche Gefühlsarbeit hat Hochschild die Ausbildungsprogramme, die Tätigkeit und die
psychischen Belastungen von Stewardessen und Stewards untersucht. Ihnen –
und den Stewardessen vor allem – wird von Anfang an eingeschärft, dass sie zu
lächeln haben, dass dieses Lächeln das größte Kapital der Fluggesellschaften sei.

> „Heute gehen die meisten Menschen Berufen nach, die einen gewissen Umgang mit
> der Gefühlswelt anderer und mit den eigenen Empfindungen erfordern; in diesem
> Sinne befinden wir uns alle in einer ähnlichen Situation wie FlugbegleiterInnen. Die
> Sekretärin, die ein angenehmes Büroklima schafft und damit ihre Firma als ‚freund-
> lich und entgegenkommend' und ihren Chef als ‚tüchtig' präsentiert, die Bedienung,
> die für eine ‚gepflegte Essensatmosphäre' sorgt, der Reiseführer oder der Empfangs-
> chef an der Hotelrezeption, die uns ein Gefühl des Willkommenseins vermitteln ...,
> der Gerichtsvollzieher, der Angst verbreitet ... – sie alle müssen in der einen oder an-
> deren Weise *Gefühlsarbeit* leisten" (Hochschild, 1990: 34f.; Hervorh. im Original).

Diese Erläuterung stellt klar, dass Gefühlsarbeit keineswegs nur mit mehr oder
weniger positiven Gefühlen (Ermunterung, Entkrampfung, Unterstützung etc.),
sondern auch mit der gegenteiligen Skala zu tun hat, nämlich dem Einflößen von
Angst, Einschüchterung u.ä. In vielen Unternehmen befindet sich die unterstüt-
zende, einladende Ausprägung auf der ‚Vorderseite' und die negativ sanktionie-
rende (die Rechnungs- oder Mahnungsabteilung, in der die von Hochschild untersuchten Inkassoangestellten arbeiten) auf der ‚Rückseite'.

Hier lehnt sich Hochschild an Erving Goffman (siehe Lektion V) und dessen Alltagsdra-
maturgie (Eindrucksmanagement, Vorder- und Hinterbühne etc.) an. Außerdem bezieht
sie sich auf die gesellschaftstheoretischen Schriften von Charles Wright Mills (1916-
1962), dem einst führenden Vertreter der kritischen Soziologie in den USA, und auf die
Theater- und Schauspieltheorie des russischen Regisseurs Constantin Stanislawski, der
eine neue, sog. psychotechnische Schule begründet hat, in der die Schauspielerinnen und
Schauspieler aus ihrem sog. Gefühlsgedächtnis schöpfen sollen.

Für gegenwärtige Gesellschaften ist der funktionalistische Umgang mit Gefühlen
charakteristisch, die Entwicklung von **Gefühlsstrategien**, die den Beschäftigten
im unternehmerischen Interesse (Umsatzsteigerung, Kundschaft erhalten oder
hinzugewinnen, Zahlungsausstände eintreiben etc.) abverlangt werden:

> „Das Neue in unserer Zeit ist die zunehmend vorherrschende *instrumentelle Haltung*
> gegenüber unserer ursprünglichen Fähigkeit, bewußt und aktiv ein breites Spektrum
> von Gefühlen für private Zwecke auszuspielen; neu ist auch die Art und Weise, mit
> der diese Haltung von großen Organisationen produziert und verwaltet wird" (Hoch-
> schild, 1990: 43, Hervorh. im Original).

Der Titel von Hochschilds Studie, „Das gekaufte Herz", besagt, dass die Kontrolle über unsere Gefühle nicht mehr bei uns liegt, sondern bei anderen. Eine nahe-
liegende Konsequenz ist das sog. falsche Selbst.

> Das persönliche Gefühlssystem wird transformiert: Gefühlsnormen der priva-
> ten Welt (Herzlichkeit und Fürsorglichkeit im Umgang mit Kindern, Schaffen
> einer behaglichen Atmosphäre zuhause) werden auf die Öffentlichkeit, auf die
> Berufswelt übertragen. Neben die Rationalitätsprinzipien treten **Gefühlsnor-**
> **men**, die wiederum in den privaten Bereich zurückwirken.

Durch das permanent erforderliche Gefühlsmanagement ist für viele Menschen
der Zugang zu ihren ‚wahren' Gefühlen immer mehr verstellt – und sie benötigen
wiederum Dienstleistungen von Spezialistinnen und Spezialisten, um Zugang zu
ihnen zu finden. Neben der Notwendigkeit, Gefühle zu produzieren, wird die
Wertschätzung von – tatsächlicher oder vermeintlicher – Spontaneität immer
wichtiger. Dieses Dilemma beschreibt Hochschild scharfsinnig wie folgt:

> „Der Charme des kleinen Roboters R2-D2 in dem Film *Krieg der Sterne* liegt gerade
> darin, daß er so menschlich anmutet. Solche Filme verkehren das Gewohnte in ihr Ge-
> genteil; jeden Tag treffen wir außerhalb des Kinos auf Menschen, deren Gefühlsäuße-
> rungen an die eines Roboters erinnern" (Hochschild, 1990: 46; Hervorh. im Original).

Den von Hochschild befragten Stewardessen ist die Anstrengung und Zwanghaf-
tigkeit ihres dauernden Lächelns und Gelassenbleibens – selbst unverschämten
Fluggästen gegenüber – bewusst; andererseits distanzieren sie sich von Kolleginnen, die diese Anstrengung tatsächlich sichtbar machen, indem sie mit übertrie-
ben hoher Stimme sprechen, da diese offensichtlich nicht „„mit ganzem Herzen'
[!] bei der Sache sind" (Hochschild, 1990: 103).

Die Angst der Fluggäste vor einem potentiellen Absturz, dem ja durch das
Verlesen der Sicherheitsinstruktionen Rechnung getragen wird, soll – so der Ge-
fühlsarbeits-Auftrag an die Stewardessen – dadurch aufgefangen werden, dass an
Bord eine Atmosphäre entspannter Gemütlichkeit verbreitet wird: „Tu so, als sei
die Kabine Dein Wohnzimmer"' (Hochschild, 1990: 100). Neben die Wohnzim-
mer-Analogie tritt die Kinder-Analogie: die Passagiere sollen wie Kinder behandelt werden. So gibt es kein Recht, sich über einen unverschämten Fluggast zu
ärgern. An Bord wird auch das immer noch dominante **gesellschaftliche Ge-** weibliche' versus
schlechterarrangement deutlich; die männlichen Stewards springen ein, wenn ‚männliche'
es doch einmal Ärger mit Fluggästen gibt, wenn diese die Wohnzimmer-und Gefühlsarbeit
Kinder-Analogien durchbrechen bzw. überstrapazieren.

> „Im ganzen gesehen spezialisieren sich Frauen eher in Richtung des Gefühlsspek-
> trums, das wir von den FlugbegleiterInnen kennen; Männer neigen stärker zur Ge-
> fühlswelt von [abweisenden, drohenden, sich aggressiv und kompromißlos gebähr-
> denden; A.T.] Inkassoangestellten. Diese gesellschaftliche Spezialisierung der Ge-
> fühlsarbeit geht auf die unterschiedlichen Formen der Gefühlserziehung bei Mädchen
> und Jungen zurück" (Hochschild, 1990: 133).

Entsprechend müssen sich die Stewards häufig rechtfertigen, warum sie in diesem
Beruf arbeiten, oder sie werden gefragt, welche beruflichen Pläne sie ‚danach'
haben; den Stewardessen hingegen wird die Frage gestellt, warum sie nicht ver-
heiratet sind.

Durch eine in den 1970er Jahren durchgeführte Befragung von College-Stu-
dentinnen und -Studenten gelangt Hochschild zu einer grundlegenden Korrektur

der gängigen Sichtweise auf Frauen als das per se emotionalere Geschlecht. Die angebliche Emotionalität von Frauen ist zutreffender als **Emotionsarbeit** zu bezeichnen:

> „Eine Inhaltsanalyse von 260 Protokollen ergab, daß mehr Frauen (33%) als Männer (18%) ihre Gefühle spontan mit Begriffen der Gefühlsarbeit beschrieben. (...) Frauen passen sich an; aber es ist keine passive Leistung. Sie passen ihr Fühlen aktiv an ein vorhandenes Bedürfnis an oder setzen es für einen bestimmten Zweck ein; und sie tun dies, um den *Anschein* einer passiven Zustimmung oder eines zufälligen Zusammentreffens wechselseitig empfundener Bedürfnisse zu wecken. Das Sein wird zum Handeln. Das Handeln stellt die für diese Transformation erforderliche Kunstfertigkeit dar, und die Gefühle fungieren entsprechend als Werkzeuge" (Hochschild, 1990: 136f.; Hervorh. im Original).

Damit wird eines der Grundmuster des Geschlechterdualismus (männliche Rationalität, männlicher Pragmatismus vs. weibliche Emotionalität, Irrationalität) ‚ausgehebelt‘. Strategisches, Kosten-Nutzen-kalkulierendes Verhalten (siehe Lektion VI) ist keine Männerdomäne, Frauen verwenden häufig nur andere Strategien. Diese anderen Gefühlsstrategien sagen jedoch nichts darüber aus, ob Frauen – wie häufig unterstellt – spontaner und ‚natürlicher‘ sind.

Die Kommerzialisierung von Gefühlen breitet sich nach Hochschild heute schon überall aus, ist nicht mehr nur auf eine Schicht (die Mittelschicht) beschränkt; dennoch wird tendenziell in den oberen Schichten mehr Gefühlsarbeit geleistet als in den unteren Schichten. Dies gilt auch für den Privatbereich – wie auch aus den seit Anfang der 1980er Jahre grassierenden Beziehungsratgebern („Wenn Frauen zu sehr lieben" u.ä.) deutlich wird (vgl. Hochschild, 1991).

Betrachtet man den Aufbau des „Gekauften Herzens", so fällt auf, dass es zwar in zwei Hauptkapitel (Privatleben, Öffentliches Leben) aufgeteilt ist, Hochschild diese Trennung innerhalb der Kapitel jedoch gar nicht durchhält. Das Thema des Gefühlsmanagements scheint eine ständige Vermengung von ‚privat‘ und ‚öffentlich‘ geradezu zu erzwingen. Das Übergewicht des beruflichen Bereiches weist auch darauf hin, wie ‚zwingend‘ die dort entwickelten Gefühlsstrategien auch für nicht-berufliche Bereiche sind.

dominante Strategien im Geschlechterverhältnis Nach Hochschild gibt es in den gegenwärtigen westlichen Gesellschaften zwei dominante idealtypische Konzeptionen zum Geschlechterverhältnis in Ehe bzw. Partnerschaft (Hochschild beschränkt sich hier auf Ehepaare): die sog. *traditionelle* und die sog. *egalitäre* Geschlechterstrategie. Die Geschlechterbeziehungen, so Hochschild, scheinen heute oft egalitär, sind aber genauer betrachtet doch traditionell oder zumindest ambivalent. Ein entspanntes Verhältnis, in dem z.B. die zentrale Frage der männlichen, eigenverantwortlichen Übernahme oder auch nur Beteiligung an der Hausarbeit selbstverständlich gehandhabt wird, ist nicht in Sicht:

> „Die privaten Beziehungen zwischen den Geschlechtern beruhen auf einem dominanten gesellschaftlichen Arrangement. Ein Paar, das gleichberechtigte Beziehungen für sich reklamiert, kann in einer Gesellschaft, die Frauen insgesamt unterdrückt, auch auf der grundlegenden Ebene des Gefühlsaustauschs keine vollständige Gleichheit erlangen. So mag der Mann einer Rechtsanwältin, die genausoviel Geld und Anerkennung verdient wie er, diese Tatsachen wohl akzeptieren und trotzdem der Ansicht sein, daß sie ihm wegen seiner liberalen Einstellung und seiner Mithilfe im Haushalt eine besondere Dankbarkeit schulde" (Hochschild, 1990: 94; Anmerkung).

296

Kritisieren Ehefrauen ihre Männer wegen ihrer nicht geleisteten Hausarbeit, so greifen diese zu Rationalisierungen, einer der dominanten männlichen Geschlechterstrategien. Hochschild nennt dies die männliche Strategie der Bedürfnisreduktion:

> „Einige Männer gestanden die Fairneß von Arbeitsteilung zu, weigerten sich jedoch, mehr Hausarbeit zu übernehmen, indem sie die als notwendig erachteten Arbeiten verringerten. Ein Mann erklärte z.B., er ginge nie einkaufen, weil er ‚nichts brauche‘. Er brauche keine Möbel (das Ehepaar war vor kurzem in ein Appartement gezogen), weil ihm nichts an einer Möblierung liege. Er koche nicht, weil er kalte Speisen ‚in Ordnung‘ finde" (Hochschild, 1990: 215).

Hochschild vergleicht den Status und die Gefühlslage bzw. die Gefühlsstrategien von Frauen immer wieder mit anderen unterprivilegierten und diskriminierten Gruppen und stellt einige Parallelen in der Selbstwahrnehmung und der – häufig mangelnden – Durchsetzung von Interessen fest. Allerdings gibt es einen fundamentalen Unterschied zwischen dem Geschlechterverhältnis und anderen ungleichen sozialen Beziehungen:

> „Die ökonomische Ungleichheit vermittelt sich aber im Geschlechterverhältnis bis in die ganz privaten alltäglichen Interaktionen der Ehepartner. Im Unterschied zu Menschen in anderen untergeordneten Positionen bemühen sich Frauen um *primäre* Beziehungen zu ihrem Ernährer" (Hochschild, 1990: 139; Hervorh. im Original).

Diese privaten Beziehungen zu Ernährer (!) bzw. Partner und die erotisch-sexuelle Anziehung zwischen Frauen und Männern machen das Geschlechterverhältnis zu dem eingangs schon erwähnten besonderen sozialen Verhältnis. Dieses verändert sich jedoch dann, wenn die ‚Ernährerfunktion‘ an Bedeutung verliert, wie das neue Buch von Hochschild zeigt.

1997 erscheint eine weitere, über die Grenzen der Soziologie hinaus beachtete Studie Hochschilds: „The Time Bind". Sie wird in deutscher Sprache 2002 unter dem Titel „Keine Zeit. Wenn die Firma zum Zuhause wird und zu Hause nur Arbeit wartet" (Hochschild, 2002) veröffentlicht. Diese Studie kann man als Weiterentwicklung bzw. Korrektur zentraler Thesen und Beobachtungen Hochschilds aus dem ‚Gekauften Herzen‘ lesen.

Die hier untersuchten Mittelschichtspaare, die in einem US-amerikanischen Unternehmen mit ausdrücklich familienfreundlicher Organisation der Arbeitszeiten und Arbeitsbedingungen arbeiten, belegen eine offensichtliche Annäherung vieler Frauen an die – zumindest aus deutscher Sicht – ‚typisch männliche‘ Einstellung. Die von Hochschild befragten und beobachteten Frauen sind gut bzw. hochqualifiziert und vollzeitbeschäftigt – ihre Männer desgleichen. Die betrieblichen Angebote zur Kinderbetreuung werden breit genutzt, außerdem organisieren die Eltern (meist die Mütter) auf privater Basis zusätzliches Betreuungspersonal. Angebote des Unternehmens, die Arbeitszeit zu reduzieren, um mehr Zeit für sich und die Familie zu haben, nehmen sie – wie ihre männlichen, ebenfalls befragten Kollegen – nicht wahr. Mögliche Erklärungen, so Hochschild, wie finanzielle Zwänge oder andere Faktoren, aufgrund derer die Familien es sich nicht ‚leisten‘ könnten, weniger zu arbeiten, trafen nicht zu.

Vielmehr empfinden nach Hochschilds Studie, die sie Anfang der 1990er Jahre durchführte, Frauen und Männer nur die Arbeit als wirklich befriedigend und

Die ‚neue Hochschild‘

‚Workaholics‘ und Familienflüchtlinge?

297

neigen dazu, diese auszudehnen. Das Zuhause wird als ein Raum empfunden, in dem Anerkennung weniger gesichert ist und nur Stress wartet:

> „So haben sich inzwischen viele Frauen den Männern auf der Flucht aus der ‚Innenstadt' des Zuhauses in die ‚Vororte' des Arbeitsplatzes angeschlossen. Dabei haben sie die von einer älteren, männerorientierten Arbeitswelt geprägten Auffassungen von Karriere und beruflichem Engagement in viel höherem Maße übernommen, als umgekehrt die Männer zu einer Identifizierung mit den ‚Frauenpflichten' zu Hause bereit waren. Frauen haben sich unter anderem deshalb stärker verändert, weil die ‚männliche' Welt der Arbeit mit mehr Ehre und Wertschätzung verbunden zu sein scheint als die ‚weibliche' Welt von Heim und Kindern" (Hochschild, 2002: 270).

In der Rezeption von „Keine Zeit" wird hervorgehoben, dass solche Lebens- und Arbeitsbedingungen für Gesellschaften wie die USA, Frankreich oder die skandinavischen Länder, in der Erwerbstätigkeit von Müttern und das hierzulande skandalisierte ‚Doppelverdienertum' üblich – auf Deutschland oder die Niederlande mit ihren anderen „Geschlechterarrangements" (mit mehr Teilzeitarbeit) jedoch nicht übertragbar seien (vgl. für eine Unterscheidung von vier geschlechterkulturellen Modellen im europäischen Kontext Pfau-Effinger, 2000 und 2001). Grundsätzlich gilt jedoch, dass im Zuge des unbestrittenen Individualisierungsschubes (siehe die Lektionen VIII und X) vor allem Frauen stärker ihre eigenen Lebensentwürfe verfolgen und – um es noch einmal auf Hochschilds Arbeiten zu beziehen – die Gefühlsarbeit umdefinieren.

Neue Prioriäten bei der ‚Vereinbarkeit'

Die Geschlechterforschung der Gegenwart spiegelt in Reaktion auf und Reflektion der gesellschaftlichen Bedingungen nun nicht mehr die Vereinbarkeit von *Familie* und Beruf – sondern die Vereinbarkeit von *Beruf* und Familie. Angesichts der Mobilitäts- und Leistungserfordernisse im Beruf und der vielfältigen Ansprüche an Partnerschaft und Familie erscheint es durchaus rational, den weniger kalkulierbaren Stressfaktor zu verschieben oder ganz zu vermeiden: die Gründung einer eigenen Familie. Dies gilt umso mehr, je besser ausgebildet die Frauen sind und je konservativer das historisch-kulturell bedingte Geschlechterarrangement ist, sprich: je mehr Vollerwerbstätigkeit von Müttern legitimiert werden muß.

Das Geschlechterverhältnis als spezifisches soziales Verhältnis wird im Zuge der Entwicklung von der Frauen- zur Geschlechterforschung auch zum Forschungsgegenstand von männlichen Sozialwissenschaftlern. Ihr Blick auf ‚die Frauen', aber vor allem auf das eigene Geschlecht stellt eine wichtige Ergänzung des Erkenntnisstandes über die Geschlechterbeziehungen dar. Einer der meistdiskutierten Ansätze in diesem Zusammenhang sind die Arbeiten des australischen Soziologen Robert W. Connell.

Robert Connell

Der australische Soziologe und Erziehungswissenschaftler **Robert Connell** erwarb seinen BA in Melbourne und seinen PhD in Sydney. Von 1976 bis 1991 hatte er seine erste Professur in Soziologie an der Macquarie University. Anschließend war er als Professor für Australische Studien an der Harvard University (1991-1992). Von 1992 bis 1995 lehrte er Soziologie an der University of California Santa Cruz. Seit 1996 ist Connell Professor of Education an der University of Sydney. Im Sommersemester 1999 (April bis Juni) war Connell als erster und bisher einziger Mann zur „Marie-Jahoda-Professur" (Internationale

298

Gastprofessur für Frauenforschung) der Ruhr-Universität Bochum eingeladen. Connell gilt derzeit als wichtigster Vertreter der kritischen Männer- und Geschlechterforschung. Seit Mitte der 1980er Jahre beschäftigt er sich mit den gesellschaftlichen Bedingungen von Männlichkeit. Er ist Herausgeber der Zeitschriften „Theory and Society" und „Men & Masculinities" sowie Mitherausgeber weiterer sozialwissenschaftlicher Zeitschriften.

Connell wurde international durch seine Bücher „Gender and Power" (1987) und „Masculinities" (1995) bekannt. Letzteres erschien 1999 in deutscher Übersetzung unter dem Titel „Der gemachte Mann. Konstruktion und Krise von Männlichkeiten" (Connell, 1999) und sorgte in Verbindung mit Connells Gastprofessur in Bochum (s. oben) für eine breite Rezeption in Deutschland (vgl. Roedig, 1999).

Connell zeichnet in seiner Studie anhand unterschiedlicher männlicher Biographien und Selbstwahrnehmungen eine breite Palette von ‚Männlichkeiten', die er als „durch das Geschlechterverhältnis strukturierte Konfigurationen von Praxis" (Connell, 1999: 64) definiert. Seine Analyse basiert auf der Grundlage von lebensgeschichtlichen Interviews mit australischen Männern, die Connell Mitte der 1980er Jahre führte und die er in vier Kategorien einteilt: Männer in der Umweltbewegung, Männer in schwulen oder bisexuellen Subkulturen, junge Männer aus der Arbeiterklasse und sog. Männer der ‚neuen Klasse' (vgl. Connell, 1999: 111-113). Aus der Kategorisierung wird die Nähe Connells zur subkulturellen Szene deutlich; im Buch selbst und in den Interviews macht er seine Sympathie für die feministische Bewegung und seine Orientierung an der Geschlechterforschung deutlich (hier den Arbeiten von Castells verwandt; siehe Lektion X). Auf der Basis seiner allgemein-politischen Leitlinie der „sozialen Gerechtigkeit" (Connell, 1999: 64) plädiert er für eine Männlichkeitspolitik, in der sich ‚neue Frauen' und ‚neue Männer' verbünden.

> ‚Alte' und ‚neue' Männer

Als Ergänzung zu Hochschilds Untersuchung macht der folgende Kommentar zum Selbstbild eines Piloten aus Connells Studie die geschlechtlichen Abgrenzungen innerhalb des Bordpersonals deutlich. Wo und wie Frauen und Männer arbeiten und wie sich zueinander in Beziehung setzen, kann durch bloße ‚Männer-Frauen-Unterscheidungen' nicht mehr erfasst werden:

> „Obwohl sich Charles einer vollständigen Vereinnahmung durch dieses Milieu widersetzt hat, bleibt bemerkenswert, daß er auch nach seinem Wechsel in die zivile Luftfahrt Teil einer technischen Peer-group geblieben ist. Er identifiziert sich auf seinen Flügen nun mit der ‚Technik-Crew', die eine Gemeinschaft bildet und sich bewußt von der ‚Kabinen-Crew' abgrenzt. Diese Abgrenzung hat auch mit dem sozialen Geschlecht zu tun. Aus der Sicht von Charles besteht die Kabinen-Crew aus Frauen und Schwulen, mit denen er nichts zu tun haben möchte" (Connell, 1998: 192).

Aus dieser Textstelle wird eine zentrale Thematik bei Connell deutlich – nämlich die Angst vieler Männer, als schwul zu gelten bzw. der starke Abgrenzungsbedarf gegenüber Schwulen. Die drohende ‚Verweiblichung' und die Angst um ihre Privilegien lässt die Mehrheit der Männer der Unter- und Mittelschicht, so Connell, am Patriarchat festhalten. Eine politisch-ökonomisch mächtige Gruppe, die international agierenden Manager etwa, tun dies, so Connell, auf ihre spezifische Weise und ganz unbekümmert – dies bezeichnet er als die **hegemoniale Männlichkeit**:

> „Diese Männlichkeit, die mir als hochgradig egozentrisch ins Auge springt, hat neue Wege gefunden, sich von den Kompromissen loszulösen, die Männer mit Frauen der bürgerlichen Gesellschaft ihrer Heimatländer in den letzten 50 oder 100 Jahren

> Männermacht in der globalisierten Weltwirtschaft

schließen mussten. Diese Männer müssen keine Rücksicht auf den Feminismus nehmen und sich nicht großartig mit Gleichberechtigung oder Diskriminierung beschäftigen. Insofern ist die Herausbildung dieser Art von Männlichkeit politisch verbunden mit dem Neoliberalismus und dem Aufkommen der neurechten Angriffe auf den Wohlfahrtsstaat" (Connell, 2000).

Unter Bezugnahme auf Connell, weitere und eigene ‚Männer-Studien' in unterschiedlichen Gesellschaften setzt sich der deutsche Männerforscher Joachim Kersten mit dem Wandel des Geschlechterverhältnisses auseinander.

Kersten, Joachim
(geb. 1948)
Joachim Kersten lehrt als Soziologe in Melbourne, Tokio und an der Hochschule für Polizei in Villingen-Schwenningen.

Kersten macht seine Analysen nicht ausschließlich als Männer- bzw. Geschlechterforschung kenntlich, sondern platziert sie etwa in der Jugendforschung und fordert auf diese Weise mehr Aufmerksamkeit für ‚gender' ein. Das gewandelte Geschlechterverhältnis, so Kersten, gehört zu den Ursachen der Gewaltausübung durch männliche Jugendliche (mit und ohne Migrationshintergrund):

> „Die Erniedrigung und gewissermaßen ‚Verweiblichung' der Opfer bringt einen Zuwachs an maskuliner Bestätigung, auch in einer Situation sozialer und kultureller Benachteiligung. Härter ausgedrückt: Gerade wenn sozialer Status und Perspektive, Bildung und andere Ressourcen fehlen, hat Gewalt Sinn und macht Spaß. (…) Bessere Forschung, bessere Hochschul- und Praxisausbildung unter systematischem Einbezug von Gender-Aspekten stehen auf der Tagesordnung" (Kersten, 2002: 18f.).

6. Kontinuität und Wandel des Geschlechterverhältnisses

Das Geschlechterverhältnis ist ein Indikator von Modernität, und zwar zum einen für die Modernität der Gegenwartsgesellschaften allgemein und zum anderen für die Weiterentwicklung der soziologischen Perspektive. Etwas vereinfacht gesprochen, kann man eine Gesellschaft, die durch Ausbeutung, Unterdrückung und Benachteiligung von Frauen statt durch egalitäre Beziehungen zwischen Frauen und Männern gekennzeichnet ist, ebensowenig als modern (im Sinne von fortschrittlich) bezeichnen wie eine Soziologie, die immer noch durch einen androzentrischen Blick oder auch durch eine reine Frauenperspektive dominiert wird. Die Geschlechterverhältnisse, wie sie gegenwärtig in westlichen Gesellschaften vorherrschen, und der Status der Geschlechtersoziologie stellen sich folgendermaßen dar:

Der Dualismus zwischen Frauen und Männern ist nichts ‚Natürliches', sondern ein Produkt der bürgerlichen Gesellschaft des 19. Jahrhunderts. Verglichen mit dem sozialen Geschlechtsunterschied nimmt sich der ‚biologische Geschlechtsunterschied' klein aus: wichtiger als die Geschlechtsmerkmale sind die gesellschaftlich dominanten Geschlechterarrangements und die ideologischen und stereotypisierten Konzepte, die sich um ‚Weiblichkeit' und ‚Männlichkeit' ranken.

Frauen sind – trotz einiger Parallelen zu anderen unterprivilegierten Gruppen – keine Minderheit unter vielen. Das Geschlechterverhältnis hat eine besondere Grundstruktur durch die gegenseitigen Abhängigkeiten, Empfindlichkeiten und

Erwartungen zwischen Frauen und Männern. Deshalb ist das Geschlechterverhältnis das ‚ungleichste' unter den sozialen Verhältnissen.

Die neuere Entwicklung weist die Geschlechtersoziologie als besonders ‚anschlussfähige' Forschung aus: ihre methodische und selbstkritische Reflexivität (etwa im Konzept der Mittäterschaft oder dem Hinweis auf vergessene Differenzen zwischen scheinbar homogenen Gruppen in gegenwärtigen Gesellschaften) macht den Forschungsprozess auch für Nicht-Insiderinnen und -Insider nachvollziehbar. Auf die Gefahr hin, dass die Soziologie gravierende Benennungs- und Zuordnungsprobleme bekommt, werden gängige (bildungs-)bürgerliche Identitäts- und Rationalitätskonzepte aufgeweicht. So etwa, wenn Helga Bilden – in Ergänzung zu Ulrich Becks Individualisierungsthese – auf die Existenz und Notwendigkeiten sog. multipler Identitäten von Frauen und Männern hinweist, oder wenn Arlie Russel Hochschild die Rollentheorie an gegenwärtigen Symptomen der (US-amerikanischen) Gegenwartsgesellschaft misst:

> „Steigende Scheidungsraten, eine Zunahme der Wiederverheiratungen, sinkende Geburtenziffern, ein Anstieg berufstätiger Frauen und eine gewachsene Akzeptanz der Homosexualität sind äußere Anzeichen eines gewandelten Rollenverständnisses. Was *ist* eine Frau, wenn sie außer Haus arbeitet? Was *sind* Eltern, wenn sich andere Menschen um die Kinder kümmern? Und was ist unter diesen Bedingungen ein Kind? Und was ist in einer Zeit, in der Ehen leicht zerbrechen, ein Liebhaber und was ein Freund? Nach welchen unter den vielen zur Auswahl stehenden kulturellen Maßstäben beurteilen wir, ob unsere Empfindungen situationsangemessen sind? Wenn Zeiten eines rasanten Wandels Statusängste erzeugen, dann führt dies schließlich auch zu Unsicherheiten über die Gefühlsnormen" (Hochschild, 1990: 83; Hervorh. im Original).

Die soeben beschriebene Anschlussfähigkeit der Geschlechterforschung macht umso erstaunlicher, wie gering immer noch die vom soziologischen mainstream aus gesuchten Verbindungen zu ihr sind und „dass sich die Diskussionen in der Soziologie in der Regel ‚unter Absehung des Geschlechts' vollziehen" (Heintz, 2001b: 27; entsprechend auch Knapp/Wetterer, 2003). Auf der anderen Seite ist festzuhalten, dass der Blick der Frauen- und Geschlechterforschung seinerseits selektiv ist und bestimmte Anschlüsse von sich aus nicht oder erst verzögert sucht. So gehen Ursula Pasero und Christine Weinbach davon aus, dass es einen „‚mainstream' der Gender-Forschung" gibt, in den die „Systemtheorie Niklas Luhmanns … keinen Eingang" (Pasero/Weinbach, 2003: 7) fand – eine Lücke, die sie mit ihrem Band zu ‚Gender und Systemtheorie' schließen wollen.

Abschließend seien neuere Studien zur Geschlechterforschung daraufhin überprüft, welche Aussagen sie mit Blick auf die Geschlechterverhältnisse zum gesellschaftlichen Wandel machen.

Vergleicht man die Möglichkeiten, die sich Frauen in westlichen Gesellschaften heute – in Kontrast zu den Möglichkeiten ihrer Großmütter oder gar Urgroßmütter – eröffnen, so sind diese zugespitzt so zu charakterisieren: **Frauen können heute leben wie Männer**: einen Beruf nach ihren Vorstellungen erlernen und ausüben, genug oder auch sehr viel Geld verdienen, sich selbstverwirklichen, eine Familie gründen (mit 20 oder mit 40 Jahren) oder auch nicht, heterosexuell oder lesbisch sein, mal hier, mal dort leben, alleine wohnen oder auch nicht – also schlicht ihr ‚eigenes Leben' (Beck) leben.

Frauen heute – alle Möglichkeiten offen?

301

Ist es also gerechtfertigt, angesichts unübersehbarer Verbesserungen der Lebenssituation von heute lebenden Frauen in westlichen Gesellschaften (und mit steigender Tendenz nicht nur in diesen) von einem Abbau oder gar Verschwinden der Geschlechterungleichheit zu sprechen?

Auf dem Weg zur Geschlechter-gleichheit?

Für Francisco Ramirez, Professor für Soziologie an der Stanford University, steht eindeutig fest, dass nicht nur der westliche, sondern sogar „der globale Trend in Richtung einer zunehmenden Geschlechtergleichheit" (Ramirez, 2001: 366) geht. Aus seiner Sicht ist umso erstaunlicher, dass an der Ungleichheits-These festgehalten werde:

> „Angesichts der Bedeutung und Verbreitung der weltkulturellen Modelle von Fortschritt und Gerechtigkeit ist der weltweite Wandel in Richtung einer zunehmenden Gleichheit zwischen den Geschlechtern nicht sonderlich überraschend. Überraschender ist schon eher, dass die These vom Fortbestand der geschlechtsspezifischen Ungleichheit in der Soziologie immer noch so weit verbreitet ist. Aus der Weltgesellschaftsperspektive hat die weltweite Durchsetzung egalitärer Normen und Standards den Effekt, dass Ungleichheiten eher wahrgenommen und als Ungerechtigkeiten interpretiert werden. Dies geschieht auf der Ebene der Nationalstaaten und Organisationen, aber auch auf der Ebene der persönlichen Beziehungen. Diese Normen liefern sowohl eine pragmatische, an Entwicklung orientierte, als auch eine normative, an Gerechtigkeit orientierte Begründung für die Identifikation und Beseitigung von Ungleichheiten zwischen den Geschlechtern. Zudem haben sie zur Folge, dass die Messlatte für Gerechtigkeit sukzessiv angehoben wird, sodass frühere Gewinne (wie z.B. das Wahlrecht) von heute aus gesehen als trivial erscheinen. Dies erklärt, weshalb die These vom Fortbestand der Ungleichheit nach wie vor so bestehend ist" (Ramirez, 2001: 371f.)

Innen- und Außenansichten des Geschlechter-verhältnisses

Demgegenüber hält Angelika Wetterer daran fest, dass sich weniger die faktischen Bedingungen, sondern vor allem die Begrifflichkeiten geändert hätten, in denen über Frauen bzw. Frauen und Männer geredet werde und diese über sich und ihre Beziehungen redeten. Sie nennt das in kritischer Wendung gegenüber Becks ‚reflexiver Modernisierung' (siehe Lektion X) die **„rhetorische Modernisierung"** (Wetterer, 2003). Es sei heute Usus, in Begriffen der Gleichberechtigung, Gleichheit und Partnerschaft über Frauen und Männer zu reden, ohne dass sich an den Ungleichheiten selbst Gravierendes geändert hätte:

> „Sehr weit ist die Geschlechterrevolution also noch nicht gediehen. Aber nicht unterschätzen sollte man auch, mit welcher Zähigkeit und Beharrlichkeit die Idee der Gleichheit verteidigt wird. Die rhetorische Modernisierung ist Ausdruck einer Situation, in der sich vorerst nur das alltagsweltliche Differenzwissen von der Stelle bewegt hat. Die herkömmlichen Geschlechterarrangements haben ihr strukturbildendes Potenzial noch nicht verloren, aber sie sind ein Stück weit optional geworden, und dort, wo sie in Familie und Paarbeziehung fortbestehen, will sich die institutionelle Reflexivität nicht mehr so recht einstellen, schon gar nicht wie von selbst. Alltagswissen und Alltagshandeln können sich vor allem in bestimmten Milieus gerade nicht mehr in der bei Goffman vorausgesetzten Weise reflexiv und einverständlich aufeinander beziehen. Die institutionelle Reflexivität ist brüchig geworden. Ob das der Anfang eines sehr langsamen, aber womöglich tiefgreifenden Wandels im Verhältnis der Geschlechter ist, wird sich erst noch zeigen müssen. Gegenwärtig stehen Brüche, Widersprüche und Ungleichzeitigkeiten im Vordergrund und das macht es für diejenigen, die sich von der Idee der Gleichheit nicht verabschieden mögen, alles andere als einfacher" (Wetterer, 2003: 315f.)

Konsens in der heutigen Geschlechterforschung ist, dass das Geschlechterverhältnis sowohl durch neue Symmetrien als auch durch alte und neue Asymmetrien gekennzeichnet ist. Ungeachtet der besseren Bildung und Ausbildung von Frauen sind Berufswahlentscheidungen geschlechtsspezifisch und dauert die Geschlechtersegregation in Unternehmen und Organisationen an (vgl. Gottschall, 2000). Dem Gleichheitsdiskurs im öffentlichen und privaten Bereich stehen die zwar vorhandene, jedoch unterproportionale Beteiligung von Männern an der privaten Reproduktionsarbeit entgegen. Egalisierungstendenzen lassen sich stärker auf kommunikativer als auf faktischer Ebene feststellen, wie Cornelia Koppetsch und Günter Burkart in ihrer eindrücklichen Studie zum Beziehungs-, Familien- und Hausarbeitsmanagement von Mittelschichtspaaren in „Illusion der Emanzipation" (Koppetsch/Burkart, 1999) belegen können. Bettina Heintz zieht in ihrem einleitenden Essay zur „Geschlechtersoziologie" (Heintz, 2001a) folgende Bilanz:

> „Mit der Durchsetzung der Gleichberechtigung als einer breit akzeptierten Norm … wurde das Inklusionsprinzip auch auf Frauen ausgeweitet: Ausschluss aufgrund des Geschlechts ist heute illegitim geworden mit der Folge, dass Geschlechterunterschiede in einigen Funktionsbereichen (Bsp. Wahlrecht) verschwunden sind und sich in anderen (Bsp. obligatorische Schulpflicht) teilweise erheblich reduziert haben, und zwar weltweit … Inklusion heißt allerdings zunächst nur Recht auf Zugang und sagt noch nichts über die internen Aufstiegschancen aus. Während der Anspruch auf Teilhabe – Berufstätigkeit, Wahlrecht, Bildung – heute auch für Frauen weitgehend verwirklicht ist, definiert das Prinzip der Chancengleichheit zwar ein geschlechtsunabhängiges Recht auf Aufstieg, faktisch sind jedoch eine Reihe von Mechanismen am Werk, die die Umsetzung dieses Prinzips behindern" (Heintz, 2001b: 12).

Ob erst dann, wenn man in Anlehnung an Connells ‚hegemoniale Männlichkeit‘ von einer Option auf ‚hegemoniale Weiblichkeit‘ sprechen kann, Geschlechtergleichheit existiert, sei an dieser Stelle offengelassen.

7. Zusammenfassung

Geschlechterforschung: Auf dem Weg zu einer ‚normalen Wissenschaft‘?

Es gibt einen Markt für Geschlechterforschung und deren Autorinnen und Autoren. Die einschlägigen sozialwissenschaftlichen Verlage wie *Suhrkamp, Leske + Budrich* (ab 2004 zusammen mit dem Westdeutschen Verlag *Verlag für Sozialwissenschaften*), *Campus* oder *Westfälisches Dampfboot* führen spätestens seit Ende der 1980er Jahre eigene Programmschwerpunkte für Geschlechterforschung bzw. Gender Studies.

Betrachtet man die Reihe *Geschlecht und Gesellschaft*, die Reihe *Forum Frauenforschung* oder den als Sonderheft 41/2001 erschienenen repräsentativen Sammelband zur „Geschlechtersoziologie" der *Kölner Zeitschrift für Soziologie und Sozialpsychologie*, so sind die Etablierung und die Ausdifferenzierung der Geschlechterforschung unübersehbar. Des weiteren gibt es Professuren für Frauenforschung/ Geschlechterforschung oder Gender Studies oder Professuren mit einem solchen Schwerpunkt mittlerweile in Berlin, Frankfurt am Main, Tübingen, München, Bremen, Hamburg, Oldenburg, Göttingen, Freiburg und anderen Städten (vgl. Faulstich-Wieland, 2003). Die Geschlechterforschung ist eine ausdifferenzierte Disziplin innerhalb der Soziologie mit starken Verzweigungen in die angrenzenden Sozialwissenschaften. Über den gesellschafts- und patriarchatskritischen Gestus der Anfangszeit in den 1970er Jahren besteht Einigkeit – nicht jedoch über die Ausrichtung einer heutigen ‚feministischen Soziologie‘ (vgl. Heise, 2000).

Es hat den Anschein, als sei die zunehmende Professionalisierung, Etablierung und Internationalisierung nur um den Preis des Verlustes des Charakters einer sozialen Bewegung zu erreichen. So beklagen die *Rätinnen der Sektion Frauen- und Geschlechterforschung* in der *Deutschen Gesellschaft für Soziologie* in einem Brief vom September 2003 an die 400 Mitglieder das mangelnde Engagement der ‚Basis‘ und prognostizieren das Ende der Arbeitsfähigkeit ihres Gremiums. Ungeachtet ihrer übergreifenden Fragestellungen ist die Geschlechtersoziologie heute offensichtlich auch eine ‚ganz normale‘ soziologische Fachdisziplin – und ihre Mitglieder sind außerdem Mitglieder in anderen soziologischen Fachdisziplinen.

Abschließend seien die wesentlichen Aspekte dieser Lektion in **drei Stichworten** zusammengefasst.

1. Stichwort: Geschlecht ist wichtig, aber nicht alles
Zur Erfassung der sozialen Lage von Menschen und der Ungleichheiten zwischen ihnen sind neben dem Geschlecht unterschiedliche soziale Kategorien zu berücksichtigen: soziale Herkunft, Bildung, Beruf, Einkommen, Alter, Wohnort und ethnische Herkunft. Eine diesbezügliche Erweiterung bzw. Relativierung der Perspektive auf die ‚Genusgruppe Frau bzw. Mann‘ hat mittlerweile in der Geschlechterforschung stattgefunden, wodurch sie ihren insulären Charakter und ihren Status als ‚Bindestrichsoziologie‘ verliert.

2. Stichwort: Wachsende Anschlussfähigkeit – Ausdifferenzierung der Methoden und Perspektiven
Im Zusammenhang damit stehen die vielfältigen Anschlussstellen der Geschlechterforschung. Im Zuge ihrer Entwicklung bezog und bezieht sie wichtige Anregungen von den klassischen und gegenwärtigen ‚Mainstream‘-Soziologen wie Marx, Adorno/Horkheimer, Foucault, Bourdieu und Giddens. Umgekehrt versuchen ihre Repräsentantinnen, nun die Geschlechterforschung ihrerseits im soziologischen mainstream zu verankern. Dies gelingt nur sehr langsam, ist die Außenwahrnehmung auf die Geschlechterforschung doch noch sehr stark von der Gleichsetzung Geschlechterforschung – Frauenforschung – Frauenbewegung – Unwissenschaftlichkeit bestimmt.

3. Stichwort: Frauenforschung – Männerforschung – Geschlechterforschung
Möglicherweise ist der Auftritt einer kleinen, aber wachsenden Zahl von männlichen Geschlechterforschern ein Indiz der Etablierung – heißt es doch, dass sich Männer erst dann einem Beruf(ssegment) zuwenden, wenn sich dies mit Blick auf Status und Einkommen lohnt. Es könnte allerdings auch sein, dass die Geschlechterforschung ungeachtet ihrer mainstream-Bezüge eine der wenigen verbliebenen Nischen für eine kritische Gesellschaftswissenschaft ist – und ein Refugium für deren weibliche wie männliche Vertreter. Nun könnte man die These

vertreten, dass es keiner spezifischen Männerforschung (mehr) bedürfte, wenn sich die Frauenforschung tatsächlich bereits zur Geschlechterforschung entwickelt hätte. Infolgedessen ist eine Erforschung des Geschlechterverhältnisses sowohl durch Frauen als auch durch Männer dem Thema und den Fragestellungen, die in dieser Lektion erläutert wurden, angemessen.

Informationsteil

Primärliteratur

Becker-Schmidt, Regina: ,Eines ist zuwenig – beides ist zuviel.' Erfahrungen von Arbeiterfrauen zwischen Familie und Fabrik. Bonn 1984
– Die doppelte Vergesellschaftung – die doppelte Unterdrückung: Besonderheiten der Frauenforschung in den Sozialwissenschaften. In: Lilo Unterkirchner, /Ina Wagner (Hg.): Die andere Hälfte der Gesellschaft. Wien 1987, S. 10-25
– **Individuum, Klasse und Geschlecht aus der Perspektive der Kritischen Theorie. In: Zapf, 1991, S. 383-394**
– Verdrängung – Rationalisierung – Ideologie. Geschlechterdifferenz und Unbewusstes, Geschlechterverhältnis und Gesellschaft. In: Knapp/Wetterer, 1992, S. 65-113
– Trennung, Verknüpfung, Vermittlung: zum feministischen Umgang mit Dichotomien. In: Knapp, 1998, S. 84-125
– Critical Theory as a Critique of Society: Theodor W. Adorno's Significance for a Feminist Sociology. In: Maggie O'Neill (ed.): Adorno – Culture and Feminism. London; New Delhi 1999
– **Frauenforschung, Geschlechterforschung, Geschlechterverhältnisforschung. In: Becker-Schmidt/ Knapp, 2000, S. 14-62**
– Umbrüche in Arbeitsbiographien von Frauen: Regionale Konstellationen und globale Entwicklungen. In: Knapp/Wetterer, 2003, S. 101-132
– Geschlechterdifferenz – Geschlechterverhältnis: Soziale Dimensionen des Begriffs ,Geschlecht'. In: Hark, 2001, S. 108-120 (Erstveröffentlichung in: *Zeitschrift für Frauenforschung*, Jg. 11, 1993, H. 1/2, S. 37-46)
– /Gudrun-Axeli Knapp: Geschlechtertrennung – Geschlechterdifferenz. Suchbewegungen sozialen Lernens. Bonn 1987
– /Gudrun-Axeli Knapp (Hg.): Das Geschlechterverhältnis als Gegenstand der Sozialwissenschaften. Frankfurt/M.; New York 1995
– /Gudrun-Axeli Knapp: Feministische Theorien zur Einführung. Hamburg 2000
Bilden, Helga: Geschlechterverhältnis und Individualität im gesellschaftlichen Umbruch. In: Keupp, Heiner/Helga Bilden (Hg.): Verunsicherungen. Das Subjekt im gesellschaftlichen Wandel. Göttingen u.a. 1989, S. 19-46
– **Geschlechtsspezifische Sozialisation. In: Hurrelmann, Klaus/Dieter Ulich (Hg.): Handbuch der Sozialisationsforschung. Weinheim; Basel 1991, S. 279-301**
Burkart, Günter/ Cornelia Koppetsch: Geschlecht und Liebe. Überlegungen zu einer Soziologie des Paares. In: Heintz, 2001a, S. 431-453

Connell, Robert W.: Gender and Power: Society, the person and sexual politics. Stanford; Cambridge 1987

– Der gemachte Mann. Konstruktion und Krise von Männlichkeiten. Opladen 1999 (*Geschlecht und Gesellschaft*; Bd. 8; Original unter dem Titel ‚Masculinities‘, Cambridge 1995)

– Gemachte Männer. Interview mit dem australischen Männlichkeitsforscher Robert W. (‚Bob‘) Connell. In: *analyse & kritik* 442 v. 28.9.2000, S. 31f.

Frerichs, Petra/Margareta Steinrücke: Klasse und Geschlecht. Anerkennungschancen von Frauen im System gesellschaftlicher Arbeitsteilung. In: Hark, 2001, S. 121-135 (Erstveröffentlichung in: Aus Politik und Zeitgeschichte, B36-37, 1995, S. 13-22)

Gümen, Sedef: Das Soziale des Geschlechts. Frauenforschung und die Kategorie ‚Ethnizität‘. In: Hark, 2001, S. 136-153 (Erstveröffentlichung in: *Das Argument 224*, 1998, S. 187-202)

Haug, Frigga (Hg.): Frauen – Opfer oder Täter? Diskussion. Berlin 1982 (*Argument*; Studienheft 46)

Heintz, Bettina (Hg.): Geschlechtersoziologie. Wiesbaden 2001 (Kölner Zeitschrift für Soziologie und Sozialpsychologie, Sonderheft 41/2001) (2001a)

– Geschlecht als (Un-)Ordnungsprinzip. Entwicklungen und Perspektiven der Geschlechtersoziologie. In: dies., 2001a, S. 9-29 (2001b)

Hochschild, Arlie Russell: Das gekaufte Herz. Zur Kommerzialisierung der Gefühle. Frankfurt/M.; New York 1990 (nordamerikan. Original von 1983)

– The Need for Nurture and the Culture of Coolness: A Study of Advice Books for Women. In: Zapf, 1991, S. 196-204

– Der 48-Stunden-Tag. Wege aus dem Dilemma berufstätiger Eltern. München 1993

– Work-Life-Balance. Keine Zeit. Wenn die Firma zum Zuhause wird und zu Hause nur Arbeit wartet. Opladen 2002 (*Geschlecht und Gesellschaft*; Bd. 29) nordamerikan. Original *The Time Bind* von 1997; 2. Aufl. 2001)

Kersten, Joachim: Gut und Geschlecht. Männlichkeit, Kultur und Kriminalität. Berlin; New York 1997 (*Materiale Soziologie* TB 7)

– Jugendgewalt und Gesellschaft. In: *Aus Politik und Zeitgeschichte*, B 44/2002, S. 14-20

Knapp, Gudrun-Axeli: Die vergessene Differenz. In: *Feministische Studien*, **Jg. 6, 1988, S. 12-31 (abgedruckt in Hark, 2001)**

– Macht und Geschlecht. Neuere Entwicklungen in der feministischen Macht- und Herrschaftsdiskussion. In: Knapp/Wetterer, 1992, S. 287-325

– Traditionen – Brüche: Kritische Theorie in der feministischen Rezeption. In: Scheich, 1996, S. 113-151

– Dezentriert und viel riskiert. Anmerkungen zur These vom Bedeutungsverlust der Kategorie Geschlecht. In: Knapp/Wetterer, 2001, S. 15-62

– (Hg.): Kurskorrekturen. Feminismus zwischen Kritischer Theorie und Postmoderne. Frankfurt/M.; New York 1998

– /Angelika Wetterer (Hg.): TraditionenBrüche. Entwicklungen feministischer Theorie. Freiburg 1992 (2. Auflage 1995) (*Forum Frauenforschung*; Bd. 6)

- /Angelika Wetterer (Hg.): Soziale Verortung der Geschlechter. Gesellschaftstheorie und feministische Kritik I. Münster 2001 (*Forum Frauenforschung*; Bd. 13) (2. Aufl. 2002)
- /Angelika Wetterer (Hg.): Achsen der Differenz. Gesellschaftstheorie und feministische Kritik II. Münster 2003 (*Forum Frauenforschung*; Bd. 16)

Koppetsch, Cornelia/Günter Burkart (unter Mitarbeit von Maja S. Maier): Die Illusion der Emanzipation. Zur Wirksamkeit latenter Geschlechtsnormen im Milieuvergleich. Konstanz 1999

Lorber, Judith: Gender-Paradoxien. Opladen 2003 (2. Aufl.) (*Geschlecht und Gesellschaft*; Bd. 15)

Pfau-Effinger, Birgit: Kultur und Erwerbstätigkeit in Europa. Theorie und Empirie des internationalen Vergleichs. Opladen 2000
- Wandel wohlfahrtsstaatlicher Geschlechterpolitiken im soziokulturellen Kontext. In: Heintz, 2001a, S. 487-511

Ramirez, Francisco O.: Frauenrechte, Weltgesellschaft und die gesellschaftliche Integration von Frauen. In: Heintz, 2001a, S. 356-374

Studienschwerpunkt ‚Frauenforschung'' am Institut für Sozialpädagogik der TU Berlin (Hg.): Mittäterschaft und Entdeckungslust. Berlin 1989

Thürmer-Rohr, Christina: Vagabundinnen. Feministische Esssays. Berlin 1987
- Der Chor der Opfer ist verstummt. Eine Kritik an den Ansprüchen der Frauenforschung. In: dies., 1987, S. 122-40 (1987a)
- Querdenken – Gegenfragen – Einspruch. Zündstoff feministischer Forschung. In: dies., 1987, S. 141-153 (1987b)
- Frauen in Gewaltverhältnissen. Zur Generalisierung des Opferbegriffs. In: Studienschwerpunkt ..., 1989, S. 22-36 (1989a)
- **Mittäterschaft der Frau – Analyse zwischen Mitgefühl und Kälte. In: Studienschwerpunkt ..., 1989, S. 87-103 (1989b)**
- Weiße Frauen und Rassismus. In: *die tageszeitung* v. 8.1.1993, S. 12f.
- Verlorene Narrenfreiheit. Essays. Berlin 1994
- Die Kehrseite der Globalisierung. In: *Freitag* v. 4.2.2000, S. 18
- **Denken der Differenz. Feminismus und Postmoderne. In: Beiträge zur feministischen Theorie und Praxis, Jg. 18, 1995, H. 39, S. 87-97**

Wetterer, Angelika: Arbeitsteilung und Geschlechterkonstruktion. ‚Gender at Work' in theoretischer und historischer Perspektive. Konstanz 2002
- **Rhetorische Modernisierung: Das Verschwinden der Ungleichheit aus dem zeitgenössischen Differenzwissen. In: Knapp/Wetterer, 2003, S. 286-319**

Weitere Literatur und Sekundärliteratur

Beer, Ursula (Hg.): Klasse Geschlecht. Feministische Gesellschaftsanalyse und Wissenschaftskritik. Bielefeld 1987

Benard, Cheryl/Edit Schlaffer: Männerdiskurs und Frauentratsch – Zum Doppelstandard in der Soziologie. Ein Beitrag zur Methodeninnovation. In: *Soziale Welt*, Jg. 32, 1981, S. 119-136

Bogner, Arthur/Cas Wouters: Kolonialisierung der Herzen? Zu Arlie Hochschilds Grundlegung der Emotionssoziologie. In: *Leviathan*, Jg. 18, 1990, S. 255-279 von Braun, Christina/ Inge Stephan (Hg.): Gender Studien. Eine Einführung. Stuttgart; Weimar 2000

Butler, Judith: Das Unbehagen der Geschlechter. Frankfurt/M. 1991

Faulstich-Wieland, Hannelore: Einführung in Genderstudien. Opladen 2003

Funder, Maria: Feministische Theorien – Ein Gegenstand der Konfliktsoziologie? In: Thorsten Bonacker (Hg.): Sozialwissenschaftliche Konflikttheorien. Eine Einführung. Opladen 2002, S. 293-318

Funder, Maria/Steffen Dörhöfer/Christian Rauch (Hg.): Jenseits der Geschlechterdifferenz? Geschlechterverhältnisse in der Informations- und Wissensgesellschaft. München; Mering 2005

Geiger, Gabriele: Postmoderner Feminismus. Über die blinden Flecken in Theoriebildung und Alltagshandeln. In: *Zeitschrift für Frauenforschung*. Jg. 11, H. 1/2, 1993, S. 133-160

Gerhard, Ute: Sozialwissenschaftliche Frauenforschung: Perspektivenwechsel und theoretische Diskurse. In: Bernhard Schäfers (Hg.): Soziologie in Deutschland. Entwicklung – Institutionalisierung und Berufsfelder – Theoretische Kontroversen. Opladen 1994, S. 199-212

Gottschall, Karin: Soziale Ungleichheit und Geschlecht. Kontinuitäten und Brüche, Sackgassen und Erkenntnispotentiale im deutschen soziologischen Diskurs. Opladen 2000

–   /Birgit Pfau-Effinger (Hg.): Zukunft der Arbeit und Geschlecht. Diskurse, Entwicklungspfade und Reformoptionen im internationalen Vergleich. Opladen 2002

Günter, Andrea: Weibliche Autorität, Freiheit und Geschlechterdifferenz. Bausteine einer feministischen politischen Theorie. Königstein/Ts. 1996

Hammer, Heike: Emotionen als soziale Prozesse. Der Beitrag der Zivilisationstheorie zur Emotionssoziologie. In: Klein/Treibel, 2000, S. 41-70

Hark, Sabine (Hg.): Dis/Kontinuitäten: Feministische Theorie. Opladen 2001 (*Lehrbuchreihe zur sozialwissenschaftlichen Frauen- und Geschlechterforschung der Sektion Frauenforschung in der Deutschen Gesellschaft für Soziologie*; Bd. 3)

Heise, Hildegard: Feministische Soziologie: Am Ende des Jahrhunderts – ein ambivalenter Ausgangspunkt für feministische Wissenschaft. In: Soziologie 2000. Kritische Bestandsaufnahmen zu einer Soziologie für das 21. Jahrhundert. Hg. v. Richard Münch u.a. (*Soziologische Revue*; Sonderheft 5) München 2000, S. 71-84

Holland-Cunz, Barbara: Feministische Demokratietheorie. Thesen zu einem Projekt. Opladen 1998

Janshen, Doris (Hg.): Blickwechsel. Der neue Dialog zwischen Frauen- und Männerforschung. Frankfurt/M.; New York 2000

Klein, Gabriele/Katharina Liebsch (Hg.): Zivilisierung des weiblichen Ich. Frankfurt/M.

–   /Annette Treibel (Hg.): Skepsis und Engagement. Festschrift für Hermann Korte. Münster; Hamburg 2000

Kroll, Renate (Hg.): Metzler Lexikon Gender Studies. Geschlechterforschung. Ansätze – Personen – Grundbegriffe. Stuttgart; Weimar 2002

List, Elisabeth/Herlinde Studer (Hg.): Denkverhältnisse. Feminismus und Kritik. Frankfurt/M. 1989

Mies, Maria: Methodische Postulate zur Frauenforschung – dargestellt am Beispiel der Gewalt gegen Frauen. In: *Beiträge zur feministischen Theorie und Praxis*, Jhg. 7, 1984, H. 11, S. 7-25 (Nachdruck von 1978)

Nickel, Hildegard Maria: Gender-Studien in den Sozialwissenschaften. In: von Braun/Stephan, 2000, S. 130-141

Pasero, Ursula/Christine Weinbach (Hg.): Frauen, Männer, Gender Trouble. Systemtheoretische Essays. Frankfurt/M. 2003

Roedig, Andrea: Balsam auf Frauenseelen. In seinem Standardwerk zur neuen Männerforschung ‚Der gemachte Mann' zeigt der australische Soziologe Robert W. Connell die Konstruktion von Männlichkeiten und plädiert für eine neue Bündnisstrategie im Kampf der Geschlechter. In: *Freitag* v. 10.9.1999

Scheich, Elvira (Hg.): Vermittelte Weiblichkeit. Feministische Wissenschafts- und Gesellschaftstheorie. Hamburg 1996

Scheub, Ute: Konzert für zwei – oder mehr. Christina Thürmer-Rohr wird heute 65. Ein politisches Porträt der Musikerin, feministischen Vordenkerin und Professorin. In: *die tageszeitung* v. 17./18.11.2001

Smith, Dorothy: Eine Soziologie für Frauen (amerik. Original von 1979). In: List/Studer, 1989, S. 353-422

Treibel, Annette: Das Geschlechterverhältnis als Machtbalance. Figurationssoziologie im Kontext von Gleichstellungspolitik und Gleichheitsforderungen. In: Klein/Liebsch, 1997, S. 306-336

–   Internet und Gendernet – zum Wandel der Geschlechterverhältnisse in der Informationsgesellschaft. In: Funder/Dörhöfer/Rauch, 2005, S. 179-198

Walter, Willi: Gender, Geschlecht und Männerforschung. In: von Braun/Stephan, 2000, S. 97-115

Wobbe, Theresa/Gesa Lindemann (Hg.): Denkachsen. Zur theoretischen und institutionellen Rede vom Geschlecht. Frankfurt/M. 1994

Zapf, Wolfgang (Hg.): Die Modernisierung moderner Gesellschaften. Verhandlungen des 25. Deutschen Soziologentages in Frankfurt am Main 1990. Frankfurt/M.; New York 1991

Lektion XII
Schlusskommentar: Von der Notwendigkeit der Theorien in der soziologischen Forschungspraxis

Inhalt

In der abschließenden Lektion sollen **zwei Fragen** reflektiert werden:

1. Welchen Stellenwert haben die Theorien und ihre Verfasserinnen und Verfasser innerhalb der soziologischen Forschungspraxis?

2. Welche Veränderungen in der Theorieentwicklung sind in den 1990er Jahren festzustellen?

1. Stellenwert der Theorien und ihrer Verfasserinnen und Verfasser für die soziologische Forschungspraxis

Theorie-Verständnis dieses Bandes

Wie in der Einleitung festgestellt, geht es der soziologischen Theorie um die Ausarbeitung möglichst genereller Aussagen zum Zustand und zur Entwicklung von Gesellschaften. Die Aufgabe dieses Bandes liegt nicht darin, die wissenschaftstheoretische Berechtigung zu prüfen, mit der jemand von sich behauptet, eine soziologische Theorie vorgelegt zu haben, sondern ihre *Funktion* und *Rezeption* darzustellen sowie insbesondere den *Neuigkeitswert eines theoretischen Ansatzes für die soziologische Forschungspraxis* herauszuarbeiten.

Soziologinnen und Soziologen orientieren sich in ihrer Arbeit an den systematischen Aussagen und der differenzierten Begrifflichkeit, die ihnen sowohl die Klassikerinnen und Klassiker als auch die gegenwärtigen Repräsentantinnen und Repräsentanten des Faches vorgeben. Der Niederschlag von Theorien in dem hier verstandenen Sinne liest sich in soziologischen Texten beispielsweise folgendermaßen: ‚stelle ich in Anlehnung an die Theorie der Strukturierung von Giddens fest … ‘; ‚beziehe ich mich hierbei auf das Körperkonzept von Butler …‘ oder ‚betrachte ich meine Forschung als Fortführung der Figurationssoziologie von Elias …‘.

Zur soziologischen Forschungspraxis gehören Theorie und Empirie gleichermaßen. Theorien helfen den Soziologinnen und Soziologen, ihr Tatsachenwissen zu ordnen und damit ihren Forschungsgegenstand zu analysieren. Sie sind ihre wichtigsten Denk- und Arbeitswerkzeuge. Nach der ‚reinen‘ wissenschaftstheoretischen Lehre dürfen bzw. sollten die theoretischen Vorlieben nicht das soziologische Ergebnis bestimmen. Die oben angeführten Beispiele der Bezugnahme auf Giddens oder andere Theoretiker sind so formuliert, als trügen sie einer Sachnotwendigkeit oder einer in der Thematik begründeten Zwangsläufigkeit, sich genau *diesem* Ansatz zu verpflichten, Rechnung. Aber selbstverständlich hat die theoretische Perspektive, nach der jemand soziologisch denken gelernt hat, die ihm ‚sympathisch‘ erscheint oder die gerade ‚in Mode‘ ist und als besonders ‚anschlussfähig‘ gilt, einen Einfluss auf sein soziologisches Tun. Diese Prämissen werden zwar selten offen kommuniziert, gehören jedoch zum Forschungsprozess hinzu.

Gehalt – Autorin/Autor – ‚Zeitgeist‘

Diese Einführung soll dabei helfen, einen Überblick über die gegenwärtig diskutierten soziologischen Theorien zu gewinnen. Auch schon in Band 1 dieses Einführungskurses wird die Relevanz der Theorie deutlich: die grundlegenden Begriffe der Soziologie sind stets theoriegebunden – und diese Theorien wurden und werden von Personen formuliert. So sind die Begriffe des sozialen Handelns oder der Macht nicht ohne Max Weber, die Begriffe der Klasse oder der sozialen Ungleichheit nicht ohne Karl Marx, der Begriff der Kultur nicht ohne Georg Simmel, Norbert Elias oder Pierre Bourdieu, der Begriff der doppelten Vergesellschaftung nicht ohne Regina Becker-Schmidt zu denken. Aus diesem Grund wurde sowohl für den Band 2 zur Geschichte der Soziologie als auch für den vorliegenden Band ein *personenbezogener Ansatz* gewählt, indem die klassischen und gegenwärtigen Theorien durch den Zugang über ihre Autorinnen und Autoren vermittelt werden. Dieses Verfahren resultiert auch aus der Überzeugung, dass es neben der **immanenten Überzeugungskraft von Theorien** einen zweiten Grund dafür gibt, weshalb Theorien rezipiert und weiterverarbeitet werden – nämlich das Interesse an der Person hinter der Theorie.

So ist, wie in Lektion V erwähnt, die Aufmerksamkeit für die Arbeiten von Judith Butler sicherlich nicht nur auf die Originalität ihres Ansatzes, sondern auch darauf zurückzuführen, dass sie selbst mit ihrer Person für die Opposition zur ‚Zwangsheterosexualität' steht – so sehr sie sich auch mit öffentlichen Verlautbarungen über ihr Privatleben zurückhält.

Butlers Ansatz gilt als interessant – nicht zuletzt ihrer selbst wegen. In der langfristigen Wirkung wird dieser **Personeneffekt** möglicherweise verblassen, denn eine Theorie muss für sich genommen überzeugen und relevante Erkenntnisse über bzw. Zugangsperspektiven zur Gesellschaft bereithalten, sonst wird sie sich im soziologischen Kanon nicht halten. Dabei zeichnet sich gegenwärtig durchaus ab, dass sich Butlers Buch ‚Gender Trouble' als Repräsentant einer neuen Geschlechterforschung durchsetzen und künftig selbst zum Klassiker werden wird.

Hiermit ist ein dritter Grund angesprochen, der dazu führt, dass Autorinnen und Autoren bzw. ihre Werke wahrgenommen und theoretisch und praktisch weiterverarbeitet werden: sie müssen den ‚**Nerv der Zeit**' treffen, wie beispielsweise Jürgen Habermas' „Strukturwandel der Öffentlichkeit" Anfang der 1960er Jahre, Michel Foucaults „Überwachen und Strafen" in den 1970er Jahren, Ulrich Becks „Risikogesellschaft" in den 1980er Jahren und Niklas Luhmanns „Die Gesellschaft der Gesellschaft" in den 1990er Jahren.

2. Veränderungen in der Theorieentwicklung in den 1990er Jahren

In diesem Abschnitt wird der Frage nachgegangen, welche Veränderungen die Theorieentwicklung seit Erscheinen der Erstauflage dieses Bandes, also im Zeitraum 1993 bis 2003 bestimmt haben. Ich konzentriere mich dabei auf Tendenzaussagen.

Vergleicht man den inhaltlichen Aufbau dieser Neuauflage mit der Erstauflage, so fällt zunächst der ‚Wegfall' der Lektionen *Legitimationsprobleme im Spätkapitalismus* und *Kapitalismus und Patriarchat* auf. Dies bedeutet nun nicht, dass die hierunter behandelten Ansätze der 1970er Jahre heute nicht mehr wichtig sind – vielmehr sind sie für sich betrachtet aus Sicht des begonnenen 21. Jahrhunderts Geschichte. Als klassisch gewordene Perspektiven fließen sie in die heutigen kritischen Gesellschaftstheorien ein. Überhaupt ist festzustellen, dass der kritische Blick auf die Gesamtgesellschaft in der Soziologie wieder an Be-

Kritische
Gesellschaftstheorie

deutung gewinnt: so radikalisiert sich während der 1990er Jahre die Tonlage beim späten Bourdieu oder bei Beck. Auch die breite und vielstimmige Rezeption von „Empire" (Hardt/Negri) gehört in diesen Zusammenhang einer Re-Politisierung der Sozialwissenschaft.

Geschlechter-
forschung:
Auf dem Weg zur
Normalwissenschaft

Als eine der Gegenbewegungen zu dieser Re-Politisierung ist die ‚Verwissenschaftlichung' früherer politisierter Forschungsbereiche in der Soziologie zu beobachten. Prominentes Beispiel hierfür ist die Geschlechtersoziologie, die sich von der Ende der 1970er Jahre initiierten Frauenforschung über die Geschlechterforschung zu einem ausdifferenzierten Feld entwickelt hat, das beanspruchen kann, mehr zu sein als eine von vielen Bindestrichsoziologien. Die soziologischen „Gender Studies" haben sich zu einer Querschnitts-Disziplin entwickelt, in der Frauen *und* Männer empirisch und theoretisch die Wandlungen *und* die Stagnation des Verhältnisses der Geschlechter untersuchen. Die gleichwohl unverändert bestehende Rezeptionssperre gegenüber der Geschlechtersoziologie im soziologischen mainstream hat wohl damit zu tun, dass in einer breiteren Öffentlichkeit wiederum primär politisch ambitionierte Arbeiten wie die von Judith Butler und nicht die breiter angelegten Forschungen von Arlie Russell Hochschild oder Gudrun Axeli Knapp diskutiert werden.

Ausweitung von
Rational Choice

Eine weitere Gegenbewegung zur Re-Politisierung sind Theorien wie die „Erklärende Soziologie" von Hartmut Esser. Dieser hat seinen Ansatz vom ‚bloßen' Rational Choice zu einem ambitionierten und einflussreichen soziologischen Forschungsprogramm erweitert. Wie bei anderen Soziologinnen und Soziologen sind Selbstverständnis und Fremdwahrnehmung nicht deckungsgleich: Während Esser mit seiner „Soziologie: Allgemeine und spezielle Grundlagen" einen *Universalitäts*anspruch anmeldet, wird dies von anderen als *Superioritäts*anspruch verstanden, den sie zurückweisen. Auch für Esser treffen jedoch drei weitere allgemeine Tendenzen der 1990er Jahre zu: Die neue Streitkultur in der Soziologie, die intensive Klassikerrezeption und der Anspruch, den Dualismus von Mikro- und Makrotheorie zu überwinden.

Lust am Streit und
Kampf um
Ressourcen

Die intensiven und zum Teil hoch emotionalisierten Debatten über die ‚richtige' Soziologie – etwa zwischen dem ‚Esser-Lager' und dem ‚Luhmann-Lager' – sind nicht nur Richtungskämpfe, sondern auch Kämpfe um Ressourcen, also Forschungsgelder, fachliche und öffentliche Anerkennung, Gutachterpositionen u.a. Infolgedessen wird hier mit harten Bandagen gekämpft – und gegenwärtig ist die Situation nicht entschieden. Vielmehr hat es den Anschein, dass die Soziologie eine etablierte, ausdifferenzierte Wissenschaft mit einem breiten Spektrum an Theorien und Methoden ist. Andererseits verwundert es nicht, dass angesichts der anhaltenden Mittelkürzungen, Stellenstreichungen und Institutsschließungen bei den Geistes- und Sozialwissenschaften sich Soziologinnen und Soziologen dadurch zu schützen versuchen, indem sie sich weniger den Geistes-, als den Naturwissenschaften zugehörig erklären.

Ohne Klassiker keine
Soziologie der
Gegenwart

Man nehme Regina Becker-Schmidt, die ohne Theodor W. Adorno nicht denkbar wäre, Jürgen Habermas oder Axel Honneth, die auf George Herbert Mead zurückgreifen, oder Hartmut Esser, der sich u.a. in der Tradition von William I. Thomas, Alfred Schütz oder Talcott Parsons sieht – alle neuen Theorien sind bzw. enthalten ihrerseits Anschlüsse an bisherige Theorien. Dies weist daraufhin, dass die Klassiker keineswegs museale, sondern gegenwartsrelevante Bestandteile der Soziologie sind. Klassiker sind Georg Simmel oder Norbert Elias gerade dadurch geworden, dass etwa ihre Thematisierung der Individualisierung sowohl in ihre Zeit passten als auch offenbar zeitlos sind. Ob etwa Ulrich Becks Individualisierungstheorie langfristig an die Seite oder gar an die Stelle von Simmel und Elias treten wird, ist gegenwärtig nicht abzusehen.

Eine wachsende Anzahl von Theoretikerinnen und Theoretikern der Gegenwart erhebt eher implizit (wie Niklas Luhmann) oder auch explizit (wie Hartmut Esser) den Anspruch, eine Theorie für *alle* Gesellschaften vorzulegen, die gleichzeitig Mikro- und Makroaspekte integriert. Die Zuordnung in diesem Buch ist diesem Anspruch nicht gefolgt, sondern wurde nach der dominanten Fragestellung und Begrifflichkeit, die bei Luhmann eher makrotheoretisch und bei Esser eher mikrotheoretisch ist, vorgenommen. Dies bedeutet jedoch nicht, dass ‚der Makrotheoretiker Luhmann' nicht für mikrotheoretische Fragestellungen wie Prozesse der Interaktion oder ‚der Mikrotheoretiker Esser' nicht für makrotheoretische Aspekte wie den Wandel von Institutionen nutzbar gemacht werden können. Angesichts dieser Entwicklungen ist nicht auszuschließen, dass in wiederum zehn Jahren die Mehrheit der Soziologinnen und Soziologen mit Theorien arbeitet, in denen Mikro- und Makroperspektive in selbstverständlicher Weise verbunden sind. Dem Fortschritt in den Erkenntnissen über die Gesellschaft und die in ihr lebenden Menschen – also dem soziologischen Wissen – ist dies gewiss dienlich.

Ansätze zur Überwindung des Mikro-Makro-Dualismus

Bildquellennachweis

Ulrich Beck	Isolde Ohlbaum, München (Suhrkamp Bildarchiv)
Regina Becker-Schmidt	Privatbesitz
Helga Bilden	Privatbesitz
Pierre Bourdieu	Marie-Claire Bourdieu (Suhrkamp Bildarchiv)
Judith Butler	Suhrkamp Bildarchiv
Manuel Castells	Privatbesitz
James S. Coleman	Dept. Sociology, The University of Chicago
Robert W. Connell	Privatbesitz
Norbert Elias	Hermann Korte
Michel Foucault	Suhrkamp Bildarchiv
Anthony Giddens	Suhrkamp Bildarchiv
Regine Gildemeister	Privatbesitz
Jürgen Habermas	Isolde Ohlbaum, München (Suhrkamp Bildarchiv)
Carol Hagemann-White	Privatbesitz
Arlie Russell Hochschild	Privatbesitz
Axel Honneth	Suhrkamp Bildarchiv
Edmund Husserl	Archiv für Kunst und Geschichte, Berlin
Gudrun-Axeli Knapp	Privatbesitz
Thomas Luckmann	Photo-Atelier Wiedermann, Konstanz
Niklas Luhmann	Manfred Kettner, Bielefeld (Suhrkamp Bildarchiv)
Richard Münch	Fotostudio Doris Reinemann
Karl-Dieter Opp	Privatbesitz
Alfred Schütz	Sozialwissenschaftliches Archiv, Universität Konstanz
Christina Thürmer-Rohr	Privatbesitz
Viktor J. Vanberg	Privatbesitz
Angelika Wetterer	Privatbesitz

Abb. S. 59 Diego Velasquez „Las Meninas" (Die Hoffräulein) 1656, Ausschnitt, Prado Madrid, hier Archiv für Kunst und Geschichte, Berlin

Theorie

Dirk Baecker (Hrsg.)
**Schlüsselwerke
der Systemtheorie**
2005. 352 S. Geb. EUR 24,90
ISBN 3-531-14084-1

Ralf Dahrendorf
Homo Sociologicus
Ein Versuch zur Geschichte,
Bedeutung und Kritik der Kategorie
der sozialen Rolle
16. Aufl. 2006. 126 S. Br. EUR 14,90
ISBN 3-531-31122-0

Shmuel N. Eisenstadt
Theorie und Moderne
Soziologische Essays
2006. 607 S. Geb. EUR 49,90
ISBN 3-531-14565-7

Axel Honneth /
Institut für Sozialforschung (Hrsg.)
**Schlüsseltexte der
Kritischen Theorie**
2006. 414 S. Geb. EUR 29,90
ISBN 3-531-14108-2

Peter Imbusch
Moderne und Gewalt
Zivilisationstheoretische Perspektiven
auf das 20. Jahrhundert
2005. 579 S. Geb. EUR 49,90
ISBN 3-8100-3753-2

Niklas Luhmann
Beobachtungen der Moderne
2. Aufl. 2006. 220 S. Br. EUR 24,90
ISBN 3-531-32263-X

Stephan Moebius /
Christian Papilloud (Hrsg.)
**Gift – Marcel Mauss'
Kulturtheorie der Gabe**
2006. 359 S. Br. EUR 29,90
ISBN 3-531-14731-5

Uwe Schimank
**Differenzierung und Integration
der modernen Gesellschaft**
Beiträge zur akteurzentrierten
Differenzierungstheorie 1
2005. 297 S. Br. EUR 27,90
ISBN 3-531-14683-1

Uwe Schimank
**Teilsystemische Autonomie
und politische
Gesellschaftssteuerung**
Beiträge zur akteurzentrierten
Differenzierungstheorie 2
2006. 307 S. Br. EUR 29,90
ISBN 3-531-14684-X

Erhältlich im Buchhandel oder beim Verlag.
Änderungen vorbehalten. Stand: Juli 2006.

www.vs-verlag.de

VS VERLAG FÜR SOZIALWISSENSCHAFTEN

Abraham-Lincoln-Straße 46
65189 Wiesbaden
Tel. 0611.7878-722
Fax 0611.7878-400

Lehrbücher

Heinz Abels
Identität
2006. 497 S. Br. EUR 26,90
ISBN 3-531-15138-X

Martin Abraham / Thomas Hinz (Hrsg.)
Arbeitsmarktsoziologie
Probleme, Theorien, empirische Befunde
2005. 374 S. Br. EUR 24,90
ISBN 3-531-14086-8

Andrea Belliger / David J. Krieger (Hrsg.)
Ritualtheorien
Ein einführendes Handbuch
3. Aufl. 2006. 483 S. Br. EUR 34,90
ISBN 3-531-43238-9

Thorsten Bonacker (Hrsg.)
**Sozialwissenschaftliche
Konflikttheorien**
Eine Einführung
3., durchges. Aufl. 2005. 538 S.
Br. EUR 29,90
ISBN 3-531-14425-1

Klaus Feldmann
Soziologie kompakt
Eine Einführung
4. Aufl. 2006. 399 S. Br. ca. EUR 19,90
ISBN 3-531-34188-X

Peter Imbusch / Ralf Zoll (Hrsg.)
**Friedens- und
Konfliktforschung**
Eine Einführung
4., überarb. Aufl. 2006. 581 S.
Br. EUR 24,90
ISBN 3-531-34426-9

Karl-Dieter Opp
**Methodologie der
Sozialwissenschaften**
Einführung in Probleme ihrer Theorien-
bildung und praktischen Anwendung
6. Aufl. 2005. 271 S. Br. EUR 24,90
ISBN 3-531-52759-2

Uwe Schimank
Die Entscheidungsgesellschaft
Komplexität und Rationalität
der Moderne
2005. 492 S. Br. EUR 24,90
ISBN 3-531-14332-8

Erhältlich im Buchhandel oder beim Verlag.
Änderungen vorbehalten. Stand: Juli 2006.

www.vs-verlag.de

VS VERLAG FÜR SOZIALWISSENSCHAFTEN

Abraham-Lincoln-Straße 46
65189 Wiesbaden
Tel. 0611.7878-722
Fax 0611.7878-400